승자와 패자의 갈림길(13)

제 13대 총선(1988. 4. 26) 이야기 ㊤

장맹수 편저

선 암 각

장맹수(張孟洙)

-1949. 11. 24 생
-순천매산고등학교 졸업
-방송통신대학교 행정학과 졸업
-부산대학교 행정대학원 졸업(행정학 석사)
-부산직할시 서구청
-수산청 생산국·어정국
-국립수산진흥원(수산과학원)
-항로표지기지창 창장
-해양수산부 투자심사담당관·총무과장
-해양수산부 감사담당관·수산정책국장
-수협중앙회 조합감사위원장

승자와 패자의 갈림길(13)

제 13대 총선(1988. 4. 26) 이야기 ㊤

장맹수 편저

선 암 각

제 13대 총선(1988. 4. 26) 이야기 ㊤
승자와 패자의 갈림길(13)

초판 인쇄 발행 2018년 11월 15일
편저자 장맹수
발행처 선암각
등록번호 제25100-2010-000037호
주소 서울특별시 노원구 마들로 31
전화 (02) 949-8153

값 20,000원

승자와 패자의 갈림길(13)

제 13대 총선(1988. 4. 26) 이야기 ㊤

장맹수 편저

선 암 각

목 차

승자와 패자의 갈림길(13)
제13대 총선(1988. 4. 26) 이야기 ㊤

책을 펴내며	6
〈제1부〉 신군부 세력의 권력찬탈과 제11대 총선	9
제1장 고향심복의 총부리에 무너진 18년 박정희 정권 10	
1. 강고한 유신체제 붕괴의 빌미가 된 '백두진 파동'	13
2. 김대중의 도움으로 신민당 총재에 복귀한 김영삼	17
3. 무장경찰의 신민당사 난입과 당직자들 폭행	23
4. 법원결정으로 김영삼 신민당 총재 총재직 박탈	31
5. 제명처분으로 김영삼 총재를 의사당에서 축출	39
6. 김영삼 총재 축출에 부산·마산 시민들 봉기	46
7. 차지철-김재규 갈등이 유신체제의 심장을	50
제2장 바보처럼 살았구려! 최규하 대통령	60
1. 대통령 권한대행에 취임한 최규하 국무총리	63
2. 공화당 김종필 총재를 뿌리째 흔들어버린 정풍운동	68
3. 제10대 대통령에 당선된 최규하 대통령 권한대행	77
4. 헌법개정을 놓고 국회와 줄다리기를 벌인 최규하 정부	87
5. 대통령 꿈에 부풀어 있는 3김(三金)을 초토화	94
제3장 5.16 군부 쿠데타를 답습한 신군부의 권력찬탈	101
1. 권력 찬탈의 전주곡인 정승화 계엄사령관 연행	103
2. 신군부 권력찬탈을 방조하거나 협조한 최규하 대통령	108
3. 부정축재와 사회소요조종혐의로 김종필·김대중 제거	120

4. 신군부 권력찬탈의 징검다리 역할을 한 광주항쟁　　129
　　5. 공무원 숙정과 삼청교육은 신군부의 최대 업적　　135
　　6. 육군대장 전두환의 대통령 취임으로 권력찬탈 완성　　142

제4장 제한경쟁으로 추락한 제11대 국회의원 선거　　147
　　1. 국민의사를 도외시하고 신군부세력이 재단한 헌법　　150
　　2. 정치인의 운명을 쥐락펴락한 정치쇄신위원회　　153
　　3. 신군부세력의 입맛에 맞춰 제1, 2, 3 정당 창당　　157
　　4. 선거인단 선거로 제12대 대통령에 당선된 전두환　　162
　　5. 선택받은 사람들끼리만 경쟁을 벌인 제11대 총선　　166

〈제2부〉 군부정권에 대한 줄기찬 항쟁과 제12대 총선　　179

제1장 신한민주당의 돌풍을 몰고 온 제12대 국회의원 선거　　180
　　1. 정국이 안정됐다는 판단으로 연이은 해금(解禁)　　183
　　2. 민추협 중심으로 선명야당인 신한민주당 창당　　197
　　3. 민정·민한·신한민주당의 공천과정과 총선전략　　208
　　4. 예상치 못한 신한민주당의 태풍으로 정치권 지각변동　　224

제2장 군부독재정권에 대한 무모하고 줄기찬 도전　　242
　　1. 부산 미국문화원 방화사건의 전말　　244
　　2. 학원자율화 조치와 학생들의 끊임없는 저항　　250
　　3. 봇물처럼 터져 나온 시위와 강압적인 진압　　259
　　4. 적군파(赤軍派)식 투쟁을 전개한 인천시민 궐기대회　　266
　　5. 건국대 교정에서 26개 대학생들의 연합시위　　273
　　6. 문귀동 경장의 권인숙 양 성고문 사건 파장　　276
　　7. 백일하에 드러난 박종철 군 고문치사 사건　　279

제3장 군부독재정권의 항복으로 비춰진 6.29 선언　　289

1. 체제수호를 위해 국회의원들의 기소와 구속 　291
2. 개헌가두 서명운동과 시·도 지부 결성대회 　296
3. 끝없는 의원내각제와 대통령중심제 개헌 공방 　306
4. 조연하 국회부의장 파동과 김대중 불출마 선언 　319
5. 의원내각제 수용으로 비춰진 이민우 총재 구상 　326
6. 통일민주당 출범과 정부·여당의 방해공작 　333
7. 전두환 대통령의 4.13 호헌선언과 6.10 규탄대회 　344
8. 노태우 민정당 대선후보 6.29 선언의 숨겨진 배경 　353

〈제3부〉 제13대 대통령선거와 제13대 국회의원 선거 　365

제1장 6.29 민주화 선언 이후 급변한 정국 　366
1. 초원의 들불처럼 타오르는 민주화 바람 　368
2. 봇물처럼 터져 나온 노사분규로 기간산업 마비 　371
3. 순풍에 닻을 올린 대통령직선제 개헌 　378
4. 물거품이 되어버린 통일민주당 후보 단일화 　382
5. 멀고도 험난한 민주화의 여정 　391

제2장 1노 3김이 사생결단을 펼친 제13대 대선 　409
1. 보통 사람으로 뿌리를 내린 민정당 노태우 　412
2. 군정종식을 캐치프레이즈로 내건 민주당 김영삼 　420
3. 4자필승론(四者必勝論)에 흠뻑 젖은 평민당 김대중 　431
4. 구여권의 잔존 세력을 규합한 신공화당 김종필 　441
5. 야권 분열과 이전투구로 당선된 민정당 노태우 　450

제3장 4대 정당이 4색전을 펼친 제13대 총선 　466
1. 지루하고 지루하게 전개된 선거구제 협상 　469
2. 갈등만 증폭시킨 민주당과 평민당의 통합 　476
3. 집권여당인 민정당의 총선후보 공천 낙수 　490

4. 민주·평민당의 제1야당을 향한 용트림	500
5. 14개 정당 1,218명이 열띤 경쟁을 펼친 선거열풍	512
6. 헌정사상 처음으로 집권여당 과반의석 미달	519
7. 지역주의에 편승하여 여의도에 입성한 선량들	541

승자와 패자의 갈림길(13)
제13대 총선(1988. 4. 26) 이야기 ⑦

책을 펴내며	6
〈제4부〉 지역별 불꽃 튀는 격전의 현장들	9
제1장 민주정의당에 승세를 안겨준 수도권	10
1. 수도권의 의석분포가 곧 주요정당의 의석 순위	11
2. 수도권 77개 지역구 불꽃 튀는 격전의 현장으로	16
제2장 부산-경남과 대구-경북으로 양분된 영남권	179
1. 부산은 통일민주당이, 대구는 민주정의당이 석권	180
2. 영남권 66개 지역구 불꽃 튀는 격전의 현장으로	185
제3장 권역별로 확연하게 차별화된 비영남권	309
1. 충청권은 신민주공화당, 호남권은 평화민주당 수중에	310
2. 비영남권 81개 지역구 불꽃 튀는 격전의 현장으로	316
제4장 지역구 의석분포에 따른 전국구 의석배분	483
1. 지지율 34%로 전국구 51%를 배정받은 민주정의당	484
2. 정당별 전국구 당선자와 후보자 현황	491

책을 펴내며

지역갈등이라는 업보가 우리의 후손들에게 유산으로 남겨지지 않도록 지방행정구역을 과감하게 개편하여 우리나라 정치의 상수(常數)로 자리 잡은 지역감정을 영원토록 종식(終熄)시키는 계기가 만들어지기를 염원하면서 18대 총선 이야기(승자와 패자의 갈림길)을 부끄러움을 무릅쓰고 발간한 것이 2010년 11월이었다.

글 쓰는 재주가 남다르지 아니함에도 불구하고 2011년 12월에는 17대 총선이야기, 2013년 2월에는 14대 총선이야기, 2015년 5월에는 15대 총선이야기와 16대 총선이야기를 연이어 발간(10권, 5,149P)했으나 정치적이나 사회적으로 크게 주목을 받지 못했다.

한동안 절필을 좌고우면했으나 1960년대 이후 50년 이상 경상도 출신들이 집권하여 오면서 영남 패권주의를 조장하여온 엄연한 사실을 적시하면서 곡학아세(曲學阿世)한 정치인이나 학자들의 그럴듯한 지역갈등 해소방안은 뜬구름 잡기에 불과하다는 것을 환기시켜주기 위해 발간을 이어가기로 결단을 내렸다.

영남 대통령과 호남 국무총리로 지역화합을 이루겠다는 발상은 임시방편적인 미봉책에 불과하며 지역주의를 영원히 타파하기 위해서는 1천 년간 존속되어온 영남과 호남, 전라도와 경상도의 명칭을 의도적으로 폐지하는 지방행정구역을 재편해야 한다는 확신을 갖고 출간을 이어가기로 했다.

지난 6월에는 2016년 3월 26일 실시한 제20대 총선이야기에 1948년 제헌국회의원 선거에서 20대 국회의원 선거까지의 선거의 흐름을 엮은 역대 국회의원 선거이야기를 함께 발간했다.

역대 국회의원 선거이야기는 초대에서 12대까지는 역사적 흐름과 당선자 위주로 기술했지만 13대 총선 이후에는 지역구별로 승패의 갈림길과 부나비처럼 몇 차례의 낙선에도 개의치 아니하고 불굴의 의지를 돋보인 1만여 명에 달한 선량 후보들의 면모를 살펴보았다.
이번에 출간하는 책들은 1988년 4월 26일에 실시한 13대 총선이야기, 1992년 4월 8일에 실시한 14대 총선이야기를 4권으로 엮었다.
영남 패권주의와 지역갈등 해소라는 의식이 내면에 녹아있는 제13대 총선이야기 제1부에서는 전두환 합동수사본부장(보안사령관)을 추종한 신군부세력의 권력찬탈과 제11대 총선을 기술했다.
강고한 유신체제 붕괴의 빌미가 된 백두진 국회의장 파동, 김영삼 신민당 총재직 복귀와 박탈 그리고 국회에서의 축출, 부산-마산 시민들의 봉기와 고향 심복의 총부리에 무너진 18년 박정희 정권, 대통령 꿈에 부푼 3김(三金)을 초토화시키고 바보처럼 청와대를 지키다 사라진 최규하, 5.16 군부쿠데타를 모방하여 장기간 비상계엄유지, 정승화 계엄사령관 연행, 정치쇄신위원회를 구성하여 구정치인을 묶어 놓고 입맛에 맞는 268명을 해금하여 실시한 제11대 총선까지의 신군부 세력의 권력찬탈의 여정을 사실에 입각하여 서술했다.
제2부에서는 민주화추진협의회 중심의 선명야당인 신한민주당의 창당과 돌풍을 몰고 온 제12대 총선의 과정을 기술했다.
또한 군부독재정권에게 무모하고 줄기차게 도전한 부산 미국 문화원 방화, 직선제 쟁취를 위한 인천시민대회항쟁을 거쳐 개헌가두서명운동, 통일민주당 출범, 6.10규탄대회로 쟁취한 노태우 민정당 대통령 후보의 6.29 선언의 숨겨진 역사적 배경을 고찰했다.
제3부에서는 6.29 항복 선언 이후 급변한 정국 속에서 순풍에 닻을 올린 대통령 직선제 개헌으로 실시한 제13대 대통령 선거에서의 야권 후보 단일화 곡예에 의한 민주정의당 노태우 후보 대통령 당선과 민주의당, 통일민주당, 평화민주당, 신민주공화당이 4색전을 펼친 제13대 국회의원 선거의 실제적 상황을 기술했다.
이어 제4부에서는 수도권, 영남권, 비영남권과 비례대표의 개괄적인 설명과 224개 지역구에 뛰어든 후보들의 면모, 지역구별 판세 점검, 승패의 갈림길과 득표상황을 정리했다.

아무쪼록 지역갈등이라는 업보가 우리의 후손들에게 유산으로 남겨지지 않도록 과감하고 전면적인 지방행정구역 재편의 계기가 마련되고 어떠한 정치상황에서도 정치인은 가벼운 언행을 경계하여 후세에 회자되지 아니하기를 바랄 뿐이다.

2018년 11월
장맹수

<제1부> 신군부세력의 권력찬탈과 제11대 총선

제1장 고향심복의 총부리에 무너진 18년 박정희 정권
제2장 바보처럼 살았구려! 최규하 대통령
제3장 5.16 군부 쿠데타를 답습한 신군부의 권력찬탈
제4장 제한경쟁으로 추락한 제11대 국회의원 선거

제1장 고향심복의 총부리에 무너진 18년 박정희 정권

1. 강고한 유신체제 붕괴의 빌미가 된 '백두진 파동'
2. 김대중의 도움으로 신민당 총재에 복귀한 김영삼
3. 무장경찰의 신민당사 난입과 당직자들 폭행
4. 법원결정으로 김영삼 신민당 총재 총재직 박탈
5. 제명처분으로 김영삼 총재를 의사당에서 축출
6. 김영삼 총재 축출에 부산·마산 시민들 봉기
7. 차지철-김재규 갈등이 유신체제의 심장을

박정희 대통령이 지역구에서 당선된 민주공화당 출신이 아닌 유신정우회(維新政友會) 출신인 백두진 의원을 국회의장에 내정하자 야당인 신민당이 반대하고 나섰다.
신민당이 고분고분할 때에는 '더불어 있는 당'이라며 어깨를 두드려 주던 박준규 민주공화당 의장 서리와 태완선 유정회 의장은 모처(某處)로부터 지시를 받고서 백두진 의원이 유정회 소속이기 때문에 반대하는 것은 체제 도전의 변형된 형태라며 신민당의 퇴장반대는 절대 있을 수 없다고 못을 박았다.
이리하여 이철승 대표가 이끌고 있는 신민당 지도부는 집권여당이 지시한 방법에 따라 의장단 선출에 반대하는 진기한 기록을 세웠다.
중도통합론을 제창한 이철승 대표는 '백두진 의장 파동'으로 실추된 위상을 회복하지 못하고 선명성을 부르짖으며 김대중 전 대선후보 지원을 받은 김영삼 의원에게 11표차를 극복하지 못하고 당권을 송두리째 넘겨줬다.
박정희 유신정권은 선명성, 민주회복을 기치로 내건 김영삼 총재의 강경투쟁을 순치(馴致)하기 위해 대통령 긴급조치 위반혐의로 문부식 민주전선 주간을 구속하고, 경찰이 신민당사에 난입하여 당직자들을 무자비하게 폭행하고 YH 여공들을 연행했으며 재야인사들을 구속하는 강경조치를 단행했다.
정부·여당은 신민당 전당대회 개최 때 당원 자격논란이란 묘수를 찾아내 서울지법에서 김영삼 총재 직무 집행 가처분 결정을 내리고 정운갑 전당대회 의장을 직무대행자로 지명하여 신민당의 내분사태를 부추기고 즐거워했다.
그러나 67명의 신민당 의원 중 42명이 김영삼 총재를 지지하여 정운갑 대행체제가 무력화되어 소기의 성과를 거두지 못하자 박정희 대통령의 진노(震怒)에 부응하고자 민주공화당과 유정회는 김영삼 총재의 뉴욕타임즈와의 회견 내용을 빌미로 제명이라는 극약처방으로 김영삼 총재를 의사당에서 축출하는 추악한 작태를 서슴지 아니했다.

김영삼 총재의 제명의결은 이철승 전 대표를 비롯한 신민당 모든 의원들이 의원직 사퇴서를 제출했고, 김 총재의 정치적 고향인 부산과 아버님이 거주하고 계신 마산에서 '유신철폐'라는 구호를 내걸고 자발적인 시위가 번져나갔다.

박정희 대통령은 급기야 부산 일원에 비상계엄을 발령했으나 시위는 계속되었고 시위의 강도는 더욱 더 높아만 갔다.

부마항쟁의 진압에 대한 논란은 박정희 대통령의 양대 축으로서 심복인 김재규와 차지철의 갈등을 증폭시켰고, 이러한 갈등은 궁정동 안가에서의 박정희 대통령의 시해로 연결됐다.

따라서 유신체제를 옹호하기 위해 빚어낸 '백두진 의장 파동'이 강고(強固)한 유신체제 붕괴와 종말을 가져온 박정희 대통령 시해의 원초적인 빌미가 됐다.

1. 강고한 유신체제 붕괴의 빌미가 된 '백두진 파동'

(1) 유신체제의 힘자랑을 과시하여 백두진 의장을 선출

1979년 3월 개원을 앞두고 있는 10대 국회는 유정회(維政會) 백두진 의원의 의장선출 문제를 둘러싸고 공화당과 신민당이 강경하게 대립하여 개원 벽두부터 파란과 진통을 겪게 되었다.
여·야의 이 같은 강경 대치는 신민당이 의장 후보인 백두진 의원의 의장 선출에 반대키로 결정하고 투표 때 퇴장할 방침을 세운데 대해 공화당과 유정회가 이를 '유신체제(維新體制)에 대한 도전'이라고 간주하고, 신민당이 끝내 퇴장할 경우에는 원구성의 무기연기, 여·야 합의 의사일정의 백지화 등 강경 방침을 내놓고서 투표에는 반드시 참여하여야 한다고 고집을 피웠다.
송원영 신민당 원내총무의 집단 퇴장을 하지 않는 대신 처음부터 불참하겠다는 제안에 대해, 최영희 유정회 원내총무는 "개인적인 불참이나 퇴장은 받아줄 수 있으나 당론에 의한 것이면 받아줄 수 없다"고 다른 당의 행동방침까지 강제하는 억지 주장을 펼치고 있으나, 이를 당연한 것처럼 받아들여지고 있는 것이 유신독재 체제 속의 국회상이었다.
김영삼, 이민우, 유치송, 김재광, 황낙주 의원 등은 "여당의 방침은 대야(對野) 협박"이라고 지적하고 "의원 총회에서 이미 결정한 퇴장 당론을 재조정하는 것은 여당에 굴복하는 것"이라고 주장하며 이철승 지도부를 밑바닥부터 흔들어댔다.
여당권이 국회의장 선출에서 신민당의 퇴장 방침에 민감한 반응을 보인 것은 백두진 의원이 유정회 소속이기 때문에 반대하는 것은 체제 도전의 변형된 형태로 간주하고 있기 때문이었다.
신민당이 고분고분할 때에는 '더불어 있는 당'이라면서 어깨를

두드려 주던 박준규 민주공화당 대표, 태완선 유정회 의장의 새로운 여권 지도부는 모처(某處)로부터 전화를 받고서 체제 개선 움직임에 쐐기를 박고 신민당을 체제 내의 정당으로 길들이기 위해 전가(傳家)의 보도(寶刀)를 휘두르며 눈을 부릅뜨는 두 개의 얼굴을 드러냈다.

(2) 여당이 지시한 방법에 따라 의장선출을 반대한 신민당

퇴장을 주장하였던 이택돈, 이택희, 엄영달 등 신민당 주류 의원들은 하룻밤 사이에 "원 구성은 해야한다", "빈대 잡기 위해 초가삼간 태울 수 없다", "이러한 사소한 문제로 헌정 파괴나 정치 파국이 돼서는 안된다" 는 등의 이유를 들어 퇴장이 아닌 참석 쪽으로 방향을 선회했다.
마침내 국회는 신민당 최고위원과 총무단을 제외한 신민당 의원들의 불참 속에 백두진 의장, 민관식과 고홍문 부의장을 선출했다.
이철승이 이끌고 있는 신민당 지도부는 여당이 선택한 방법을 통해 의장단 선출에 반대하는 진기(珍奇)한 기록을 세웠다.
결국 10대 국회의 의정은 여당의 손바닥을 벗어날 수도 없었고 야당이 주장하는 정치 활성화도 그들 스스로 그것을 위해 무엇을 할 수 있느냐의 한계를 일러주었다고 볼 수 있었다.
이리하여 당내 안팎으로부터 "신민당은 여당의 시녀(侍女)인 제2의 유정회로 전락했다" 는 비판을 받을 수밖에 없었다.
9대 국회의 '김옥선 파동'이 유신 1기 야당 활동의 한계를 설정한 것이라면 이번 '백두진 파동'은 유신 2기의 체제 내 야당의 존재양식을 '여당에의 복종'으로 바꿔놓은 것이라 할 수 있다.
야당의 본회의장 퇴장을 문제 삼는 것은 행동 이전의 사고(思考)의 규제와 비슷한 과잉 규제로 볼 수 있다.

박준규·태완선 지도체제가 대야 설득이 아닌 원구성 거부라는 위협으로 고삐를 끌고 감으로써 '단세포적인 체제 알레르기'와 함께 대화 정치의 슬로건이 허울임을 드러냈다.
집권 여당의 의도가 총선 득표에서 민주공화당에 1.1%의 승리를 거둔 신민당의 기를 꺾기 위한 것이라면 일견 승리감에 젖을 수도 있겠지만, 신민당은 '실탄 장전', '본때를 보여 주겠다'는 여권의 엄포에 '의원 신상이 걸린 중대사태'로 받아들인 이철승 신민당 대표의 무력감을 엿볼 수도 있었다.
말하자면 집권여당 측이 띄운 '종이비행기'를 '중폭격기'의 공습으로 알고 무조건 백기를 들고 항복한 이철승 대표의 모습이 떠오르는 것은 어쩔 수 없었다.

(3) 백기를 든 패전지장으로 전락한 신민당 지도부

백두진 의장의 국회의장 선출투표에 참여한 이철승 대표와 신도환, 이충환, 고흥문, 김재광, 유치송 최고위원과 송원영 원내총무 등은 당론과 당 통솔력 상실에 대한 책임감마저 팽개친 채 인형극(人形劇)을 연상시킬 만큼 기계적인 동작을 취했다.
신민당의 이 같은 참담한 모습이 10대 국회에 투영(投影)될 때 정치 활성화의 기대는 신기루에 불과하리라는 짐작을 누구나 갖게 했다.
이철승 대표는 "지도부의 살신성인(殺身成仁)으로 정치발전을 하려는 신민당의 저력을 보여 주었다"고 자평했으나, 김영삼 의원 등의 강경론자들은 "지도부 7명의 참석은 백기(白旗)를 든 패전지장(敗戰之將)의 꼴"이라며 "여당 각본대로 연극을 해도 좀 멋지게 해라"고 야유했다.
백두진 파동에서 보인 신민당의 갈등은 유신체제 붕괴의 서곡(序曲)으로 자리매김했다. 이번 '백두진 의장 파동'은 5월 전당대회를 앞둔 강경·온건파의 전초전(前哨戰)의 양상을 보인데 이어 중도통합론의 이철승 체제가 붕괴되고 강경파가 당권을 차지할 수 있는 촉매제가 됐다.

2. 김대중의 도움으로 신민당 총재에 복귀한 김영삼

(1) 당권 경쟁을 향해 불을 뿜어대는 주류와 비주류

김영삼 의원은 "평화적 정권 교체론을 위한 수권정당으로써 당 체제를 정비하는 것이 신민당의 당면과제이며 야당다운 자세를 지니도록 당의 지도노선을 바로잡아야 한다", "백두진 파동에서 신민당 지도부 퇴장당론을 번복한 사태는 국민에 대한 배신이며, 당원들은 이 정권이 바라는 대로 행동해서는 안된다"고 주장했다.

피선거권 상실로 지난 총선에서 조세형 의원을 지원했던 조윤형 전 의원도 "권력에 아부하고 그 비호 아래 있는 부패한 지도부는 갈아치워야 한다"고 지도부를 맹공했다.

그러나 이철승 대표는 "자기와 마음이 안 맞는다고 상대방을 모함함으로써 선명한 체 하는 것은 위장선명(僞裝鮮明)"이라면서 "무조건 반대하고 강경한 체 하면 선명이 되는 풍토는 고쳐져야 한다"고 반격했다.

그렇지만 주류 측의 이택돈 의원은 "참여 하의 개혁이나 중도통합론은 힘의 균형을 바탕으로 하지 않은 상황에서 일방적인 항복이나 호의의 표시밖에 될 수 없다"고 이철승 대표의 지도 노선을 비판했다.

신도환 최고위원도 "제1야당은 비정(秕政)을 따지고 반대하는 것이 사명인데도 이 대표는 엉뚱한 중도통합론(中道統合論)을 들고 나와 신민당을 욕 보였다"고 이 대표의 공격대열에 합류했다.

이철승 대표가 중도통합론을 자신의 행동규범이나 방법론이 아니라 정치철학, 지도이념으로 규정함에 따라 대여관계에 있어 '유착', '사꾸라'란 세찬 비판을 받고 있으면서도 "대중의 인기에 영합하는 것은 지도자의 올바른 태도가 아니다"라며 중도통합론을 고집스럽게 주장했다.

이철승 대표는 '5.16' 이후 정쟁법에 묶여 미국에서 10년을 보내고 귀국한 뒤 투사 일변도형 정치스타일에서 탈피하여 '참여하의 개혁', '명분 있는 실질투쟁' 등의 정치 노선과 방법론을 창안해 내기도 했다.

이 대표는 김성수, 송진우, 장덕수, 조소앙 등 민족지도자의 사랑방을 드나들며 어깨 너머로 정치를 배웠다는 점과 고려대 시절 반탁학생운동을 지휘한 활동경력을 내세워 '구세대의 막내, 신세대의 맏형'을 자임하여 왔다.

그는 고향인 전주에서 제헌, 2대 총선에서 연속 낙선한 뒤 3대 총선에서 당선되어 6선 의원이 되었다.

이에 비해 김영삼 의원은 '최연소 의원', '최연소 원내총무', '최다선의원', '최연소 당수' 등의 화려한 경력을 쌓은 행운아로 서울대를 졸업하고 장택상 국무총리의 비서관으로 정계에 첫발을 내디뎠고 고향인 거제에서 자유당 공천을 받아 3대 국회의원에 당선된 뒤 순풍에 돛을 단 듯 정치가도를 달려왔다.

김영삼 의원은 '민주회복', '자유 민주주의'를 주장하는 등 명분을 중시하고 여론의 흐름에 따라 대세를 판가름하는 안목(眼目)을 강점으로 여기고 있으며, 1971년 대통령후보 지명권, 1976년 대표위원 선거에서 패배하기도 했다.

그러나 그는 '현실의 패배자'일지는 몰라도 '원칙의 승리자'임을 자랑하려는 기질을 줄곧 보여 왔다.

대표위원 선출을 위한 전당대회를 앞두고 고흥문, 이충환, 유치송, 김수한 의원들과 단합대회를 개최한 이 대표는 김대중 씨의 지원을 의식하여 "외세를 이용하려는 것은 조강지처를 버리고 이웃집 유부녀를 탐내는 것"이라고 김대중 씨와 김영삼 의원을 비난한 뒤 "정치 이전에 사람이 되어야 한다"고 김영삼 의원에게 경고했다.
그러나 비주류인 박한상 의원은 "이철승 대표가 자신을 사다트 이집트 대통령에 비유하고 있으나, 사다트 대통령은 협상에서 실지(失地)를 회복한 데 비해 이 대표는 '참여하의 개혁'으로 끌려 다니기만 하고 실망밖에 얻는 게 없다"고 비판했다.
반면 고흥문 국회부의장은 "백두진 파동 때 반대 방법을 당권 경쟁에 이용하여 선명 논쟁을 벌인 처사는 누워서 침 뱉는 격"이라고 오랫동안 동지였던 김영삼 의원을 비난했다.

(2) 11표차 역전극을 연출한 신민당 전당대회

당권 경쟁은 당권파의 이철승 대표와 비당권파의 김영삼 전 총재 간의 숙명적인 한판 승부가 예상되는 가운데 신도환, 김재광 최고위원이 제3의 완충역을 자임하고 나섰고, 고흥문 최고위원이 파국(破局)에 대비하여 중재역을 맡겠다고 밝히는 등 당권 경쟁은 4, 5파전의 혼전이 예상되고 있었다.
또한 최고위원을 노리는 인사들도 1차 시험에 응시하듯 당권 도전에 나서 이기택, 조윤형, 정해영, 이충환, 이민우, 박한상, 유치송, 박영록, 박일, 김옥선 등 15명에 이르는 주자들이 우후죽순(雨後竹筍)처럼 뛰어들었다.
1976년 전당대회에서 김영삼 전 총재의 후원을 받아 당선된 김재광, 이충환, 유치송 최고위원들이 이철승 대표를 지지하고 있는 것을 보면 정치는 살아 있는 생물임을 실감케 했다.
이철승 대표는 고흥문, 김재광, 이충환, 유치송 최고위원들과 연합 전선을 모색할 움직임이며, 김영삼 의원은 정해영, 이민우, 박한상 의원과 조윤형 전 의원 등과 제휴를 위한 접촉을 강화해 나갈 계획이다.

정책위의장을 사퇴한 박일 의원도 "신민당이 이 정권의 연장을 도와주는 들러리 서기를 계속한다면 국민들로부터 더 많은 매를 맞을 것"이라고 주장하며 당권파에서 비당권파로 돌아섰다.
비당권파인 박일, 황낙주, 김옥선, 최형우, 박용만, 이필선, 유한열 등 단일후보 추대위원회는 김영삼 의원을 단일후보로 추대키로 결의했다.
당권 경쟁이 본격화되면서 각 계보는 금전 살포와 은밀한 선물공세, 마타도어, 흑색선전 등 갖가지 방법들이 동원됐다.
전당대회 대의원은 중앙상무위원 187명, 정무회의 선출 100명, 지구당위원장이 지명하는 370명으로 모두 757명으로 구성되었다.
당권 경쟁은 막바지에 이철승 대표와 김영삼 전 총재 간의 패팽한 대결로 압축되어 갔다. 신도환, 김재광 최고위원과 박영록, 조윤형, 이기택 등이 당권 경쟁에 뛰어들었으나 결선 투표에서는 양자 대결의 공산이 클 것으로 전망됐다.
결선 투표에서 고홍문, 유치송, 이충환 최고위원들은 이철승 대표를 지지하고 김재광, 이기택 후보들은 김영삼 의원을 지지할 것을 선언했다.
'중도통합론, 참여하의 개혁'과 '민주회복, 야당성 회복'을 각각 명분으로 내걸고 조직과 바람의 대결양상을 보여 왔던 선거전은 이철승 대표의 승리가 예상됐으나, 김대중 전 대선 후보가 김영삼 의원을 지지하고 나서자 적지 않은 대의원들은 '어느 때보다 어려운 상황'이라는 의견이 지배적이었다.
조윤형 전 의원은 "민주회복의 대의를 살리고 친여 세력이 당권을 잡는 것을 방지하기 위해 후보를 사퇴한다"며 "민주회복 세력과 중도통합론을 바탕으로 한 친여 세력 간의 대결양상으로 되고 있는 이번 전당대회에서 민주회복 세력의 대표인 김영삼 의원이 당권을 잡는 것이 옳다"고 주장하면서 최고위원 후보직을 사퇴했다.

또한 조윤형 전 의원은 "김대중의 권유를 받고 민주회복의 대의를 위해 살신성인 하려는 것"이라고 사퇴 이유를 밝혔다.

김재광, 박영록, 조윤형 후보가 김영삼 후보 지지를 선언하고 사퇴한 총재 선거의 1차 투표 결과는 이철승 292표, 김영삼 267표, 이기택 92표, 신도환 87표, 김옥선 11표로 재석과반수 미달로 2차 투표에 들어갔다.

김옥선 후보는 "이번 총재 경선에 나선 후보 중 권력이 가장 싫어하는 사람은 김영삼 의원"이라면서 "가장 박해받고 있는 세력과 민주회복 세력이 내세우고 있는 김 의원을 지지한다"며 후보직을 사퇴했다.

이기택 후보는 김영삼을, 신도환 후보는 이철승 지지를 선언하고 들어간 2차 투표에서 김영삼 전 총재는 378표를 얻어 367표에 그친 이철승 대표를 11표차로 제치고 새로운 총재로 선출됐다.

김영삼 의원의 승리는 '백두진 파동'에서 보여준 굴욕을 더 이상 국민에게 보여주어서는 아니 되겠다는 대의원들의 민심이 방대한 조직력을 과시한 이철승 대표를 어렵게 넘어설 수 있는 밑거름이 됐다.

(3) '민주회복'으로 유신체제 도전을 선언한 김영삼 총재

김영삼 의원은 "이번 전당대회야말로 누가 당권을 잡느냐라는 문제가 아니라 참된 야당이 존재하게 되느냐, 말살되고 마느냐하는 문제가 걸렸다"면서 "이번 대회가 야당의 사명을 다하지 않고 권력의 그늘에서 안주하는 타락된 행위를 인준해주는 결과를 가져온다면 우리 모두가 역사와 국민으로부터 준엄한 심판을 받게 될 것"이라고 출마회견에서 밝혀 선명성 경쟁에서 우위를 차지했다.
김영삼 의원은 전당대회 전야제에서 김대중 씨와 손을 맞잡고

"우리 두 사람이 민주회복의 그날까지 동지로 뭉쳐 싸워나가겠다"면서 "내일은 위대한 제2의 민권의 승리를 다짐하자"고 열변을 토했다.

김대중 전 대선후보도 "이번 전당대회는 김영삼, 이철승 씨의 싸움이 아니라 친유신과 반유신, 친민주와 반민주 세력 간의 싸움"이라며 "이철승 씨의 중도통합론은 민주공화당의 장기집권을 합리화하기 위한 어용야당이론"이라고 화답하며 적극적인 지지를 선언했다.

"지난 2.12 총선에서 공화당이 1.1%의 득표율로 신민당에 뒤진 만큼 정권을 내놓아야 한다"고 당선 일성(一聲)을 던진 김영삼 총재의 앞날은 그가 내세운 투쟁목표가 '민주회복'이라는 체제도전으로 어떤 경우에도 유신체제 도전을 용납할 수 없다는 자세를 보여온 집권 여당과의 강경대치가 명약관화하여 앞으로의 정국은 험난할 것으로 예상됐다.

이번 전당대회에서 김영삼 전 총재가 '선명 독주'로 당을 파국의 지경에까지 이르게 하여 당권까지 빼앗겼던 시행착오를 한 그때와 크게 달라지지 않은 당내 현실에서 패배를 되풀이 할 것인가, 아니면 두꺼운 당내외의 난관을 어떻게 뚫고 나갈 것인가가 관심을 끌어왔다.

단일지도체제의 총재로 선출된 김영삼 총재는 이민우, 박영록, 이기택, 조윤형을 부총재로 지명하고 그동안 이철승 대표 체제에서 제명, 징계된 야당성 회복 투쟁동지회의 원외당원들을 전원 복당시키겠다고 선언했다.

3. 무장경찰의 신민당사 난입과 당직자들 폭행

(1) 무소속 의원 15명을 입당시켜 1% 우세를 주장한 공화당

김영삼 신민당 총재는 부총재는 4명이라는 당헌을 위배하여 6명의 부총재를 지명했으나 송원영 의원이 당헌위반을 이유로 취임을 거부하여 당헌 개정 후 박한상, 송원영 의원을 부총재로 지명키로 하는 등 지도체제 출범 초부터 흠집을 남겨 스타일을 구겼다.
이를 만회하고자 김영삼 총재는 '민주회복 투쟁'을 위한 태세를 확립하기 위해서라는 명분으로 재야인사들의 영입, 친야 무소속 의원들의 입당, 통일당 흡수 등 범재야세력 통합 작업을 추진했다. 무소속 교섭단체인 민정회(民政會)의 예춘호(부산 중-영도), 한병채(대구 중-서), 오세응(성남-광주-여주-이천), 변정일(제주), 임호(대전), 김현규(구미-군위-성주-칠곡-선산), 이상민(진주-삼천포-진양-사천), 손주항(임실-남원-순창) 의원과 무소속 박찬(공주-논산) 의원 등 9명의 의원이 신민당에 입당하여 신민당 소속 의원이 70명으로 집권여당인 민주공화당의 68명을 능가하게 되었다.
신민당 입당의사를 밝혔던 민정회의 박용기, 함종윤 의원 등이 입당을 보류한 것에 대해 동료 의원들은 의아한 표정을 지었다.
민주공화당 박준규 의장 서리는 "미친년 널뛰듯이 신민당이 그렇게 나온다고 따라할 수 없지 않느냐"며 "그렇게 사람을 빼가는 것은 옹졸한 것"이라고 성토했다.
신형식 사무총장도 과거 그의 선배 사무총장을 지냈던 예춘호 의원에 대해 "여자가 개가(改嫁)를 자주하는 것이 안 좋은 것 같이 남자도 너무 이리저리 왔다 갔다 하는 것은 나쁘다"며 노골적으로 비난했다.
그러나 민주공화당 수뇌부는 신민당에 입당한 의원을 제외한 나머지 민정회(民政會) 소속의원 15명 전원을 입당시킬 방침을 세웠다. 이들은 이후락(울산-울주), 김진만(강릉-명주-삼척), 권오태(포항-영일-영천-울릉), 최치환(남해-하동), 윤재명(장흥-강진-영암-완도), 함종윤(속초-인제-고성-양양), 임호(대전), 김수(고흥-보성), 박정수, 정휘동(김천-금릉-상주), 임영득(해남-진도), 홍성우(도봉), 한갑수(나주-광산), 박용기(고창-부안), 변정일(제주) 등이다.

이 가운데는 신민당 입당결의문에 서명한 변정일, 임호 의원과 신민당 입당 의사를 밝혔던 함종윤, 박용기 의원 등도 포함됐다.

민주공화당은 이번 조치로 총선 득표 1.1%의 열세가 거꾸로 1% 우세로 바뀌었다고 주장하고 나섰다.

민주공화당은 신민당의 1.1% 승리에 무관심한 체 하면서도 결국 신민당식 대비방법에 동조한 셈이 되었고, 민주공화당이 신민당의 1.1% 이야기를 얼마나 뼈저리게 받아들였는가를 입증하는 계기가 되기도 했다.

(2) 김일성 면담제의로 한바탕 곤욕을 치룬 김영삼

김영삼 총재는 사무총장 박한상, 원내총무 황낙주, 정책심의회의장 이택돈, 훈련원장 노승환, 당기위원장 최형우, 인권옹호위원장 고재청, 대변인 박권흠으로 당직 인선을 마무리했다.

김영삼 체제 출범에 맞추어 서울지검 정경식 검사는 신민당 기관지 민주전선의 주간(主幹)인 문부식 전 의원을 대통령 긴급조치 9호 위반혐의로 긴급 구속했다.

문부식 주간은 김영삼 총재의 국회본회의 대표연설 전문(全文)을 당기관지인 민주전선에 게재하여 헌법 및 긴급조치를 위반했다는 어처구니없는 혐의다.

이에 김동영 의원은 "문 주간의 구속은 김영삼 총재에 대한 탄압일 뿐 아니라 야당의 활동을 말살하려는 처사"라고 비난했다.
황낙주 총무도 "정국안정은 생각도 없이 김영삼 총재와 신민당을 골탕 먹임으로써 윗사람에게 점수 따려는 구태의연한 검찰의 작태는 버려야 할 유산"이라고 주장했다.
이러한 와중에서 김영삼 총재는 남북관계의 진전을 위해 김일성과의 면담을 제의했다.
민주공화당과 유정회에서는 김영삼 총재의 '김일성 연락 제의'에 대한 북괴(北傀) 측의 반응과 관련한 대책회의를 개최하고 신민당사인 마포 당사에 대한상이군경회와 반공청년회원이라고 자처하는 괴청년 120명이 몰려와 강당을 점령하고 농성을 벌였다.
이들은 "김영삼은 총력안보 저해하는 이적행위 중지하라", "북괴 김일성의 앞잡이 김영삼을 처단하라"는 내용의 전단(傳單) 수천 장을 뿌리고 신민당기를 찢어 바닥에 팽개쳤다.
더구나 이들은 신민당 당직자 15명을 폭행하고 구타하기도 했다.
김영삼 총재의 김일성 면담용의 표명과 북괴 김일성의 예비접촉 제의, 그리고 정부·여당의 강경대응 등 정국을 긴장시켰던 남북대화문제는 신민당이 북측의 접촉 제의를 거부함으로써 일단 가파른 고비를 넘기게 됐다.
그러나 여당에서는 김영삼 총재의 진의 해명을 요구하고, 신민당은 상이군경의 당사난입에 대한 항의 등으로 김영삼 체제 출범과 동시에 여·야 관계는 긴장 관계에 돌입하게 됐다.
민주공화당과 유정회는 신민당 김 총재의 '김일성 면담용의'를 공식적으로 취소할 것과 신민당이 이를 당론으로 명백히 밝힐 것 등을 요구했다. 이에 신민당은 김 총재의 성명은 최고의결기구인 정무회의 의결을 거친 당론으로서 후퇴할 수 없다고 일축했다.
또한 박권흠 대변인은 "김 총재가 북괴 김일성의 6.18 담화에 대해 분명하게 태도를 밝혔음에도 여당권에서 이 문제를 가지고 계속 정치 공세를 펴는 것은 그 저의를 의심하지 않을 수 없다"고 비난했다.

이철승 전 대표는 "김 총재의 발언은 즉흥적 발언으로 자유민주전선의 전열을 분산시키고 당에 대한 국민의 신뢰를 실추시킨 행동으로 심도 깊이 반성돼야 할 것"이라고 성토했다.

또한 정부·여당에 대해서도 "과거의 독선적 행위에 대한 응분의 책임을 통감해야 하며, 이번 김 총재의 발언을 놓고 신민당을 약화시키는 당략적인 정치적 구실로 악용하는 일은 삼가야 한다"고 정부·여당에도 일침을 놓았다.

(3) 경찰의 신민당사 진입과 당직자 폭행은 적법행위

YH 무역회사 여자 종업원들이 신민당사에 찾아들자 신민당 의원들은 "여러분들이 마지막으로 신민당을 찾아준 것을 눈물겹게 생각한다"며 반갑게 맞이했다. 그러나 경찰이 당사에 진입하여 강제해산 시킨다는 설이 나돌자 긴장하는 분위기에 휩싸였다.

황낙주 원내총무는 이순구 서울시경국장에게 "경찰이 당사에 들어오면 엄청난 사태가 발생케 되고 정국은 파국으로 치닫게 된다"면서 당사 진입을 한사코 만류했다.

신민당사에서 철야농성 중이던 YH 무역 여자종업원 170여 명은 수 백 명의 기동경찰에 의해 강제 해산됐으며, 이 와중에서 여성 근로자 1명이 동맥을 끊고 3층에서 뛰어내려 목숨을 잃었고, 신민당 의원들이 구타당하는 불상사가 일어났다.

박권흠 대변인은 경찰로부터 머리와 얼굴을 방망이로 강타당하여 눈과 코가 부어올라 얼굴 형태가 일그러질 정도의 피투성이가 됐고, 황낙주 원내총무는 다리와 어깨 부분 등을 방망이로 두들겨 맞았다.

신민당은 이번 사태를 폭거로 규탄하는 한편 강력한 투쟁을 벌이기로 하여 정국경색(政局梗塞)은 불가피하게 되었다.

이순구 서울시경국장은 경찰관에게 폭행을 한 범인 색출과 여성근로자를 보호하기 위한 부득이한 조치였다고 해명하고, 경찰로부터 취재 중 무차별 폭행을 당한 12명의 기자들에 대해서는 혼란한 틈에 사람을 가리지 못해 일어난 잘못일 것이라고 유감을 표했다.

그러나 서울시경은 도시산업선교회에서 특수교육을 받은 YH 무역 최순영 노조위원장과 불법농성을 배후에서 선동한 사람을 가려내 의법 조치하겠다고 밝혔다.

김영삼 총재는 "2천여 명의 경관이 야당 당사를 난입하여 나이 어린 여공들은 무조건 구타하고 국회의원들은 무차별 난타한 것은 역사상 없었던 폭력행위"라고 규탄했다.

또한 김 총재는 "경찰의 폭력행위로 박권흠 대변인은 얼굴 자체를 알아볼 수 없을 정도로 중상을 입은 것을 비롯하여 박한상, 황낙주, 박용만, 김형광 의원들을 포함하여 40여 명의 당원들이 중경상을 입고 병원에서 치료 중"이라고 밝히고 "이번 사태는 유신체제의 본질을 여과 없이 그대로 드러낸 것"이라고 덧붙였다.

미국 국무성 레스턴 대변인까지 YH 여공들의 농성과 경찰의 강제해산에 대해 "지나치고 잔인한 폭력을 사용한 것을 개탄한다"고 논평했다.

박정희 대통령은 종교를 빙자한 불순단체와 세력이 노동조합 등에 침투하여 노사분규를 선동하고 사회불안을 조성하고 있는 실태를 조사하여 보고하라고 긴급지시했다.

이에 부응하여 오유방 민주공화당 대변인은 "이번 사태는 일부 불순세력의 조종을 받은 근로자들을 당사 안으로 유도, 선동함으로써 정략적으로 악용한 신민당 측에 그 책임이 있다"고 발뺌하며 책임을 신민당 측에 전가했다.

김영삼 총재는 "신민당은 YH 문제를 평화적, 합법적으로 처리하려고 했으나 당국이 폭력으로 처리해 놓고도 책임을 도리어 신민당에 전가시키는 것은 국민을 무시하고 배반하는 파렴치한 조작극"이라고 비난하면서, 모든 의원들이 참여하는 농성에 돌입했다.

(4) 신민당 의원들의 당사농성과 재야인사들의 구속

박정희 대통령의 특별지시에 따라 서울시경은 YH 여공 신민당사 농성 사건의 배후 조종자로 도시산업선교회 총무인 인명진 목사, 사회선교협의회 부위원장 문동환 목사와 총무 서경석, 이문영 교수, 고은 시인, 최순영 YH 무역 노조지부장 등을 국가보위에 관한 특별조치법 위반으로 긴급 구속했다.
배후 조종자인 인명진 목사 등은 YH 여공들이 신민당사로 몰려가 불법농성을 하도록 유도했을 뿐 아니라 자살결의문 채택, 자살조 편성 및 예행연습 등을 선동했다고 경찰은 밝혔다.
이에 김영삼 신민당 총재는 "문동환 목사, 이문영 교수, 고은 씨 등이 YH 여공들을 신민당사에서 농성하도록 사전 모의한 것처럼 꾸민 경찰의 발표는 조작극일 뿐"이라고 주장했다.
이어 김 총재는 "도시산업선교회, 가톨릭농민회, 크리스찬아카데미 등을 불순세력, 용공분자로 모는 것은 용납할 수 없다"면서 우리나라 정부는 기독교를 탄압한다는 세계적인 비판을 면키 어려울 것이라고 경고했다.
이에 민주공화당 오유방 대변인은 "김일성 면담발언으로 국론분열 조장, 해방정당론으로 인한 정통보수 야당성의 변질 의혹 조성, 민주국회로부터의 도피 등 김 총재의 탈선, 오도 행각은 열거할 수 없을 만큼 많다"면서 "우리는 이 같은 작태가 철저하게 당권 안보를 위한 술책이란 것을 지적한다"고 천연덕스럽게 비난했다.
도시산업선교회에서는 근로자들이 어려움이 있어서 찾아왔을 때 그들의 정당한 권리를 설명해주고 해결해 주었을 뿐이며 그들이 올바르게 살 수 있도록 교양 강좌를 하고 근로의식을 고취시키는 것이 무엇이 잘못이냐고 항변했다.
그러나 기독교계(基督敎界) 일부에서는 이들 도산을 용공세력으로 보는 움직임도 있고, 기업인들은 도산이 침투하면 도산(倒産)한다는 공포감에 쌓여있는 것도 사실이었다.
급격한 경제 성장에 비해 상대적으로 근로자들이 소외돼 온 계층이라는 것, 기대욕구는 커지고 있는데 이들이 손에 쥐는 것은 그에 훨씬 미치지 못한 것들이 노사의 문제의 핵심인 셈이다.
불황을 이유로 저임금 개선을 하지 않은 기업주가 고급 승용차, 호화주택을 갖고 호화생활을 할 경우 개명(開明) 시대의 근로자들이 심복(心服)할 수 있느냐는 지적에, 기업인들은 내가 번 돈 내가 쓰는데 무슨 시비냐는 대응이 노사문제를 더욱 어렵게 하여 왔다.
구자춘 내무부장관은 국회에서 "지난 8월 신민당사에 경찰관이 들어가 현역의원과 취재기자들을 구타한 결과에 대해 죄송스럽게 생각하며 사과한다"고 뒤늦게 고개를 숙였다.
서일교 법원 행정처장은 "앞으로 사법부가 국민들의 인권을 옹호하고 신뢰받는 재판을 할 수 있도록 정신 자세를 가다듬겠다"고 자성(自省)하는 듯한 발언도 했다.
"철학이 다른데 무슨 대화냐"는 박준규 민주공화당 의장 서리, "모든 책임은 신민당이 져야한다"는 태완선 유정회 의장 등의 강경 발언으로 신민당 의원들의 당사농성은 열흘 째 계속되었다. 정부에서는 신민당 총재단에 대한 직무집행정지 가처분 신청, YH 노조 간부 및 이문영 등 관련인사 구속, 정부의 도시산업선교 활동 일체조사 등의 강경 조치로 농성은 계속될 수밖에 없었다.
신민당은 당사 피습사건과 YH 사건의 진상 종합발표와 고(故) 김경숙 양 추도식을 가진 후 18일 만에 농성을 해제했다.
신민당은 당초 요구했던 서울시경국장 구속 등을 이뤄내지 못했지만 과거의 '사꾸라 야당', '준여당' 등의 오명을 씻고 "국민들의 엄청난 관심과 성원으로 지지기반을 확대했고, 정부·여당이 마음대로 할 수 없는 정당임을 과시했다" 는 무형적 성과를 거론하며 자위했다.

4. 법원의 결정으로 김영삼 신민당 총재 총재직 박탈

(1) 김영삼 총재 강경노선의 제동 수단으로 등장한 가처분 신청

신민당은 조윤형 부총재와 김한수 전당대회 부의장의 당원 자격에 대한 유권해석에 대한 질의가 중앙선관위에 접수된 데 대해 "정치적 배후가 의심스럽다"는 반응을 보였다.
중앙선관위는 조가연 전 신민당 서대문구 부위원장의 질의에 대해 "조윤형 부총재와 김한수 전당대회 부의장은 국회의원 선거권이 없으므로 정당원의 자격이 없고 지구당이나 중앙당의 대표자나 간부가 될 수 없다"고 유권해석했다.
이에 김영삼 총재는 "중앙선관위가 조, 김 두 동지에 대해 당원 자격이 없다고 유권해석을 내린 것은 그들이 나를 지지한 데 대한 정치적 보복이며, 선관위의 유권해석에 구속받지 않겠다는 것을 선언한다"고 반발했다.
이에 오유방 민주공화당 대변인은 "민주주의는 실정 법률의 준수와 사법권 존중을 통해 법치주의 원칙에 따라야 하는데도, 김 총재의 그러한 견해 표명은 민주정치의 상도(常道)를 벗어난 것"이라고 공격의 칼날을 세웠다.
신민당 윤완종(공주-논산), 유기준(성남-여주-광주-이천), 조일환(대구 중-서-북) 원외위원장은 서울민사지법에 김영삼 총재 등에 대한 직무정치 가처분 신청을 제기했다.
이들은 중앙선관위가 당원 자격이 없는 것으로 유권해석한 조윤형 성북 지구당위원장이 임명한 5명의 지구당 대의원 표가 무효이므로 전당대회에서 과반수보다 2표를 넘겨 당선된 김 총재의 당선은 무효라고 주장했다.
신민당 정재원 임시 대변인은 그들을 '배반자'라고 규정하면서

"그들에 의해 자행된 반민족적, 반당적 음모의 배후가 어떠한 것이든 간에 우리 당은 필요한 경우 그 음모의 획책을 국민과 60만 당원의 이름으로 철저히 응징할 것"이라고 격분했다.

조윤형 부총재는 "정권과 결탁하여 소(訴)를 내게 한 사꾸라 세력이 당내에 있다"는 발언으로 폭력사태를 야기시켰고, 이철승, 신도환, 고흥문, 이충환, 유치송 의원 등은 "조윤형 부총재의 무책임한 언동은 동지들을 모함하고 당을 분열시키는 해당행위"라고 반격했다.

이들은 대의원으로 참석한 조윤형, 김한수, 조연하, 김옥선, 황명수, 심봉섭, 김태룡, 김형중, 신경설, 김덕룡, 정일형 등 25명이 정당원의 자격이 없는 사람들이므로 김영삼 총재의 당선은 당연히 무효라고 거듭 주장했다.

신민당 지도부는 차점자(이철승)가 주관한 전당대회에서 유자격 대의원으로 인정하여 대회를 원만히 끝낸 후 당 대표가 바뀌었다 해서 대의원 자격을 따지는 것은 논리의 모순이라고 주장했다.

가처분 신청이 여·야 협상의 미끼로 사용될지도 모른다는 분석이 나도는 한편, 가처분 신청에 대한 결정의 연기는 김영삼 체제의 강경 노선에 제동을 거는 수단의 하나로 등장하게 될 것이라는 추측들이 난무했다.

(2) 서울지법 부장판사가 신민당 총재 직무집행 가처분 결정

서울민사지법 조언(趙彦) 부장판사는 "총재 선출 결의 무효확인 등 본안 소송 판결 확정시까지 김영삼 씨는 신민당 총재직의 직무집행을, 이민우, 박영록, 이기택, 조윤형 씨는 부총재의 권한을 행사해서는 안 된다. 이 기간 중 정운갑 씨를 신민당의 총재 직무대행자로 선임한다"는 신민당 총재 등 직무집행정지 결정을 내렸

다.

재판부는 이러한 가처분 결정 이유로 "정당은 사법(私法)상의 사단(社團)으로서 내부적 의사결정은 사법심사 대상이 되며, 무자격 대의원 22명이 유효 투표로 계산된 총재 선출은 그 결의가 무효로 볼 수밖에 없다"는 점을 내세웠다.

신민당 대표를 상대로 한 가처분 신청은 1972년 10월 김홍일 씨가 유진산 대표를 상대로, 1976년 5월 최극 씨가 김영삼 총재를 상대로, 1978년 4월 복진풍 씨 등이 이철승 대표위원을 상대로 제기됐으나 모두 기각되어 이번 법원의 결정은 한국 정당 사상 최초의 사례가 됐다.

김영삼 총재는 법원의 결정에 대해 "국민과 당원이 선출한 총재는 준국가적 기관으로서 일개 민사지법 판사가 결정할 수 없다", "야당 말살의 살인적 행위인 이번 결정은 국민이 용서치 않을 것이며 하나님과 국민이 내 뒤에 있으니 신명을 다해 정정당당하게 이 정권과 맞서 싸울 것"이라고 밝혔다.

이번 결정은 현재의 신민당 지도부가 오늘을 이끌어 가는 활동을 하는 주체라는 점에서 큰 충격으로 받아들여지고 있으며, 적어도 반대파가 투표를 관리하고 결과에 승복하여 정치적으로 아무런 하자가 없는 정당의 결정이 법원에 의해 치명적인 상해를 입게 됐다는 역설적인 결과를 낳았다.

김영삼 총재는 "법원의 결정은 정치권력의 지시에 의한 조작극일 뿐 아니라 헌정의 일익을 이루는 정당의 지도기능이 민사 소송의 대상이 될 수 없기 때문에 이를 인정할 수 없다"고 거듭 불복의 사를 밝혔다.

김 총재는 "나는 이 땅에 다시는 4.19와 같은 비극적인 사태가 없어야 되며, 정치보복이 없는 사회가 뿌리내려야 된다는 차원에서 평화적인 정권교체의 길을 트라고 거듭 권고한다"면서 "서울 민사지법의 결정은 야당을 말살하여 유신 정권의 영구화를 기하려는 이 정권의 부도덕한 정치음모에 사법부가 하수인을 하여 이루어진 비극적인 소산으로 규정하고 국민 앞에 고발, 규탄한다"고 울부짖었다.

이에 김성진 문공부장관은 "현행 헌법과 박정희 대통령에 대한 국민의 절대적 지지는 여러 차례의 투표를 통해 명백히 표시된 바 있으며, 김영삼 씨를 비롯한 야당 국회의원들도 현행 헌법 규정에 따라 의원의 신분을 유지하고 있음으로써 현행헌법에 의한 국민적 정당성을 지지, 찬성하고 있는 것이다", "그럼에도 불구하고 김영삼 씨 등이 소위 민주회복이란 거짓으로 현행 헌법 질서를 파괴하려 드는 것은 위선일 뿐 아니라 안정을 바라는 절대 다수의 국민의 뜻에도 거역하는 것이며, 또한 명백한 범법행위가 되는 것이기 때문에 자중 자제하기를 다시 한 번 촉구한다"고 전가의 보도인 안정논리를 내세워 경고했다.

(3) 정치재판이라는 오명을 벗어나지 못한 서울민사지법 결정

신민당 총재단 집행 가처분 신청에 대한 서울민사지법 결정은 '토요일의 대학살', '정국 혼란의 선고' 등 엄청난 쇼크로 정계와 국민들에게 받아들여졌다.

정당 내부의 결의에 대한 적법 여부와 정당 대표를 가처분이라는 약식 재판으로 교체하는 것은 사법부의 범위 내에 속하는가라는 법리를 떠나, 국내는 물론 외국에도 판례가 없어 정치재판이라는 오명(汚名)을 벗어날 수는 결코 없었다.

국회의원 선거 소송에 가처분을 인정하지 않은 현 제도에서 제1당의 정당 대표를 가처분으로 교체하는 것은 현행법의 해석으로 불가능하다는 것이 일반적인 중론이었다.

신민당 정재원 임시 대변인은 "법원 결정은 야당을 말살하려는 정치조작극에 사법부가 하수인으로 전락하여 이 나라 민주주의와 사법독립의 마지막 조종(弔鐘)을 울린 것"이라고 비난하면서 "신민당은 이미 결정된 당론에 따라 사상유례가 없는 흉악한 정치재판이며 또 하나의 쿠데타인 법원 결정에 결코 승복하지 않을 것"이라고 반발했다.

김영삼 총재도 "이제 끝장을 볼 때가 왔다"는 각오로 국민연합(윤보선, 김대중, 함석헌)과 손을 잡고 신민당을 주축으로 한 '새로운 민주화 회복투쟁 범국민기구'를 결성할 계획을 밝혔다.

그러나 민주공화당 오유방 대변인은 "당내 민주주의의 능력도 없고 수신제가(修身齊家)도 못하는 처지에 신민당이 대여 투쟁 운운하는 것은 가소로운 일"이라면서 가처분 쇼크를 오로지 신민당 내부 사정으로 돌렸다.

더구나 오탁근 검찰총장의 사법부 모독행위를 엄벌하겠다는 발표가 있자, 이에 부응하여 법원에서는 서석재 신민당 조직국장 등을 '정치조작극'이라고 시위를 벌인 혐의로 구속영장이 발부되는 강경조치를 남발했다.

(4) 권력기관의 의도대로 양분(兩分)되어버린 신민당

신민당 총재 직무대행자로 지명된 정운갑 전당대회의장은 "사실 나도 당권에 도전할 위치에 있었으나 당직에 연연하고 싶지 않아 전당대회 때마다 당수 출마 권유를 사양했다"면서 "내가 안 맡을 때는 당이 혼란에 빠질 것"이라며 총재 권한대행을 수락할 의사를 밝혔다.

정운갑 총재직무대행이 중앙선관위에 총재 직무대행 등록신청서를 제출함으로써 과도체제 구성에 박차를 가했고, 김영삼 총재는 현 체제를 고수할 방침이어서 분당의 위기가 한층 고조됐다.

공화당과 유정회는 "사법부와 중앙선관위의 결정에 따라 정운갑 총재대행이 명실상부한 신민당의 총재가 분명하다"며 정운갑 총재대행을 대야협상의 공식창구로 인정하여 신민당의 내분을 부채질했다.

정운갑 총재대행은 "법원결정보다도 전당대회의장이라는 고위당직자로서 기약 없이 표류하는 신민당의 비참한 모습을 방치할 수 없고, 당헌이 명하는 데 따라 총재의 직무를 대행하지 않으면 안 된다는 책임감을 도저히 회피할 수 없다"고 궁색한 변명을 늘어놓고 총재 대행 직을 수락했다.

정운갑 대행은 중진회의 위원으로 김영삼, 이민우, 김재광, 이기택(주류), 이철승, 고홍문, 이충환, 신도환(비주류), 정운갑, 김의택, 김원만, 정해영(중도) 등 12명을 발표하고 과도체제를 출범시켰다. 또한 수습위원으로 박한상, 황낙주, 이택돈, 최형우(주류), 채문식, 김상진, 김준섭, 신상우(비주류), 한건수, 노승환, 고재청, 박병효(중도) 등 12명의 의원을 지명했다.

정 총재대행의 수습기구는 주류 측의 냉담한 반응과 일부이지만 중도, 비주류 지명자들에게도 거부당해 "사산(死産)이 될지 모른다"는 우려가 높아졌다.

정운갑 총재대행은 김영삼 총재를 찾아가 김 총재가 임명한 모든 당직 임명을 백지화하고 후임 인선은 정 의장이 권한대행으로 임명하되 당 운영의 독선, 독주에 대해 김 총재가 국민에게 사과해야 한다는 등 김 총재가 수락할 수 없는 조건 등을 제시했다.

김영삼 총재는 정 대행 체제 부인(否認), 수습위원회 불참 등의 방침 아래 소속의원들을 상대로 한 서명운동을 전개했다.

그러나 비주류 측은 중진모임을 갖고 정운갑 대행 지지를 결의하고 정 대행 체제 구축에 적극 협력하고 나섬으로써 신민당은 공화당의 의도대로 양분되는 모습을 국민들에게 적나라하게 보여줬다.

김영삼 총재는 "외부에서 임명한 관리인이 야당의 관리자가 되는 것은 바로 야당이 아니라는 것을 뜻하며, 정 전당대회 의장이 대행 직을 수락한 것은 이 땅에 야당을 영원히 말살하려는 의도"라고 비난하고서 자신이 신민당의 법통을 가지고 있는 총재임을 재강조했다.

김 총재는 "여당이 신민당의 유일한 법통 체제를 말살하기 위해 관제 야당을 만들려고 획책하는 만큼 정운갑 총재대행을 인정할 수 없고 수습위 구성에 응할 수 없다"는 입장을 거듭 밝혔다.

김 총재가 주도한 서명운동 전개에 "권력의 편에 서느냐, 국민의 편에 서느냐의 기로에서 후자의 편에 섰다"는 서명파가 "지구는 둥글다고 한 진리가 소수파였던 때가 있었다"는 비서명파 보다는 명분에서 앞섰기 때문에 67명의 의원 중 42명이 서명하여 비서명파 25명보다 17명이나 많았다.

비주류인 신상우 의원도 "김 총재의 지도 노선과 당 운영방식을 항상 비판해 온 나로서도 5.30 전당대회를 불법 무효화하려는 것은 용인할 수 없다"면서 서명파 의원으로 선회했다.

서명에 응하지 않은 의원은 정운갑, 이철승, 신도환, 이충환, 유치송, 정해영, 조세형, 김상진, 김승목, 유용근, 오홍석, 천명기, 김준섭, 엄영달, 한건수, 한영수, 김원기, 임종기, 박병효, 허경만, 김윤덕, 고재청, 이진연, 황병우, 김동욱 의원 등이다.

정운갑 총재대행은 박병효 의원을 대변인으로 지명하고 황낙주, 채문식, 유치송 의원 등에게 원내총무를 종용했으나 모든 의원들이 고사(固辭)하여 오직 총재대행 명의만을 가지게 되었다.

조일환 등 가처분 신청을 낸 3인은 김영삼 총재 측의 끈질긴 설득에도 "지금 소를 취하하기에는 시기가 늦었으며 위원장직을 우리에게 준다는 것도 믿을 수 없으므로 절대로 소를 취하할 수 없다"고 거부했다가, 박정희 대통령이 시해당하고 계엄령이 선포되어 안개정국이 전개되자 슬그머니 소를 취하하여 신민당 총재단은 원상복귀 됐다.

신민당 총재단에 대한 직무정지 가처분 신청을 한 조일환, 유기준, 윤완중 등 3인이 "시대적 흐름에 부응해야 한다는 책임감과 신민당이 집권적 차원에서 일해 나가야 한다는 역사적 책무를 감안했다"는 사유로 신청을 취하하여 정운갑 총재 직무대행체제는 소용돌이만 일으켰을 뿐 아무런 소득 없이 백지화됐다.

5. 제명처분으로 김영삼 총재를 의사당에서 축출

(1) 뉴욕타임즈 기자와의 회견 내용을 빌미로 징계 요구안 제출

신민당 김영삼 총재는 그의 자택에서 가진 뉴욕타임즈 기자와의 회견에서 "미국이 국민들로부터 점점 소외되어가고 있는 정부와 민주주의를 열망하는 다수 중 명백하게 선택해야 할 시기가 왔다", "카터 대통령은 한국에 와서 박정희 대통령의 위신을 높여줌으로써 박 대통령에게 그 반대 세력을 억압할 용기를 주었다", "그리하여 카터 대통령의 방한을 만류했었는데 그의 방한을 생각할 때마다 나는 분노를 금할 수 없다", "서울의 미 대사관에는 많은 직원들이 있으나 그들의 접촉 범위에는 놀랄만한 한계가 있다"고 박정희 대통령과 카터 대통령을 동시에 비난했다.

또한 김 총재는 "이란 사태는 미국의 크나큰 외교적 불행이었다. 나는 미국 대사관이 한국에서 이란과 같은 전철을 밟지 않기를 바란다"면서 "내가 미국 관리들에게 미국을 공개적이고 직접적인 압력을 통해서만이 박정희 대통령을 제어할 수 있다고 말할 때마다 그들은 언제나 한국의 국내 정치 문제에 관여할 수 없다고 일관되게 대답했다"고 덧붙였다.

마지막으로 김 총재는 "나는 북한과 대항할 수 있는 최상의 그리고 유일한 방법은 언론과 집회의 자유 및 자유선거를 통해 자신의 정부를 선택할 수 있는 자유를 확보하는 것이라고 아직도 확신한다"고 회견의 매듭을 지었다.

정부·여당의 집중적인 비난에 김 총재는 "전문(全文)을 공개하지 않고 거두절미해서 욕만 하고 있다"고 역공을 펼치며 "3만의 미군을 주둔시키고 작전 지휘권까지 갖고 있는 미국은 우방으로서 한국에 대해 충고할 수 있다"고 말했을 뿐이라고 강변했다.

김영삼 총재가 박정희 대통령 정부에 대한 미국정부의 지지를 종식할 것을 요구하는 '뉴욕타임즈'와의 인터뷰 이후 미국의 국무성은 한국 정부에 대해 김영삼 신민당 총재를 구속하지 말 것을 촉구하는 동시에 김 총재에 대해서도 충동적인 발언으로 정부를 자극하지 말도록 권유하는 이중적인 태도를 견지했다.

집권여당 측은 정운갑 대행체제만을 대화 창구로 삼아 그의 법통을 확인시키고 대세를 몰아준다는 전략을 세우고 추진했었다.

그리고 집권여당 측은 김 총재 체제를 백안시함으로써 김 총재의 무력화, 고립화를 시도하면서 김 총재의 NYT지 회견을 '사대주의 발언'으로 몰아 그에 대한 집중 성토를 준비하고 있었다.

유정회에서 추진하고 있는 김 총재에 대한 제명은 법통(法統) 싸움에서 정운갑 대행 측에 부전승(不戰勝)을 안겨줄 수도 있는 최상의 방안이지만 정국 풍향에는 '태풍의 눈'이 될 수 있어 귀추가 주목됐다.

민주공화당과 유정회 소속의원 160명은 "국회의원 김영삼은 국회법 제26조에 의한 국회의원으로서의 본분을 일탈하여 국헌을 위배하고 국가 안위와 국리민복을 현저히 저해하는 허위사실을 유포하는 등 반국가적 언동을 함으로써 스스로 주권을 모독하여 국회의 위신을 실추시키고 국회의원으로서의 품위를 손상시켰으므로 국회법 157조에 의해 징계를 요구한다"는 징계동의안을 제출했다.

이에 신민당 고재청 의원은 "김 총재 발언에 대한 정치적 시비는 있을 수 있으나 정국을 끌어나가야 할 집권당이 정국을 파국으로 몰고 가려는 처사이며 법적으로도 견강부회(牽強附會)"라고 반격했다.

(2) 박정희 대통령의 진노(震怒)에 제명으로 내달린 집권여당

박정희 대통령은 "부질없이 국론 분열과 사회 혼란을 조장하거나 국법을 어기고 공익을 해치는 등 지각없는 일부의 언동은 건전한 다수 국민의 지탄을 받을 것"이라고 김영삼 총재를 직접적으로 비난했다.
이에 박준규 민주공화당 의장 서리는 "유신체제 유지를 옹호하고 박정희 당 총재를 잘 받들기 위해서는 소신 있게 과감히 나가야겠다"면서 유신체제와 관계되어 있는 사안에 대해서는 일보의 양보도 없다는 강경노선을 천명했다.
박 의장 서리는 "신민당 김영삼 의원의 발언 내용은 정치인의 명예 뿐만 아니라 국기(國基)와 관련된 중대문제"라며 대응책을 마련 중이라고 말했다.
박 의장 서리는 "신민당 김영삼 총재는 구속을 바라고 있다. 그러나 우리는 그러한 극단적인 수단을 쓰고 싶지 않다. 김 총재는 날이 갈수록 더 혁명적으로 되어가고 있다"고 덧붙였다.
제2공화국 민주당 집권시절 집권당인 민주당 의원으로 김영삼 신민당 총재와 동료 의원으로 있다가 똑같이 집권여당인 민주공화당으로 변신한 박준규 당의장 서리와 태완선 유정회 의장은 "사법부의 결정과 헌법기관의 결정을 존중하고 따라야 함은 국내 누구를 막론하고 지켜야 할 당연한 도리임에도 불구하고 폭력혁명의 환상에 사로잡혀 있는 김영삼 의원은 국민의 최소한의 기본적 의무마저 저버리고 헌법기관에 대한 공공연한 모독행위만을 저지르고 있다"면서 "법 제정의 소임과 법 준수의 의미를 지고 있는 우리가 사법부와 헌법기관에 도전하는 그를 결코 용납할 수 없다"고 한때는 동료의원이었던 김영삼 총재를 규탄하는 데 앞장섰다.
김 총재지지 서명의원이 42명에 달하여 대행체제 운영에 어려움을 겪고 있는 정운갑 총재대행은 시간이 가면 해결될 것이라고 신민당 내분 수습에 자신감을 나타내고 있었던 것은 국회가 열리면

여당 측이 '김 총재 제명론'이라는 비장의 카드를 미리 탐지하고서 느긋했지 않느냐는 추론을 가능케 했다.

김 총재 제명설에 대해 한병채 의원은 "42명의 김 총재지지 서명에 쇼크를 받은 여당의 대응조치가 제명으로 연결될 가능성이 높다"고 전망했고, 김수한 의원도 "김 총재 체제를 주장(主將)을 잃은 오합지졸(烏合之卒)로 만들어 놓음으로써 정운갑 대행 체제를 지원하려는 함포사격용이 아니냐"고 분석했다.

정재원 임시 대변인은 "공화당 정권은 비열하고 불법적인 방법으로 우리 당과 김 총재를 제명하려는 죄악이 어떤 결과를 초래하더라도 이에 대한 민족적, 역사적 책임을 면할 수 없을 것"이라고 경고하는 데 그쳤다.

정 대변인은 김 총재의 제명 의도는 정치적 억압과 경제적 불평등으로부터의 해방을 주장했다고 해서 계급정당을 도모했다는 궤변, 정부·여당도 김 총재의 김일성 면담 제의를 법률적 차원을 넘어선 정치적 차원의 제의라는 점을 인정했음에도 이를 이적(利敵)행위로 규정한 불합리, 야당 총재로서 당연히 가져야 할 정권도전 의사를 반민족적 행위로 규탄하는 피해 망상적 발상, 야당 분열을 조장, 획책해놓고 그 결과를 승복시키려는 파렴치한 행위, 박동선 사건으로 정권의 사대주의적 근성이 드러나 국제적 망신까지 당했던 사실은 덮어두고 민족적 양심과 인간적 정으로 우방 미국에 대한 강력한 충고와 비판을 사대주의(事大主義)로 몰아붙이는 적반하장격 행위라고 반박했다.

(3) 경호권 발동 속에 김영삼 총재 제명안 변칙처리

국회는 경호권 발동으로 수백 명의 무술 경관이 출동한 가운데 본회의장이 아닌 별관에서 여당의원 단독으로 김영삼 총재 징계안을 기습 처리했다.

김영삼 총재에 대한 징계동의안이 신민당 의원들이 단상을 점거하고 200명의 사법 경찰관이 배치된 가운데 백두진 의장이 본회의장 한구석에서 상정시켜 변칙 발의된 후 법사위(위원장 서상린)에 회부되어 공화당 단독으로 40초 만에 전격 처리했다.

황낙주 원내총무는 "여당의원들은 가책이 없느냐", "너희들은 역사의 죄인이다" 는 등의 욕설을 퍼부었고, 여당의원들은 아무런 대꾸 없이 황급히 모습을 감췄다.

김영삼 총재는 "눈물도 피도 흐르지 않는 단말마(斷末魔)의 최후의 발악" 이라며 "이 지구위의 역사상 어느 정권도 하지 않았던 천인공노(天人共怒)할 사실" 이라고 주장했다.

또한 김 총재는 "이 땅에 민주주의가 존재하지 않는 것을 분명히 보여준 것" 이라며 "이번 사태로 아침을 알리는 새벽이 분명히 다가온 것을 믿자" 고 강조했다.

김 총재는 "오늘 죽을 것 같지만 영원히 살 수도 있는 것이며 지금 살려고 하면 영원히 죽을 수도 있는 것" 이라고 심경을 토로하고 "제명 아니라 구속을 한다 해도 놀라지 않을 것이며 정정당당히 대도(大道)를 걷겠다" 고 참담한 심경을 토로했다.

집권여당은 야당지도자를 가차 없이 제명함으로써 체제 수호에 대한 확고한 입장을 보여주었을 뿐 아니라 비판적인 정치인, 종교인 및 학생에게도 예방적 견제효과를 노렸을 것으로 보여진다.

신민당은 김영삼 총재에 대한 제명에 항의하여 무기한 등원거부를 통해 강력한 원외투쟁을 전개할 방침을 세웠다.

30년 의정사상 '제명1호'의 주인공인 김 총재는 "오늘의 이 고난은 민주투쟁을 위한 순교로 받아들여질 것입니다. 나는 이제부터 더 무거워진 십자가를 지고 나갈 것입니다" 라고 변함없는 투쟁 제1성을 발표했다.

윤보선 전 대통령은 "강자(强者)로서의 금도(襟度)를 아쉬워하는 소리가 없지 않아요. 대화로 상대를 설득시키고 상대의 입장을 소화시킬 수 있다는 자세 가짐이 필요한 것인데 '따라 오라'고 강요만 하는 다수의 위압적인 대화방식은 정국수습의 역진책(逆進策)이라는 것이다"라고 질책했다.

(4) 집권 여당의 의도가 빗나가 파행으로 치달은 정국

김영삼 총재의 제명이라는 극약처방을 받은 신민당 의원 총회에서 "우리는 여당의 다수 폭력으로 강행된 김 총재 제명은 징계사유도 불법이며 진행 과정도 불법, 변칙, 날치기임을 확인한다"고 밝히고 "김 총재 제명 결의는 국회결의라기보다 공화·유정 합동의 총에 지나지 않으므로 불법무효이며 영원히 승복할 수 없다"고 의결했다.
의원직 사퇴론에 대해서는 "민주투쟁의 기수가 의원직을 뺏긴 무법적 국회에서는 의원으로서의 한계가 있으니 차라리 자폭하자"는 박용만 의원의 강경론과 "장수를 잃었다고 옥쇄(玉碎)하기보다는 후일을 도모하면서 장수의 유지를 받드는 게 낫다"는 김윤덕 의원의 신중론이 대립했다.
사퇴 방법을 놓고 주류와 비주류가 갑론을박을 벌였던 신민당이 66명 전원의 의원직 사퇴서를 국회에 제출했다. 통일당의 양일동, 김녹영, 김현수 의원들도 함께 제출했다.
이는 의정 30년 사에서 한일협정 비준안이 날치기 통과되자 민중당 소속의원 61명이 일괄 사퇴한 1965년 8월 한일협정 파동 때에 이은 두 번째 기록이다.
집권여당에서는 김영삼 총재를 제명하면 주류 측은 반발할지라도 비주류 측은 정운갑 총재대행을 중심으로 신민당 당권을 잡고 주류 측을 압박하여 집권여당의 의도대로 따라올 것을 기대했으나

비주류 측까지 합세하여 전원의 의원직 사퇴서 제출에 당혹스러워 했다.
신민당 의원들의 사퇴 소식을 듣고 공화·유정회 지도부에서는 선별수리론이 논의됐다.
여당권이 추진하려는 선별수리론은 명목상 신민당 총의(總議)의 이름으로 제출된 사퇴서를 분할 통치함으로써 야당의 전열을 교란시키고, 그와 함께 기피 인물의 제거를 도모하자는 뜻이 담겨있었다.
선별수리론을 전해 듣고 박용만 의원은 "신민당 의원을 여당이 사꾸라와 비(非) 사꾸라로 구분하겠다는 거냐"고 펄쩍 뛰었고, 정운갑 총재대행도 "감정적으로 보기 싫은 사람을 골라 받으려는 모양 같은데 그건 말도 안된다"며 불쾌한 표정을 지었다.
공화당 구태회 정책위 의장은 "제명까지 할 필요가 있느냐고 생각하는 사람도 있겠지만 우리는 정국의 혼란을 막고 나라가 잘 될 것이라는 확신에서 가혹하지만 끊어냈다"며 "김영삼 씨 제명이 민주주의를 꽃피게 하는 시기를 빨라지게 할 것"이라는 의미심장한 말을 남겨 여러 가지 해석을 낳기도 했다.
신민당 의원들은 야당이 의원직 사퇴서를 자진 철회토록 종용하고 있는데 대해 의원들을 우롱한 처사로 받아들여 거부반응만을 높여 나갔다.
김동영 의원은 "김 총재에 대한 가처분과 제명이 관제야당을 만들겠다는 기도였다면 지금에 와서 곤궁에 처한 여당의 말 상대가 되어주겠다고 나서는 정 총재대행은 차라리 야당의 탈을 벗고 여당으로 등록하라"고 격렬하게 비난했다.

6. 김영삼 총재 축출에 부산·마산 시민들 봉기

(1) 박정희 대통령 시해사건의 징검다리 역할을 한 부마사태

신민당 김영삼 총재의 총재직 박탈과 의원직 제명은 김 총재의 정치적 고향인 부산과 아버님이 거주하고 있는 마산 시민들의 저항을 불러왔고 부산·마산 시민들의 봉기는 박정희 대통령의 시해로 연결되는 징검다리 역할을 하게 됐다.
부산·마산 시위에서 나타난 시민들의 민심을 확인한 김재규 중앙정보부장은 시위의 조기 진압을 지시하고 무능을 질책한 박정희 대통령에 대한 반감과 강경진압론을 펼친 차지철 경호실장과의 갈등이 궁정동 안가에서 거사로 직결됐다는 것이 정설로 여겨지게 됐다.
따라서 백두진 의장 파동으로 인한 이철승 대표 체제의 붕괴, 유신 체제에 도전적인 김영삼 총재를 길들이기 위한 김영삼 총재에 대한 징계 요구, 신민당사 진입과 당직자들을 폭행했으나 그것마저 부족하여 김영삼 총재의 총재직 박탈, 급기야 제명처분으로 이어졌다.
부산·마산의 시위는 박대통령이 시해되기 열하루 전인 10월 15일 부산대 구내에서 유신철폐를 주장하는 민주선언문이 배포되면서 비롯됐다.
5천 명의 학생들은 시내 중심가인 중구 광복동과 남포동 등 시내 중심가까지 진출하여 애국가를 부르며 산발적인 시위를 벌였다.
그러나 그 당시에는 부산 일원에 비상계엄이 선포될 때까지 일체의 보도가 없었던 관계로 일반 국민들은 아무런 소식도 접할 수 없는 캄캄한 시대였다.
이튿날 부산대와 동아대 학생 3천여 명이 교내에서 정권타도를 주장하며 시위를 벌이다 경찰의 제지로 해산되었다가 부산시내 중심가인 광복동에 다시 집결하여 해산을 종용하는 경찰과 대치하던 중 날이 어두워지자 경찰관서에 투석하고 경찰차량을 불태웠다. 또한 일부 시위대원들은 경남도청, 세무서와 방송국, 신문사 등에 침입했다.

이들의 조직적인 활동으로 민심이 교란되고 사회혼란이 조성되어 부산 지역의 치안질서가 극도로 마비되어 시민들을 불안과 공포 속으로 몰아넣었다.

치안본부는 이 사건으로 경찰관 56명을 비롯하여 학생 등 수많은 사람이 부상했으며, 경찰차 6대가 전소되고 12대가 파손됐을 뿐 아니라 21개 파출소가 파손 또는 방화되었다고 발표했다.

이어 치안본부는 이번 소요는 단순한 시위가 아닌 폭동에 가까운 소요이며 방화, 파괴 등을 자행하고 화염병, 각목, 사제총기를 사용하고 있다고 밝혔다.

(2) 박정희 대통령은 급기야 부산 일원에 비상계엄 발령

박정희 대통령은 대학생들의 시위 사태가 연이어 빚어진 부산직할시 일원에 1979년 10월 18일 0시를 기해 비상계엄을 선포했다.
박 대통령은 "오로지 악랄한 선동과 폭력으로 사회질서를 파괴하고 국리민복을 해치며 헌정기본 질서를 위태롭게 하는 불순분자들의 일체의 경거망동과 불법행위를 발본색원하자는데 계엄선포의 목적이 있다"는 장황한 담화문을 발표했다.
이어 부산지구 계엄사령부는 대학을 휴교조치하고 야간통행 금지시간을 12시에서 10시부터로 앞당겼다.
비상계엄이 선포된 부산시 일원은 계엄법에 의거 계엄사령관이 모든 행정사무와 사법사무를 관장하며 계엄사령관은 영장제도, 언

론·출판·집회·결사의 자유, 정부나 법원의 권한에 관하여 특별한 조치를 할 수 있도록 돼 있다.
계엄사령부는 일반시민들이 시위 군중에 휩쓸려 구경할 경우라도 시위군중으로 판단하고 모두 연행하겠다고 경고했다.
부산 일원의 비상계엄 발령에 즈음하여 신민당 김영삼 총재는 "이 나라 민주주의의 희미한 등불을 꺼지게 하고 민주주의 조종(弔鐘)을 울리게 했지만 국민의 마음속에는 민주주의의 불씨가 되살아날 것"이라고 말했다.
이에 박정희 대통령에 충성스러운 박준규 공화당 의장 서리는 "우리에게 절실히 요청되는 것은 환상을 좇는 소영웅주의가 아니라 민족의 오늘과 구원(久遠)한 장래를 투시하는 기품(氣品)있는 정치이며, 극단적인 감정의 대립이 아니라 자중자애 속에 이성의 조화를 이룩하는 일"이라고 현실 무마에 급급하면서 김영삼 총재 비난에 심혈을 기울였다.

(3) 마산 일원에 위수령 발동과 시해로 처벌수위 조절

정부는 학생과 불순분자들의 난동, 소요로 군이 마산시의 안녕과 질서를 유지하기 위해 마산, 창원 일원에 10월 20일자로 위수령(衛戍令)을 발동했다.
내무부는 위수령 발동에 부응하여 마산시 일원에도 통금시간을 밤 10시부터로 조정했고 경남대 등 마산에 있는 모든 대학들도 휴교 조치했다.
부산, 마산 소요사태에 관련하여 연행된 자는 부산이 1,058명, 마산이 505명 등 모두 1,563명으로 검거 선풍이 휘몰아쳤으나 이 중 792명은 훈방조치 됐고, 651명은 즉결심판에 넘겨졌다.
박정희 대통령의 시해로 중벌에 대한 중압감에서 벗어나 구속·연

행된 31명은 일반검찰에 송치됐으나 89명은 군 검찰에 송치되어 부산·경남지구 계엄 군법회의에서 재판을 받게 되었다.

재판부는 "지난 소요사태가 단순한 시위의 범위를 넘어 사회질서를 극도로 교란시킨 사건이었다는 점에서 관련자들에 대한 중벌을 고려했으나 이 사태가 계엄이전의 사건임을 참작했다"면서 시위를 모의, 주동하거나 시위에 가담해 방화 및 손괴 등의 행위를 한 대학생 4명을 포함한 20명에 대해서는 5년 이하의 실형을 선고하고 나머지는 공소를 취하, 석방했다.

7. 차지철-김재규 갈등이 유신체제의 심장을

(1) 18년 동안 장기 집권한 박정희 대통령 서거

박정희 대통령이 1979년 10월 26일 오후 7시 50분 김재규 중앙정보부장이 쏜 총탄에 맞아 서거했다.

대통령의 궐위에 따라 그 뒤를 이어 최규하 국무총리가 대통령 권한대행에 취임했으며 최 권한대행은 27일 오전 4시를 기해 전국(제주도 제외)에 비상계엄을 선포하고 계엄사령관에 육군참모총장 정승화 대장을 임명했다.

김성진 문공장관은 "박정희 대통령 각하가 궁정동 소재 중앙정보부 식당에서 김재규 중앙정보부장이 마련한 만찬에 참석하여 김계원 비서실장, 차지철 경호실장, 김 정보부장과 만찬 도중 김 중앙정보부장과 차 경호실장 간에 우발적인 충돌사태가 야기되어, 김 정보부장이 발사한 총탄에 맞아 서거했다"고 밝히고 "박 대통령은 총탄에 맞은 직후 김 비서실장에 의해 급거 국군서울병원에 이송됐으나 병원에 도착하기 전에 운명한 것으로 병원장의 진단이 내려졌다"고 발표했다.

김 장관은 "차 경호실장을 포함한 5명이 사망했으며 김 중정부장은 지금 계엄사에 의해 구속돼 조사를 받고 있다"면서 "국장 기간 중에는 국민 모두는 조기를 달고 다 같이 경건하게 애도의 뜻을 표합시다"라고 말했다.

고(故) 박정희 대통령은 1917년 11월 14일 경북 선산군 구미면 상모리에서 태어나 44세 때인 1961년 5월 16일 육군 소장으로 군부 쿠데타를 주도하여 제5, 6, 7, 8, 9대 대통령으로 18년 5개월 10일간 정부를 이끌었다.

박 대통령은 1937년 3월 대구 사범학교를 졸업한 뒤 경북 문경초

등학교 등에서 교편을 잡다가 1942년 4월 만주군관학교, 44년 일본 육군사관학교를 거쳐 일본군 육군중위로 8.15 해방을 맞았다.
해방 후 박 대통령은 한국 육사 2기를 거쳐 1954년 육군 포병사령관, 1955년 제5사단장, 1060년 육군 군수기지사령관 등을 역임했다.
육군소장으로 5.16 군사쿠데타를 주도하여 최고회의 의장으로 2년 3개월간 군정을 맡은 뒤 육군대장으로 전역하면서 민주공화당에 입당했다.
이때 박 의장은 전역식에서 "다시는 이 나라에서 나와 같은 불행한 군인이 없도록 합시다"라고 말했다.
1963년 10월 15일 민주공화당 대통령 후보로 출마하여 민정당 윤보선 후보를 15만 6천여 표차로 누르고 제3공화국의 초대 대통령이 됐다.
5대 대통령으로 재직하면서 경제개발 5개년계획을 추진했고, 1964년 국군의 월남 파병, 1965년 한일협정 비준을 세찬 반대를 무릅쓰고 단행했다.
1967년에는 제6대 대통령 선거에 출마하여 윤보선 신민당 후보를 1백 16만 2천여 표차로 연파하고 대통령에 재선됐다.
1969년 무리하게 3선개헌을 추진하여 1971년 4월 27일 제7대 대통령에 출마하여 신민당 김대중 후보를 94만여 표차로 누르고 대통령직을 계속할 수 있었다.
남북적 가족찾기운동, 7.4남북공동성명 등 남북대화 추진을 진행하는 가운데 1972년 10월 17일 초헌법적인 비상조치를 단행하여 유신체제를 출범시켰다.
통일주체국민회의에서 제8대 대통령에 당선되어 유신체제를 확립했으나 1974년 8월 15일 광복절 기념식에서 재일교포 문세광이 쏜 총탄을 맞고 영부인 육영수 여사가 별세하는 비운을 맞기도 했다.
1973년에는 농어촌 개발을 위해 새마을운동을 범국민적 운동으로 전개했으며 1978년에는 통일주체국민회의에서 제9대 대통령에 당선되어 유신체제는 박 대통령의 영구집권 체제였음을 드러냈다.

박 대통령은 "나는 민족과 국가를 위해 생명을 제단에 바친 사람이다. 나의 행동은 후세 사가(史家)가 판정해 줄 것"이라며 한일협정 비준, 월남파병, 3선개헌 등을 강행했다.

박 대통령은 〈황성옛터〉, 〈짝사랑〉을 즐겨 불렀으며 〈새마을 노래〉, 〈나의 조국〉 등을 직접 작사, 작곡하고 〈국가와 혁명과 나〉, 〈지도자의 길〉, 〈우리 민족의 나갈 길〉, 〈민족의 저력〉 등을 저술하는 등 다재다능한 것으로 알려졌다.

박 대통령은 1녀를 둔 조강지처와 이혼하고 육영수 여사와 재혼하여 1남2녀를 두었다.

(2) 국민의 애도 속에 역사 속으로 사라진 박정희 대통령

5.16 군부쿠데타 이후 18년 5개월 동안 이 나라를 통치했던 박정희 대통령은 모든 국민들이 일손을 놓고 슬픔으로 근조(謹弔)하는 가운데 말없이 유택에 묻혀 역사 속으로 사라졌다.

최규하 대통령 권한대행은 "아흐레 전 천지가 진동하여 산천초목이 빛을 잃었고 경악과 비탄으로 온 국민들의 가슴이 메었다"고 너무나 구슬프게 애도했다.

국장행렬이 지나는 거리는 조기를 드리운 채 대부분 철시했고 소복과 검은 예복 차림의 2백만 조상인파는 이른 새벽부터 연도좌우를 가득 메우고 서서 대통령의 운구행렬을 숙연히 지켜보았다.

국장 3일 뒤에는 계엄사령부 합동수사본부(합수부)장인 전두환 보안사령관이 박 대통령 시해 사건의 중간 수사결과를 발표했다.

김재규 중앙정보부장은 박 대통령, 김계원 비서실장, 차지철 경호실장과 만찬 중 차 실장과 심한 충돌을 한 뒤 밖으로 나와 권총을

찾아들고 들어가 먼저 차 실장을 쏜 후 이어 박 대통령을 쏘고 다시 차 실장과 박 대통령을 향해 두 발씩 더 쏘아 확인 사살하여 사망에 이르게 했다고 전두환 합수부장이 발표했다.
전두환 합수부장은 전 중앙정보부장 김재규가 지난 6월부터 개인적인 비위로 대통령의 친서 경고를 받은 데다 부산·마산 소요사태와 관련하여 정책무능 등으로 대통령의 힐책(詰責)을 받아왔으며, 차지철 경호실장의 방자한 월권으로 수모를 당한데 불만을 품어오다 최근의 요직개편설과 관련하여 인책해임을 우려해 그의 부하들을 지휘하여 일으킨 국헌문란 기도사건이라고 발표했다.
합수부는 김재규가 대통령 등을 시해하고 현 체제 아래서 집권할 것인지, 헌법을 개정해 놓고 대통령에 출마할 것인지를 따로 계획하는 등 사후 복안까지 갖고 있었으나 보안 누설을 염려해 단독으로 계획했으며, 군부 또는 다른 조직의 관련이나 외세의 조종이 개입된 사실이 없다고 결론을 내렸다.
합수부는 전 청와대 비서실장 김계원은 김재규의 범행을 묵인, 동조하고 김재규의 사격을 제지치 않았으며, 김재규의 체포를 지연시키는 등 긴급한 사후 수습에 지장을 주었다는 혐의로 구속했다고 밝혔다.
합수부는 범인은 김재규, 김계원, 박선호(전 중앙정보부 의전과장), 박흥주(전 중앙정보부장 수행비서관), 이기주(전 중앙정보부 경비원), 유석술(전 중앙정보부 경비원), 김태원(전 중앙정보부 경비원), 유성옥(전 중앙정보부 운전기사) 등 8명이라고 발표했다.

(3) 비상계엄의 적법성에 대한 공방전 전개

김재규 변호인단은 계엄이란 헌법에서 전시, 사변 또는 국가비상사태에 있어서 병력으로 군사상의 필요 또는 공공의 안녕·질서를 유지할 필요가 있을 때에 한하여 발할 수 있으나, 이번 계엄선포는 위 요건을 현실적으로 하나도 갖추지 않은 채 대통령이 사망했다는 사유 하나만으로 선포된 것으로 그 적법성과 효력을 인정할 수 없으며 설사 비상계엄 선포가 유효한 것이라 하더라도 비상계엄 선포 이전의 민간행위에 대하여 군법회의가 재판권을 가질 법률적 근거가 없으므로 재판권은 서울형사지법에 있다고 주장하여 재정(裁定)신청을 재판부에 제출했다.
이영섭 대법원장이 긴급 소집한 대법원 판사 전원회의의 심의를 거쳐, 대법원은 계엄의 해제 요구권은 국회만이 가지고 있고 계엄선포가 당연 무효가 아니라면 사법부가 이에 대한 당부당(當不當)을 심사하는 것은 사법권의 한계를 넘어서는 것으로 비상계엄이 선포되면 그 범행 일시가 비상계엄 선포 전후에 일어난 것에 관계없이 군법회의가 그 재판권을 행사할 수 있다고 재정신청을 기각했다.
재정신청 기각 결정이 내려지자 김재규 피고인의 변호인단은 "비상계엄의 요건도 갖추지 않은 것을 정당화시켜줌으로써 사법부가 정치권력의 남용을 비호하고 국민의 권리보호를 외면했다"고 비난했다.

(4) 시해 사건 재판에서의 공방과 피고인들의 최후진술

육군본부 계엄보통군법회의에서 검찰관은 "김재규 피고인이 권력탈취를 목적으로 다른 피고인들과 공모하여 저지른 내란 목적의 살인행위"라고 규정하고 있는 반면, 김재규 피고인은 "정치관과 시국관의 차이에서 빚어진 숙명적인 결과"라고 주장했다.
검찰관은 "김계원 피고인은 적극적으로 가담하지는 않았지만 비서실장이라는 직책에 따른 행동을 취하지 못함으로써 결과적으로

동조한 것이 아니냐"고 몰아붙이고 있으나, 김계원 피고인은 "중앙정보부장인 김재규가 이런 범행을 저지를 줄을 꿈에도 생각지 못했다. 사전이나 사후에 동조한 적이 없을 뿐 아니라 지금도 용납할 수 없다"는 입장임을 밝혔다.
검찰관은 "김재규 피고인은 개인적인 감정과 권력욕에 눈이 어두워 국가원수이자 국군통수권자인 대통령을 살해한 국가와 민족 전체에 대한 배반자요 범죄자"라고 단정하고, 김계원 피고인에 대해서는 "평소 누적되어온 차지철 경호실장에 대한 개인적인 감정에서 김재규로부터 차 실장을 제거하겠다는 말을 듣고도 이에 동조하는 한편, 김재규의 과격하고 저돌적인 성격으로 미루어 대통령까지 살해할 것이라는 사실을 예상하고도 그 후 벌어진 일련의 상황전개에 있어서 적극적으로 김재규의 의도에 조응(照應)함으로써 자신의 직무를 저버렸다"고 지적했다.
검찰관이 낭독한 공소장에 김재규는 박정희 대통령을 살해한 후 정권을 잡을 것을 기도해 궁정동 중정식당에서 권총으로 박 대통령과 차지철 경호실장을 살해한 뒤 계엄을 선포해 정권을 탈취하려 했고, 김계원은 김재규의 범행을 순조롭게 하기 위해 방에서 빠져나와 만찬장 입구에서 수행경호관들의 처치 등 범행 진행과정을 예의 감시하고, 그 이후에도 대통령 서거 사실을 숨기는 등 범행 목적 달성에 시간적 여유를 주어 공모했다고 밝혔다.
박선호와 박흥주 피고인은 사전에 대통령까지 시해한다는 사실을 알고 있었느냐에 관심의 초점이 모아졌는데, 두 피고인은 "대통령도 시해한다는 사실을 알았다. 그러나 설마 하는 생각이 들었고 김재규를 믿었으며 그의 명령을 거역할 수 없었다"는 입장을 설명했다.
이기주, 유성옥, 김태원, 유석술 피고인들은 "부하로서 상관의 지시를 따른 것 뿐"이라고 진술했다.
그러나 검찰관은 "박선호, 박흥주, 이기주, 유성옥, 김태원 등은 김재규와 공모하여 대통령 경호원들을 살해했으며, 유석술은 박 대통령과 차 실장이 살해된 것을 알고도 범행에 사용된 권총과 실탄, 탄피, 슬리퍼 등을 은박지로 포장하여 식당 정원에 매몰함으로써 증거를 은닉했다"고 범죄사실을 밝혔다.
이번 재판의 변호인단은 이돈명, 강신옥, 홍성우, 유택형, 태륜기, 나석호, 이세중, 홍남순, 이병용, 안동일, 신호양 등 유명 변호사들이 총망라됐다.
김재규 피고인은 최후진술에서 "10.26 행동의 동기는 이 나라에 한 번도 순리적으로 정권이 교체된 일이 없었다. 4.19와 5.16과 같은 악순환을 계속할 수 없다고 판단되어 군의 수뇌들과 손을 잡고 합심해서 순리적으로 정권을 이양할 수 있는 토대를 마련하려고 했다"고 진술했다.
김계원 피고인은 "20세기 광명한 천지에 이번 같은 끔찍한 사건을 누가 상상인들 했겠나. 중세기 암흑세계에 있었던 궁궐내의 음모가 대통령 주변에서 일어날 줄을 누가 상상했겠나. 이것이 민주주의의 빠른 길이라면 방법이 바뀌어야 한다"고 최후 진술했다.
박흥주 피고인은 "김재규 부장님이 '나라가 잘못되면 자네나 나나 다 죽네'라는 말과 '민주주의를 위하여'라는 말을 듣고 판단을 제대로 할 수 없었다. 평소 부장의 인격이나 판단을 믿었고 본인이 스스로 갖고 있는 사태의 핵심만을 생각하고 행동했다. 지금은 여러 생각이 나지만 당시는 그것이 적절한 지시인 것으로 알고 순응한 것이다"라고 진술했다.
재판장은 김재규 피고인에게 "대통령을 보좌하는 중앙정보부장으로서 난국의 문제점을 지적하고 수습하여 대통령을 보필할 입장임에도 불구하고, 사태 수습의 무능을 은폐하고 책임을 대통령에게 전가하는가 하면 이를 오히려 거사의 기회로 역이용하여 정권탈취를 기도한 것은 가증스럽기만 하다"면서 "자신의 범행을 자유민주주의 회복을 위한 거사라고 미화(美化)하는 등 치졸한 작태를 연출하고 있다"고 중형 이유를 밝혔다.
재판장은 김계원 피고인에 대해서는 "대통령의 분신이라 할 수 있는 비서실장이 대통령의 시해 광경을 목도하고도 김재규에 동조하여 대통령을 덮쳐 보호하기는커녕 김재규의 범행을 용이케 한 행위는 용서할 수 없다"면서 "김재규의 범행이 실패하게 되자 뒤늦게야 밀고하는 등 기회주의적인 행동은 동정의 여지가 없다"고 밝혔다.
재판장은 박선호, 박흥주 피고인에 대해 "국군의 최고통수권자인 대통령의 시해계획을 알고도 김재규에 대한 개인적인 의리와 개인의 영달만을 위해 범행을 분담하고 부하를 지휘한 것은 중벌을 면치 못할 것"이라고 판시했다.
나머지 피고인들에 대해서는 "상사의 지시에만 따랐다고 변명하고 있으나 범행의 결과에 대해서 한 점 후회도 하고 있지 않는 것으로 보아 정상참작의 여지가 없다"고 판시했다.
육본 계엄보통군법회의(재판장 김영선 중장)에서는 박 대통령 시해사건 선고 공판에서 김재규, 김계원, 박선호, 박흥주, 이기주, 유성옥, 김태원 피고인 등에게 사형을, 김계원 피고인은 무기징역을, 유석술 피고인에게 징역 3년을 선고했다.

(5) 우리나라 민주화를 위해 거사했다는 김재규의 항변

김재규 피고인은 "다른 사람과 협의치 않고 단독으로 민주정부 수립을 구상했으며, 장관, 도지사와 군단장 이상 군 지휘관으로 혁명위원회를 구성하여 혁명재판과 혁명검찰을 두고 혁명기간은 3~5개월로 정했다"고 진술했다.
김재규 피고인은 "시해 사실은 중앙정보부 안정국에서 조사 중이라는 이유를 붙여 72시간 동안 은폐하려 했다. 김계원 비서실장도

말을 듣지 않으면 시해 현장에서 사살했을 것이다. 당초 목표는 박 대통령이었고 차지철 실장은 부수적으로 희생된 것"이라고 우리나라 민주화를 위한 거사였음을 주장했다.

김계원 피고인도 김재규 피고인과 내란 목적 살인의 공동정범으로 기소돼 있었으나 차지철 경호실장에 대한 단순살인만을 김재규 피고와 공모한 것으로 바뀌었다.

그리하여 검찰관은 "피고인은 범행 당시 국가의 운명보다 자신의 지위 보전에 급급한 나머지 권력의 행방을 좇다 김재규의 범행이 끝나게 되는 듯하자 이를 매도하는 입장을 취한 기회주의자"라고 매도하며 15년 징역형을 구형했다.

유신체제 시절 부총리를 역임했던 신현확 국무총리는 김재규가 민주화를 위해 박 대통령을 시해했다는 데 대해 "박 대통령과 오랫동안 일심동체의 관계에 있던 인물이 그러한 일을 할 수 있는지, 민주화를 위해 그런 일을 했는지 이해할 수 없다"고 의문을 제기했다.

청와대 경호실에 근무한 적 있어 박 대통령 일가와 돈독한 관계를 유지했던 전두환 합수부장은 "김재규의 행동은 패륜아로서 그 이상도 그 이하도 아니며, 그는 오직 자신의 욕망을 채우기 위해 아버지와 같은 박 대통령을 시해한 흉악범일 뿐"이라고 몰아붙였다.

김재규에 대한 민주화를 위한 전사이냐 아니면 용서할 수 없는 패륜아이냐는 논란을 뒤로 하고 대법원 전원합의에서 10.26 사건 관련 피고인들에 대한 상고가 기각되어 김재규, 박선호, 박흥주, 이기주, 유성옥 피고인들은 형장의 이슬로 사라졌다.

박 대통령의 시해는 유신체제를 옹호했고 권력을 향유했던 사람들은 유고(有故)로 보려하지만, 한국 정치사에 일대 전환점을 찍은 회전축(回轉軸)이란 의미를 결코 부정할 수 없다.

'민주화'라는 용어가 국민적인 환호 속에 무대의 전면으로 나왔고, 긴급조치 위반자들이 웃는 얼굴로 옥문(獄門)을 나섰다.
유신체제가 공고화되고 박 대통령 시해사건 이전에는 상상도 못할 퇴교자의 복교(復校)가 이루어지고 퇴직 교수들의 학교를 향한 발걸음이 가벼워졌다. 1971년 제 7대 대통령선거 부산 유세에서 "이번 선거가 여러분에게 투표를 부탁하는 나의 마지막 선거이다"라는 족쇄가 다음 대선에서의 출전이 어렵게 되자 '민주주의 토착화', '국력의 조직화', '조국의 평화통일'이라는 구호를 내걸고 초법적이고 기상천외한 유신헌법을 만들어 보인 독재체제를 구축하고 집권의 장애물을 뛰어넘었다.
일본의 명치유신(明治維新)에서 선례(先例)를 찾은 유신체제는 총통보다는 더욱 극심한 일인에게 권력을 집중시켰고, 체제 반대를 결코 용납하지 아니하여 무수한 양심세력들을 탄압했다.
박찬종 의원처럼 유신체제만이 살길이라고 부르짖거나 '중도통합론'이란 듣도 보도 못한 이론을 내세워 유신체제를 정당화하는 이철승 대표와 같은 부류들이 활개를 치고 다닌 세상이었다.
초등학교를 비롯한 모든 학교에서는 학생들에게 체제옹호 교육에 주안점을 뒀고 모든 행정조직은 박정희 대통령의 우상화를 최우선 과제로 설정했다.
박 대통령을 시해하는 사건이 일어나지 아니했더라면 유신체제는 박 대통령이 살아있는 동안에는 바뀔 수 없는 체제였다.
그리하여 피고인 김재규가 민주화를 위한 거사였다고 항변을 했고 우리나라에서 유명세를 타고 있는 기라성 같은 변호사들이 김재규 변호에 나섰는지도 모른다.
10.26 김재규 거사로 인해 조국근대화의 주도세력임을 부르짖으며 박 대통령의 정치 철학을 옹호했던 민주공화당은 구여당(舊與黨)으로 전락했고, 유신체제가 민주주의 토착화라고 맹신하며 위세를 떨쳤던 유신정우회(維新政友會)는 숨소리를 죽이며 명예로운 퇴진을 구상하게 되었다.

제2장 바보처럼 살았구려! 최규하 대통령

1. 대통령 권한대행에 취임한 최규하 국무총리
2. 공화당 김종필 총재를 뿌리째 흔들어버린 정풍운동
3. 제10대 대통령에 당선된 최규하 대통령 권한대행
4. 헌법개정을 놓고 국회와 줄다리기를 벌인 최규하 정부
5. 대통령 꿈에 부풀어 있는 3김(三金)을 초토화

18년 동안 장기 집권한 박정희 대통령의 갑작스러운 퇴장은 권력의 공백상태가 아닌 공황상태를 불러왔다.
더욱이 계엄정국 하에서 이루어진 계엄사령부의 철저한 언론 통제로 일반 국민들은 정국이 어느 방향으로 어떻게 흘러가고 있는지를 전혀 알 길이 없었다.
계엄사령부의 보도지침에 따라 공개된 언론에서는 최규하 국무총리의 대통령 권한대행 취임, 전두환 합동수사본부장의 김재규의 대통령 시해사건 전말 대국민 보고, 김종필 총재 체제의 출범과 정풍운동으로 상처투성이가 되어버린 공화당, 최규하 권한대행의 통일주체국민회의 추대에 의한 제10대 대통령 취임, 김대중 등 재야 인사들의 복권으로 김영삼 신민당 총재와의 끈질긴 주도권 다툼 등 어두운 잔영들만 대대적으로 보도되었다.
최규하 대통령은 철권통치의 상징인 긴급조치를 해제하여 긴급조치 위반으로 구속된 학생들을 석방했고 김대중 등 재야인사들을 복권 조치했다.
최 대통령은 민주헌법을 마련하여 공명정대한 선거를 통해 평화적 정권이양의 선례를 수립하겠다고 거듭 약속했다.
그러나 최 대통령은 헌법 개정을 놓고 국회와 끈질기게 대립했으며 명분 없는 비상계엄을 존속시키면서도 언론의 보도통제도 강화했다.
최 대통령은 국가의 안전보장과 공공의 안녕질서를 유지한다는 명분을 내걸고 국회 개원을 무력으로 막고서 모든 정치활동을 중지시키고 언론·출판·보도 및 방송을 사전검열 하여 모든 대학을 휴교 조치했다.
더구나 김종필 공화당 총재를 부정축재혐의로, 김대중을 시위 배후 조정혐의로 구속하고, 김영삼 신민당 총재를 이유를 밝히지 않고 연금조치 했다.
이러한 조치를 최 대통령이 지시·묵인하거나 방조했는지 아니면 바보처럼 꼭두각시놀음을 했는지 분명히 밝혀야만 했다.
안개정국에서 일어난 이 모든 것이 전두환 보안사령관 등 신군부가 권력찬탈을 위한 각본에 의한 작전이라는 것을 5.17 계엄확대와 축재정치인의 축출, 5.18 광주사태로 빚어진 참극 상황 이후에야 짐작할 수 있었다.
최규하 대통령의 정치적 행보가 자신의 입맛에 맞는 헌법 개정 등으로 권력을 쟁취하려고 했으나 신군부세력의 제동에 걸려 좌절된 것인지, 처음부터 신군부 세력에게 치명적인 약점이 잡혀 신군부세력의 꼭두각시 연극을 하게 된 것인지 도무지 알 수도 없었다.
그것은 최 대통령이 끝까지 정치적 고비의 상황에 대한 증언을 거부했기 때문이었다. 그리하여 최 대통령은 유신체제 하에서 제2인자였을 뿐이라는 야유와 '바보처럼 살았구려'라는 유행어만을 남기고 역사 속으로 사라져갔다.

1. 대통령 권한대행에 취임한 최규하 국무총리

(1) 권력의 공백을 타고 최규하 국무총리 급부상

대통령의 궐위에 따라 박정희 대통령의 뒤를 이어 헌법 제48조 규정에 따라 최규하 국무총리가 대통령 권한대행에 취임했으며 최규하 권한대행은 27일 오전 4시를 기해 전국(제주도 제외)에 비상계엄을 선포하고 계엄사령관에 육군참모총장 정승화 대장을 임명했다.

이어 최 대행은 "본인은 비탄을 딛고 무엇보다도 국가와 국민의 명운을 위하여 신명(身命)을 다해 막중한 국가보위의 책임을 수행할 각오입니다", "정부는 박 대통령 각하에 대한 범국민적 추모와 애도의 뜻을 표하기 위해 국장을 거행키로 결정했습니다"라는 특별 담화를 발표했다.

현행 헌법 규정에 따라 최 권한 대행은 통일주체국민회의에서 후임 대통령이 선출될 때까지 최대한 3개월 동안 대통령 권한을 행사할 수 있게 됐다.

헌법 제45조에서는 '대통령이 궐위된 때에는 통일주체국민회의는 3개월 이내에 후임자를 선거한다'고 규정되어 있고, '대통령이 궐위된 경우의 후임자는 전임자의 잔임 기간 중 재임한다'고 규정되어 있으므로 박 대통령의 후임 대통령은 1984년 12월 26일까지 임기를 갖게 된다.

최 대행은 김재규 부장의 해임에 따라 공석이 된 중앙정보부장 서리에 경남 고성 출신인 육군참모차장 이희성 육군중장을 임명했다.

최 대행은 "통일주체국민회의에서 선출되는 대통령은 헌법에 규정된 잔여임기를 채우지 않고 현실적으로 가능한 빠른 기간 내에 각계·각층의 의견을 광범하게 들어서 헌법을 개정하고 그 헌법에 따라 대통령 선거를 실시할 것"이라고 하면서 "국법이 정하는 절차에 따라 대통령 선거를 실시하여 새로 선출되는 대통령에게 정부를 이양한다는 것이 현 정부의 방침"이라는 '시국에 관한 특별 담화'를 발표했다.
최 대행은 공화당 김종필 총재와 요담을 가졌으며 이 자리에서 김종필 총재는 "통일주체국민회의에서 선출하는 차기 대통령 선거의 후보로 나서지 않겠다"는 의사를 분명하게 발표했다.
서울지역 통일주체국민회의 대의원들은 "현재의 난국을 수습하고 헌정 중단 없이 국가의 계속적인 안정적 발전을 도모하는 한편, 장차의 민주적 정치 발전을 위해서는 최 대행이 이번 보선에서 선출되어 10대 대통령으로서의 막중한 책임을 맡아야 되겠다"고 주장했다.
최 대행은 장충체육관에서 12월 6일 실시된 통일주체국민회의에서 재적대의원 2,560명 중 2,549명이 투표하여 2,465표를 득표하여 제10대 대통령에 당선됐다.
최 대통령은 긴급조치 9호를 해제하고 구속인사 68명을 석방하고 국무총리에 신현확 부총리를 임명했다.

(2) 유신헌법의 질곡(桎梏)속에서도 박정희 대통령 퇴진운동 전개

박정희 대통령은 1972년 10월 17일 헌법에는 규정되어있지 아니한 초헌법적인 대통령 특별선언으로 국회를 해산하고 정당 및 정치활동을 중지시키고 전국일원에 비상계엄을 선포했다.
박 대통령은 정상적인 방법으로 개혁을 시도한다면 오히려 혼란만 더욱 심해질 뿐이므로 국민적 정당성을 대표하는 대통령으로서 비상조치로서 체제 개혁을 단행키로 했다고 발표함으로써 유신체제

출범이 결국 합법성을 초월한 조치였음을 인정했고, 비상계엄 하에서의 국민투표로 헌법을 확정하는 용이한 권력찬탈을 도모했다. 전군(全軍)지휘관회의와 재향군인회는 지지성명을 선도적으로 발표했고, 모든 어용단체들을 동원하여 지지토록 하여 국민들을 혼란 속에 빠뜨린 와중에서 김종필 국무총리가 주도한 내각에서는 국민투표 특례법을 공포했다.

평화통일의 촉진을 명분으로 내걸고 한국적 민주주의 토착화를 위해 출발한 유신체제는 '뭉쳐서 헌정질서, 힘 모아 평화통일'이라는 토양을 딛고 출범했다.

비상계엄 하에서 실시한 유신헌법안은 91.1%에 달하는 국민들의 참여 하에 92.2% 찬성을 얻어 확정됐다.

전국적으로 2,359명의 통일주체국민회의 대의원 선거에 즈음하여 슬그머니 비상계엄을 해제했고 2,357명의 지지를 얻어 박정희 대통령은 제8대 대통령에 당선됐다.

통일을 위한 구국의 영단으로 칭송을 받은 유신체제는 그동안 활발하게 남북을 오가던 남북적십자회담과 7.4공동성명으로 태동한 남북조절위원회 활동을 중단시켜 남북대화를 철저하게 외면하면서 통일, 통일만을 절규했다.

유신헌법 개정 자체를 죄악시하고 탄압을 위한 긴급조치의 남발 속에서도 학생들과 재야인사들의 유신에 대한 저항은 줄기차게 이어져왔다.

서울 명동성당에서 실시한 1979년 3.1절 기념미사에서 윤보선, 김대중, 함세웅, 문익환, 이문영 등 재야인사들이 유신헌법, 긴급조치 철폐와 박 대통령 퇴진을 요구하는 '민주회복 구국선언문'을 발표했다. 이 선언문에 문동환 목사, 서남동 교수, 이해동 목사, 윤반웅 목사, 문정현 신부, 정일형·이태영 부부, 이우정 교수, 김승훈 신부 등도 서명했다.

이 선언문 사건으로 윤보선 전 대통령, 지학순 주교도 기소되고 강신옥 변호사도 긴급 구속됐으며 김영삼 신민당 총재의 김덕룡 비서도 구속됐다.

(3) 계엄사의 대응태세를 점검한 YWCA 위장 결혼식

정승화 계엄사령관은 모든 불법 시위와 난동을 불허하고 사회불안과 혼란을 조성하는 무분별한 정치 선동은 물론 특히 공산주의자들을 이롭게 하는 일체의 경거망동을 용납지 않을 것이라는 담화문을 발표했다.
계엄사령부는 YWCA 강당에서 결혼식을 가장하여 '통일주체국민회의 대의원에 의한 대통령 보궐선거 저지를 위한 국민대회'라는 불법집회를 주도한 혐의로 박종태(전 국회의원), 양순직(전 국회의원), 김병걸(자유실천문인협회회원), 함석헌(국민연합공동의장) 등 96명을 포고령(불법 옥내외 집회 금지) 위반으로 검거했다.
이들은 비상계엄 하에서 불순집회 개최가 불가능함을 감안하여 당국을 기만하는 집회를 갖기 위해 가짜 결혼식 청첩장 500여 장을 배포하고서 결혼식장에서 박종태 전 의원은 '통대 대통령 선출 저지를 위한 국민선언'을 낭독했다.
이들은 서울 광화문을 비롯한 전국 주요도시에서 일제히 궐기할 것을 선동하고 나아가 법질서를 문란시키고 사회혼란을 조성하기 위해 미리 준비한 전단 등을 살포하다 계엄군에 의해 검거되었다.
계엄사령부는 명동 YWCA 강당에서 '통일주체국민회의 대의원에 의한 대통령 보궐선거 저지 국민대회' 사건의 수사 전모와 관련자들에 대한 조치결과를 발표했다.
계엄사령부는 237명의 조사대상자 가운데 140명을 연행 조사하였고 그 가운데서 양순직, 박종태, 백기완, 임채정, 최열, 양관수, 최민화, 강구철 등 14명을 구속하고 윤보선, 함석헌, 김병걸 등 4명을 불구속 기소했으며 이신범, 원혜영, 조성우 등 10명을 지명 수배했다고 발표했다.

수도경비사 계엄보통군법회의는 '명동 위장결혼 불법집회' 사건에 대한 판결 공판을 열고 최열, 양관수 피고인 등에게는 징역 3년을, 양순직, 박종태, 백기완, 임채정, 윤보선, 김병걸, 송진섭 피고인 등에게는 징역 2년을, 최민화, 강구철, 함석헌 피고인 등에는 징역 1년을 선고했다.

재판부는 "피고인들은 오직 자기만이 할 수 있다는 시대착오적인 아집으로 사회혼란을 획책했다. 비록 동기 및 목적이 애국 충정에서 비롯되었다고 하더라도 불법 집회를 자행한 것은 국민의 여망을 도외시한 행위"라고 판시했다.

수도경비사령관은 윤보선, 함석헌 피고인에 대해서는 형 집행 면제 처분을 내리고 양순직, 김병걸 피고인은 징역 2년을 1년으로 감형 조치했다.

아울러 계엄사령부는 한국정치범 동지회 윤반웅 목사를 구속함과 아울러 '학원민주화를 위한 성명서'와 '조기개헌, 조기총선을 실시하라'는 등의 유인물을 배포한 서울대생 4명을 구속하고 6명을 지명수배 했다고 발표함으로써 언론통제가 실시되고 있는 안개정국에서도 계엄 당국에 대한 저항은 지속되고 있음을 알리는 계기가 됐다.

2. 공화당 김종필 총재를 뿌리째 흔들어버린 정풍운동

(1) 민주공화당은 김종필 전 국무총리를 총재로 옹립

민주공화당은 당무회의에서 김종필 전 국무총리를 만장일치로 박정희 총재의 후임인 새로운 총재로 선출했다.
아울러 공화당은 오는 제 10대 대통령 선거에는 후보를 내세우지 않기로 방침을 결정했다.
정구영, 박정희 총재에 이어 세 번째로 총재직을 맡은 김종필 총재는 박준규 당의장 서리와 오유방 대변인의 사표를 수리하고 당의장을 겸임하고 대변인은 최영철 의원을 임명했다.
통일주체국민회의의 인적 구성으로 볼 때 대통령 보궐선거에 나서면 당선가능성이 높은데도 불구하고 김종필 총재는 "과도정부는 헌법 개정, 공정한 선거관리의 임무를 갖고 있는데 정당 배경을 가진 사람이 과도 정부를 이끌면 곤란하다는 판단에서 이번 대통령 보궐선거에 후보로 나가지 않기로 결정했다"고 말했다.
김종필 총재는 유신체제 출범 당시에 대해 "당시 국무총리로 있던 나는 유신체제에 대해 의구심을 가졌지만 박 대통령이 시한(時限)성을 갖는 체제라고 설명해 유신체제를 구축하는 데 협력했다"고 분명하게 밝혔다.
이어 김 총재는 "당시의 상황으로는 난국(亂局)을 극복하기 위해 유신은 불가피한 조치였다고 생각한다"고 부연 설명했다.
그는 10.26 사태에 대해서도 "신민당은 혁명이라고 보고 조급하게 서두르는 것 같은데 혁명이 아니라 유고(有故)이며 유신체제의 시한을 몇 년 앞당긴 것 뿐"이라고 규정했다.
더구나 그는 이번 긴급조치 해제도 10.26 사태 때문에 취해진 조치가 아니라 박 대통령이 10월 초 법무부장관에게 이미 해제를 지시하였다고 아무도 확인할 수도 없는 가설을 늘어놓았다.
김종필 총재는 미국 뉴스위크지와의 회견에서 "80년대의 10년 동안 한국에서는 자유민주체제가 출현할 것이지만 북한의 위협이 상존하는 한 민주주의에 대한 일정한 제한이 불가피하며 완전한 언론자유도 누릴 수 없을 것"이라고 유신체제에서의 국무총리답게 만개한 민주주의 제도 정착에 대해 어두운 전망을 내놓았다.

(2) 김종필 총재에게 깊은 상처만을 안겨준 정풍운동

공화당 일부 소장의원들이 당내 정풍(整風)운동을 추진하고 있는 가운데, 이만섭 정치발전위원장도 "현재 당내에 몸담고 있는 사람 중에서도 국민의 지탄을 받는 사람은 자진 용퇴하거나 아니면 도태 돼야 한다"고 주장했다.
박찬종, 남재희, 오유방, 정동성, 유경현, 김수, 이태섭, 홍성우, 김상석, 하대돈, 변정일, 윤국노, 김재홍, 설인수, 박용기, 이호종, 노인환 의원 등 소장파 의원 17명은 의기투합하여 정풍운동을 전개하기로 합의했다.
정풍파 대표인 박찬종 의원은 "서명자 17명은 집단이 아니며 그 중에는 대상자 입장에 서서 반성하기도 했다"고 밝혔다.
이에 한 당직자는 "서명자 명단을 보니 오히려 정풍 대상자로 지탄받을 인사도 끼어있어 개운치 않다"고 서명파 의원들을 곱지 않게 보는 시각도 있었다.
정풍운동 추진의원들은 "정풍 건의 이후 자성, 자숙, 자퇴하는 별다른 징후가 없는 것은 국민들의 기대에 대한 배신으로서 이대로 정관(靜觀)만 하고 있을 수는 없는 단계"라고 흥분했다.
공화당의 정풍운동이 본격으로 재연될 경우 정풍파의 강력한 결의와 대상의원으로 지목된 중진의원들의 반작용이 맞부딪혀 큰 진통을 겪을 것으로 예상됐다.
정풍파 의원 17명은 부정부패자, 권력으로 치부한 자, 도덕적으로 타락한 자, 권력만을 추종하는 해바라기 정치인 15명을 선정하여 당직에서 제외토록 하라는 내용의 건의문을 김종필 총재에게 전달했다.
정풍의 소리가 드높은 가운데 공화당은 그 정풍이 얼마나 어려운 일인가를 증명하는 당직개편을 단행했다.
김종필 총재는 신설된 당부의장에 이병희, 길전식을, 사무총장에 양찬우, 원내 총무에 김용호 의원을 임명했다.
또한 정책조정실장에 박찬종, 원내부총무에 오유방, 이호종 등 정풍파 의원들을 배려하는 모습도 보였다.
당 요직 가운데 정풍파가 제거 대상으로 지목한 세칭 15인방(十五人幇)이 상당수에 이르고 있음은 공화당이 취할 수 있는 쇄신의 한계를 단적으로 보여주고 있었다.
이번 당직개편에서 10.26 당시의 당 5역 중 육인수 중앙위의장을 제외한 전원이 퇴직한 것은 일단 그들의 요구가 받아들여진 것으로 해석되지만, 그에 대치된 인물들이 이미지 쇄신에 합당한 인물이냐 하는 점은 회의적이어서 정풍파 의원들은 좌절로 인식될 여지도 있었다.
사실 정풍파가 주장하는 대로 부정부패자, 해바라기 정치인을 일소하는 것은 공화당으로서는 당의 토대와 관련된 것인지도 모르며, 정풍파 전원을 포함한 현역의원 중 이 대상에 포함되지 않은 인사가 과연 있느냐는 문제가 있기 때문이었다.
그리하여 "바리세인들이여 누가 이 여인에게 감히 돌을 던질 수 있겠는가"는 요즘 한창 화제가 되고 있는 공화당 정풍운동 양상에 빗대어 성경구절을 인용하여 회자되기도 했다.
김종필 총재는 마침내 이병희, 길전식, 육인수 의원을 당직에서 물러나게 하고 전예용(당의장), 장영순(당부의장), 정내혁(중앙위의장)

의원들을 기용하여 정풍파 의원들의 반발을 무마하는 회유책도 강구했다.

(3) 이후락 전 중정부장의 떡고물 파문에 휩싸인 공화당

박찬종, 오유방, 정동성, 윤국노, 박용기, 김수, 홍성우, 변정일 의원 등 정풍파 의원들은 "자기 양심에 비추어 국민적 지탄을 받고 있다고 생각하는 인사들은 멸사봉공, 백의종군의 애당정신을 발휘하여 당직 일선에서 물러날 것을 강력히 권고한다"면서 당직 사퇴의사를 밝혀 정풍운동이 새 국면에 접어들었다.
정풍파 의원들은 김진만, 이후락, 박종규 의원에 대한 탈당을 요구하자 박종규 의원은 탈당의사를, 김진만 의원은 탈당계를 제출했으나 이후락 의원은 꿋꿋하게 버티었다.
이후락 전 중정부장은 "누가 뭐래도 나도 공화당을 위해 힘쓴 사람이라고 자부한다. 자기반성이 앞서야 하는데 자기는 옳고 남은 그르다는 그 자체가 정풍 대상이라고 생각한다. 정치자금을 만지다보니 이런 말 저런 말을 들었지만 떡고물 안 흘리고 떡을 만들 수 있느냐"고 자기 합리적인 발언으로 파문을 일으켰다.
이후락 의원은 김종필 총재에 대해 당헌 규정을 비민주적으로 개정하여 총재로 선출됐고, 정풍운동 등 오늘날 공화당의 여러 문제는 김 총재가 책임져야하며, 자신이 정풍 대상이라면 김 총재도 총재를 계속해야 할 이유가 없다고 김 총재와 동반 퇴진을 요구했다.
이후락 의원은 "박 대통령 밑에서 5.16 혁명을 같이했고 공화당을 창당하고 유신정부 밑에서의 총리까지 지낸 그 사람이 설사 박 대통령의 잘못이 있더라도 '내 책임'이라 하면서 '각하를 잘못 받들었다'는 말로 국민의 심판을 받는 것이 정치인의 태도가 아

니냐"고 김 총재를 힐난했다.

공화당 의원총회에서 김종필 총재의 재산상태와 과거 행적을 비난하고 총재직에서 물러나라고 주장한 임호 의원과 이후락 의원에게 탈당을 권유키로 결정했다.

김종필 총재는 박찬종, 오유방 의원에게도 탈당을 권유하고 박용기, 윤국노, 정동성, 김수, 변정일, 홍성우 의원들을 경고 처분하여 정풍운동을 수습코자 했다.

마침내 공화당은 의원총회에서 탈당권유를 받아들이지 아니한 이후락, 임호, 박찬종, 오유방 의원에 대한 무기명 비밀 투표로 제명을 확정했다.

(4) 18년 집권여당으로 군림했지만 허무하게 무너져내린 공화당

민주공화당은 1963년 2월 낡은 질서의 잔존세력과 과감한 투쟁을 선언하면서 출범했다.

창당의 진통, 항명파동, 3선 개헌 등 커다란 정치적 각고(刻苦)를 겪은 공화당은 1972년 10월 유신체제 아래서는 집권당으로서가 아니라 여당으로서 신탁통치를 받는데 만족해야했다.

창당대회는 박정희 의장의 조건부 민정불참 선언, 김종필 발기위원장의 위원장직 사퇴와 자의반 타의반 외유로 호주(박정희), 산파(김종필)도 없는 가운데 쓸쓸하게 개최 돼 초대 총재로 정구영 씨를 선출하여 간판만 겨우 유지하는 형세가 됐다.

김재춘 중앙정보부장이 주도한 '범국민정당'과의 박정희 의장 쟁탈전에서 신승(辛勝)한 공화당은 대통령과 국회의원 선거에서 승리하여 집권당의 위치를 굳혔으나 잡다한 인맥으로 단 4일 내에 끌어 모은 정치군(政治群)이었기 때문에 수다한 파동을 겪게 됐다.

우여곡절을 겪으면서도 집권당으로서의 영화를 누렸던 공화당은

유신체제 출범을 위한 비상계엄 선포로 72일 간 당 간판을 내려야 하는 운명을 감수해야만 했었다.

정치활동의 재개와 함께 간판을 다시 내걸게는 됐으나 공화당은 집권당이 아닌 범여권(汎與圈)의 한 부분으로서 행정부의 착실한 내조자라는 역할밖에 주어지지 않았다.

국회 무력(無力)에 따른 정치 부재 상황에서 행정부의 독주는 각종 부정부패와 오랜 집권으로 인한 국민의 식상함 등으로 10대 총선에서는 신민당에 득표율에서 1.1% 뒤졌으며 무소속 의원들의 무분별한 입당 조치라는 쓴맛을 봐야만 했다.

"목수가 집을 짓는다 해서 반드시 자기가 살기위한 것이 아니다"라는 말을 남기고 공화당을 떠났던 김종필이 박정희 대통령 서거 후 자신의 집으로 돌아와 낡아빠진 집의 보수에 나섰다.

장기간 1인 체제 하의 경직된 정치 구조에만 적응해 온 공화당이 새로운 시대를 맞아 활로를 찾기에는 아직 자립도의 제고가 더 필요할 것 같았다.

소장의원들의 정풍운동이 새 시대의 공화당 운영에 영향을 끼치고 있지만, 구질서 속에서 안주(安住)를 바란 중진들 간의 마찰이 해소되지 않는 한 제대로 순항을 기약할 수 있을지 궁금할 뿐이다.

공화당은 신당 출현의 여건을 가능한 한 줄이기 위해서는 범여권 세력을 흡수하기 위해 유정회 의원, 통일주체국민회의 대의원, 전직관료와 군 출신들과의 접촉을 강화했다.

공화당의 영입 계획에 대해 "솔직히 말해 지금 공화당에 누가 들어오려고 하겠느냐"는 한 중진의원의 자조 섞인 푸념처럼 '고립무원의 정당', '더욱 땅에 떨어지고 짓밟힐 정당'에 이미지를 쇄신할 만큼의 쓸 만한 재목이 얼마나 영입될 것인가가 문제였다.

공화당은 최근 '얼굴 없는 친여신당설'이 부쩍 표면화되고 있고, 특히 당내 중진이 신당 참여를 권유받았다는 일부 보도 등에 민감한 반응을 보이며, 그 진상규명에 고심하고 있으나 은밀하게 추진하여 수면 위로 떠오르지는 않고 있기 때문에 누가 참여하고 있는지 오리무중일 뿐이다.

공화당이 정풍과 관련해서 연일 큰 내분이 있는 것처럼, 신민당은 그들대로 지구당 개편대회에서 흉기를 들고 패싸움을 벌이고 있는 듯한 인상을 국민에게 너무 짙게 주고 있는데, 이는 3김 씨 세력 이외의 세력군에 매우 즐거운 굿거리가 될지도 모른다는 짐작만을 하였지만 실제는 신군부 세력의 언론통제반의 작품이라는 것은 먼 후일 어렴풋이 알려지게 됐다.

더구나 공화당 정풍운동 기수들의 정풍 요구가 애당충정의 순수한 동기에서 출발한 것임을 강조하면서 정풍의 배후에 당외 세력의 조종이나 신당 움직임이 깔려있는 것 아니냐는 일부의 눈초리에 대해 "신에 맹세코 절대로 그런 일이 없다"고 펄쩍 뛰었다.

그들은 새로운 시대를 맞이하여 정리해야 할 최소한의 것은 정리하고 넘어가야 한다고 앵무새처럼 재잘댔다.

그러나 정풍파 의원 17명 가운데 남재희, 오유방, 정동성, 김수, 이태섭, 홍성우, 변정일, 박용기, 이호종, 노인환 의원 등 10여 명의 의원들이 신군부세력이 창당한 민정당에 참여하거나 제5공화국 정부의 요직을 기웃거린 사실을 보면 정풍운동 의원들의 순수성을 의심하지 않을 수밖에 없었다.

김종필 총재체제 출범 이후 소장파 의원들의 정풍운동, 이후락 의원의 떡고물 파동 등을 겪으며 그래도 3김(三金)의 한 축을 이루며 지탱해온 공화당은 신군부의 5.17 부패 정치인의 구속으로 정당으로서의 기능을 상실했으며 명맥만을 유지해 온 공화당은 모든 재산을 1983년 3월 민정당에 양도하고 역사의 전면에서 사라졌다.

(5) 유신체제의 역군으로 활약하다가 미아(迷兒)가 된 유신정우회

박정희 대통령은 1973년 3월 통일주체국민회의에서 선출할 임기 3년의 국회의원 후보 73명을 지명했다.
통일주체국민회의는 대통령이 지명하고 추천한 후보자 73명을 제9대 국회의원으로 선출했다.
이들 당선자들은 유신정우회(유정회) 창립총회를 개최하여 전문 22조로 된 규약을 채택하고 백두진 의원을 의장으로 선출했다.
제9대 국회는 유정회 73명, 공화당 71명, 신민당 52명, 통일민주당 2명, 무소속 21명으로 구성되어 유정회가 제1당으로 군림하였으며 김진만 의원을 국회부의장으로 선임하기도 했다.
초대 유정회 의원은 유신 이념이 투철한 인사로서 유신 이념을 성실히 구현할 수 있는 인물들로 선정했으며, 지난 총선 때 민주공화당 공천에 낙천된 구태회, 민병권, 김진만, 현오봉, 김재순 등 고위당직자와 김용성, 함종윤 등 전 신민당 의원들도 포함됐다.
유신체제의 옹호와 유신체제 유지를 위한 선봉역할을 기꺼이 수행하고 있다가 10.26 사태 이후 부모를 잃은 고아 신세가 된 유정회는 그동안 '해체론', '명칭 변경론', '의원직 사퇴론' 등 새 시대의 물결에 방향감각을 잃고 흔들려 왔다.
내년 초 새 헌법에 의한 선거가 실시되면 사라져야 하는 '시한부 인생'인 유정회는 엄청난 정치변화에 적응하는 좌표(座標)를 설정하느라 안간힘을 쏟고 있는 가운데 지역연고를 가진 일부 의원들은 총선거를 통한 회생을 위해 연고지를 왕래하고 있었다.
유정회는 민주당 출신이지만 집권여당으로 전향하여 유신체제 수호에 앞장섰던 태완선 의장의 사표를 수리하고 최영희 원내총무를 새 의장으로 선출했다.
"나의 퇴진이 새로운 정치문화 형성과 국민적 화해를 약속받을 수 있는 훌륭한 계기가 되기를 염원한다"며 유정회 출신인 백두진 국회의장이 사퇴하여, 민관식 국회부의장이 직무를 대행했다.
유정회는 통일주체국민회의를 현행 헌법상의 임기만료일까지 존속하도록 새 헌법의 부칙에 규정하거나 통대(統代) 존속을 위한 별도법안을 추진할 계획을 세우고 이를 위한 입법에 매진하여 빈축을 사기도 했다.

유정회는 유신헌법 개정 논의가 공식화된 가운데 "10월 유신정신을 의회정치를 통해 구현한다"는 유신정우회(維新政友會)란 명칭을 시대감각에 맞지 않다는 의견이 제기되어 존속 여부가 도마 위에 올랐다.

그러나 신현확 국무총리는 "유신체제는 국방의 충실과 경제발전을 위해 필요했던 체제"라면서 정부로서는 민주화를 추진할 것이지만, 계속할 것은 계속 밀고 나가는 유연한 태도로 한발 한발 나아갈 것이라고 밝혀 유신체제 옹호론자임을 스스로 밝혔다.

그러나 유정회는 제5공화국 헌법이 발효되면서 이 땅에서 사라졌으나 제5공화국에서는 전두환 대통령이 지명하는 비례대표 3분의 2인 국회의원이 유정회 의원 역할을 대체 수행했다.

3. 제 10대 대통령에 당선된 최규하 대통령 권한대행

(1) 차기 정부는 과도정부임을 천명한 최규하 권한대행

헌법의 규정에 따라 취임한 최규하 대통령 권한대행은 "통일주체국민회의에서 선출된 대통령은 헌법에 규정된 잔여임기를 채우지 않고 현실적으로 가능한 빠른 기간 내에 각계각층의 의견을 광범하게 들어서 헌법을 개정하고 그 헌법에 따라 선거를 실시할 것"이라는 정부의 방침을 '시국에 관한 특별담화' 형식으로 발표했다.

최 권한대행은 종교지도자들과의 면담에서 "우리나라가 안정 속에서 헌정의 중단 없이 정치적 발전을 이룩해 나가는데 초석이 되며 평화적이고도 질서정연하게 정권이양을 이룩하고자 하는 것을 나의 역사적 소명으로 인식하고 있다"고 덧붙였다.

따라서 최 권한대행은 통일주체국민회의에서 차기 대통령으로 선임될지라도 1984년 12월 26일까지의 임기를 채우지 않고 빠른 시일 내에 헌법을 개정하고 그 헌법에 따라 선출된 대통령에게 정부를 이양하는 과도정부임을 분명하게 밝혔다.

학문을 숭상하는 강원도 원주의 유가적 가문에서 태어난 최 권한대행은 원주보통학교와 경성제1고보(현 경기교) 시절에는 우수한 성적을 유지했으며 민관식 국회부의장과는 고보 동기이다.

일본 동경 고등사범에서 영어영문학을 전공했고 만주대동학원에서 정치행정 분야를 연수했다.

서울대 사대 교수를 거쳐 농림부 양정과장(糧政課長), 외무부 통상국장을 역임하고 주일대표부 총영사로 재직했다.

최 권한대행의 청렴은 관계나 정계에선 잘 알려진 사실로서 해외 출장 때는 으레 여비의 잔액을 국고에 반납해왔다.

돌다리도 두드려보고 건넌다고 비유되는 그의 조심성은 보통학교 동창이 아들의 취직을 부탁하자 절연한 것도 알려진 일화(逸話)의 하나이다.

(2) 철권통치의 상징인 긴급조치를 1,670일 만에 해제

최규하 권한대행은 김치열 법무부장관과 박찬현 문교부장관에게 긴급조치 위반으로 구속 또는 제적된 인사 및 학생들에 대한 석방과 복교를 조속히 검토하라고 지시했다.
이에 따라 박정희 대통령이나 유신헌법을 비방하거나 개헌을 주장하는 일체 행위를 금지하고 위반한 자는 영장 없이 체포되며 군법회의에서 15년 이하의 징역에 처한다는 철권정치의 상징인 긴급조치는 1,670일 동안 숱한 화제를 남기고 사라졌다.
이 긴급조치로 개헌청원 운동을 벌인 장준하, 백기완 등이 첫 구속되었고 치안국은 민청학련 사건과 관련하여 이철, 강구철, 유인태 등 3명을 현상금 2백만 원을 걸고 전국에 수배했다.
1974년 이후 학원사태와 관련하여 제적된 학생은 786명이고 교수 재임용에 탈락한 교수는 181명이다. 지난 10월 부산·마산 소요사태로 구속된 학생도 64명이었다.
또한 김대중 전 신민당 대통령 후보에 대한 가택연금도 긴급조치 관련 구속자 석방과 함께 해제됐다.
YH 무역 여종업원 농성사건 배후 조종 혐의로 구속, 기소된 고은(시인), 이문영(고려대 교수), 문동환(목사), 인명진(도시산업선교회 목사), 서경석(한국선교협의회 총무) 등도 보석 결정으로 풀려났다.
긴급조치 이후 학원사태로 제적되었던 연세대생 56명, 고려대생 84명, 이화여대생 14명 전원의 제적이 취소되어 구제됐다.
긴급조치 9호는 유신헌법을 개정하자는 주장이 고조(高潮)됐던

1975년 5월 선포됐다.

최 권한대행은 국회가 만장일치로 긴급조치 9호 해제건의안을 채택함에 따라 유신헌법의 반대금지를 골자로 한 대통령 긴급조치 9호를 헌법에 의거 해제하게 됐다.

이에 따라 긴급조치 9호 위반으로 복역 중인 101명은 "재판 확정 후 법률의 변경에 의하여 그 행위가 범죄를 구성하지 아니하는 때에는 형의 집행을 면제한다"는 형법 규정에 따라 자동적으로 형 집행 면제 조치를 받아 석방됐다.

긴급조치 9호 위반혐의로 구속됐던 사람은 550명이 넘었고 최근까지 440명이 석방되고 110명이 수감돼 있었으며 현재 구속된 인사 중에는 이재오(앰네스티 사무국장), 설훈(고려대생), 성유보(기자), 김윤태(서울대생), 안성열(기자), 함세웅(신부), 김종완(시민), 한화갑(김대중 비서), 조봉훈(전남대생), 문익환(목사), 서경원(가톨릭농민회장), 송좌빈(정당인), 배기선(국민대생), 신언관(서울대생), 오원춘(가톨릭농민회원), 장영달(국민대생), 선경식(외국어대생), 손주항(국회의원), 정기영(시민), 최윤(강원대생), 문정현(신부) 등이 포함됐다.

(3) 통일주체국민회의에서 대통령으로 당선된 최규하

현행 헌법은 대통령 궐위 시 후임자는 3월 내 통일주체국민회의에서 선출하도록 되어있다.

서울지역 통일주체국민회의 대의원들은 "현재의 난국을 수습하고 헌정중단 없이 국가의 계속적인 안정적 발전을 도모하는 한편, 장차의 민주적 정치발전을 위해서는 최 권한대행이 이번 보선에서 선출되어 10대 대통령으로서의 막중한 책임을 맡아야 한다"고 주장했다.

대의원들은 추천이유로 "최 후보는 중단 없는 조국근대화와 민족 중흥의 대임을 계속 추진해 가면서 오늘의 난국을 소신 있게 극복해 나갈 것으로 기대하여 급격한 변화에서 오는 혼란을 원치 않고 있는 대다수 국민의 여망을 받들어 난국 수습을 주도해 나가고 각계각층의 의견을 국정에 고루 반영할 것으로 믿는다"고 밝혔다.
통일주체국민회의는 장충체육관에서 재적 2,560명 가운데 2,465표의 압도적 절대 다수표로 최규하 대통령 권한대행을 새로운 대통령으로 선출했다.
최규하 대통령은 취임사에서 "특별한 사정이 없는 한 1년 정도면 국민의 대다수가 찬동할 수 있는 내용이 담긴 헌법을 마련할 수 있을 것으로 생각하며 이어서 이에 수반되는 필요한 제반 조치를 확실하게 취해서 가급적 빠른 시일에 공명정대한 선거를 실시할 수 있게 되기를 바라고 있다"고 밝혔다.
최 대통령은 부총리 겸 경제기획원장관에 이한빈 아주공대학장을 기용하고, 박동진 외무, 김원기 재무를 유임시키고 이재설 체신을 농수산부장관으로, 최종완 과기처를 건설부장관으로 자리를 옮겨 앉혔다.
백상기 법무, 김옥길 문교, 진의종 보사, 유양수 교통, 성좌경 과기처, 이규호 통일원장관 등 신인들을 발탁했으며 김종완 내무, 주영복 국방, 김용휴 총무처장관 등 3명의 군 출신을 입각시켰다.
또한 정재석 경제기획원 차관이 상공부장관으로, 배상욱 상공부 차관이 체신부장관으로 승급했다.
최 대통령은 "정치 발전 못지않게 국민생활 보호와 경제 안정을 이룩하기 위해서는 경제 문제가 매우 중요하다"는 사유로 신현확 부총리 겸 경제기획원장관을 국무총리로 임명했다. 이에 신 부총리는 공화당 탈당계와 국회의원 사직서를 제출했다.
또한 대통령 비서실장에 최광수 실장 서리를, 문화공보부장관에는 이규현 총리비서실장을 기용했다.

최 대통령은 중요국가 정책에 관한 국가자문회의 자문위원으로 허정, 유진오, 백낙준, 김수한 등 23명을 위촉하여 발족시켰다.
신민당 박권흠 대변인은 "과도 체제는 유신철폐라는 민주적 개헌과업의 추진과 선거의 공정관리를 위해 중립적이며 국민의 지탄을 받지 않은 인사를 기용하고 현 정부에 참여하고 있는 인사는 배제해야 한다"고 주장했다.
이용희 의원도 "국무총리 또는 내무부장관을 공화당 인사 중에서 기용한다는 설이 나돌고 있는데 이는 도저히 용납될 수 없다"고 공화당적을 지닌 신현확 국무총리의 부적격을 겨냥했다.
1984년 12월 26일까지 재임할 수 있는 최 대통령은 "본인은 전국민의 화합과 협조를 통해 국가적 난국을 타개해 나가고 민생안정과 경제의 안정적 성장을 도모하면서 경제·사회적 성장에 상응하는 정치적 발전을 이룩하는데 최선의 노력을 경주할 것"을 다짐했다.
임기가 보장된 선거직임에도 불구하고 끝이 불분명한 임기가 시작된다고 하는 것은 대통령선거 사상 최초의 보궐선거라든지, 양당제 확립 이후 최초의 비당적 대통령이라는 사실과 함께 최규하 정부의 성격을 규정짓는 단서가 되고 있다.
'권력은 계속 갖는 것'이라는 불치(不治)의 풍토병 때문에 고통을 겪은 30년 정치사의 모든 병인(病因)을 솔선수범해서 제거할 정치적 임무를 최규하 정부는 지니고 있었다.
장기간 재임하고도 유종의 미를 거두지 못했던 것이 우리 대통령사(大統領史)의 전철이었고 보면, 보다 짧은 기간 내에 큰일을 완수할 호기가 온 것은 최 정부만이 가질 수 있는 영광이라고 할 수 있다.
과도(過渡) 대통령으로서 하루 빨리 새 시대를 향한 노정(路程)을 정리하는 것이 최 대통령의 임무라고 한다면 그 임무의 수행은 빠르면 빠를수록 좋다는 것을 명심해야 함에도 그것을 실행하지 못한 대우(大愚)를 범했다.

(4) 정말 이해할 수 없는 최규하 대통령의 행보

최 대통령은 비록 열기 없는 간접 선거를 통해 대통령으로 당선되긴 했지만 그는 건국 후 네 번째로 대통령에 오른 것을 관운(官運)으로만 돌릴 수는 없을 것 같다.
최 대통령은 30여 년 간의 공직 생활을 통해 밴 청렴과 성실성, 분수를 지킬 줄 아는 성품은 지금의 과도기를 헤쳐 나가는 데 적합할 수도 있다. 왜냐하면 당면한 많은 문제점들이 지나친 욕심에 의해 발생된 것이 많기 때문이다.
최 대통령은 대통령 특보시절 "자주적인 외교와 국력을 효율화하기 위해서는 서구적인 자유민주주의를 그대로 따를 수는 없다"고 갈파(喝破)하여 1975년 12.19 개각 때 김종필 총리에 이어 국무총리로 발탁됐다.
그는 국무총리 재임 4년 동안 박 대통령이 결정한 국내외 정책을 착실하게 보살피고 그의 뜻을 받들어 집행하는데 진력한 행정총리로서의 면모를 보여 왔다.
최 대통령은 년두 기자회견에서 남북총리회담을 제의하면서 지난번 취임사에서 밝힌 기간 내에 헌법을 마련하여 공명정대(公明正大)한 선거를 통해 평화적 정권이양의 선례를 수립할 생각이라고 말했다.
이어 최 대통령은 10월 말까지는 개헌안을 국민투표에 회부, 확정한 다음 내년 6월말까지 새 정부를 수립하여 정권을 이양할 계획이라고 청사진을 밝혔다.
그러나 최 대통령은 헌법 개정과 정권이양에 대한 어떠한 가시적인 조치를 하지 아니했을 뿐 아니라 모든 국민들이 납득할 수 없는 이유를 가지고 비상계엄을 해제하지 아니하고 계엄통치를 계속했다.

최 대통령은 위기의 실상은 격동하는 세계정세, 방심할 수 없는 한반도 주변정세, 세계적 경제난국이라고 들고 있으나 그것이 비상계엄을 유지해야 타개할 수 있는 것은 결코 아니었다.

비상계엄 체제에 대해 최 대통령은 "북한 공산집단의 오판에 의한 군사적 책동을 분쇄하기 위해 선포한 비상계엄을 정부는 될 수 있는 대로 빨리 해제하게 됐으면 한다. 거기엔 사회 안정과 공공질서가 확립돼야 하고 해제할 수 있는 여건이 조성돼야 한다"고 주장하고 있으나, 해제 여건의 구체성은 전혀 찾을 수가 없었고 계엄을 존속하기 위한 구실을 찾는 것에 불과할 뿐이었다.

계엄을 해제하지 않은 최 대통령은 당시 사전 재가 없이 전두환 보안사령관이 정승화 총장을 연행한 것은 불법이라고 생각했으나 더 큰 혼란과 희생을 방지하기 위해 불가피하게 재가를 사후에 하게 됐다는 점은 너그럽게 이해할 수도 있다.

신현확 국무총리와 이희성 계엄사령관이 전두환 보안사령관의 중정부장 겸임을 반대했고, 중앙정보부법은 군인이 중정부장에 임명될 수 없음에도 불구하고 전두환 보안사령관을 중정부장에 겸임 발령한 최 대통령의 구상은 도저히 이해할 수 없는 최 대통령의 복심이었다.

신민당 김영삼 총재는 "최 대통령과 신 국무총리가 강조하는 안보와 유신은 다른 것"이라고 전제하고 "안보를 위해 유신이 필요하다면 앞으로의 정치제도는 유신의 연장이지 국민이 바라는 정치 발전과는 거리가 먼 것"이라면서 "자숙하고 반성하지 않을 경우 신민당은 중대결단을 내리겠다"고 경고했으나, 유신시절 관료였던 최 대통령과 신 국무총리는 미동도 하지 아니했다.

훗날 검찰은 최 대통령이 전두환 보안사령관을 중앙정보부장에 겸임 발령하고 국정이 안정되고 있는 상태에서 5.17 비상계엄 확대조치, 국보위 설치 등에 대한 재가를 볼 때 소극적으로나마 신군부 측에 협력했을 가능성을 배제하지 않았다.
그러나 비상계엄을 확대하고 국보위를 설치하면 어떠한 상황이 전개될 것인가를 판단하지 못했다면 그것은 무능 그 자체임으로 신군부 측에 협력했을 가능성이 더욱 높게 나온다.
검찰은 5.17 계엄 확대조치가 전두환 합수부장의 지시로 보안사가 입안하고 전국 지휘관들의 이름을 빌려 강압적으로 국무회의를 통과시킨 불법조치라는 사실을 밝혀냈다.
최 대통령에게 보고하지 않은 채 신군부세력은 포고령 10호를 발동하여 김대중 등 재야인사와 김종필 등 정치인, 학생 대표들의 검거조치를 단행했다.
당시 이희성 계엄사령관은 "정치인을 체포, 구금하고 정치활동을 금지한 것은 전두환 보안사령관이 집권하기 위한 사전 포석으로 집권 장악에 방해가 되는 인물을 미리 제거한 것이다"라고 법정에서 진술했다.
최 대통령이 국민적 동의를 받은 헌법 개정을 의도적으로 지연시키고 투옥과 부정축재자, 연금으로 3김 씨를 무력화시키고 제2의 쿠데타적 사건인 5.17 비상사태 선포가 3김 씨를 잠재우고 정권을 쟁취할 의지의 표현인지 아니면 신군부의 꼭두각시놀음인지가 밝혀지지 아니하고 역사 속으로 묻혀버렸다.

(5) 진면목이 영원히 밝혀지지 아니한 최규하 대통령

최규하 대통령은 특별성명을 통해 "대통령 직을 사임하고 권한대행권자에게 정부를 이양한다"고 발표했다.
최 대통령은 지난 봄 학생들의 소요와 광주사태에 대해 국정의 최고책임자로서 정치도의상의 책임을 통감해왔고, 시대적 요청에 따른 안정과 도의와 번영의 밝고 새로운 사회를 건설하는 역사적 전환기를 맞이하기 위해 대국적 견지에서 임기전이라도 사임함으로써 평화적 정권이양의 선례를 남기며, 이것이 우리 정치의 발전에 기여할 수 있다고 믿어왔기 때문이라고 사임 이유를 밝혔다.
최 대통령의 사임은 정치주체의 현실화라는 측면과 함께 정국을 과도기에서 새 시대의 통로로 들어서게 하는 신호로서의 뜻을 갖고 있으나, 새로운 현실에 의해 선출되는 정부에 이양하겠다는 대국민 약속을 스스로 어겼다.
최 대통령은 "새 지도자는 사심이 없고 확고한 신념과 실천력을 겸비해야 할 것이며 특히 우리나라와 같은 특수한 안보상황 하에서는 국민의 전폭적인 지지는 물론 국가보위의 주체인 군의 폭넓은 지지를 받을 수 있는 사람이어야 한다"고 전두환 국보위 상임위원장이 대통령으로 적격자임을 분명히 했다.
강원도 동향 출신인 정주영 통일국민당 대통령 후보는 "최 대통령은 순진하여 굴러들어온 공을 가지고 놀다가 총을 들이댄 군부세력에게 빼앗겼다"고 진단하고 있지만, 과연 넝쿨 째 굴러들어온 권력을 향유할 능력이나 의사가 있었는지, 군부를 통제하려다 무능하여 고립무원 되어 군부에게 쫓겨났는지 영원한 미궁에 빠져 들 수밖에 없다.
신군부세력에 이끌려 다니며 목소리 한 번 내보지 못했다는 평을 받은 최 대통령은 "국정의 최고책임자가 스스로의 판단과 결심으로 합헌적인 절차에 따라 정부의 계승권자에게 이양하는 것도 확실히 정치 발전의 하나라 생각한다"는 성명을 발표했다.
최 대통령의 법률고문 이기창 변호사는 최 대통령은 시국을 안정시킨 뒤 평화적으로 정권 교체를 이룰 생각으로 계엄 확대와 국보위 설치 등 신군부 측의 제안을 받아들였으나, 이 과정에서 신군부 측이 권력을 장악하고 자신을 로봇으로 만들자 뒤늦게 속은 사실을 알고 어쩔 수 없이 하야한 것이라고 말했다.

최 대통령은 "대통령 재임 시 일어난 일을 검찰에서 진술하는 것은 국가의 장래를 위해 바람직하지 못하다"는 입장을 고수하면서 청문회에서 답변을 일체 거부했다.

최 대통령은 "비록 일시적 비난의 화살을 받는 한이 있더라도 국가의 정통성과 계속성을 유지함과 아울러 대통령직의 독립성을 지키는 것이 전직 대통령으로서 택해야 할 최소한의 덕목"이라며 증언을 끝내 거부했지만, 억울하게 죽어간 광주의 영혼들에게 진심으로 사죄할 용기는 있었는지 알 길이 없었다.

'최 주사', '얼굴마담', '허수아비'라는 조롱을 받아왔던 최규하 대통령의 진면목은 영원히 밝혀지지 아니한 채 역사 속으로 묻혀버렸다.

4. 헌법개정을 놓고 국회와 줄다리기를 벌인 최규하정부

(1) 국회 헌법 개정심의 특별위원회가 정상가동 됐지만

법률적으로 금지되어 위반하면 영어(囹圄)의 사유까지 됐던 헌법 개헌 논의가 10.26 사태 이후 활발하게 전개되어 전 국민의 의안(議案)으로 떠올랐다.

오랫동안의 진통 끝에 공화당의 현오봉, 신민당의 황낙주, 유정회의 최영희 원내총무는 신민당이 제출한 헌법특별위원회 구성안을 받아들이기로 합의했다.

국회는 헌법특위 위원을 공화당 7명, 유정회 7명, 신민당 13명, 통일당 1명으로 여·야 동수로 구성하되 위원장은 공화당에서 맡기로 한 헌법 개정심의 특별위원회 구성안을 의결했다.

국회 헌법개정특위는 김택수 의원을 위원장으로 선출하고 최치환, 이해원, 박해충, 김동영 의원을 간사로 뽑고서 본격적인 활동에 들어갔다.

작년도 정기국회 이후 반년 만에 열리는 제 104회 임시국회는 개헌특위가 마련한 개헌안을 접수하는 한편, 계엄령 해제 문제를 초점으로 하여 헌법 개정 주도, 정치일정 문제 등 시국 전반에 관해 활발하게 논의를 전개하여 정치국회 양상을 보일 것으로 예상됐다.

김택수 국회 헌특 위원장은 "개헌작업은 주권재민(主權在民)의 원리에 입각해서 국회가 주도해서 하는 것이 국민합의라는 측면에서 바람직하다"면서 "정부 측이 마련하는 개헌시한은 내년 3월까지 국회에 보내주면 개헌특위는 이를 충분히 반영시키도록 하겠다. 만약 헌법 개정이 정부주도형이 된다면 민주주의적인 차원에서 볼 때 국회에서 정리되는 것보다 그 친밀감에 있어서 거리가 멀 것"이라고 말했다.

김영삼 신민당 총재는 신년 단배식에서 "우리나라의 당면과제는 하루빨리 개헌하고 하루빨리 국민이 직접 뽑는 민정 정부를 수립하는 정치일정의 단축이 모든 문제를 해결하는 지름길이 될 것"이라고 강조했다.

각종 여론조사에서 대통령제가 우위를 차지하고 있는 가운데 신민당 김영삼 총재는 대통령 직선제를 주장하고 있으나, 공화당 김종필 총재는 대통령 직선제에 대한 반론을 펼쳐 이 문제는 정국의 논쟁요소로 등장하게 됐다.

그러나 공화·신민 양당은 대통령 중심제, 대통령 직선, 임기 4년, 1차 중임 등 권력 구조면에서 거의 일치된 새 공화국 헌법시안을 마련하여 개헌안을 둘러싼 당 차원의 쟁점을 거의 해소했다.

국회 개헌특위는 신현확 국무총리를 출석시켜 정치일정과 개헌구상에 대한 정부 측 입장을 들을 예정이었으나, 신 총리는 "국무총리가 위원회에 출석한 전례가 없다"고 불참을 통보했다.

이에 신민당은 신 총리가 국회를 경시하고 국민을 우롱하는 처사라며, 신 총리에 대한 불신임결의안을 제출할 것을 긴급 제안했다.

어쩔 수 없이 참석한 신현확 총리는 국회 헌법 개정특위에서 "정부는 이원집정부제를 지금까지 한 번도 말한 적이 없으며 그런 의도도 없다"면서 "정부는 늦어도 금년 안에 개헌 작업을 마무리 지을 방침이며 이러한 약속은 그대로 지켜질 것"이라고 밝혔다.

백상기 법무부장관은 "국회가 금과옥조(金科玉條)로 만들 것으로 보나 옥에도 티가 있는 법이라 티를 닦아줘야 한다는 게 정부의 입장"이라고 정부가 주도하겠다는 오해를 풀어달라고 국회에서 답변함으로써 정부주도의 개헌 의사가 없음을 밝혔으나 그것은 새빨간 거짓말이었다.

(2) 개헌 작업의 주도권 다툼에 국민들의 시선을 돌려놓고

각계각층에서 백안백출(百案百出)하는 개헌 논의 열풍이 어지간해 진 뒤를 이어 개헌의 열쇠를 쥐고 있는 정부와 국회가 각각 개헌 작업을 본격화하면서 단일화에 국민들의 관심을 집중시켜 나갔다. 개헌 작업이 본 궤도에 오르면서 새 헌법에 담아야 할 내용과 시한, 그리고 주도권 문제를 놓고 국회와 정부 간에 작은 이견(異見)들이 꾸준히 대두되고 있어 이견조정 과정에서 다소의 마찰은 불가피할 것으로 보였다.
개헌 작업의 주도권을 둘러싼 정부와 국회의 팽팽한 이견(異見)이 앞으로 개헌 논의과정에서 개헌 절차 문제를 놓고 적잖은 진통이 예상되었다.
최 대통령은 이미 국회 안에 구성되어 있는 헌법개정심의특별위원회의 헌법 개정은 이해관계자들의 편의적(便宜的)인 타협의 산물이 될 가능성이 있어 정부에서 별도로 개헌 작업을 추진할 것을 밝혔다.
최 대통령은 개헌에 관한 각계각층의 의견을 광범위하게 듣기 위해 헌법개정심의위원회 위원으로 유진오, 김정열, 백남억, 김상협 등 68명을 국회 헌특위와 별개 조직으로 위촉했다.
김택수 국회 헌특위원장은 "새 헌법 마련은 어디까지나 국회가 주체가 돼야 하며 정부가 시안을 마련하여 국회에 나와 설명하고 납득시켜 이해토록 해야 국민적 합의에 의해 제정된 헌법이라 할 수 있을 것"이라고 최 대통령의 헌법개정심의위원 위촉을 마뜩찮아 했다.
국회는 행정부 관계자를 국회 특위에 출석시켜 정부의견을 반영하려는 입장임에 반해, 정부 측은 국회에의 참여보다 국회안을 개헌심의위원회에 반영하려는 입장으로 대립각을 세웠다.
정부의 개헌심의위 간사장인 김도창 법제처장은 "정부는 개헌 공

청회 개최장소인 주요도시의 치안 상태나 학원사태로 보아 차분하고 진지한 분위기 속에서 생산적이고 공정한 토론이 진행되기 어려운 실정이라고 판단되어 공청회 개최를 보류한다"고 밝혔다. 이와 같이 정부주도의 개헌은 국민적인 저항에 부딪혔다.
그럼에도 불구하고 신현확 국무총리는 헌법개정안은 유신헌법 124조 규정에 따라 올 하반기에 국민투표에 붙여질 것이며, 헌법 초안은 국회가 아닌 정부에 의해 마련돼야 한다는 점을 분명히 했다.
마침내 국민여론에 굴복하여 정부의 개헌공청회 취소결정은 최근 일부 지방에서 정부 측 공청회 실현 저지 움직임마저 보인 여론의 밀물에 밀려 정부가 후퇴키로 한 것이지만, 결과적으로 개헌일정을 한 달 가량 단축케 됐으며 국회와의 개헌안 단일화 작업도 보다 낙관할 수 있게 됐다.
공화당과 신민당은 대통령중심제에 4년 중임 새 개헌안 시안을 내놓았으나, 정부 측이 6년 단임제안을 구상하고 있음을 내비치자 양당 간부들은 당초의 시안을 고쳐 6년 단임제로 바꾸어도 무방하다는 견해를 밝혀 합의점을 찾을 것처럼 보였다.
위와 같은 시안을 가지고 김종필 공화당 총재와 최영희 유정회 의장은 삼청동 공관을 방문하여 최규하 대통령, 신현확 국무총리와 4자회담을 갖고 개헌시안을 설명했다.
유신헌법 개정이 막바지에 접어들자 유신헌법 제정에 참여했던 한태연, 갈봉근 의원 등은 "지금 유신헌법을 만든 소신에는 변함이 없으며, 다만 헌법의 이론과 실제가 다르다는 것을 뼈저리게 느꼈다"고 실토했다.
신민당 황낙주 원내총무는 개헌 작업과 정치일정에 계속적으로 딴죽을 걸고 있는 공화당 김용호, 유정회 이해원 원내총무를 향해 "18년 동안 권력의 시녀 노릇을 했으면 됐지 아직도 정신을 못 차리고 권력의 시녀 노릇을 계속하고 있는 것은 국민들로부터 모진 매를 맞을 일"이라고 흥분하여 일갈했다.
3당 총무는 5월 20일 임시국회를 개최하기로 가까스로 합의했다. 그러나 신군부세력의 5.17 계엄확대와 정치활동 금지로 개헌특위가 지금까지 논의했던 모든 것은 물거품이 됐다.

(3) 헌법 개정 갈등과 신당설에 위축된 3김(三金)

최규하 대통령은 "취임사에서 밝힌 정치일정은 국민에 대한 공약(公約)이며 이에 따라 모든 문제를 차근차근 실천에 옮길 것"이라고 확인했다.
신현확 국무총리도 "요즘 항간에는 구구한 풍설과 억측이 난무하고 있지만 분명한 것은 새 헌법에 따라 선거를 실시하여 새 정부를 구성함으로써 평화적인 정부이양의 전통을 세워 나아가야겠다"고 밝혔다.
윤보선 전 대통령은 최근 혼미를 거듭하고 있는 시국은 정치일정의 불확실성에서 그 원인이 있다고 진단했다.
그는 "헌법은 언제까지 만들고 선거는 언제 쯤 한다 이런 정도만이라도 분명한 날짜를 박아 확실히 해준다면 정국은 그만큼 안정이 되고 국민들도 덜 불안해 할 거다"면서, 정부 지도자들이 계획과 일정을 확실히 밝혀두는 것이 정치발전에 도움이 된다고 강조했다.
김종필 공화당 총재는 "내년 안에 헌법과 선거법을 개정하고 헌법 개정을 위한 국민투표 등을 모두 끝내야 하며 1981년 초에는 공정한 선거를 통한 정권의 인수인계가 되어야 한다"고 말했다.
김영삼 신민당 총재는 "이미 훌륭한 헌법을 가져본 경험이 있는 우리 국민들은 개헌에 1년이 필요하다는 주장에 의아심을 갖고 있다"고 말하고 "앞으로 다가올 경제난국 극복을 위해서도 민주화를 단시일 내에 마치도록 하는 것이 바람직하다"고 말했다.
김종필 공화당 총재와 김영삼 신민당 총재는 "이 나라에 평화적 정권교체의 기틀을 마련하는 데 양당의 의사와 목적이 합치하고, 모든 국정과 일반적 정치문제는 정치인들이 앞장서 다루어야 하며, 그러기 위해서는 국회가 활발한 정치의 장으로 되어 제4공화국을 이룩하는 데 함께 의견을 같이했다"고 공동 발표했다.
국회와 정부 간에 개헌의 방향 논쟁이 한창인 요즘 절충형이다, 이원집정부제다 설왕설래하고 있는 요즘에 한동안 사라진 듯하던 신당설이 오뚜기처럼 되살아난 데 대해서 공화, 신민당을 막론하고 모두들 긴장감을 갖게 됐다.
신당설이 정부의 개헌방향과 맥을 같이 할 경우 적어도 대통령의 꿈을 키우고 있는 김종필, 김영삼, 김대중 등 3김 씨는 오월동주의 양상을 띠며 신당세력과 대척하게 될 공산이 짙다.
그렇게 될 때 본선에 앞서 백병전이 예상되고, 경우에 따라서는 파국적인 상황에 이르게 될 것이라는 관측과 우려가 교차됐다.
김대중은 "나는 대통령 후보 운운하지만 무엇이 되기 위해 사는 사람이 아니라 국민과 양심에 충실하기 위해 사는 사람"이라고 전제하고 "국민과 내 양심에 충실하다가 대통령을 맡겨주면 봉사하겠다"고 차기 대통령에 나설 뜻을 비쳤다.
최 대통령은 대통령중심제는 대통령의 유고나 궐위 시 국가적 위기를 초래할 수 있고, 특히 대통령 선거 시 후보자 간의 극단적인 대결과 경쟁을 필연적으로 수반케 하여 사회혼란을 야기 시키고 권력을 남용할 우려가 있다는 점을 지적하며, 새 공화국 헌법상의 정부형태는 대통령중심제와 의원내각제를 가미한 절충 형태가 바람직하다는 견해를 밝혔다.
그러한 견해는 곧 정치일정에 대한 의구심을 증폭시키고 안개정국을 일으키는 빌미가 되고 있다는 것을 최 대통령은 알고 있었는지는 사가들이 풀어야 할 숙제였다.

이로써 계엄정국, 안개정국을 초래한 것이 이원집정부제 같은 절충형을 선호하는 최 대통령의 소신의 결과인지, 신군부세력의 집권 각본에 따라 꼭두각시처럼 움직여 주었는지는 후세의 역사가들이 평가할 일이었다.

5. 대통령 꿈에 부풀어 있는 3김(三金)을 초토화

(1) 정부는 시대적 상황에 맞춰 217명을 복권조치

정부는 1980년 2월 29일자로 "국민적 화합을 도모하고 긴급조치 9호 해제에 따른 보완조치를 실시하게 됐다"며 학생 373명, 정치인 22명, 종교인 42명, 교직자 24명, 언론인 9명 등 217명을 복권조치했다.
이들은 모두 선거권, 피선거권, 공직임용자격 등 그동안 정지된 각종 공민권을 회복하게 됐다.
이번 복권 대상자에는 김대중, 윤보선, 함석헌, 정일형, 이태영, 김철, 유갑종, 이우정, 문동환, 문익환, 서남동, 윤반웅, 오원춘, 이신범 등이 포함됐으며 이영희, 백낙청, 김찬국, 지학순, 유근일, 김주묵 등도 특별 복권됐다.
공화당은 "김대중 씨에 대한 정치활동 제한은 뚜렷한 명분이 약하고 정치 대도에 역행하는 것이며, 그를 묶어둔 채 선거에 이겨도 훌륭한 대통령이 되기 어려울 것"이라는 의견이 많아 김대중 씨의 조속한 복권을 주장하게 됐다고 밝혔다.
복권 이후 첫 기자회견에서 김대중은 "신민당 입당 등 정치적 거취는 재야인사들과 협의 결정하겠다"고 유보적 태도를 취했다.
또한 김 씨는 "최 대통령 정부는 전(前)정권의 유산을 답습한 정부가 아니라 국민이 나라의 주인이 되는 민주정부 탄생을 위한 과도정부가 돼야 한다. 헌법 개정에 주안점을 두는 과도기적 관리의 수준을 넘어 본질적 관여에 집착해서는 안된다"고 최규하 정부의 과도정부로서의 역할을 강조했다.

(2) 김대중의 복권으로 갈등만 깊어진 신민당

김대중, 김영삼 양 김 씨 모두가 표면적으로는 '선 민주화 후 대통령 경쟁'을 내세우고 있으나 어느 한 쪽이든 단일후보의 티켓만 얻으면 대권(大權)은 따 놓은 당상이라는 입장이어서 어느 한 쪽의 기권승을 기대하기 어려운 실정이었다.
김대중 씨는 "신민당에 들어가 경쟁을 벌일 경우 민주화를 바라지 않는 세력들에게 어부지리(漁父之利)를 줄 것"이라면서 자유경쟁에 반대의 뜻을 표명했지만, 신민당 내의 세력 판도에 밀리고 있기 때문에 입당을 미루고 있는 것은 주지의 사실이었다.
신민당 내에서 박영록 부총재, 송원영, 이용희, 이필선, 정대철, 김승목, 이진연, 조세형, 허경만 의원들은 김대중계로 알려졌지만, 신민당 중앙상위의장 선거에서 주류인 이상신 의원이 비(非)당권파 지원을 받은 오세응 의원을 184대 92표로 제압하고 당선된 사실은 신민당 내의 세력 판도를 짐작할 수 있었다.
신민당 김영삼 총재는 "범민주세력의 단합에는 어디까지나 신민당이 구심점이 돼야 한다"며 "재야인사들은 백의종군하는 자세로 신민당에 들어와야 한다"고 주장했다.
비당권파 측은 김영삼 총재가 대통령 후보를 겨냥하여 무리하게 자파세력 확장을 강행한 데서 이번 사태가 빚어진 것이라면서 공세를 늦추지 않을 기세다.
고흥문 국회부의장은 "어느 때보다 민주세력의 단결이 필요한 때 이 같은 과열 상태는 가슴 아픈 일"이라면서, 양 김 씨가 단결하여 정권교체를 이룩할 수 있도록 거중 조정에 나서겠다고 말했다.
신민당 중앙당 국장단은 신민당을 비판 모함하고 다닌 당외인사(김대중)의 개인 행사에 따라다니는 해당 행위를 한 김원기, 이진연, 이필선, 예춘호, 김승목, 이용희, 허경만, 고재청, 조세형, 최성석, 천명기 의원 등에 대해 경고 서한을 보낼 것을 결의했다.

이에 대해 정대철 의원은 "우리는 신민당과 재야가 적대관계에 있는 것이 아니라 상호보완 통합관계에 있다는 것을 다시 한 번 확인한다"고 반발했다.

신민당의 박영록, 예춘호, 한건수, 송원영, 이택돈, 노승환, 고재청, 김윤덕, 천명기, 이용희, 최성석, 오홍석, 한영수, 이필선, 이진연, 임종기, 손주항, 박병효, 정대철, 조세형, 김제만, 김원기, 허경만, 김영배 의원 등 24명은 "시국의 중대성을 인식하고 현 시국이 낙관만 할 수 없다는 시점에 와 있다는 데 뜻을 같이하고 정치인으로서 심각한 책임의식과 민주의식을 갖고 앞을 내다보며 적극 대처키로 했다"며 간담회를 결성키로 했다.

김대중 씨는 1979년 5.30 신민당 전당대회에서 당 총재 고문으로 추대되어 정치적으로는 당내 인물이 되었지만 법률적으로는 재입당 절차를 밟지 않았기 때문에 분명하게 당원은 아니기 때문에 신민당과의 관계 정립이 새로운 문제로 떠올랐다.

김대중 씨는 재야인사들을 받아들일 태세가 되어있지 않으면 선뜻 신민당에 입당하지 않겠다는 태도를 보여왔다.

그가 문호개방을 주장하는 이면에는 대통령 후보경선에 대비한 대의원수의 우위를 염두에 둔 것으로 보여 당권파와의 마찰이 예상되고 있는 것은 불가피했다.

기득권을 가진 김영삼 총재 측은 현행 당헌상의 법질서를 존중하면서 정치적 탄력성을 발휘한다는 입장이어서 양측의 거리는 쉽게 좁혀질 것 같지 않았다.

이번 복권을 계기로 범민주세력권의 세력 다툼은 정부·여권에 어부지리를 가져다줄지 모른다는 전망이며, 또한 이 같은 틈새를 극대화하기 위한 반간지계(反間之計)가 여러 각도에서 시도될지 모른다는 추측도 나돌았다.

당권파의 신민당 입당 종용에 시달린 김대중 씨는 "때와 여건이 맞으면 신민당에 복귀하겠으며 신당을 만들 생각은 없다"고 시간

벌기에 나섰다.

경북도당 대회에서 박영록 부총재는 "지난해 5.30 전당대회에서 김영삼 총재가 당선된 것은 김 총재 개인의 영광이자 국민들의 승리이며, 김 총재 당선에 결정적 역할을 한 김대중 선생의 승리이기도 하다"고 축사하자, 대의원들은 "집어치워라", "여기는 신민당이야"라고 고함치며 단상을 점거하는 난동을 부려 신민당과 재야권의 통합에는 진통이 예고됐다.

신민당은 지구당 개편대회 폭력사태에 대한 책임을 물어 양해준(남원), 김창환(구미), 이기한(김천) 등 3명의 전 지구당 위원장을 제명 조치했다.

지구당 개편대회의 연이은 불상사에 대해 김영삼 총재는 "국민이 선택한 국회의원에게 지구당을 맡기는 것은 당연한 것인데도 공천을 받고도 떨어진 사람이 자숙하고 자성해야 함에도 폭력을 휘두른 데 대해 단호히 조치하겠다"고 말했다.

김대중 씨는 "우리는 신민당이 재야인사에 대한 적극적인 영입의사가 없는 것으로 판단하여 입당 교섭은 포기하는 것이 불가피하다는 결론에 이르렀다"며 신민당 입당 포기를 선언하여 야권의 신민당과 재야의 분열은 명약관화해졌다.

(3) 그러나 신군부세력 준동에는 공동대응하기로 합의

김대중 씨는 "정국 불투명은 신민당이 그간의 사태의 심각성을 깨닫지 못하고 근거 없는 낙관론으로 일관하다가 귀중한 반년을 허송하여 유신세력으로 하여금 반격에 나설 기회를 주고 있기 때문"이라고 진단하고, 정국 불안의 구체적 요인으로는 이원집정부제와 중선거구제 추진, 정치일정에 대한 명백한 발표 회피, 과도정부의 중립성에 대한 국민들의 회의, 정치범의 석방·복권·복직의

미완결 등을 들면서 신군부 세력의 준동을 경계했다.

김대중 씨는 "혼란을 일으켜 안보를 위태롭게 하고 민주주의를 원치 않는 자에게 구실을 주는 일이 있어서는 안 될 것"이라고 역설하고 "현 사태는 민주발전의 위기에 처해 있으며 민주주의 실현을 원치 않고 기득권 유지에 혈안이 된 세력이 반격 중이라는 사실을 크게 경계해야 한다"고 신군부세력의 준동을 암시했다.

이에 김영삼 총재는 "민주화가 진행되는 과정에서의 야당분열 현상은 국민적 기대에 정면으로 도전하려는 반민주화 음모가 개재돼 있음을 우려한다"고 김대중 씨의 무조건 백기 들고 투항만을 주장했다.

또한 김영삼 총재는 시국관에 대한 낙관론이란 지적에 대해 "박정권 타도의 경험이 있는 내가 무엇이 두렵고 무엇 때문에 주저하겠느냐"며 반민주세력의 활동을 유신 잔재의 자구적 몸부림일 뿐이라고 일축하면서 신군부세력을 하찮은 세력으로 간주했다.

김영삼 총재는 "지역감정은 공화당 정권이 남긴 가장 더러운 유산이기 때문에 균형적인 지역발전을 통해 이를 해소할 것"이라며 "신민당이 집권할 경우 호남 고속도로를 경부 고속도로와 마찬가지로 4차선으로 놓고 열차 시설도 개선하는 한편, 새 정부의 인사를 공정하게 관리하여 동서(東西) 간에 균형을 잡는데 최선을 다하겠다"고 지역갈등 해소도 강조했다.

김영삼 총재는 "정권의 영구화와 절대화에 앞장섰던 사람들이 한 점의 반성이나 뼈아픈 회개는커녕 역사와 민족 앞에 기만과 조롱을 일삼고 있다"고 공화당과 유정회 등 구(舊)여권을 몰아세웠다.

신민당은 "공화당이 더 이상의 국정 지연을 획책한다면 구세력의 죄악을 옹호하고 민주역사의 발전을 저해하는 반역사적 행위로 규정할 것"이라고 국회 소집을 반대해 온 공화당을 규탄했다.

김영삼 신민당 총재와 김대중 씨는 공동 기자회견을 갖고 혼미한 시국을 타개하기 위해 계엄령 해제, 임시국회 즉각 소집, 정부 주도의 개헌작업 중지 등을 촉구했다.

(4) 최규하 대통령에 의해 구속된 김종필과 김대중

대학생들의 가두시위로 위험수위를 맞고 있는 정국은 최규하 대통령이 중동 순방으로부터 5월 16일 급거 귀국하여 시국수습을 위한 대책마련을 기대하게 됐다.
최 대통령은 정치권의 요구를 받아들여 오는 20일 임시국회 개최 전에 시국수습에 관한 특별담화를 발표하거나 회기 중에 국회 본회의에서 국정보고와 대정부 질의에 대한 답변을 통해 시국수습방안을 발표하게 될 것으로 전망했다.
김종필 공화당 총재는 최 대통령과의 면담에서 계엄령 해제 시기와 구속자 석방 등을 적극적으로 대처하고 학생들의 시위에 대해서는 물리적인 방법이 아닌 이해와 설득으로 나가야한다는 자신의 주장을 전달할 것으로 보인다.
그러나 최 대통령은 10월 17일 24시를 기해 북괴의 동태와 전국적으로 확대된 소요사태 등을 감안하여 비상계엄 선포지역을 전국 일원으로 확대하고 모든 정치활동을 중지하며 정치목적의 옥내외 집회 및 시위를 일절 금하고 언론·출판·보도 및 방송은 사전 검열을 받아야 하며 모든 대학은 당분간 휴교조치를 명령했다.
최 대통령은 질서회복에 앞장서야할 지도급 정치인이 사회불안을 선동·자극함으로써 소요사태는 더욱 심각해지고 있어 이러한 상태가 더 이상 계속된다면 우리의 국기마저 흔들리게 할 우려가 없지 않아 일대 단안을 내리지 않을 수 없게 된 것이라고 특별담화를 발표했다.
계엄사령부는 국민의 지탄을 받아오던 권력형 부정축재 혐의로 김종필, 이후락, 박종규, 김치열, 김진만, 오원철, 김종락, 이세호 등을 연행하여 구속하고 사회혼란 조성 및 학생·노조 소요 관련 배후조종 혐의로 김대중, 예춘호, 문익환, 김동길, 인명진, 고은, 이영희 등을 연행하여 조사 중이라고 발표했다.

신현확 국무총리를 비롯한 전두환, 노태우, 정호용, 유학성 등 신군부세력은 같은 영남 출신인 김영삼 총재에 대해서는 아무런 조치를 취하지 아니했다.

이러한 3김에 대한 차별적 대우는 여러 가지 유언비어 유포와 맞물려 광주사태의 확산을 부채질했다고 볼 수 있다.

제3장 5.16 군부 쿠데타를 답습한 신군부의 권력찬탈

1. 권력 찬탈의 전주곡인 정승화 계엄사령관 연행
2. 신군부 권력찬탈을 방조하거나 협조한 최규하 대통령
3. 부정축재와 사회소요조종혐의로 김종필·김대중 제거
4. 신군부 권력찬탈의 징검다리 역할을 한 광주항쟁
5. 공무원 숙정과 삼청교육은 신군부의 최대 업적
6. 육군대장 전두환의 대통령 취임으로 권력찬탈 완성

1980년 신군부세력의 권력찬탈은 20년 전인 1961년 5.16 군부 쿠데타 세력들이 걸어온 권력찬탈의 과정과 방법을 그대로 답습한 셈이 되었다.

박정희 소장을 주축으로 한 쿠데타 세력들은 자신들의 집권의지를 감추고 장도영 육군참모총장을 국가재건최고회의의장으로 추대하여 명목상 최고 영도자로 삼아 초기 정권 장악에 성공했다.

쿠데타의 수장으로 옹립한지 44일 만에 박정희 소장을 비롯한 핵심 세력들은 계엄사령관이며 육군참모총장인 장도영을 반혁명분자로 몰아세워 법정구속 함으로써 그들의 나래를 펼 수 있었다.

쿠데타 세력에 대해 애매모호하고 엉거주춤한 태도를 취한 윤보선 대통령을 허수아비로 1년 동안 내세웠다가 미국과의 협조 체제가 완비되자 윤 대통령을 하야시키고 박정희 장군은 대통령 권한대행에 취임하여 명실공히 정권 탈취에 성공했다.

이러한 권력찬탈 과정을 지켜보았던 전두환 육군소장은 10.26 시해사건 이후의 정국을 최규하 국무총리가 권한대행을, 정승화 육군참모총장이 계엄사령관을 맡아 권력의 정점에서 활동하도록 했다.

박 대통령 시해사건 후 47일인 12월 12일에 전두환 장군을 비롯한 신군부세력은 정승화 계엄사령관을 연행하는 하극상을 연출하여 실질적인 권력의 중심축 역할을 하게 됐다.

국내의 언론을 장악하고 미국과의 협조 관계가 구축되자 전두환 장군 등 신군부세력은 최규하 대통령을 강제 하야시키고 대통령 권한대행을 거쳐 전두환 장군을 통일주체국민회의의 압도적인 지지로 대통령에 당선시켜 권력찬탈을 마무리했다.

1. 권력찬탈의 전주곡인 정승화 계엄사령관 연행

(1) 합수부는 대통령의 재가 없이 정 사령관을 불법 연행

10.26일 정승화 육군참모총장은 김재규 중앙정보부장이 김정섭 차장보와 저녁을 함께하자고 불러서 갔었다.
김재규가 정 총장을 부른 것은 일종의 유인이며 사건 이후 정 총장을 설득하거나 협박하려 했다는 것이 정설이었다.
정 총장은 아무런 의심의 여지없이 식사 약속만 믿고 있으며, 만약 정 총장이 김재규를 따라 중정으로 갔더라면 큰 혼란이 초래되었겠지만 다행스럽게 국방부 벙커로 방향을 잡았고, 벙커에 도착 후 신속한 조치를 취함으로써 문제가 확대되지 않고 질서 정연히 사태를 수습할 수 있었다.
정 총장은 박정희 대통령 시해 사건을 청와대 내부에서 일어난 사고로 생각하여 국방부로 이동했다고 진술했다.
전두환 보안사령관의 10.26 사태 진상 발표 때에도 정승화 총장은 이번 사태에 관련되지 않았다고 확인했었다.
그러나 전두환 합수부장은 대통령의 결재도 받지 아니하고 정승화 총장을 연행하는 결단을 내리고 이를 행동으로 옮겼다.
한남동 육군참모총장 공관으로 출동했던 군 수사기관원이 공관경비병과 일으킨 충돌로 이 일대를 비롯한 서울시내 11개 한강다리가 차단되는 바람에 많은 시민들의 발이 묶여 걸어서 다리를 건너야 했다.
갑자기 한강 다리의 차량통행이 통제되자 시민들은 도보로 다리를 건너거나 여관에서 합숙했으며, 각 언론기관에는 "다리 통행이 차단됐는데 무슨 일이냐"는 문의 전화가 통행금지가 해제된 새벽 4시까지 쇄도했다.

노재현 국방부장관은 그동안 박정희 대통령 각하 시해사건의 주범 김재규에 대한 조사과정에서 김재규가 숨기고 있던 새로운 사실이 발견되어 그 진부를 확인하기 위해 군 수사관이 정승화 총장 공관으로 출동했던바 공관 경비병과 경미한 충돌이 있었으나 사상자는 없었다고 발표했다.

이어 노 국방부장관은 점진적인 정치발전을 바라는 대다수 국민의 여망에 부응하여 정부와 군은 최선의 노력을 경주하고 있으나 일말의 의심이나 동요 없이 국민여러분은 정부와 군을 믿고 각자 맡은 직분에 전념하여 주시기를 당부하는 특별담화를 거짓말까지 서슴없이 섞어 천연덕스럽게 발표했다.

(2) 사건발생 12일 만에 국방부에서 수사결과 발표

국방부는 12.12 사태에 대한 수사 결과를 사건 발생 후 12일 만에 발표했다.

국방부는 정승화 전 육군참모총장을 내란방조죄로 구속하고 이건영 전 3군사령관, 문홍구 전 합참본부장, 장태완 전 수도경비사령관, 정병주 전 특전사령관 등을 죄상에 따라 적의 처리할 방침이라고 발표했다.

또한 12.12 사태 때 육군참모총장 공관 및 국방부청사에서 발생한 충돌사고로 3명이 숨지고 20명이 중경상을 입었다고 발표했다.

국방부의 발표문에 따르면 정승화 전 총장은 "10.26 대통령 시해 사태 직후 김재규가 범인이라는 심증을 굳히고도 김재규의 뜻대로 계엄병력을 출동배치하고 있다는 사실을 알리는 등 김재규의 범행에 묵시적으로 동조했으며 김재규로부터 다액의 금품을 받은 사실이 발견 되었다"는 것이다.

또한 이재전 전 경호실 차장에 대한 석방 등을 행한 정 전 총장은 김재규에 대한 재판이 진행되는 도중 범행 미화발언 등을 조사하기 위해 수사관들이 총장 공관에 도착하여 자발적으로 출두할 것을 요구했으나 정 전 총장이 동행을 거부하여 총격전이 벌어졌다고 밝혔다.
이건영 장군 등 4명의 장성은 김재규로부터 거액의 금품을 받았으며 12.12 사태 때 병력을 출동시키는 등 조직적인 저항을 했다는 발표문을 낭독했을 뿐 일체의 질문은 받지 않았다.
노재현 국방부장관은 박정희 대통령 시해사건과 관련하여 합수부에서 정승화 계엄사령관을 체포하고 새 육군참모총장 겸 계엄사령관에 이희성 중앙정보부장 서리가 임명됐다고 발표했다.
예리한 판단력과 비상한 기억력에 인화를 강조해 온 이희성 신임 계엄사령관은 10.26 사태 수습 과정에서도 그의 장기인 침착성과 냉철함을 십분 발휘했다는 평가를 받았다.
경남 고성 출신인 이 총장은 1천명이 넘는 육사 8기생 중 현역에 남아있는 10명 중 한 사람으로 알려졌다.
이희성 계엄사령관은 "지난 12일에 있었던 사태로 국민여러분께 불안을 드리게 된 점을 죄송스럽게 생각한다"고 전제하고 "군의 기본 사명은 국토방위에 있으며 정치는 군의 영역 밖의 분야이기 때문에 군이 정치에 관여해서는 안 된다는 것이 확고한 원칙이며 정치는 애국심과 양식 있는 정치인에 의해 발전 되어야 한다는 것이 한결같은 군의 소망임을 천명한다"고 밝혔다.
이번 사건은 전두환 합동수사본부장이 치밀한 사전 계획을 수립하고 최규하 대통령의 재가 없이 직속상관인 정승화 계엄사령관을 무력을 행사하여 강제연행하고, 불법적으로 병력을 동원하여 육군본부를 점령하고 정병주 특전사령관, 장태완 수도경비사령관 등을 체포한 일련의 사태로 규정할 수 있다.
전두환 합수부장은 경복궁 30경비단에 황영시, 유학성, 차규헌 장군 등을 대기시키는 치밀함을 보였으며 청문회장에서 우유부단하고 어눌하게 보였던 이희성 장군을 꼭두각시처럼 계엄사령관에 올려놓고 사실상 군권을 손아귀에 넣은 이 사건은 권력찬탈의 전주곡이었다.
미국은 12.12 사태를 특별한 외교현안으로 확대시키지 않은 것은 안보 협력 체제에 조그만 차질이라도 주지 않기 위한 고려에서 방관했으며 이것은 신군부 세력을 지지한 것이 됐다.
우리나라의 민주화나 국민들의 감정과 안위보다는 미국의 아시아 방어 정책 수행을 위해 어느 세력이 현상을 유지하는 데 보탬이 되는가에만 관심을 가진 것이 지금까지 견지하여 온 미국의 외교 전략이었다.

(3) 20년 전 장도영 총장처럼 형 집행 면제 처분을 받은 정승화

국방부 계엄보통군법회의는 정승화 피고인에게 내란방조죄를 적용하여 징역 10년을 선고했다.
검찰관은 정승화 피고인은 10.26 박 대통령 시해사건 당시 궁정동 중정식당에 있었으며 여러 가지 정황으로 미루어 김재규의 범행으로 확신했음에도, 김재규가 현직 중정부장으로서 막강한 조직과 권력이 있고 반드시 그 배후에는 방대한 추종세력이 관련됐을 것이며, 대통령 살해 후에는 나라의 실권자가 될 것으로 생각하여 이에 동조하는 것만이 현명한 처신이라고 믿은 나머지 김재규를 체포하기는커녕 김과 함께 육군본부로 가 군부를 장악하여 김재규가 무력으로 내란행위를 하려는 것을 도와주었다고 주장했다.
주영복 국방부장관은 정승화 전 육군참모총장의 형량을 징역 7년으로 감형 조치하는 온정을 베풀었다.
어느 정도의 세월이 지나 국민의 관심에서 벗어나자 정부는 정승화 총장을 형 집행 면제 처분을 내려 출소시킨 후 사면·복권 조치했다.
정승화 총장은 경북 김천 출신으로 육군사관학교를 5기 졸업하고 방첩부대장, 3군단장, 육군사관학교장, 1군사령관을 거쳐 육군참모총장에 올랐다.
계엄사령관을 맡은 정 총장은 "김대중 씨는 사상적으로 불투명한 사람이고, 김영삼 씨는 무능한 사람이며, 김종필 씨는 부패한 사람으로 만일 이런 사람들이 대통령이 된다면 쿠데타를 일으켜서라도 이를 막을 것"이라는 정치적인 발언도 했다.
"박정희 대통령 시해사건은 국가와 국민 전체의 불행은 아니다. 박정희 대통령 체제는 잘못됐으니 시정돼야 한다"는 발언으로 비난을 받았던 정 총장은 통일민주당에 입당하여 '군정종식'을 캐치프레이즈로 내건 김영삼 대통령 후보 지원 연설원으로 맹활약했다.
20년 전인 5.16 군부 쿠데타에서는 쿠데타를 주도한 박정희 소장은 육군참모총장인 육군중장 장도영을 혁명위원회 위원장으로 추대하여 실질적인 쿠데타 주역인 양 국민들과 외국에 비춰 국내외의 신임을 얻게 했다.
박정희 소장은 장도영 총장을 비롯한 반대파를 반혁명분자 혐의로 구속하여 실형을 선고했다가 형 집행 정지로 풀려나 미국에서 여생을 보내게 한 전력이 있었다.
전두환 신군부세력의 정승화 총장 제거는 20년 전의 전례를 답습한 것처럼 비춰졌다.

2. 5.17 권력찬탈을 방조하거나 협조한 최규하 대통령

(1) 국민 모두가 이해할 수 없는 전두환 중앙정보부장 임명

최규하 대통령은 중앙정보부장 서리에 전두환 국군보안사령관을 겸임 발령했다.
중앙정보부장은 12.12 사태 다음날 이희성 서리가 육군참모총장으로 전임된 뒤 4개월 간 공석 중이었으며 윤일균 차장이 직무대리를 맡아왔다.
중앙정보부장과 보안사령관을 현역 장성이 겸임 발령한 것은 이례적(異例的)이며 있을 수 없는 인사조치로 이는 최규하, 신현확 체제의 정권 연장을 위한 음모이거나 전두환 보안사령관의 강압에 의한 굴복일 가능성이 높게 비춰졌다.
청와대에서는 "정보부장 임명을 상당기간 유보한 것은 비상계엄령 하에서 계엄군이 보안, 수사, 정보기능을 발휘해왔기 때문에 그 임명의 필요성을 느끼지 않았기 때문"이라는 비논리적인 설명으로 일관해 왔다.
그러나 이번에 청와대 대변인은 "북괴도발 등 국내외 정세가 어려워지고 있어 국가안보의 견지에서 정보부 기능을 정상화할 필요가 있어 이번에 임명하게 된 것"이라며 "현역군인인 보안사령관을 기용한 것은 계엄령 하에서 군이 보안, 정보, 수사 등 업무를 조정하고 있기 때문에 정보부의 기능에 비추어 겸무토록 하는 것이 업무의 조정과 효과를 기할 수 있기 때문"이라고 납득할 수 없는 이유를 둘러댔다.
초대 중정부장을 역임한 김종필 공화당 총재는 중정부장 겸직에 대해 "철학에 문제가 되지 않는 것을 문제로 삼는 것이 바로 문제라는 말이 있지 않느냐"고 신경 쓸 필요가 없다는 반응이었다.

김 총재는 "10.26이 일어난 곳이 바로 그 정보부였다. 이래서 국민들의 비난과 의혹이 집중됐고 정보부가 위축되어 그는 사기가 떨어졌고 또한 해이해졌다. 시간이 흘러가면서 정보부의 중요성이 더해가서 현실을 인정해서 보안사령관이 기능을 정상화해야겠다는 것으로 해석한다"며 겸직을 옹호했다.

"정보부장은 타직을 겸할 수 없다", "군인은 현역을 필한 후에야 국무위원이 될 수 있다"는 규정 위반에 대해서도 "탈법이 아니다", "법은 해석이 필요하다"는 변명으로 당연한 것처럼 변호했다.

더구나 김종필 총재는 "우리나라는 80년대에 여러 가지 매우 어렵고 불투명한 정치 불안을 내포하고 있는 내각책임제는 반대한다"며 "정치안정과 안보, 경제발전을 위해서는 책임소재를 분명히 할 수 있는 대통령중심제 아래 강력한 권한이 새 대통령에게 주어져야 할 것"이라고 주장하면서 "중앙정보부는 국가안보와 행정기관 간의 업무조정 그리고 각종 정보를 고급정보로 만들기 위한 필수적인 기관이다"라며 "그 운영과정에서 본연의 기능을 상실한 것이 많았으나 최근 전두환 부장 서리가 기구를 축소개편하고 정상적인 기능만 유지토록 한 것은 바람직한 일"이라고 긍정적으로 평가했다.

그러나 미국의 뉴욕타임즈는 북한간첩들의 남침기도와 국내 학원사태에 대한 우려라는 명목으로 보안사령관으로 중앙정보부장을 겸직한 전두환 장군을 한국에서 강력한 권한을 지닌 사람으로 강화시켜주었다고 보도했다.

(2) 전두환 장군의 연막전술과 김대중의 깊은 우려

동아일보는 인물평에서 신임 전두환 중앙정보부장 서리는 평소 스스로를 정치를 모르는 군인이라고 강조하는 군인 엘리트라고 찬사를 늘어놓았다.
박정희 전 대통령의 총애를 받은 전(全) 장군은 12.12 사태 후 군의 핵심인물로 부상했으나 주위 사람들에게 "군은 정치에 관여하지 않으며 관여해서는 안 된다. 나 자신은 정치에 취미도 없을 뿐아니라 정치를 모르는 사람"이라고 연막(煙幕) 전술을 펼쳤다.
그는 "어렸을 때부터 군인을 좋아하여 군인이 된 것이며 앞으로도 계속 군을 떠나지 않을 것"이라고 말해왔다고 모든 언론기관들이 앞다투어 용비어천가를 읊어댔다.
정의감과 강직한 성격의 소유자로 알려진 전(全) 장군은 평소 부하들에게 "어디를 가나 지휘관에게 충성을 다하라. 그것이 곧 국가에 충성하는 길이다"고 강조해 왔으며, 부하들의 신상 문제 등을 직접 듣고 해결해 주는 자상함도 갖춘 지휘관이라고 덧붙였다.
5.17 사태 보름 전 전두환 보안사령관은 기자회견에서 "양대 정보기구를 장악함으로써 정치발전에 차질을 초래할 것이라는 일부 억측은 기우에 불과하고 오히려 정치발전을 촉진할 것"이라고 강조했다.
또한 전 사령관은 "정치하는 사람들이 국가안보를 염두에 두지 않고 정권이나 정당의 이익을 위해 행사 같은 것을 하고 있으나 우리 군에서 볼 때는 상당히 염려스런 일면이 있다"면서 "안보를 정권유지의 개념에서 이용해서도 안 되고, 정치인이 안보를 정치적으로 이용 또는 역이용해서도 안 된다"고 역설했다.
그는 '신당 창당설'에 대해 전혀 근거 없는 낭설이라고 일축하면서 "정치발전 일정이나 개헌문제와는 무관하며 정치발전을 감싸주는 것이 본인이 맡은 부서의 기본 임무"라고 발뺌했다.
신민당은 정치발전에 긍정적으로 기여하겠다는 약속을 전 보안사령관이 밝히자 "전 중정부장 서리의 약속이 지켜질 것으로 믿고 주시하겠다"고 논평했다.

신민당 김영삼 총재는 "유신세력도 자구적 노력을 할 수도 있지만 유신 세력의 불순한 기도는 현 단계에서 크게 우려할 바는 아니다"고 신군부세력의 집권 음모에 대해 캄캄했으며 정국을 천진스럽게도 낙관적으로 전망했다.

그러나 김대중 씨는 전두환 중앙정보부장 서리 임명, 최규하 대통령의 담화, 신현확 총리의 기자회견 등과 관련하여 "일련의 사태는 국민의 판단이나 기대와는 차이가 있는 것으로 국민 간에 상당한 우려가 대두되고 있다" 면서 최규하 정부의 민주화 일정에 대한 애매한 태도에 깊은 우려를 표명했다.

(3) 민주화의 봇물이 정선 사북사태로 번져

강원도 정선군 사북읍 동원탄좌 사북 광업소 광부 7백여 명이 임금 소폭 인상과 어용노조에 반발하여 농성하다가 폭도로 변해 각목, 곡괭이, 쇠파이프로 무장한 채 경찰과 충돌했다.
경찰과 충돌 과정에서 경찰관 1명을 때려 숨지게 하고 사북지서, 사북역 등 광산촌 일대를 완전 점거한 후 경찰과 대치했다.
광부들은 사북에서 외곽으로 통하는 교통을 차단하고 사북 일원의 행정을 마비시키고 무차별 폭력을 행사하여 나흘째 고립상태가 계속됐으며 경찰관 47명, 광부 10여명이 부상했다.
계엄사령부 군경합동수사반은 사북사태 주동자 28명을 연행하여 조사 중에 있으며 죄의 경중에 따라 엄하게 처리할 방침이라고 밝혔다.
김영삼 총재는 "이번 사태는 19년 동안의 장기집권에서 누적되던 부조리가 노출된 것으로 한번은 거쳐야 할 진통"이라고 진단했고, 김대중 씨는 사태의 원인을 구태의연한 노동정책, 반성 없는 기업주의 태도, 어용노조 간부들의 부패행위라고 분석했다.

그러나 사북사태는 민주화에 대한 봇물이 넘쳐흘러 일어난 사건으로 사회 전체가 걷잡을 수 없는 흥분 상태에서 요동치고 있음을 보여준 대표적인 사건이었다.
이 사건은 국민들에게 불안의식을 심어주었고 신군부세력이 등장할 수 있는 빌미의 역할을 하는 부분도 있었다.

(4) 요원의 불길처럼 학원 내 시위가 학원 밖으로

김옥길 문교부장관은 "6.25 때 군사 교육에 대한 아무런 지식 없이 전선에 나갔던 학도의용군이 얼마나 많이 희생되었는지를 알아야 한다"고 상기시키며, 특별한 사유 없이 병영집체 훈련에 응시하지 않는 527명에 대해서는 특혜조치 없이 법대로 처리하겠다고 밝혔다.
"마치 학생들의 안보의식이 투철하지 못하다는 인상을 주는 정부 당국자의 발언은 전혀 근거가 없는 것이며 그럼에도 불구하고 국민들의 의혹을 불식시키기 위해 서울대 총학생회는 병역집체 훈련 거부를 중단하고 입소하기로 했다"면서 농성을 풀고 훈련에 응하기로 선언하자 서강대, 고려대 등도 훈련에 응하기로 하여 집체교육은 학생들의 양보로 종결됐다.
김옥길 문교부장관은 최근 총·학장 및 재단이사장 퇴진 요구를 둘러싼 학생들의 총장실 점거, 기물파괴, 철야 농성 등 과열로 치닫고 있는 학원사태에 대해 "교수와 학생들이 자성과 관용과 인내로 대화를 통해 문제를 해결해야 한다"고 밝혔다.
이는 어용교수, 부실 재단이사장 등의 사퇴요구와 함께 학생들이 총장실에 난입하여 기물을 부순 조선대, 학장과 이사장의 승용차를 파괴하고 사무실을 폐쇄한 총신대, 이사장실을 점거하여 철야 농성을 벌이는 명지대 등의 폭력 사태로 치달은 학생 시위에 대한 문교부의 첫 공식반응이었다.

김옥길 문교부장관은 최근 학원사태와 관련하여 "학교법인은 스스로 공익법인이라는 것을 확실히 인식해야 하고 학생들은 먼저 집체교육을 받아야 한다"고 대학생들에게 군사문화의 잔재로 여겨진 집체교육 강행을 역설했다.

김옥길 문교부장관은 대학생들의 관심사가 학내문제에서 시국문제로 급선회하면서 교내의 성토, 농성에서 교외의 가두데모로 번지자 전국 대학 총·학장에게 "학생들이 자제하여 대화와 양보로 문제를 해결하는 자랑스런 전통을 세우자"는 공한을 보냈다.

김옥길 문교부장관은 5월 13일 밤 도심지 가두데모와 14일의 각 대학 가두데모설에 대해 깊은 우려를 표시하며 "교실 밖 시위는 현실적으로 계엄령 하의 포고령 위반이다. 사태가 악화되면 법대로 처리할 수밖에 없지 않느냐"고 경고했다.

서울 시내 21개 대학과 지방의 11개 대학 등 전국 32개 대학생 10만여 명이 거리로 나와 시국성토를 벌인 데 이어 5월 15일에도 서울대, 연세대, 성균관대 등 9개 대학생들이 가두시위를 벌였다

그동안 교내 시위와 산발적인 교문 앞 시위를 벌이다가 14일 많은 대학의 학생들이 일제히 캠퍼스를 벗어나 시가지 시위로 확산되어 학생 운동이 새로운 국면으로 접어들었다.

학생들은 종로, 청계천, 서울역, 영등포역, 여의도 광장 등 중요 시가지로 진출하여 곳곳에서 경찰과 심하게 충돌했다.

김종필 공화당 총재와 김영삼 신민당 총재 등도 학생 시위 등으로 긴박하게 움직이고 있는 현 시국에서 정치지도자들이 파국을 막기 위한 수습노력을 해야 한다는 인식 아래 각각 기자회견 등을 갖고 학생들의 자제를 촉구하는 등 대책 마련을 서둘렀고, 학생들은 잠정적으로 시위 중단을 선언하여 정국은 안정되고 시위는 진정되는 기미를 보였다.

(5) 학원 소요의 진무보다 오히려 부추긴 최규하 정부

이희성 계엄사령관은 계엄지휘관 회의에서 학원 내의 폭력사태, 사북 난동사건과 같은 노동문제, 일부 정치인의 학원 내 정치 집회 등에 대해 심각한 우려를 표명하고 국가안보적 차원에서 단호한 조치를 취할 것을 결의했다.
오탁근 검찰총장은 최근 학생 가두시위 등으로 인한 국가의 위기와 사회의 혼란을 타개하기 위해 정치활동 목적의 옥내외 집회 및 시위, 전·현직 국가원수를 모독·비방하는 행위, 유언비어 날조 및 유포 행위 사범을 철저히 단속하여 구속 수사하라는 '국가 비상사태 하의 중요범죄 단속에 관한 특별지시'를 시달했다.
전국적으로 대학생들은 "학자적 양심을 저버린 해바라기성 교수들은 더 이상 교단에 서게 할 수 없다"며 이들의 퇴진을 요구했다.
최근의 학원소요는 전적으로 그 책임을 학생들에게만 돌릴 수 없다. 정부의 고위당국자들이 "유신체제는 필요한 조치였다", "유신체제의 좋은 점은 계속 하겠다"는 등의 발언이 학생들을 자극하는 측면도 있었다.
김영삼 신민당 총재와 김대중 씨는 비상계엄의 즉각 해제와 정치일정의 연내 완결 등 6개항의 시국 수습 대책을 공동 발표했다. 이들은 "학생들이 질서와 평화를 유지하기 위해 최대한의 자제력을 발휘해 줄 것을 요망한다"고도 밝혔다.
이재정 성공회신부는 "학생들은 강경일변도보다 기다려보는 여유를 가지고 국가적 차원에서 국민적 에너지를 집결할 수 있는 지혜를 모아야 이 난국을 극복하고 더 큰 불행을 막을 수 있을 것이다", "과거의 정부를 계승한 과도정부는 국민의 참된 의사가 반영된 명백한 정치좌표를 밝혀야 한다", "학생들이 점점 자제력을 잃어가는 것 같아 많은 저항과 자체 부작용이 뒤따르는 것도

숨길 수 없는 사실이다. 물론 명분 없는 계엄이 계속 존속될 때 예상되는 위험성과 피해는 심각한 수준에 도달했다", "우선 위정자들은 국민들의 애국심과 슬기를 믿고 물리적인 힘으로만 통치하려는 태도를 버리고 비상계엄령을 해제할 용기를 가져주기 바란다. 현재의 계엄령은 혼란을 막기 위한 언론 검열이 주된 임무 같은데 이것은 언론기관이나 언론인 자신이 오늘의 시국을 바르게 인식할 양심을 가지면 자율적으로 해결할 수 있을 것이다"라고 오늘날의 사태는 계엄을 유지하고 있는 정부에 있다는 시국에 관한 소견을 밝혔다.

대규모 시가지 시위가 밤낮으로 이어지며 차차 격렬해지자 많은 상점들은 대낮부터 철시했으며, 시민들은 "더 큰 일이 벌어지는 것이 아닌가" 우려하며 불안한 표정을 감추지 못했다.

한 시민은 "학생 시위의 동기가 아무리 순수하고 목적이 정당하다 해도 사회 안정을 해치고 그 결과로 민주발전에 역행되는 불행한 사태가 온다면 그 책임을 누가 져야 하느냐"고 우려했고, "비상계엄 철폐하라"는 등의 대형 플래카드를 든 학생들은 '계엄 철폐' 등의 구호를 외치며 서울역, 영등포역 광장 등에서 연좌데모를 벌였다.

전북대생 3천여 명도 가두시위를 벌이다 제지하는 경찰과 충돌하여 43명이 다치기도 했다.

신현확 국무총리는 "모든 정치일정을 최대한 앞당겨 국민의 여망에 부응토록 하겠다"고 밝히고 "국민들과 학생들은 이 같은 정부의 약속을 믿고 학생들은 학원으로 돌아가 면학에 정진해 줄 것"을 당부했다.

신현확 국무총리는 학생들의 가두시위 확산 등 정국이 긴장상태에 들어감에 따라 비상계엄 해제, 정치 일정 단축, 정부주도 개헌안 작업 포기 등 일련의 수습책을 논의했을 뿐 실천에 옮기지는 아니하여 사회 불안을 조성하는 데 한 축을 이뤘다.

(6) 안개정국의 원인은 보도 통제를 위한 비상계엄

최규하 대통령은 "현 시국에 관해 안개정국이니 불투명 하다느니 하는 얘기가 있는데 이는 전혀 근거가 없는 억측"이라면서 "정부는 이미 밝힌 대로 착실한 민주발전을 계획대로 진전시켜 나가고 있으며 앞으로도 이 같은 방침에는 아무런 변동이 없을 것"이라고 밝혔다.
최 대통령은 "그러나 정치 발전은 어디까지나 질서정연한 가운데 사회 안정을 바탕으로 점진적으로 추진돼야 할 것이며 이를 위하여는 폭력이나 난동 등 불법적인 행동은 결코 용납할 수 없다"고 밝혔다.
신민당은 "비상계엄은 전쟁이나 이에 준하는 사변에 있어서 적의 포위 공격 때문에 사회질서가 극도로 교란된 지역에 선포하는 것인데도 이번 비상계엄은 선포 당시나 지금이나 법적 여건을 갖추지 못했다"며 소속의원 66명 전원의 이름으로 비상계엄 해제 촉구안을 국회에 제출했다.
고흥문 국회부의장은 정치 일정이 날이 갈수록 불투명하고 컴컴한 안개가 끼어있으므로 요즘 시정에는 유비통신(流蜚通信)이 난무하고 있으니 정부가 대구까지 대충 몇 시까지 도착할 것이라고 분명히 해야 한다고 최 대통령에게 충언했다.
그러나 최 대통령과 신 국무총리는 "정부의 정치 일정은 이미 밝힌 그대로 진행될 것"이라며 항간에 나도는 친정부의 신당설은 사실무근이며 생각한 바도 없다고 일관되게 부인하고 있을 뿐 계엄령을 존속시키고 보도통제는 계속됐다.
그리하여 질서정연한 가운데 사회 안정과 정치 발전을 가져온다는 최규하 정부의 논리와 비상계엄, 보도통제가 사회 불안과 안개정국을 가져온다는 야권의 논리는 끊임없는 평행선만을 달렸다.
미국 하원외교위원회는 계엄령을 가능한 한 빨리 해제할 것을 촉구하는 결의안을 통과시켰으나, 수차례 각료직을 맡았고 박정희 대통령을 지지했던 신현확 국무총리는 김재규 사건을 다루고 있는 현재의 군법회의가 종결되기 까지는 계엄령이 해제될 수 없다고 단호하게 말했다.
더욱이 신 국무총리는 전국적으로 일고 있는 대학가의 소요로 공공질서가 위협받는 한 계엄령은 해제하기 어렵다고 거듭 밝혔다.
신 총리는 범여권의 신당출현 가능성에 대해 "지금 그런 기색은 전혀 없다. 그런 일이 없다고 생각한다"고 강력하게 부인하며, "계엄해제 시기는 사회 질서가 안정을 유지하였다고 판단되면 계엄을 유지할 필요가 없다"는 애매한 입장만을 밝혔다.
강원룡 기독교교회 협의회장은 "과도정부란 길면 길수록 힘의 공백을 가져오기 마련이다. 한 국가에 있어서 힘의 공백처럼 무서운 것은 없다. 80년대의 새 정권을 담당해 보겠다는 정치 세력들은 좀 더 성인답게 성숙하여야 한다. 지금이 과연 정권을 잡기 위한 자기 세력 확장과 상호 중상과 분열의 추태를 국민 앞에 보여야 할 시기라고 생각하는가. 폭력은 폭력으로 상승하여 마지막에는 걷잡을 수 없는 폭력의 악순환으로 변하고 마는 사실을 잘 알고 있는 학생들은 양식과 지성을 가진 학생답게 행동하여 우리에게 두 번 다시 비극의 역사를 안겨주지 말기를 바란다"고 호소했지만 사후약방문 역할을 벗어나지 못했다.
공화당 김종필 총재는 연내에 대통령 선거가 실시될 수 있도록 정치일정을 대폭 단축시켜 정부에 대한 불신을 제거하고 일부 지탄받는 관계자에 대한 인사 조치를 취하는 등 스스로 성의 있는 근본 대책을 조속히 단행할 것을 최 대통령에게 촉구했으나 최 대통령은 묵묵부답이었다.
또한 김 총재는 계엄령 해제 시기와 구속자 석방 등에 적극적으로 대처하고 학생들의 시위에 대해서는 물리적인 방법이 아닌 이해와 설득으로 나가야 한다는 자신의 주장을 펼쳤지만 주장을 꽃피우지 못한 채 5.17을 맞이하여 영어의 신세로 전락했다.

(7) 국민들의 요구를 정면으로 배반한 비상계엄 전국 확대

최규하 대통령은 사우디아라비아와 쿠웨이트 국왕의 초청을 받아 공식 방문길에 올랐다.
박동진 외무, 양윤세 동자, 최종완 건설, 유병현 합창의장 등 44명의 수행원을 대동했다.
"최 대통령이 학원사태, 노사문제 등으로 내정이 어려운 때에 외국 나들이에 나선 것은 중동과의 경제협력 및 자원 확보가 그만큼 중요하여 결심하게 된 것"이라고 정부당국자가 밝혔다.
최 대통령은 학생시위 등에 따른 국내 정세를 감안하여 하루 일찍 귀국했다. 최 대통령은 정치일정 단축, 계엄해제 시기 문제 등 수습을 위한 단안을 내릴 것으로 보였다.
최규하 대통령은 "이 중대한 시기에 일부 정치인, 학생 및 근로자들의 무책임한 경거망동은 이 사회를 혼란과 무질서, 선동과 파괴가 난무하는 무법지대로 만들고 있으며, 사회 혼란의 여파는 수출 부진과 경기침체를 심화시키면서 노사분규와 실업이 증가함으로써 사회불안을 더욱 가중시키고 있어 우리 국가는 중대한 위기에 직면해 있다"고 '5.17 전국 비상계엄 확대에 즈음하여'라는 특별성명을 발표했다.
지난해 10월 27일 새벽 4시에 발령한 비상계엄을 제주도를 추가하여 전국 일원으로 변경했다.
정부는 계엄선포 지역의 확대를 "북괴의 동태와 전국적으로 확대된 소요사태 등을 감안할 때 전국 일원이 비상사태 하에 있다고 판단됐기 때문"이라고 이유를 밝혔다.
이희성 계엄사령관은 모든 정치활동을 중지하며 각 대학은 당분간

휴교 조치하고 전·현직 국가원수를 모독, 비방하거나 유언비어 날조 및 유포를 금지하는 포고문을 공포했다.
이규현 문공부장관은 "북괴(北傀)의 동태와 전국적으로 확대된 소요 사태 등을 감안할 때 전국 일원이 비상사태 하에 있다고 판단됐기 때문"이라고 비상계엄 확대조치 이유를 밝혔다.
미 국방성은 주한미군 순찰대가 DMZ 남방에서 정체불명의 사람들과 소규모 총격전을 벌였으나 사상자는 없었다고 발표했다.
이는 극히 이례적인 일로 정부의 비상계엄 확대의 빌미를 제공했다는 의혹을 받을 수 있는 발표였다.
계엄사령부는 지난 18일부터 광주 일원에서 발생한 소요사태가 아직 수습되지 않고 있다고 밝히고 조속한 시일 내에 평온을 회복하도록 모든 대책을 강구하겠다고 밝혔다.
국민들은 최규하 대통령이 정치일정 단축, 계엄해제 시기의 확정 등의 시국 수습 대책을 발표할 것을 기대했으나 최 대통령은 전국적으로 계엄확대, 광주에 대규모 병력 투입, 김종필과 김대중 등의 구속, 모든 정치활동 중지, 각 대학의 휴교 조치, 자신에 대한 모독 금지 등의 신속한 조치를 강행했다.
이러한 조치는 전두환 보안사령관이 정권을 획득하는 데 징검다리 역할을 충실히 했다.
물론 10.26 사태 이후 비상계엄 하에서 언론 통제를 행하여 국민들의 눈과 귀를 막고 전두환 등 신군부세력이 준동할 수 있는 보호막을 신현확 국무총리와 함께 최 대통령은 완벽하게 수행했다고 평가할 수밖에 없다.

3. 부정축재와 사회소요 조종 혐의로 김종필·김대중 구속

(1) 권력형 부정축재 혐의자 26명 불법 연행

계엄사령부는 전국 일원에 비상계엄령 확대 실시 선포를 계기로 국민의 지탄을 받아오던 권력형 부정축재 혐의자와 그동안 사회 불안 조성 및 학생, 노조 소요의 배우 조종 혐의자 26명을 연행 조사 중이라고 밝혔다.
계엄사가 연행조사 중인 사람은 권력형 부정축재 혐의로 김종필(공화당 총재), 이후락(전 대통령비서실장), 박종규(전 대통령경호실장), 김치열(전 내무부장관), 김진만(전 국회부의장), 오원철(전 청와대 경제수석), 김종락(코리아타코마 사장), 장동운(전 원호처장), 이세호(전 육군참모총장) 등이며 사회혼란 조성 및 학생, 노조 소요 관련 배후 조종 혐의로 김대중(전 대선후보), 예춘호(전 공화당 사무총장), 문익환(목사), 김동길(연세대 부총장), 인명진(목사), 고은(시인), 이영희(한양대 교수) 등이다.
계엄사는 "언론인이 조직적인 불순세력과의 연계와 사주에 따라 악성적 유언비어를 유포시켜 국론 통일과 국민적 단합을 저해하고 있는 혐의가 농후한 현직 언론인 8명을 연행하여 조사하고 있다"고 발표했다.
이들 가운데는 서동구 경향신문 조사국장, 오효진 문화방송 기자, 심송무 동아일보 기자 등이 포함됐다.
계엄사는 지난 5월 17일 비상계엄의 전국 확대조치와 함께 권력형 부정 축재 혐의로 연행했던 8명에 대한 축재 내역을 김종필 216억, 이후락 194억, 이세호 111억, 김진만 103억, 김종락 92억, 박종규 77억, 이병희 24억, 오원철 21억, 장동운 11억 원이라고 밝혔다.

다만 김치열 전 내무부장관의 재산은 34억 원이나 공직에 있을 때 축재한 것이 아니기 때문에 제외했다고 발표했다.
계엄사는 "이들의 반국가적, 반민족적 범죄행위는 명백한 현행법 규를 위반한 것으로서 엄중 처벌해야 마땅하나 본인들이 진심으로 뉘우치고 앞으로 공직에서 사퇴하고 근신하겠다는 각오로 부정축재 재산을 자진 국가에 헌납하여 사회에 환원시킬 뜻을 밝히고 있으므로 형사적 처벌은 유보할 계획"이라고 밝혔다.
결국 김종필 공화당 총재는 부정축재 혐의로 216억 원의 재산을 국가에 헌납하고 자유의 몸이 되었으나 정치적 재기의 날개를 꺾이고 말았다.
5.17 사태 이후 계엄사에서 권력형 부정축재 혐의로 조사를 받아온 김종필, 이후락, 박종규, 이병희, 김진만 의원들은 의원직 등 모든 공직 심지어 동창회장을 포함한 명예직까지 사퇴했다.
김종필 총재는 공화당 총재직, 한일의원연맹 한국측 회장직, 5.16민족상 총재직을 사퇴하고 자의반 타의반이 아닌 전적인 타의에 의해 정계에서 축출됐다. 그것도 군부의 후배들에게서 갖은 수모를 겪고서 연행된 지 46일 만에 풀려났다.

(2) 정부 전복과 학생 소요 배후 조종 혐의로 김대중 등 구속

계엄사령부는 김대중이 대중 선동과 민중 봉기로 정부 전복을 기도하고 계엄해제, 언론자유 보장, 특정인 퇴진 등 5개항을 지시하여 학생 소요를 배후 조종했다고 중간 수사결과를 발표했다.
아울러 계엄사는 김대중, 문익환, 이문영, 예춘호, 고은태, 김상현, 이신범, 장기표, 심재권 등 9명을 내란 음모 및 국가보안법 위반, 반공법 위반, 외국환 관리법 위반, 계엄 포고령 위반 등 죄목으로 군법회의 검찰부로 구속 송치했다.

계엄사는 '김대중 일당 내란 음모 사건'의 수사 결과를 발표하면서 김대중을 비롯한 37명을 군법회의에 구속·송치하겠다고 밝혔다.

계엄사는 "김대중과 추종분자 일당은 국민연합을 주축으로 하고 복학생을 행동대원으로 내세워 학생선동, 대중규합, 민중봉기, 정부전복, 김대중을 수반으로 과도정권 수립 등을 투쟁 목표로 비합적 투쟁을 추구하여 마침내 내란 선동과 음모에까지 이르게 됐다"고 발표했다.

또한 계엄사는 "김대중은 정치인, 실업인, 정치지망생 등으로부터 12억 원을 거둬 이 중 3억 원을 예춘호 등에게 줘 학원 소요 및 선동, 광주사태 야기 등의 목적에 사용토록 했다"고 혐의 사실을 밝혔다.

이 가운데는 김대중으로부터 데모 자금 5백만 원을 받아 광주사태 발단을 일으킨 정동년, 주동자들에게 1백만 원을 주어 투쟁을 계속하도록 선동한 홍남순, 악성 유언비어를 날조하여 유포하면서 악질적인 배후 선동을 한 전춘심 등이 포함됐다.

이어 계엄사에서는 "10.26 이후의 사회혼란은 김대중의 성급한 집권욕 때문에 빚어진 것이며 '국가 안보', '경제 발전', '정치 발전'을 이룩하기 위해서는 김대중과 같은 사이비 정치인 혹은 '민주'의 가면을 쓴 적색 요소는 법의 심판에 따라 정치 영역에서 배제돼야 한다"고 강조했다.

계엄사는 내란음모 이외에도 반국가 단체인 재일 한민통(한국민주회복통일촉진 국민회의)을 구성하여 북괴 노선을 지지하고 동조하는 등 반국가적 행위를 자행했고, 외국으로부터 불법 반입한 외화를 사용했으며, 계엄포고령을 공공연히 의도적으로 위반했다고 발표했다.

5.17 조치가 신속히 취해지지 않았다면 김대중의 계획대로 기만적 수법과 공산당식 선동에 의한 민중봉기로 유혈사태가 초래되고 일

대 국가적 위기에 직면할 뻔 했다고 발표했다.

계엄사는 "김대중의 사상적 배경이 의심스럽다는 의문을 갖고 수사하여 그가 해방 직후부터 좌익 활동에 가담한 열성 공산주의자였으며, 해외에서 이들로부터 자금을 받아썼고, 북괴의 노선에 동조하는 반국가 단체를 만들었으며, 해외 불순분자들과 지속적으로 접촉하는 등 극히 위험하고 음흉한 반국가적, 반민족적 분자임이 증명됐기 때문에 이 사실을 모든 국민에게 알려 그의 정체에 대하여 정확한 판단을 내릴 수 있도록 하기 위해 반국가사범으로 입건했다"고 설명했다.

계엄사는 "김대중과 그 일당의 검거로서 앞으로의 정치일정에 대한 가장 중요한 저해 요인이 해소된 만큼 정부가 국민들에게 공약한 정치 일정은 계획대로 추진될 것"이라고 말했다.

계엄사령부는 사회혼란 조성 및 학생, 노조 소요 관련 배후 조정 혐의로 연행되어 조사를 받고 있는 예춘호(중-영도), 이택돈(안양-부천-시흥-옹진), 손주항(임실-남원-순창), 김녹영(광주) 의원 등이 의원직 사퇴서를 제출했다고 밝혔다.

내란음모 혐의로 국민연합 문익환, 고은태, 예춘호, 이문영, 장기표, 심재권, 조성우, 이신범, 이해찬 등을 연행하여 구속·기소하고 전위조직인 연청의 김홍일, 민주헌정동지회 김종완, 변호사 홍남순, 한국정치문화연구소 김상현 등도 관련됐으며 정동년(전남대), 윤한봉(조선대) 복학생 등도 구속됐다.

그러나 수사에 적극 협조한 이용희, 장을병, 송창달, 김재위, 이현배, 김승훈, 함세웅, 김동길, 이영희 등을 경고 훈방 조치했다.

(3) 군법회의는 김대중 전 대통령 후보에게 사형 선고

내란음모, 계엄법 위반 등 혐의로 구속 기소된 김대중 등 24명의

피고인에 대한 군법회의에서 정기용 검찰관은 "김대중 피고인은 복권이 되자 '민족혼은 전투적, 적극적 의거의 경험에서 과시된다. 모순과 싸워야 한다. 민주주의 나무는 국민의 피를 먹고 자란다', '독재 하에 감옥에 가고 고문, 연금, 공민권 박탈을 당하고 학원, 직장에서 추방되었던 사람들이 새로운 민주정부의 횃불이 되고 중심이 되어야 한다'는 등으로 국민을 선동하고 반정부 의식을 고취시켰다"고 밝혔다.

또한 검찰관은 "김대중은 비상계엄 해제, 정치범 석방, 복권 등의 요구가 관철되지 않을 경우 5월 19일 정오를 기해 시위를 통한 민주화 투쟁을 전개할 것을 모의하는 등 내란을 음모, 선동했다", "반국가 단체인 한민통을 결성했다", "일화 20만 엔과 미화 1만 달라를 불법 보관하기도 했다"고 기소 사유를 설명했다.

검찰관은 문익환, 예춘호, 김상현, 고은태 등 23명 피고인들에 대해 "이들은 김대중을 대통령으로 옹립하기로 작정하고 그 전제로서 계엄령이 해제되고 정치 일정이 단축되어야 하며 현 정부는 퇴진하여야 한다고 판단하여 이를 위하여 국민연합을 중심으로 정부에 대한 불만을 품고 있는 재야 정치인, 문인, 학자 및 반정부 활동을 하다가 제적되거나 석방된 복학생들과 연합하여 반정부 투쟁을 벌이기로 결심하고 학생시위와 시민봉기를 촉구해 왔다"고 지적했다.

육군본부 계엄보통군법회의 검찰관은 김대중에게 사형을 구형하고 문익환, 이문영, 고은태, 조성우 피고인에게 징역 20년을 예춘호, 김상현, 이신범, 이해찬, 송기원, 설훈 피고인에게 징역 7년을 구형했다.

김대중 피고인은 최후 진술에서 "10.26 이후 계속 모든 문제를 평화적인 방법으로 대화를 통해 해결하도록 호소해왔다"고 주장하고 "학생들이 거리에 나오는 것을 원하지 않았으며, 여러 대학으로부터 강연 요청을 받았으나 한신대, 동국대 등 두 곳에서만 강연했고 그 자리에서도 교외 시위나 폭력 데모를 선동한 일이 없었다"고 진술했다.
김 피고인은 한민통에 대해서도 "내가 조직할 때는 김재화, 배동호, 정재준, 조활준 등 네 사람만 접촉하여 대한민국 지지, 철군반대, 조총련과의 공동행사 중단 원칙을 분명히 했으나 발기 대회 이전에 강제 귀국으로 그 이후의 일은 알 수 없다"고 말했다.
이문영 피고인은 "성명서를 발표한 것은 단순히 의견을 표시하기 위한 것이었으며 정부 전복은 물론 헌법기관을 모독한 일이 없다"고 주장했고, 문익환 피고인은 "5월 데모에 참가한 학생들은 모두가 자기들의 명확한 판단에 따른 것이며 우리 몇몇이 하라고 했다고 할 만큼 주체성이 없지는 않았다"면서 "민주화의 길만이 우리 민족의 분열을 막는 유일한 길"이라고 주장했다.
한완상 피고인은 자신이 정치 현실에 대한 비판을 해온 것은 사실이나 이는 사회과학자로서 양심에 따라 한 것이라고 말했다.
이해찬, 이신범 피고인 등은 "김대중 피고인 등 정치인들의 정권 쟁취를 위한 수단으로 이용된 일은 없으며, 학생 입장에서 순수하게 민권회복을 얻기 위해 시위를 벌였다"고 주장했다.
그러나 이택돈 피고인은 "좌익 활동을 한 사람이 대통령이 됐다면 이 나라가 어떻게 되었겠느냐, 김일성이 한국의 대통령이 이런 사람이라고 세계에 선전한다면 변명할 길이 없다", "이 같은 사람을 대통령 후보로 만든 것에 대해 신민당은 사죄해야 한다", "김대중이 자신의 이런 과거를 속인 것은 자기는 물론 신민당원과 국민을 기만하고 역사를 오도한 것이다", "한민통의 배동호, 곽동의를 주의해야 된다는 것은 신민당 정치인에게는 상식적인 일이었다"고 김대중 후보를 적극적으로 매도하고서 항소심에서 김윤식, 김녹영과 함께 석방의 은전을 받았다.
이택돈은 "이신범이 찾아와 2차 대전 후 독일과 일본에서 전범 및 그 협력자 22만 명의 등급을 분류하여 청산해야 한다는 방안을 김대중에게 건의해 달라고 했다"고도 진술했다.
육군본부 계엄보통군법회의에서 검찰관(정기용, 이병옥, 정인봉, 김대권, 홍경식, 김인규)은 김대중 피고인에게 사형을 구형했다.
아울러 예춘호, 김상현, 이신범, 이해찬, 송기원, 설훈 피고인 등에게 15년, 이석표 피고인 10년, 심재철 피고인에게 징역 7년을 구형했다.
군법회의는 김대중 피고인에게 구형대로 사형을, 문익환, 이문영 피고인에게는 구형대로 20년을 선고했으나 고은태, 조성우 피고인에게 징역 15년을 선고했다.
전두환 대통령은 "만일 광주사태 같은 일이 두 개의 다른 도시로 확대되었더라면 김일성은 10만 침략군을 내려 보냈을 것이며 따라서 사회불안이나 무질서, 폭동은 용납될 수 없다"고 WP지 기자와의 대담에서 강조했다.
한편 전남북계엄군법회의는 광주사태와 관련하여 정동년, 김종배, 박남신, 배용주, 박노정 등 5명에게 배후 조종 혐의로 사형을 선고하고 홍남순, 서규창, 정상용, 윤석수, 하동열, 윤재민, 서만석 피고인 등 7명에게 무기징역을 선고했다.

(4) 미국과 일본의 관계를 생각하여 김대중을 사형에서 무기징역으로 감형

외무부는 김대중 공판과 관련하여 미국 정부가 한국 정부에 대해 압력을 가하고 있다는 외신보도에 대해 당치도 않는 일이라고 일축했다.
외무부는 일본 스즈키 수상이 최경록 주일대사에게 김대중 재판에 대해 중대한 우려와 관심을 표명했고, 이토 일본 외상 등이 우려를 표명한 데 대해 "대법원에 계류 중인 인접 우호 국가의 형사

피고인에 대해 그 재판의 결과를 기다리지 않고 수상이 이 문제를 거론한 것은 법원판결에 영향을 주려는 중대한 주권 침해"라고 지적했다.

스즈키 젠코 일본 수상은 "일본 정부는 김대중의 처형을 방지하기 위해 최종 순간까지 모든 노력을 다 할 것"이라고 말하여 김대중 재판에 끝까지 관여하고 있다는 사실로 대일관계의 전면적인 재검토를 하고 있는 한국 정부와 일본 교포들에게 비난을 받았다.

전 대통령과 미국 레이건 대통령과의 정상회담을 앞두고 대법원에서 사형이 확정된 김대중 피고인을 무기징역으로 감형 조치하고 징역 20년이 확정된 이문영 피고인을 징역 15년으로 감형하는 등 대부분의 피고인들의 형량을 감형조치 했다.

정부에서는 감형 사유로 "지금은 70년대의 대립 정치상황과 10.26 사태 이후 야기됐던 국정혼란기의 방황을 청산하고 새 역사의 장을 여는 시점"이라고 강조한 뒤 "김대중 등 피고인들이 관련된 사건은 구시대 정치의 슬픈 유산으로서 이제 과거의 악몽을 가지고 제5공화국의 서장(序章)을 얼룩지게 할 필요가 없다고 판단했기 때문"이라고 장황하게 설명했다.

(5) 신현확 국무총리를 박충훈 총리 서리로 교체

신현확 국무총리를 비롯한 전 국무위원은 최근 국내 소요사태에 대한 책임을 느껴 최 대통령에게 일괄 사직원을 제출했다. 작년 12월 14일 발족한 신현확 내각은 159일 만에 일괄 사표를 제출한 것이다.

최 대통령은 신현확 총리의 사표를 수리하고 박충훈 무역협회장을 총리 서리로 임명했다.

박충훈 국무총리 서리는 "사회 안정과 질서가 유지되면 최 대통령이 이미 밝힌 바 있는 연내 개헌, 내년 봄 양대 선거 실시, 정권 이양 등의 당초 일정에는 아무런 변화가 없을 것"이라고 앵무새처럼 정치 일정을 밝혔다.

박 총리 서리는 "정부는 지역적인 불균형과 지역감정 해소에 최대의 노력을 할 생각"이라며 "전국이 1일 생활권인 작은 땅 덩어리에서 호남, 영남이라는 등 지역감정을 유발하는 사태가 작금에 있어 온 것은 대단히 유감이며, 이번 광주사태만 하더라도 지역감정을 유발하는 유언비어 때문에 사태가 더욱 악화되는 등 지역감정은 이처럼 무서운 것"이라고 말했다.

아울러 박충훈 총리 서리는 "김종필 공화당 총재와 김대중 씨는 정식 영장 발부에 의한 구속이 아니라 포고령 위반으로 연행, 조사 중에 있다"고 밝혔다.

영·호남 화합을 위해 88 고속도로 건설을 추진했다고 정부에서는 설명하고 있으나 전 대통령의 고향인 경남 합천에 고속도로가 개설되기 위해 추진한 것이 아니냐는 의혹도 제기됐다.

4. 신군부 권력 찬탈의 징검다리 역할을 한 광주항쟁

(1) 3김(三金)에 대한 차별적 대우가 광주항쟁의 시발

다가오는 제4공화국의 대통령 후보로 손꼽히고 있는 공화당 김종필 총재, 신민당 김영삼 총재, 김대중 전 대통령 후보에 대한 신군부의 차별 대우가 광주시민들의 분노를 자아냈다.
영남 출신들이 주체세력으로 자리 잡고 있는 신군부는 영남 출신인 김영삼 총재에 대해서는 연금이라는 입소문이 나돌았지만 아무런 조치가 없었고, 충청 출신으로 군부의 선배인 김종필 총재는 부정축재 혐의로 구속하면서, 복권된 지 57일로 얼마 되지 아니한 김대중 전 대선 후보는 사회소요 조종 혐의로 구속했다는 소문이 꼬리를 물고 퍼져나갔다.
5월 18일 전남대 학생 6백여 명이 '계엄 해제' 등 구호를 외치며 가두시위를 벌였고 통금시간이 밤 9시로 앞당겨진 거리에서 군경은 확성기로 시민들의 귀가와 상가들의 철시를 종용했다.
다음날 전남대생 등 학생들을 중심으로 한 시위에 경상도 말씨를 쓰는 베레모를 쓴 특전사 군인들이 시위대를 무자비하게 진압하면서 점점 과격해졌다.
김대중 전 후보의 구속에 대한 반감과 특전사 군인들의 강경진압이 어우러져 시민들의 참여가 늘어나면서 서로 간에 사상자가 잇달아 나오자 격화되기 시작하여 19일부터 일반 시민들이 대대적으로 가담하는 항쟁으로 변질됐다.
"김대중 씨를 석방하라", "계엄 해제하라"는 등의 구호를 외친 데모 군중들은 전남 도청을 포위하자 군인과 경찰은 헬리콥터 편으로 철수 작전에 들어갔다.
21일부터는 전화가 일체 불통됐으며 철도, 시외버스도 광주로 들어가지 아니하여 광주시의 전체가 고립되었으며 광주세무서, 광주 KBS, 광주 문화방송 등이 불태워졌고 많은 공공건물들이 파손되었다.
시내버스, 트럭, 택시 운전기사들도 데모에 가담했으며 각종 무기와 화염병, 각목, 철재 등을 들고 시민들이 대항하고 있는 등 사태가 갈수록 악화되었다.
군인과 경찰은 광주 시내에서 외곽으로 통하는 도로를 차단하고 총기를 휴대한 데모 대원의 진압에 나서는 한편, 차를 타고 외곽으로 빠져나간 무장 데모대를 쫓고 있었다.
전남도청에서 수습대책위원회와 학생대표들은 회의의 결론이 내려질 때까지 시민들에게 과격한 행동은 하지 말도록 당부했다.
많은 대학생, 시민들이 질서회복에 나섰으며, 일각에서는 총기 회수, 헌혈 운동도 벌이고 있었다.
시위대의 일부가 광주 교도소를 점거하려 했으나 실패했다. 한편 시내 곳곳에는 부녀자들이 거리에 솥을 걸고 밥을 지어 식사를 제공했다.
광주는 여타지역과의 교통, 통신이 일체 두절되어 절해고도처럼 고립돼 생필품 부족 현상이 나타나고 있었다.
정부는 KBS 방송을 통해 "24일 정오까지 광주시는 군이나 병원에, 여타 지역은 경찰서나 군부대에 무기를 반납하면 일체의 책임을 묻지 않겠다"고 선무 방송만을 계속했다.
광주 시내는 6일째 교통차단과 통신 두절로 생필품 부족이 심각한 실정이며 시민생활도 큰 불편을 겪고 있고, 물가 부족으로 계속적인 물가앙등을 낳고 있었다.
최규하 대통령은 "광주 시민들이 냉정과 이성을 되찾아 슬기롭게 현재의 불안한 사태를 조속히 수습해 주기 바란다"고 호소하고 "비록 일시적인 흥분이나 감정에 의해 잘못된 일이 있었다 하더라도 정부는 최대한의 관용을 베풀고 불문에 붙이겠다"고 특별

방송담화를 발표했다.
광주 유혈사태는 27일 계엄군이 투입되어 전남도청을 중심으로 총격전이 전개되었으며 전남 도청을 비롯한 주요건물과 시가지를 완전 장악함으로써 광주 유혈사태는 종결됐다.
계엄군은 광주 공원 등지에서 저항하는 시민군을 사살하고 2백여명을 체포했다고 밝혔다.
계엄군이 광주시내로 진입하는 과정에서 17명이 사망하고 군인 2명이 순직했으며 295명을 연행했다고 계엄사령부가 발표했다.
이광표 문공부장관은 "이번 사태로 우리 모두에게 깊은 자성(自省)을 불러일으켜 이 땅에 다시는 이런 비극을 되풀이하지 않는 계기가 되어야 할 것"이라고 강조했다.
또한 이 장관은 "광주지역의 질서를 회복하는 데 있어 계엄군이 그동안 적지 않은 희생에도 불구하고 참을성 있게 사태 진정을 노력 해왔다"고 자화자찬했다.

(2) 광주항쟁을 불순분자들의 책동으로 몰아간 정부

계엄사령부는 "광주사태가 악화되기 시작한 것은 지난 21일부터 불순분자와 극렬분자들이 경찰관서와 예비군 무기고를 습격하여 무기를 탈취하고 극렬한 행동을 부리면서부터"라고 사태악화를 불순분자의 탓으로만 돌렸다.
서울시경은 광주에 들어가 학생, 시민들의 시위를 무장폭동으로 유도하고 반정부 선전 및 선동임무를 펼치고자 남파된 북괴 간첩 이창용을 서울시내에서 검거했다고 발표하여 광주사태의 주범들과 남파 간첩을 연결코자 시도했다.
보안사는 법적 근거도 없는 보도지침을 만들어 7개월간이나 보도 내용에 대해 일일이 억압과 간섭을 해왔으며 광주항쟁에 관한 보도기사를 모두 지우도록 지시했다.
WP지나 로이터 통신 등 외신은 광주의 시위가 심각해짐을 타전하고 있었지만 국내 언론들은 아무것도 보도하지 않았다.
박충훈 국무총리 서리는 광주사태에 대해 "광주 시내는 병력도 경찰도 없는 치안 부재의 상태이며 일부 불순분자들이 관공서를 습격, 방화하고 무기를 탈취해서 군인들에게 발포했음에도 불구하고 군은 정부의 명령 때문에 시민들에 발포하지 못하고 반격을 하지 못하여 울화통이 터지는 상태에 놓여 있는 것 같다"면서 광주 유혈사태는 불순분자들의 소행이라고 단정하면서 "그럼에도 불구하고 은행 약탈 등이 없는 점 등으로 보아 호전돼 가고 있는 것으로 본다"고 이해할 수 없는 담화를 발표했다.
비상계엄이 확대된 이후 광주시민들이 공수부대원의 학생시위 진압 모습을 목격하고 자연발생적으로 시위를 벌이게 됐다.
공수부대원들은 눈에 완전히 핏발이 서서 연행자들을 대검으로 찌르고 곤봉으로 머리를 치는 모습을 시민들은 지켜봤다.
누구 하나 총을 들고 금융기관을 털 생각을 안했고 생필품이 두절된 상황에서 라면 한 쪽이라도 나눠 먹어 굶는 사람은 없었다.
계엄사는 광주사태로 민간인 144명, 군인 22명, 경찰관 4명 등 170명이 사망했으며 민간인 127명, 군인 103명, 경찰관 144명 등 380명이 부상했다고 발표했다.
계엄사는 광주 일원에서 1,740명을 검거하여 1,010명을 훈방조치하고 730명을 조사 중이라고 밝혔다.
아울러 계엄사는 "이번 사태는 여러 양상으로 보아 조직적인 배후조종 세력의 존재 가능성을 배제할 수 없으며 이 배후 세력을 철저히 규명하고 조사가 진행됨에 따라 주동자, 극렬적 악질행위자, 살인범 등 범법자들을 엄격히 선별, 군법회의에 회부하여 엄중 처단할 것"이라고 밝혔다.
계엄사는 "군경의 사상자가 의외로 299명에 달하는 것은 사태 초기 시위군중들의 냉정을 기대하면서 부여된 최소한의 자위권마저 억제한 결과"라고 발표했다.

계엄사는 이 사태를 최악의 상황으로 몰아넣은 원인은 북괴의 고정 간첩과 이에 협력하는 불순분자들의 책동에 의한 혼적이 있는데 23일 검거된 이창용 진술과 당국에서 포착된 징후가 일치되어 실증됐으며, 학생 소요를 조종해온 김대중이 전남대와 조선대 내 추종 학생들을 조종, 선동하여 온 것이 소요사태로 발단되었으며, 김대중 골수 추종분자들이 사태의 폭동화 과정에서 단계적이며 조직적으로 이를 격화시킨 사실이 수사과정에서 판명되고 있다고 발표했다.

군 수사당국에 구속되어 있는 김대중의 화신이 광주 소요를 주도하고 북한에서 남파된 간첩들이 시위를 주도했다는 보안사의 간부들은 오늘도 서울 거리를 활보하고 있을 것이고 정부의 비호 아래 안락한 생활을 영위할 것으로 보여 진다.

(3) 유언비어의 홍수 속에 민간인 사망자는 148명 뿐

계엄사는 광주사태로 죽은 민간인이 1천여 명이 된다는 등의 유언비어의 예를 제시하며 유언비어 유포자는 가차 없이 처벌한다고 경고했다.

시중에는 경상도 군인들이 전라도 사람들의 씨를 말리려고 왔다느니, 여자들의 옷을 벗겨서 대검으로 유방을 도려내는 등 가혹하게 다룬다느니, 임산부를 대검으로 찔러 어린애를 꺼내 길거리에 버렸다는 등 상상을 초월하는 유언비어가 나돌았다.

계엄사는 민간인 사망자를 148명으로 수정발표하고 학생 소요 및 광주사태의 배후 조종 및 극렬분자는 심재철 서울대 총학생회장 등 21명을 현상금을 걸고서 지명 수배했다.

계엄사는 광주사태와 관련하여 연행된 사람 가운데 1,146명을 훈방한 데 이어 679명의 경미한 혐의자를 추가로 훈방할 예정이지만 죄질이 무거운 375명에 대해서는 앞으로 조사를 더 진행할 계획이라고 발표했다.

전남북 계엄군법회의는 광주사태 관련자 175명에 대한 선고 공판을 열어 정동년, 김종배 등 5명에게 사형을, 홍남순, 정상용 등 7명에게 무기징역을, 나머지 163명에게는 5년에서 20년 징역형을 선고했다.

광주사태 초기 공수특전단의 진압과 발포 명령 등에 깊숙이 개입됐던 군 지휘부 관계자들 대부분 제5공화국에서 정, 관, 군의 요직을 차지했다.

이들은 "계엄 하에서는 집단행동을 할 수 없으므로 광주사태는 과잉 진압이 아니라 법질서 유지를 위해 군인의 임무를 수행했을 뿐"이라고 일관되게 주장했다.

김대중 씨는 광주사태 발발 원인에 대해 "80년 5월의 혼란은 일부 정치군인들이 정권을 잡기 위해 계엄령을 해제하지 않고 민주화를 촉진하지 않은데서 비롯된 것"이라고 진단했다.

카터 미국 행정부는 광주사태에 대해 고위정책조정위원회를 개최하여 한국의 정세를 안정시킬 수 있는 방안을 다각적으로 검토했다.

미국 행정부는 3만 9천명의 주한미군 철군이나 대한 군사원조의 삭감을 내세우지 않고 사태진정을 신중하게 지켜보고 있다는 견해를 밝혔다.

미국 정부는 "5.17 조치의 불가피성을 미국정부가 이해했다"는 전두환 전 대통령의 증언에 대해 "전두환 정권이 전두환의 쿠데타를 미국이 지지하고 있다는 거짓된 착각을 조성키 위해 전개한 노력을 상세히 설명했을 뿐이다"라고 폄하했다.

5. 공무원 숙정과 삼청교육은 신군부의 최대 업적

(1) 공포분위기에 편승하여 공무원 숙정 몰이

5.17 비상계엄 확대에 발맞춰 김종필 공화당 총재를 부정축재 혐의로 연행하고, 사면·복권되어 88일 째를 맞는 김대중 전 대통령 후보를 내란음모 혐의로 구속하면서 김영삼 신민당 총재를 연금시킨 최규하 대통령은 국민들의 환심을 사기 위해 공무원 숙정과 사회정화 운동을 정권유지 차원에서 추진했다.

최 대통령은 국보위 상임위원 청사에 들러 "무엇보다 중요한 것은 국법 질서 확립과 국가의 기강 확립이며 이를 위해 부패와 부조리를 삼제(芟除)하는 정화작업이 필요한 것"이라고 말하고 "정부 자신이 깨끗지 못하고서는 사회정화를 기대할 수 없으므로 이번에 자체숙정(自體肅正)을 단행하게 된 것"이라고 정화 운동을 주도하고 있음을 밝혔다.

이번 숙정 회오리는 지난 5.17 조치와 함께 있었던 권력형 부정축재자 수사와도 맥을 같이하는 것으로 사회 개혁을 추진하고 있는 정부의 강도를 시사하는 것으로 분석될 수 있다.

국보위에 의한 대상자 선정 작업은 부내 여론, 사정 및 수사기관의 기록, 과거비위의 재조사, 부처 내의 인사기록, 민원실에 들어온 자료 등을 종합적으로 검토해서 이뤄진 것으로 알려졌다.

감사원 사무총장과 대검차장 검사를 포함시켰다는 사실은 숙정기관도 가차 없이 숙정 대상이 될 수 있다는 선례를 남겼다.

숙정 대상자 가운데는 말이 많이 떠도는 사람들이 대부분 포함됐고 용퇴(勇退) 케이스로 고령이나 장기근무자들도 선별됐다.

국가보위 비상대책위는 장관 1명, 차관급 37명을 포함한 2급 이상 고급 공무원 232명의 숙정을 발표했다.

그 중 비위가 현저한 김완수 교통부차관, 이건중 조달청장, 이용식 철도청장 등은 조사 후 처리할 방침을 밝혔다.

장관으로 유일한 대상인 정재석 상공부장관은 이임식까지는 본인 외에 비밀을 유지했고, 국무총리도 국보위로부터 숙정명단을 통보받고서 총리실 대상자를 알 수 있을 정도로 국보위 사회분과위원회에서 주도했다.

최 대통령은 "정부가 공무원의 숙정 등 국가 기강의 확립과 사회정화를 추진하고 있는 것은 인체에 비유해서 말하면 환부를 수술해서 건강을 회복하기 위한 것과 같으므로 우리 모두 아픔을 참고 밀고 나가야 할 것"이라고 앵무새처럼 훈시하고, "나라가 어려운 시기에 국보위 위원들은 막중한 사명과 책임을 지고 있다는 점을 명심하고 모든 일을 국가와 공익 우선으로 처리해 나가야 할 것"이라고 당부했다.

사회정화라는 대개혁 추진의 일환으로 2급 이상 공무원 13%가 넘는 232명의 숙정이 단행됐고 3급 이하 공무원 4,760명을 숙정했다. 이들은 형사처벌은 않고 의원면직으로 처리됐다. 사법부와 교육공무원을 추가하여 숙정된 공무원은 5,044명으로 전체 공무원의 11% 수준이었다.

이번 숙정 기준은 공직자 사회에 잔존하고 있는 비위와 부조리를 과감히 척결하여 신뢰받은 공무원상을 정립하기 위한 것이라고 김용휴 총무처장관은 밝혔다.

5천명 선을 넘어선 숙정 공무원 가운데 소청을 낸 공무원이 8명뿐이라는 사실을 두고 김용휴 총무처장관은 "숙정공무원 자신들이 과오를 뉘우치고 체념했거나 공무원 사회를 참신하게 만들려는 정부의 노력에 협조한 때문"이라고 숙정을 미화하고 정당성을 부여했다.

정부는 공직부적격자로 인정되어 파면 또는 의원면직된 공무원은 2년 이내에 정부투자기관이나 관련업체에 취업하지 못하게 하는

'비위관련 퇴직공직자의 공직취업 제한 기준'을 제정했다.
조선시대에도 탐관오리로 낙인이 찍혀 장리안(贓吏案)에 그 이름이 오르면 본인은 물론 3대까지 주요 공직에 기용하지 못하도록 하여 양반 사회인 당시에는 가문의 정신적 멸문(滅門)으로까지 간주했다.
아무것도 알지 못한 채 사직서를 제출하라는 명령에 따라 사직서를 제출했던 본인도 과거의 행적을 곰곰이 되새겨 보며 사직서가 수리될지도 모르는 불안감에서 좌불안석 했으나 3일 만에 사직서를 돌려받았지만 많은 동료들은 이유가 될 수 없는 이유 등으로 공직생활을 마감한 것을 목격했다.

(2) 언론과 정부투자기관 임직원으로 숙정대상 확대

최규하 대통령은 "공직자 사회의 부조리를 척결하기 위한 서정쇄신 작업을 계속 추진해 나갈 것이며 아울러 일반 사회의 정화 운동도 전개해 나가면서 각종 사회악과 퇴폐풍조를 삼제(芟除)하여 건전한 사회기풍을 진작해 나갈 것"이라고 말하며 "우리 모두가 중상과 모략, 왜곡과 선동 그리고 권모술수나 극한투쟁 등으로 고질화된 우리나라의 정치풍토를 개선해 나가도록 해야 할 것"이라고 공무원 숙정은 사회정화위원회에서 작업을 했지만 자신의 의지와 주도로 이뤄지고 있음을 천명했다.
최규하 정부는 언론 정화 작업에 착수하면서 교직자, 정부투자기관 임직원으로 숙정 대상을 확대했다.
농수산부는 농협 부회장급 3명, 농협조합장 723명, 수협 조합장 26명을 포함하여 1,212명을 숙정했다고 발표했다.
문교부는 교장을 포함한 교원 390명, 교육전문직 28명, 일반직 공무원 193명 등 모두 611명을 숙정했다.

정부는 정부투자기관 등 산하단체 임직원 1,819명을 숙정했다고 발표했다. 특히 이사급 임원은 정원의 23%인 167명이 숙정됐으며 정원의 15%에 해당하는 직원이 해고됐으며 농, 수, 축협은 제외한 수치이다.
정부는 사회개혁을 위한 숙정의 일환으로 금융기관 임직원 431명을 무더기로 해임했다.
문화공보부는 사회정화를 위해 주간, 월간, 계간지 등 172개의 정기간행물의 등록을 취소했다.
등록이 취소된 간행물 중에는 기자협회보, 월간 중앙, 씨울의 소리, 뿌리깊은 나무, 창작과 비판, 문학과 지성 등이 포함됐다.
문공부는 청소년의 건전한 정서에 유해한 내용을 게재했거나 계급의식을 조장하거나 사회불안을 조성해 온 간행물이라 지적하며 취소된 간행물은 정기간행물의 12%에 해당된다.
해직기자에 대해서는 보안사에서 주도했으며 보안사에서 각 언론사에 기자 해고의 가이드라인과 일부 명단까지 내려 보냈다.
보안사 기준에 의한 정화 조치자는 298명이지만, 언론사 자체 숙정자는 635명으로 밝혀졌다.
성북동 안가에서 숙정작업을 주도한 '강기덕 보좌관'은 이상재 씨로 알려졌지만, 이상재는 언론사 보도 지침에는 관여했지만 숙정 작업을 주도하지 않았다고 해명했다.
보안사에서 주도한 언론사 통폐합으로 수많은 언론인들이 직장을 잃고 길거리로 내몰렸다.
국보위는 "사회정의 구현 및 기업윤리의 정화를 위해 사회의 지탄을 받고 있는 동명목재 사주 강석진 회장과 그의 아들과 부인을 조사 중"이라고 밝히고 강 회장 가족의 전 재산을 종업원들에게 양도하도록 조치했다.

(3) 정계인사 17명을 연행하고 327명을 지명수배

계엄사는 "정치적 비리와 부패 행위는 국가기강을 문란케 해 온 여·야 정계 인사와 전직 장관급 17명을 연행 조사 중"이라고 발표했다.
"이들은 그동안 정치권력과 영향력을 악용하여 온갖 비리와 부패 행위로 정치 풍토를 오손시켰을 뿐 아니라 사회기강을 타락케 했으며 국가기강마저 문란케 해 온 장본인들"이라고 지적하고 "이들은 사회 헌납이나 위화감 해소를 위한 자체 정리를 소홀히 했다"고 덧붙였다.
연행된 인사들은 김현옥, 구자춘, 고재일 전 장관들과 길전식, 구태회, 김용태, 신형식, 장영순, 현오봉 등 공화당 의원, 정해영, 고흥문, 박해충, 박영록, 김수한, 최형우, 김동영, 송원영 등 신민당 의원들이다.
축재규모는 김용태(150억), 정해영(77억), 구태회(21억), 고흥문(20억), 박영록(19억), 최형우(1억) 순으로 발표했다.
계엄사령부는 오치성(공화), 이용희(신민)의원 등을 포함한 329명을 지명 수배했다.
오치성 의원은 부정축재 혐의로, 이용희 의원은 국기문란 혐의로 지명수배 됐으며 장을병(성균관대 교수), 이석연, 송기숙, 김정수(전남대 교수), 김홍업(김대중 아들), 박종철(김대중 비서실장), 이협(김대중 비서), 정동훈(통일당 간부), 김재위(헌정동지회장), 계훈제(헌정동지회 부회장), 김태홍(한국기자협회장), 심재철(서울대 총학생회장), 신계륜(고려대 총학생회장) 등이 시위 주도 및 배후 조종 혐의 등으로 명단에 올랐다.
이들 외에도 장기표, 이철, 김부겸, 박계동, 설훈, 조성우, 장신규, 배기선, 박정훈, 송창달, 문희상, 함영회, 백정수, 박석무, 이우정, 명노근, 김경천, 김현장, 이신범, 허정남, 고영하, 안희대, 최규엽,

장준영 등도 포함됐다.
계엄사는 패륜 행위와 비리를 저지른 신민당 이택희(제천-단양) 의원을 조사하여 공직에서 물러나도록 했다.
계엄사 합수부는 이용희, 장을병, 송창달, 김재위, 이현배, 김승훈, 함세웅, 김동길, 이영희 등은 전비(前非)를 뉘우치고 수사에 적극 협조하여 사법조치를 유보하고 훈방조치 한다고 발표했다.
합수부의 재단에 의해 살아남는 정치인과 퇴출되는 정치인의 운명이 갈리게 됐다.

(4) 사회악 일소 차원에서 악명 높은 삼청교육 실시

국보위는 사회저변에서 국민생활을 괴롭혀 온 폭력, 사기, 밀수, 마약사범 등 각종 사회적 독소를 뿌리 뽑기 위한 사회악 일소 특별조치를 발표했다.
국보위는 폭력 불량배 등 각종 사회악을 일삼는 사범들의 작태는 국민들의 건전한 가치관과 의식구조마저 어지럽게 하여 선량한 시민들의 의욕을 저하시키고 주민들은 불의와 폭력을 보고도 보복이 두려워 고발을 기피하여 국민도의와 사회기강 확립을 저해하여 이를 근원적으로 제거하기 위해 불량배 일제 검거에 나섰다고 말했다.
계엄사는 국민의 생명과 재산을 위협하고 공공의 안녕질서를 위태롭게 하는 고질적인 각종 불량배를 일제히 검거하는 포고령을 발표했다.
불량배 일제 검거에 나선 당국은 폭력배, 공갈 사기배, 밀수, 마약사범을 비롯한 사회풍토 문란 사범 등 16,599명을 검거했다.
이들을 죄질에 따라 군법회의 회부, 근로봉사 또는 순화 교육 대상으로 분류하고 있다고 밝혔다.

이 가운데는 조직 및 상습 폭력배가 61개 파 4,763명이 검거됐고, 조직 및 상습치기배 14개 파 326명과 강도, 강간, 절도, 폭력 등 학생범죄자 1,433명도 붙잡혔다.
국방부에서는 삼청교육 대상자는 10,016명이었으며 훈련 과정에서 사망자는 50명이었다고 국회에 보고했다.
사회정화라는 명분 아래 행해졌던 삼청교육대의 참혹한 인권유린의 실상이 새롭게 드러났고, 격동기의 이면에 가려졌던 진상이 밝혀졌다.
삼청교육은 전두환 국보위의 독창적인 작품이 아니고 박정희 전 대통령이 5.16 직후 만들었던 국토건설단의 아류였고 후신이었다.
군·경 합동작전을 벌여 6만 755명을 연행하여 이 중 3만 9,786명이 군부대의 삼청교육대에 넘겨졌고 3,252명은 군사 재판을 받았다.
삼청교육은 현행범 뿐 아니라 전과자 등도 포함 됐으며 정치 깡패라는 명목으로 김대중, 김영삼 계열의 추종자들인 정당원들도 대상이 됐다.

6. 육군대장 전두환의 대통령 취임으로 권력찬탈 완성

(1) 권력찬탈의 전주곡인 국보위 상임위원장

최규하 정부는 "전국비상계엄 하에서 대통령이 계엄 업무를 지휘, 감독하고 내각과 계엄당국 간의 협조체제를 긴밀하게 하기 위해 대통령의 자문보좌기관으로 국가보위비상대책위원회를 설치한다"고 발표했다.

이광표 문공부장관은 "이 위원회가 위임한 사항을 심의 조정하기 위해 상임위원회를 설치하며 전두환 위원을 상임위원장으로 임명했다"고 발표했다.

대통령의 자문보좌기관인 '국가보위비상대책위원회'의 상임위원은 박충훈(국무총리), 김원기(부총리 겸 경제기획원장관), 박동진(외무장관), 김종환(내무장관), 오탁근(법무장관), 주영복(국방장관), 이규호(문교장관), 이광표(문공장관), 최광수(비서실장), 이희성(계엄사령관), 유병현(합참의장), 김종곤(해참총장), 윤자중(공참총장), 전두환(보안사령관) 등 당연직 위원과 백석주, 김경원, 진종채, 유학성, 윤성민, 황영시, 차규헌, 김정호, 노태우, 정호용 등 임명직 위원으로 구성되어 있다.

현역군인은 전두환, 차규헌, 권영각, 노태우, 정호용 등이 포함됐으며 분과위원장은 이기백, 이광로, 심유선, 오자복, 조영길, 이우재 등 군 출신과 문상익, 노재원, 김재익, 김주호, 이규호, 금진호, 김만기, 정관용 등 민간인 출신이 등용됐다.

국보위 설치와 상임위원 임명은 정치적인 분야에서 혁명적인 모습을 보여 지도세력의 전면 교체라는 결과를 나타내고 있다.

이러한 가운데서 국보위의 활동을 주도해온 전두환 상임위원장의 급속한 부상은 앞으로의 정국전개에 있어서 주목을 끌고 있다.

박충훈 국무총리와 이희성 계엄사령관을 진두지휘할 수 있는 전두환 상임위원장은 "국가 안보와 경제발전이나 여타 모든 점을 위해서도 과도기적 상황은 빨리 극복될수록 좋은 것"이라는 견해를 밝혔다.

전두환 위원장은 미국 뉴욕타임즈와의 기자회견에서 "우리가 처해 있는 상황을 생각할 때 우수한 지도력이 없으면 어려운 처지에 빠질 것"이라면서 "한국에서의 지도력은 단순히 본인이 원한다거나 야망만 가지고 얻어지는 것이 아니다. 이것은 기독교인이 말하는 신의 섭리나 중국인들이 말하는 천명(天命)에 맡겨져야 한다"고 순리적인 정권이양을 예고했다.

전두환 상임위원장은 국민적 통합과 사회 안정 그리고 계속적인 발전을 위해서는 대통령중심제가 가장 바람직하다고 밝히고 정치 일정은 상황의 변화에 따라 앞당겨질 수 있다고 말했다.

또한 대통령 선출방법에 대해서는 "간선제가 검토되고 있으나 그것은 국민회의에서의 선출 방식처럼 특정 후보에 대한 신임투표 같은 것이어서는 안 되며 여러 후보가 자유롭게 경쟁함으로써 국민의사가 선거 결과에 반영되게 하는 제도적 장치가 마련돼야 한다"고 변형된 제도에 의한 집권을 예고했다.

(2) 권력에 아첨한 종교인과 곡학아세(曲學阿世)한 학자들

조향록, 한경직, 김지길 목사 등은 '국가와 민족을 위한 조찬기도회' 라는 명목으로 전두환 국보위 상임위원장을 위한 기도회를 개최하였으며, 이 기도회에서 정진경 목사는 '전두환 사령관을 위하여' 라는 명목의 기도를 올렸다.

이렇듯 국민들의 추앙을 받은 종교인들이 앞장서서 전두환 대통령 만들기에 나섰다.

최근 반체제, 반유신 획일주의자들이 지나치게 기존 체제를 매도하고 몰아붙임으로써 헤어날 수 없는 일대국난에 처했었으나 강직한 성격의 전두환 장군의 노력으로 이를 극복했다고 박승재 한양대교수를 비롯한 대부분 학자들은 환영일색이었고 전두환 장군의 찬양에 목이 메었다.
시인 서정주 씨가 TV 대통령 선거 연설에 나서 "하나님이나 단군 할아버지가 전두환 대통령의 천진난만하게 웃는 모습을 내려다 보았다면 같은 웃음으로 호응했을 것 "이라고 떠들었다.
천금성 소설가는 〈황강에서 북악까지〉라는 전두환 대통령의 일대기를 저술했다. 그는 책 후기(後記)에서 "그 분의 생애를 더듬는 동안 줄곧 뭉클한 감동에 휩싸여왔는데 그 감동의 몇 분의 일도 못 전한 아쉬움이 가슴을 누르고 있다"고 서술했다.
홍성만 기자는 정쟁 비리로 얽히고설킨 구정치의 종장, 새 시대 능동적인 새 정치엔 부적하여 구악청산으로 풍토쇄신을 기하자는 칭송일색 칼럼을 썼고, 누란의 위기에서 국가를 구출하기 위해 반공련, 경제단체 등도 앞다투어 지지성명을 냈다.
한민통 등 반한적인 모략책동을 규탄하고 전두환 상임위원장의 집권을 촉구하는 재일한국인 궐기대회가 일본 동경에서도 개최됐다.
모든 언론매체들은 새 사회 건설의 역사적 전기를 마련하기 위해 최규하 대통령 하야의 당위성을 보도했고, 최규하 대통령은 "새 지도자는 사심이 없고 확고한 신념과 실천력을 겸비해야 할 것이며 특히 우리나라와 같은 특수한 안보상황 하에서는 국민의 전폭적인 지지는 물론 국가보위의 주체인 군의 폭넓은 지지를 받을 수 있는 사람이어야 한다"고 특별시국성명에서 전두환 장군을 적극 추천했다.
한승조 고려대 교수는 최 대통령의 결단은 선의와 양식이 통하지 않는 우리의 정치 풍토를 혁신하고 사회적 위기, 불황 등을 씻기 위한 것으로 본다고 최 대통령의 하야를 찬양했다.

제 12대 대통령 후보에 등록하고 방미의 길에 오른 전두환 대통령의 장도를 허정 전 국무총리, 유진오 전 민주당 당수, 백낙준 전 참의원의장, 박순천 전 민중당 당수 등이 앞다투어 공항에 나와 환송했다.

(3) 주한미군사령관의 발언으로 미국의 승인을 받은 정부

신군부세력은 일본의 군사전문지의 기사를 대대적으로 보도하여 전두환 집권의 당위성 홍보에 열을 올렸다.
일본의 잡지에서는 '전두환 장군과 한국의 군정'이라는 제목으로 "한국이 처해 있는 국제적 환경과 위대한 지도자를 잃은 이후의 정정(政情) 불안 속에서 전두환 장군이 결행한 이제까지의 행동은 모두 정당했으며 그 이외에는 궁지에 빠진 한국을 구할 길이 없었음에 틀림없다"고 강조했다.
이어 동지(同誌)는 "미국이 민주주의나 인권외교를 내세우고 있는 것은 웃기는 이야기"라고 지적하고 "일본의 언론이 광주사태를 데모로 호칭하고 무장한 폭도를 시민, 학생이라는 이름으로 기사화하고 있는 것은 명백한 편향보도이며 중대한 사실 오인"이라고 강조했다.
이러한 잡지의 내용을 보안사는 우리나라 전 일간지를 동원하여 대대적으로 홍보하도록 지침을 내렸다.
아울러 일본의 '요미우리', '마이니치' 등 주요 일간지들이 전두환 국보위 상임위원장이 한국의 새 지도자가 될 경우 미국은 그를 지지할 것이라고 주한미군 당직자가 밝혔다는 사실을 보도하면서 한국의 언론들이 전 장군을 새로운 시대의 지도자로 평가한 사설 내용도 아울러 보도했다고 정부 당국에서 홍보하는 데 여념이 없었다.

존 A. 위컴 주한미군사령관은 "미국은 전두환 장군이 지도자가 되어 지도력을 더욱 공고히 한다면 그를 지지하려 하고 있다"고 말했다고 보도하면서, 전 장군이 공무원, 언론 등의 숙정과 수천 명의 깡패를 소탕함으로써 국민의 상당한 지지를 획득했다는 다른 분석가들의 의견에 동의했다고도 보도했다.

미 국무부 스토크먼 공보관은 '존 A. 위컴' 주한미군사령관의 발언에 대해 논평하면서 한국의 지도자 선택은 한국 국민이 결정할 문제라는 것이 미국 정부의 공식 입장이라고 밝혔다.

10.26 사태 이후 12.12 사건, 5.17 사태 등의 고비를 거치는 과정에서 한·미관계는 반점(斑點)을 남기기도 했으나 미국 측의 이 같은 태도 표명에 따라 불투명한 것이 투명한 것으로 전환되는 계기가 마련됐다.

주한미군의 고위당국자가 '한국정세의 안전을 위태롭게 하지 않는다면', '그가 한국의 지도자가 되어 지도력을 더욱 공고히 한다면'이란 조건들을 전제로 하고 있지만 전 장군이 주도한 일련의 숙정 작업으로 국민의 광범한 지지를 획득하고 있음을 아울러 소개하고 있다는 점에서 미국정부의 입장을 대변한 것으로 보인다.

미국 카터 행정부는 전두환 장군이 새로운 대통령으로 선출되는 정치적 상황 변화에 결코 반대하지 않기로 결정했다고 워싱턴포스트지가 발표함으로써 전두환 정부는 미국의 승인을 받았음을 공표했다.

제4장 제한경쟁으로 추락한 제11대 국회의원 선거

1. 국민의사를 도외시하고 신군부세력이 재단한 헌법
2. 정치인의 운명을 쥐락펴락한 정치쇄신위원회
3. 신군부세력의 입맛에 맞춰 제1, 2, 3 정당 창당
4. 선거인단 선거로 제12대 대통령에 당선된 전두환
5. 선택받은 사람들끼리만 경쟁을 벌인 제11대 총선

국회 헌법개정특별위원회에서 지역별 공청회를 거쳐 대통령 직선제와 소선거구제를 채택하여 정부와 절충하고 있는 와중에 최규하 대통령은 비상계엄을 전국으로 확대하고 김종필 공화당 총재를 부정축재 혐의로, 김대중 전 대통령 후보를 내란죄로 연행하고 김영삼 신민당 총재를 가택 연금하여 3김(三金) 씨의 정치적 야망을 잠재웠다.

더구나 최규하 대통령은 국회의 기능을 사실상 정지시키고 국가보위비상대책위원회라는 초헌법 기구를 창설하여 공무원 숙정, 부패 정치인 및 공직자 연행, 깡패 등 불량배 소탕 등으로 국민들을 공포 분위기로 몰아가면서 신군부 세력의 권력찬탈을 옹호하고 방패막이가 되어주었다.

또한 최규하 대통령은 이러한 비상조치의 정당성을 앵무새처럼 재잘대다가 신군부의 뜻에 따라 전두환 보안사령관이 대통령 적임자라고 찬양하면서 대통령 직을 사임하고 역사 속으로 사라졌다.

유신헌법인 제4공화국 헌법의 근간을 유지하며 통일주체국민회의 대의원에 의한 대통령 선거를 대통령 선거인단에 의한 대통령 선거로, 국회의원 3분의 1(33%)을 박정희 대통령이 지명한 것을 이제는 국회의원 비례대표의 3분의 2(22%)를 전두환 대통령이 지명할 수 있도록 변경했을 뿐이었다.

전두환 대통령은 국민투표에 의한 헌법 개정을 단행한 후 입법회의 구성, 5.16 군사쿠데타 이후 정적들을 싹쓸이한 정치활동 정화법을 본 따서 기왕의 정치인을 싹쓸어 제거하기 위한 정치쇄신위원회를 통해 입맛에 맞는 정치인만을 상대로 정치할 수 있는 풍토를 조성했다.

총통제 정치를 배워온 전두환 대통령은 총통제에 버금가는 대통령으로서 행정부는 물론 입법부, 사법부를 장악하여 제왕적 대통령제를 유지할 수 있었다.

권력에 맹종하는 제1중대인 민주정의당(민정당)을 비롯하여 권부의 취향에 맞춰 창당된 제2중대인 민주한국당(민한당), 제3중대인 한국국민당(국민당)을 자유자재로 조종하며 정국을 거리낌 없이 통치할 수 있는 제도적 장치 속에 무소불위의 권력을 휘두를 수 있었다.

이러한 제도적 장치 하에 선택받은 사람들끼리만 경쟁을 벌인 제11대 총선을 거쳐 입법부를 구성토록 했다.

1. 국민의사를 도외시하고 신군부세력이 재단한 헌법

(1) 제4공화국 헌법인 유신헌법을 변형한 제5공화국 헌법

국회에서 공청회를 거쳐 채택한 헌법개정안과 정부가 전문가를 동원하여 성안한 헌법개정안 모두 한낱 휴지 조각으로 버려지고 신군부 세력이 어용교수들을 동원하여 밀실에서 작성한 헌법개정안이 국민들의 의사를 대변하는 양 포장하여 공고됐다.
정부는 새 헌법의 권력구조는 강력한 대통령 중심제와 간선제를 채택될 것이며 국회의원은 중선거구제가 채택될 것이라는 애드벌룬을 띄웠다.
정부의 개헌요강 작성 소위는 "대통령이 안정된 통치를 할 수 있게 하고 과거의 역사적 과오를 되풀이하지 않기 위해 7년 단임제를 검토했다"고 설명했다.
전두환 대통령은 새 헌법안을 공고하면서 "현행 헌법상 대통령 선거에서 정당 참여의 봉쇄로 자유경쟁이 여의치 못했던 부분을 시정했고, 대통령의 국회의원 일부 추천권과 법관 임명권을 삭제했으며, 국회해산권과 비상조치권을 제한했다"면서 유신헌법과는 전혀 다른 새로운 헌법이라고 자랑했다.
전 대통령은 "그동안 평화적 정권교체를 한 번도 경험하지 못했다는 것은 나라의 체모(體貌)에 관련되는 일일 뿐 아니라 정권의 정당성에 대한 논란을 연중행사화 시켰다"고 지적하며 "대통령 중임 금지를 발의하는 최초의 대통령으로서 이 조항의 성공여부가 민주주의 토착화의 사활을 가름하는 분수령임을 오늘과 내일의 모든 세대에게 강조한다"고 밝혔다.
새 헌법안의 부칙에서 민주공화당과 신민당 등 기존 정당은 새로운 정치질서 확립을 위해 자동 해산되기 때문에 정계개편은 불가피한 상황이다.

(2) 비상계엄 하에서 새로운 헌법개정안 국민투표

제5공화국 헌법안은 1980년 10월 22일 국민투표에서 95.5%의 투표율과 91.6%의 찬성율로 헌정사상 유례없는 최고율의 찬성을 얻어 확정됐다.
신민당 추천으로 국회의장 대행이 된 민관식 국회부의장은 "유신헌법에 대한 반대가 반대를 위한 것이 아니었다면 이번에는 찬표를 던졌으리라 믿는다"며 새 헌법은 국민들의 절대적인 지지로 확정되었다고 신군부에 꼬리를 흔들어댔다.
제5공화국 헌법이 1980년 10월 27일 발효되어 민주공화당, 신민당, 통일민주당, 통일사회당 등 기존 정당과 국회는 자동 해산됐으며, 통일주체국민회의도 폐지되고 국회기능은 국가보위입법회의가 대행하게 됐다.
이리하여 구 정치 질서의 전면적이고도 철저한 붕괴 위에 정치 세대교체, 복수정당 출현 등에 의한 정개 개편이 일어날 것으로 예상됐다.
국민들의 일반적인 여론은 대통령 직선에 의한 중임제, 소선거구제에 의한 민의를 반영하며 3권 분립에 의한 대통령에 대한 어느 정도의 견제와 균형을 구비한 제3공화국 헌법으로의 회귀였다.
제4공화국의 유신헌법은 박정희 대통령의 초헌법적인 비상조치로 대통령에게 입법, 사법, 행정이 집중되어 영구집권을 위한 총통제적인 대통령중심제였다.
제5공화국의 헌법은 통일주체국민회의에서 선출했던 대통령을 선거인단에서 선출하는 간접선거로 진정한 민의가 반영될 수 없었고 유신헌법에서 여·야가 동반 당선되고 3분의 1인 유신정우회 국회

의원은 대통령이 천거하여 통일주체국민회의에서 찬반투표로 선임
토록 되었으나, 이번 헌법에서는 여·야 동반 당선할 수 있는 중
선거구제에서 전국구 의원의 3분의 2를 제1당이 배정받도록 하여
유신헌법과 유사한 점이 너무나 많았다.

2. 정치인의 운명을 쥐락펴락한 정치쇄신위원회

(1) 전두환 대통령의 국가보위 입법회의 의원 임명

전두환 대통령은 국회의 기능을 대행할 국가보위 입법회의 의원 81명을 임명했다.
임명된 입법의원에는 이호 대한적십자사 총재, 정내혁 공화당총재 권한대행, 채문식 신민당 의원을 비롯하여 권이혁 서울대, 김상협 고려대, 안세희 연세대, 정의숙 이화여대 총장이 포함됐다.
또한 김태청 대한변협 회장, 윤길중 변호사, 강신명 신부, 조향록 목사, 방우영 조선일보 사장, 정수창 대한상의회장, 김정례 여성유권자연맹 회장, 김행자 이화여대 교수, 이맹기 재향군인회장, 김철 통일사회당 고문과 이광로, 이기백, 이우재 국보위 위원장들도 임명됐다.
정계에서는 박명근, 남재희, 정석모, 장승태 등 공화당 의원, 한영수, 고재청, 유한열, 오세응 등 신민당 의원, 김윤환, 신상초, 이종율 등 유정회 의원들이 선택을 받았고 손세일, 권중돈, 유옥우, 이태구 전 의원들과 조종호 윤보선 전 대통령 비서실장, 진의종 전 보사부장관 등이 발탁됐다.
유기정 중소기업협회장, 박태준 한국철강협회 회장, 박봉식, 박승재, 나창주, 김만제, 한기춘, 박일경 교수와 정희택, 이진우, 이병호, 임영득 변호사 등도 정계 관문을 통과했다.
이종찬 주영참사관, 송지영 문예진흥원장, 박윤종 전 광주시장, 이진희 경향신문사장 등도 특이하게 포함됐다.
국가보위 입법회의는 의장 이호, 부의장에 정내혁, 채문식 위원을 선출했다.
입법회의는 이기백(운영), 정희택(법사), 이원경(외교), 장승태(내무),

박태준(경제1), 고재청(경제2), 송지영(문공) 분과위원장을 선출했다.
입법의원 81명 중에는 우리나라 정치사의 한 획을 그은 정치적 거물로 성장한 의원들이 많았다.
국회의장을 역임한 정래혁, 킹메이커로 유명한 김윤환, 국회의장에 오른 채문식, 민정당을 주름잡았던 권정달, 국무총리를 역임한 진의종, 경제부총리를 역임한 김만제, 국정원장을 역임한 이종찬, 국민의 정부에서 국무총리를 역임한 박태준, 제5공화국에서 국무총리에 오른 김상협 등을 비롯하여 유옥우, 박명근, 남재희, 이진우, 정석모, 이종률, 윤길중, 장승태, 이태구, 한영수, 고재청, 나창주, 김정례, 유한열, 손세일 등 다선의원들이 수두룩했다.

(2) 입법회의는 정치쇄신 특별법 의결

입법회의는 정당법을 개정하여 법정지구당수를 4분의 1로 줄이고 창당 발기인 수를 20인으로 완화하고 지구당의 법정 당원수도 30인 이상으로 줄여 정당의 창당을 보다 용이하게 했으나 국회의원 총선에서 유표투표 2% 미만 득표정당은 등록을 취소토록 했다.
국회의원 선거구는 1구 2~4인 선출방식이 고려됐었으나 군소정당의 출현에 따른 입후보 난립과 의회구성 역시 지나치게 다원화될 가능성이 많아 종전제도로 환원됐다.
입법회의가 제5공화국의 골격을 세우는 기초 작업을 한 것은 정치쇄신 특별법 제정이었다. 이 법의 시원(始原)은 5.16 군부쿠데타 이후 최고회의에서 제정한 정치활동 정화법에서 찾을 수 있다.
정치활동 정화법에서는 규제 대상자로 4,374명을 공고했다가 네 차례의 해금조치 끝에 269명만이 6년 동안 마지막까지 규제했다.
비위행위를 한 구정치인의 정치활동을 제한하는 정치풍토 쇄신에 관한 특별조치 법안이 이광로 입법의원의 제안으로 입법회의에 제출됐다.
입법회의는 68년 이후 정치적, 사회적 부패와 혼란에 현저한 책임이 있다고 판정되는 인사 등의 정치활동을 1988년 6월 30일까지 규제하는 정치쇄신 특별법을 의결했다.
정치활동 금지 대상자로 공고된 자 중에서 정치활동을 하고자 하는 자는 정치쇄신위원회에 적격심판을 청구할 수 있도록 했다.
전두환 대통령은 정치활동 규제 대상자를 심사할 정치쇄신 위원장으로 김중서 대법원 판사를 임명하고 이광로 입법의원, 이춘구 사회정화위원장, 김종호 내무부차관, 정태균 법무부차관, 정치근 대검검사, 김덕주 법원행정처 차장, 박봉식 입법의원, 이진우 입법의원 등을 위원으로 위촉했다.
정치쇄신위원회는 정치활동 피규제자 811명의 명단을 1차로 공고했다.
이들은 재심 등을 통해 구제받지 못하는 한 오는 1988년 6월 30일까지 각종 선거의 입후보를 포함한 일체의 정치활동이 금지된다.
이날 공고된 정치활동 피규제자는 10대 국회의원 210명, 정당 간부 254명, 기타 347명 등이다.
이 명단에는 김종필, 김영삼, 김대중 등 3김 씨를 비롯하여 10대 의원이었던 정일권, 이효상, 박준규, 백남억, 이병희, 길전식, 김창근, 양찬우, 김용호 등과 이철승, 이민우, 박영록, 조윤형, 이기택, 정운갑, 고흥문 등이 포함돼 있다.
그러나 윤보선 전 대통령, 신현확 전 국무총리, 이재형 전 국회부의장, 김정열 전 공화당 고문, 유진오와 박순천 전 신민당 대표 등은 제외됐다.
10대 의원 중 명단에서 제외된 21명은 입법의원에 임명된 16명과 민관식 전 국회부의장, 신현확 전 국무총리, 천명기 보사부장관, 이승윤 재무부장관, 최경록 주일본대사 등이다.

정치쇄신위는 1차 공고 대상자 중 표기가 잘못된 13명에 대해 정정 공고를 냈다. 이는 시간에 쫓겨 졸속으로 선정했음을 보여줬다. 정치쇄신위원회는 길재호, 이낙선, 김용환, 한병기, 양탁식, 김종락, 박승규, 양순직, 박종태, 설훈, 최극, 진복기 씨 등 24명을 2차로 정치활동 피규제자로 공고했다.

3. 신군부세력의 입맛에 맞춰 제1, 2, 3 정당 창당

(1) 비상계엄 해제와 정치활동 재개 조치

전두환 대통령은 5.17일 전환했던 전국비상계엄을 5개월이 지난 10월 17일자로 다시 지역 비상계엄으로 전환했다.
이어 전 대통령은 "안정의 주체는 국민이며 물리적인 수단은 없어야 한다"는 명분을 내세워 박정희 대통령 시해사건 직후인 1979년 10월 27일 선포된 이래 456일(1년 3개월) 만에 국내 사회질서가 평상 상태로 회복되었다는 명분을 내세워 1981년 1월 17일을 기해 전면 해제했다.
정부는 국내 사회질서가 회복되어 비상계엄을 해제한다고 명분을 내세우고 있으나 사실은 정권찬탈이 완성되어 계엄을 유지해야 할 이유가 없어졌다는 것을 밝히고 있을 뿐이다.
전 대통령은 10.26 사태 이후 격동의 소용돌이 속에 휘말려들었던 정국이 동결 된지 188일 만에 해방을 맞는 정치활동 재개 조치를 발표했다.
이번 조치는 정당창설 목적과 정당기구 운영을 위한 옥내집회만 허용하고 이 같은 목적을 제외한 일체의 시위 및 정치적 집회는 계속 금하는 제한적인 허용일 뿐이었다.

(2) 전두환 대통령을 모신 민주정의당(민정당) 창당

민주정의당 창당 발기 준비위원회는 발기 취지문을 통해 민주, 복지, 정의 사회 구현, 조국 통일 등을 창당이념으로 공표하고 개혁의 의지와 신념을 지닌 참신한 인사, 국민의 존경과 신망을 받는 유능한 인사, 폐습에 물들지 않고 올바른 가치관을 지닌 깨끗한 인사를 모아 새로운 정치 주도세력을 형성할 것이라고 다짐했다.

민정당 창당발기인 105인 중에는 정내혁, 최영철, 남재희, 임영득, 정석모, 유경현, 변정일, 정동성, 하대돈, 정휘동(공화) 한병채, 박권흠, 김종기(신민) 신상초, 김윤환, 정희채, 이양우(유정) 등 17명의 10대 의원들이 포함됐다.

민정당은 창당 발기인대회를 열고 이재형 씨를 창당 준비위원장으로 송지영, 이건호, 정희택, 유석현, 이춘기, 황산덕, 윤길중, 정수창 씨 등을 부위원장으로 선출했다.

민정당 이재형 위원장은 총재영입의사를 전달하기 위해 청와대에 다녀와서 "이번 방문이 삼고(三顧)였으니 그 분을 모시기 위해서는 사고(四顧)는 해야 할 것 같다"에서 총재와 대통령 출마를 거절한 것처럼 국민들에게 비치도록 연막전술을 연출했다.

이재형 위원장은 "좋지 않은 선거를 해서 정권을 잡아봐야 오래 못 간다는 것을 건국 후 네 번이나 경험했다"며 불로소득을 얻으려 해서는 안 될 것이라고 민정당원들에게 경고했다.

민정당은 창당대회를 개최하여 전두환 대통령을 초대 당 총재로 선출하고 제12대 대통령 후보로 지명했다.

전 대통령은 "장기집권, 부정부패, 선동정치 등의 바람직스럽지 못한 지난날의 현상은 '대결의 정치' 시대에 겪었던 슬픈 기억들"이라고 지적하고 "그동안 지탄해 왔던 그러한 유(類)의 정치인으로 나 자신을 타락시키는 일은 결단코 하지 않을 것"이라고 다짐했다.

민정당은 대표위원 서리에 이재형, 사무총장 권정달, 정책위의장 남재희, 재정위원장 정재철, 대변인 박경석 체제를 출범시켰다.

박권흠 의원은 "나는 야당을 탈당해서 여당에 입당한 것이 아니고 여·야가 모두 없어진 마당에서 새로운 정당을 내 손으로 만들었다"고 변신에 대한 변명을 늘어놓으며 기염을 토했다.

민주공화당 청산위원회(위원장 정내혁)은 공화당 남산당사, 가락동 연수원 등 '1백여 억 원에 달하는 재산을 유사 목적을 가진 정치 단체에 양도할 수 있다'는 정당법에 의거하여 무상으로 민정당에 양도했다.

(3) 정통 야당의 기치를 내걸고 민주한국당(민한당) 출범

유치송, 김은하 씨 등 구 신민당 출신 10대 의원 14명으로 구성된 야당 창당발기준비위원회는 전통보수 야당 세력을 규합하여 가칭 민주한국당을 창당키로 결의했다.
동 준비위원회는 "이 땅에서 줄기차게 전개되어왔던 민주역정에서 축적된 민주 역량과 경험은 분명히 민주한국 건설의 기초이며 우리는 이를 바탕으로 정의로운 비판정당의 깃발 아래 뭉친다"고 발기취지문에서 천명했다.
민한당은 유치송 창당위원장을 초대 총재 및 대통령 후보로 추대했다.
유 총재는 "우리는 지금 새로운 인간으로 새로운 정당 정치인으로 새출발한다"고 전제하고 "민한당은 비판견제 정당, 정책정당, 희망과 미래의 정당"이라고 밝혔다.
입법의원 가운데 고재청, 유한열, 손세일 의원 등은 민한당 참여를 통고해 왔으나 채문식, 오세응, 박권흠 의원 등은 집권여당인 민정당으로 방향을 선회했다.

(4) 우후죽순처럼 한국국민당, 민권당, 민주사회당 등 창당

민주공화당과 유정회 의원 18명은 한국국민당 창당 발기준비위원

회를 갖고 위원장에 김종철 씨를 선출했다.
한국국민당(국민당) 발기인 82명 중에는 10대 의원이 28명, 전 국회의원 12명, 공화당 당료출신 12명이 포함돼 있으며, 예비군 육군 소장 김상균, 이종성 충남방적 회장, 김관봉 영남대 교수, 영화배우 신성일 씨도 포함됐다.
한국국민당 이만섭 씨는 "우리는 어디까지나 정책정당으로 매진할 것이며 항간의 '준 여당' 운운하는 소리는 우리가 어떤 사람인가를 모르는 소리"라고 현실과는 거리가 있는 주장을 펼쳤다.
국민당 김종철 총재는 "민한당이 같은 야권의 정당으로서 국민당을 준여당(準與黨)이라고 악선전하고 있는 것은 극히 부도덕한 것"이라면서 "민한당은 지조와 행동 노선이 일치하지 않는 이중기능의 정당"이라고 공격했다.
충남 천안의 지역구를 동생에게 넘겨준 국민당 김종철 총재는 "당의 단합과 국가의 발전을 위해 전국구 후보직을 사퇴키로 했다"고 밝히고 "그러나 나는 국민당의 총재로서 이번 총선의 승리는 물론 당의 발전과 국가발전을 위해 최선을 다할 결심"이라고 말했다.
김의택, 권중돈 씨 등 신민당 출신 인사들이 민한당에 합류하지 않고 제4당인 민권당을 창당하여 김의택 씨를 총재와 대통령 후보로 선임했다.
민권당 김의택 총재는 "윤보선 전 대통령은 평소 존경하던 정치 선배였지만, 이번 선거과정에서 비서를 돕는 등 공사를 혼동하는 행위를 함으로써 그분의 정치 경력과 민주투쟁의 역사가 하루아침에 수포로 돌아간 것이 안타깝다"면서 "특히 윤 전 대통령이 하루는 민정, 하루는 민한 후보를 찾아가 지원한 것만 봐도 민정과 민한 양당이 동반자임을 국민 앞에 증명한 것"이라고 주장했다.
이동화, 송남헌, 김국주, 김철, 한왕균, 고정훈 등은 모임을 갖고 민주사회당 창당을 선언했다. 그러나 민주사회당은 5.16 이후 혁신세력인 김철, 김정길 등이 불참을 선언하여 혁신세력이 양분됐다. 김철 등은 민주사회당과 별도의 사회당을 창당했다. 민주사회당은 창당대회를 열고 고정훈 창당준비위원장을 당수로, 이동화, 송남헌, 신도성, 구익균 씨 등을 고문으로 추대했다.

이외에도 김갑수 전 대법관이 신정당을 창당했고 진복기 전 대통령 후보가 한국기민당을 창당하여 총선대열에 합류했다.

사회당, 안민당, 민주농민당, 원일민립당, 통일민주당 등도 창당하여 총선에 동참했다.

4. 선거인단 선거로 제12대 대통령에 당선된 전두환

(1) 국민들은 대통령 선거인 5,278명을 선출

이번 대통령 선거는 유신시대의 통일주체국민회의 대의원에 의한 대통령 선거를 변형하여 대통령 선거인 5,278명을 선출하여 그들이 대통령을 뽑는 독특한 제도가 처음으로 실시됐다.
정치활동 재개에 의해 신군부 세력의 묵인과 지원 아래 창당된 민정당은 전두환, 민한당은 유치송, 국민당은 김종철, 민권당은 김의택을 대통령 후보로 추대했다.
대통령 선거인은 지지정당을 표시하거나 무소속으로 등록하여 당선된 후 등록된 네 후보에게 투표하는 방식이다.
대통령 재선을 의심하지 않은 전두환 대통령은 대선 후보에 등록하고 선거운동을 하지 않고 10박 11일 동안 방미길에 올랐다.
대통령 선거인 선거를 앞두고 일부 지역에서 호별 방문, 향응, 금품수수 또는 통반장을 이용한 선거운동 등 공명선거 분위기를 해치는 혼탁 사례가 빈번했다.
후보들이 넘쳐나는 민정당은 마감 당일 당 소속 후보 2백여 명 중 120명을 사퇴토록 했고 1백여 명을 무소속으로 변경 등록토록 조치했다.
중앙선관위는 후보 등록 마감 이후 사퇴, 사망 등으로 121명의 유고로 총 후보자는 9,358명으로 줄어들었으며 경쟁률도 1.8대 1로 비교적 낮았다. 무투표 선거구는 91개, 무투표 당선인은 231명으로 늘어났다고 발표했다.
선심관광, 금품살포, 향응, 과열경쟁, 통반장 간여 등 선거비리 사례가 속출하자 민정당은 당 소속 대통령 선거인 후보 등 6명을 제명했다.

이번 선거인 선거에 김일환 재향군인회장, 홍성철 전 대통령 비서실장, 유양수 전 재무부장관과 정주영, 조중훈, 구자경 재벌그룹 회장 등도 출전했다.

무소속 후보로 나선 정주영 후보는 "이승만 대통령의 비극은 고령, 장 총리의 실각은 정치력 부족, 박정희 대통령은 장기집권"이라고 역대 대통령의 단점을 평가하고 "새 대통령은 정치 역량과 헌법정신을 아울러 갖춰야 한다"고 강조했다.

같은 지역의 조중훈 후보는 "미국의 대통령 선거도 간선인데 우리 국민의 지성으로 보아 간선의 장점을 살릴 수 있다"고 미국의 대선제도를 원용하여 간선의 장점을 역설했지만 미국의 간선제가 우리나라와 동일한 것인지 알고 발언했는지 궁금하다.

대통령 후보의 방송 연설이 허용됐으나 민한당 유치송 후보는 "대통령 선거인 결과 민정당이 과반수 이상의 선거인을 확보할 경우 대통령 선거 결과는 명확히 판가름 나는 것"이라고 말하고 "이렇게 될 경우 내가 계속 대통령 선거에 참여하는 것은 무의미하다"고 사퇴를 신중하게 검토했다.

(2) 대통령 선거인 90%가 넘는 득표율로 당선된 전두환

헌정 사상 처음으로 실시되는 대통령 선거인 선거는 민정당의 압승으로 끝났다. 개표 결과는 제5공화국의 새 정부 출범을 앞두고 전두환 후보에 대한 사실상의 신임투표 성격을 두드러지게 부각시켰다는 점에서 그 의의를 요약할 수 있을 것 같다.

이번 선거는 변혁 후 신임을 묻는 적응기능이 유난히 두드러졌고, 이에 따라 결과적으로 현 정치 주도세력에 대해 정당성을 부여했다는 정치적 의미가 포함된 것으로 이해할 수 있다.

신임투표 성격은 선거인 후보 등록 과정에서부터 민정당 소속 후

보가 다른 정당 소속 후보보다 월등하게 많았다는 점에서 이미 예견된 일이기도 하다.

정치적으로 무색했지만 당선자에 대해서는 공직, 비공식의 사회적 보상이 약속됐던 통일주체국민회의 대의원과 달리 선거인에게는 약속된 보상이 없음에도 불구하고 거의 같은 투표율을 기록한 것은 정당 추천 대통령 후보에 대한 간접적인 선택행위라는 점이 정치적 동인(動因)으로 작용한 결과로 풀이된다.

정당별 선거인 당선현황은 민정당 3,676명(69.6%), 민한당 411명(7.8%), 국민당 48명(0.9%), 민권당 20명(0.4%), 무소속 1,123명(21.2%)으로 집계됐다.

이번 선거는 유권자 19,967,287명 중 15,599,252명이 투표하여 투표율은 78.1% 수준으로 1978년 5월 제2기 통일주체국민회의 대의원 선거의 78.9%와 거의 같은 투표율을 보였다.

12월 11일 실시된 대통령 선거인 선거에서 민정당 소속 선거인 3,676명이 당선되어 과반수인 2,639명보다 1,037명이 초과되어 전두환 후보의 대통령 당선은 확정적이었다.

유치송 총재는 민한당이 당초 선거에 임한 것은 승패에 관계없이 민주제도의 정착을 위한다는 데 있다는 근본 취지였음을 재확인하며 대통령 선거를 포기하지 않기로 했다.

민정당 전두환 후보가 4,755표(전체 유효투표의 90.2%)를 얻어 재직선거인 5,277명의 과반수인 2,639표보다 2,116표가 많은 압도적인 지지로 당선이 결정됐다.

민한당 유치송 후보는 404표(7.7%), 국민당 김종철 후보는 85표(1.6%), 민권당 김의택 후보는 26표(0.5%)를 각각 득표하여 전두환 대통령의 들러리 역할을 충실하게 수행했다.

(3) 성장과 성숙의 시대에 들어섰다고 사자후를 내뿜은 전두환

전두환 대통령은 임기 7년 단임의 제12대 대통령으로 취임하면서 "장구한 세월에 걸친 시련과 고뇌의 시대를 넘어서서 이제야말로 제5공화국의 출범으로 자기완성 시대를 형성하여야 할 성장과 성숙의 시대에 들어서는 찰나에 있다"고 선언했다.

그는 그동안 국민 모두가 갈망해 온 '전쟁위협'과 '빈곤', '정치적 탄압과 남용' 등 세 가지 고통으로부터의 해방을 다짐했다.

정부는 전두환 대통령의 취임에 즈음하여 특별사면, 특별감형, 복권, 가석방 등으로 5,221명에 대해 특사 조치했다.

이 가운데는 김계원 전 청와대 비서실장을 무기에서 징역 20년으로 감형하고 정승화 전 육군참모총장을 특별 사면했다.

이 밖에도 광주사태 관련자 307명, 부마사태 관련자 15명, 민청학련 사건 관련자 33명, 계엄포고령 위반자 260명이 포함되어 있다.

이리하여 손주항, 유갑종 전 의원들이 사면되고 윤반웅 신부가 복권됐다.

또한 YWCA 위장결혼사건 관련자인 박종태, 백기완, 송진섭, 임채정 씨 등이 사면되고 민청학련 사건 관련자인 박형규, 인명진, 김학민과 5.16 반혁명 사건 관련자 원충연 전 육군대령, 계엄포고령 위반사건 이부영, 조성우 씨 등도 특별 사면됐다.

5. 선택받은 사람들끼리만 경쟁을 벌인 제 11대 총선

(1) 제1정당에게 비례대표 61석(2/3)을 무조건 할애

대다수 국민의 여론은 소선거구제였으나 집권여당이 절대 패배할 수 없는 동반 당선에 길들여진 유신헌법과 같이 2명의 의원을 선출하되 15개 지역구를 증설하여 의원 정수도 45명이 증가했다.
무소속 입후보를 허용하되 무소속으로 입후보하기 위해서는 지역유권자 500인 이상의 추천을 받아야 하고 기탁금을 1천 5백만 원(정당 후보자 7백만)을 걸어야 했다.
전국 92개 지역구에서 2명 씩 184명의 지역구 의원과 92명의 전국구 의원 등 모두 276명의 국회의원을 뽑는 이번 총선은 민정당과 민한당이 모두 제1당을 목표로 하고 있는데다 출마 예상자가 1천 명 선에 가까울 것으로 관측되고 있어 어느 때보다 치열한 선거전이 전망됐다.
국회의원 정수의석 3분의 1에 해당하는 비례대표 92석을 두되 정국안정이란 명분을 내세워 다수의석을 차지한 제1당이 3분의 2인 61석을 차지하고 나머지 제 2, 3, 4당이 3분의 1인 31석을 나누어 가진 비합리적인 독소조항이 있었다.
이번 선거에서 증설된 선거구는 서울의 구로, 동작, 강동, 부산의 북구가 갑·을구로 분구되어 중구됐다.
또한 인천의 중-남구와 동-북구가 분리되고 경기의 의정부-양주, 파주-고양, 수원-화성, 남양주-양평, 성남-광주, 여주-이천-용인 등 경기도 내의 선거구를 재획정하여 4개 구를 증설했다.
강원도의 동해-삼척, 충남의 대전 동구, 전북의 이리-익산, 전남의 광주 서구, 경북의 대구 남-수성, 영천-경산, 경남의 마산 등이 분구되어 15개 지역구가 늘어났다.

김의택 민권당 총재는 전두환 대통령과의 대화에서 "제1당에서 전국구의 3분의 2를 차지한다는 것은 욕심이 너무 많다는 지적이 있다"고 하자, 전 대통령은 "한번 운영해 보고 그 뒤에 가서 시정할 점이 있으면 고칠 수 있다"고 응답한 것은 전 대통령도 불합리하다는 것을 인정하고 있는 셈이다.

정치쇄신법에 따라 신민당 소속 10대 의원은 전원이, 공화당 소속 4명을 제외한 10대 의원들이 참여치 못하는 이번 서울시의 선거양상은 몇몇 중량급을 빼놓고는 대부분 신인들의 대결장이 될 것으로 전망됐다.

(2) 통일주체 국민회의 대의원들의 비약적인 진출

이번 총선의 경쟁률은 3.4대 1인 것으로 나타났다. 전국 92개 선거구에 등록한 입후보자는 정당 추천 529명, 무소속 105명 등 총 634명인 것으로 집계됐다.

지난 10대 총선 때의 3.07대 1에 비해 높은 경쟁률을 나타냈으나 예상율보다 낮은 것은 12개 정당이 후보공천을 냈으나 민정당, 민한당, 국민당 등 주요정당을 제외한 정당들은 일부 지역에만 후보자를 냈고 무소속 후보자도 10대의 255명에 비해 훨씬 줄어들었기 때문이다.

정당별 후보자 수는 민정당 92명, 민한당 90명, 국민당 75명, 민권당 82명, 신정당 54명, 민주사회당 50명, 사회당 20명, 한국기민당 15명, 민주농민당 15명, 원일당 13명, 안민당 12명, 통일민주당 10명 순이다.

이번 정당 공천자의 특색은 통일주체국민회의 대의원 출신들이 상당수에 이르고 있다는 사실이다.

국민당의 경우 전체 공천자의 4분의 1을 통일주체국민회의 대의원들이 차지하고 있고, 집권여당인 민정당에도 상당수가 포진되어 있으며 더구나 정통 야당임을 내세우고 있는 민한당과 민권당에서도 통일주체국민회의 대의원 출신들을 공천했다.

10대 의원을 포함한 전직의원들은 민정당이 26명으로 가장 많고 유정회 출신 의원들이 포진한 국민당이 25명으로 민정당과 엇비슷했다.

민한당도 정치활동이 허용된 10대 의원 17명을 공천했고 민권, 신정당에도 3~4명의 전직의원들이 출마하여 80명 안팎의 전직의원들이 출전했다.

민정당은 전국구의원 후보자(정후보 61명, 예비후보 13명)를 발표했다.

이재형 대표위원을 1번, 나길조 대법원 판사를 2번, 김종경 검찰총장을 3번에 배치했다.

정후보 61명 중에는 이재형, 송지영, 정희택, 윤석순, 박경석, 김윤환, 이양우, 정희택, 이헌기, 오제도, 김현자, 지갑종, 김영구 등 27명의 민정당 인사가 포함됐고 김기철 체신부 장관, 박종관 서울시 경국장, 박동진 외무부장관, 전병우 전북지사 등 관료 출신 등도 진출했다.

박태준, 정원민, 김정호, 유근환, 김용수, 이우재, 이춘구, 정순덕, 허청일 등은 군 출신이고 김사룡, 김행자 등은 입법회의 의원 출신이다.

안교덕, 나웅배, 이상희는 실업계, 조남조, 하순봉은 언론계, 최상용, 황병준, 김종인, 이영희 등은 교육계 대표로 선임됐고, 김집, 손춘호, 이낙훈, 이상선, 이영희 등도 체육계, 예술계 등을 대표하여 발탁됐다.

61명의 정후보는 경력으로는 정계 출신이 18명으로 가장 많고 출신 지역으로는 경북 출신이 12명으로, 연령 별로는 40대가 29명으로 다수를 차지하고 있다.

민한당은 전국구 후보 45명을 선정하여 등록했다. 이들의 대부분은 당내 인사들이고 당외 인사로는 신재휴, 김진기, 연제원, 손정혁 등 경제계 인사 4명 뿐이며 황산성 인권옹호위원장 등 4명의 여성 후보도 등록했다.

그리고 국민당 31명을 비롯하여 민권당 21명, 민주사회당 20명, 신정당 15명 등이 등록하여 92명의 전국구 의원직을 놓고 206명의 후보들이 경쟁을 벌였다.

(3) 정책지구라는 명목으로 후보를 내지 아니한 민한당

민한당은 국민당 김종철 대표가 출마하는 충남 천안-아산-천원과 민주사회당 고정훈 당수가 출전하는 서울 강남에 정당 대표에 대한 예우 차원에서 후보 공천을 하지 않는 제도권 정당의 한계를 드러냈다.

민한당은 서울 강남에 김형래, 충남 천안-아산-천원에 박동인을 조직책으로 임명했으나 "두 사람이 당명에 절대 복종한다는 조건 하에 조직책으로 임명된 것"이라면서 공천하지 않아도 조직책이 반발하지 못할 것이라고 변명했다.

그러나 민한당 황명수 위원장은 "공당(公黨)인 민한당이 납득할 수 없는 이유로 천안-아산-천원 지구당을 정책지구로 결정하고 국회의원 후보 공천을 하지 않은 것은 공당이 취할 자세가 아니다"라고 주장하고 탈당을 감행했다.

국민당도 이에 뒤질세라 우주학 박사인 조경철 씨가 지구당 조직책을 낸 서울 강남과 유치송 민한당 총재가 출마하는 평택-안성 지역 후보공천을 포기했다.

이렇게 담합(談合)에 의한 공천 회피현상은 선전(善戰) 정신이 바탕으로 될 때 비로소 민주발전과 정치발전이 이룩된다는 것을 감안할 때 아쉬운 부분으로 영원히 남겨졌다.
만한당 유치송 총재는 기자회견이 끝난 뒤 회견 내용의 일부를 삭제해 줄 것을 출입기자들에게 요청했으나 신상우 사무총장이 외부의 모처와 전화통화를 하고 나서야 회견문 삭제 파동이 일단락 된 것이 민한당의 현주소이다.
신상우 사무총장이 주도하고 있는 민한당은 서울 종로-중구를 비롯한 일부 지구당 조직책을 뒤늦게 선정했는가하면, 전남 광산-나주 이재근 위원장의 교체를 발표했다가 이틀 만에 번복하는 해프닝도 연출했다.
신상우 사무총장은 한일합섬계열의 부국증권 사장인 이재우 민정당위원장을 의식하여 고향인 양산을 버리고 부산 북구로 옮겼다.
부산 북구로 옮긴 신상우 총장은 민권당의 부산 북구 공천자인 김명중 후보가 사퇴하여 조그마한 소동은 있었으나 민정당 장성만 후보와 무투표 당선의 영광을 차지했다.
민한당은 "설사 제1당이 되더라도 지역구의 반만 배분받는 것이 비례대표의 원리와 대의성의 형편에 맞는 것"이라고 민정당의 전국구 3분의 2 배분에 대한 불공정을 선거 승리의 명분으로 내세웠다.
민한당 등으로부터 특별 배려를 받은 김종철 국민당 총재가 지역구를 실제(實弟)인 김종식 후보에게 지역구를 대타로 맡기고 전국구로 선회한 것을 두고 지역구 사정이 좋지 않기 때문이라는 등 추측이 난무했다.
김종철 총재는 "말이 많은 것은 식구는 많은데 밥그릇이 작기 때문에 빚어진 것"이라며 "내가 전국구 1번에 들어간 것은 물불을 가리지 않고 정성을 바쳐온 당수로서 당연한 일"이라고 일축했다.
국민당도 경북 달성-고령-성주와 경남 남해-하동 조직책을 선정하지 않아 이용택, 엄기표 씨가 불만을 표시하고 있고, 서울 강동의

윤천영 씨는 낙천에 불만을 품고 탈당하는 조직 분규가 있었다.
민정당은 충북 청주-청원 윤진성 위원장을 정종택 농수산부장관으로, 경남 창녕-밀양 하대돈 위원장을 신상식 조양상선 전무로 조직 확산이 잘 안되고 당선에 문제가 있다는 조직진단으로 교체했다.
민정당은 "정치 1번지라는 지역에 개혁주도세력이 당당히 나서 국민의 심판을 받는 것이 바람직하다"는 의견에 따라 종로-중구의 조직책을 오제도 씨에서 이종찬 씨로 교체했다.
권정달 민정당 사무총장은 변절 시비에 휩싸인 제주 변정일 후보를 위해 "마당을 쓸고 새 집을 짓는 이 시점에서 과거를 들먹여 얘기하는 것은 옳지 않다"고 두둔했지만 변 후보는 낙선자 대열에 합류했다.
민정당은 전 지역구에서 모두 당선되고 전국구의 3분의 2를 차지해 봤자 의석 과반수의 15석을 넘는 것이라고 엄살 모드로 선거전을 치렀다.

(4) 전국구 2/3 배정으로 과반 확보에 성공한 민주정의당

민정당은 지역구에서 90명이 당선되어 전국구 61석을 합쳐 151석을 확보함으로써 의원정수 276석의 절반인 138석보다 13석을 더 얻어 원내 안정 세력을 구축했다.
민한당은 지역구 57석, 전국구 24석으로 81석을 확보했고 국민당은 지역구 18석, 전국구 7석을 배정받아 25석을 확보하여 원내 판도가 그려졌다.
민권당, 민주사회당, 신정당은 각각 2명의 후보가 당선됐고 민주농민당, 안민당도 각각 1명의 당선자를 배출했다.
무소속 후보 가운데 조순형, 현경대, 강보성, 황명수, 김길준, 김순규, 박정수, 이용택, 조형부, 노태극, 이수종 등 11명이 값진 당선을 일궈냈다.

정당별 득표율은 민정당이 35.8%, 민한당이 21.4%인 데 비해 국민당이 13.4%의 득표율을 올렸다.

민정당 후보로 낙선한 후보는 전남 해남-진도의 임영득 후보와 제주의 변정일 후보 등 2명뿐이다. 한편 서울에서 민한당 공천을 받고서 낙선한 후보는 김도현(성동), 허만기(성북) 등 2명뿐이다.

이번 선거의 최다득표자는 서울 마포의 봉두완(민정) 후보로 158,603표를 득표했고, 최소 득표자는 충북 보은-옥천-영동의 무소속 장환진 후보로 1,623표를 득표했다.

최다 득표 낙선자는 서울 성동의 김도현(민한) 후보로 70,031표를 얻고도 낙선했지만, 전북 진안-장수-무주의 오상현(민한) 후보는 19,690표로 당선되어 최소득표 당선자가 되었다.

10대 의원이었지만 현기순, 김재홍, 한갑수, 김준섭, 조규창, 김종식 후보들을 현역의원이라는 이점을 살리지 못하고 낙선했다.

소수정당 후보로서 당선을 일궈낸 후보로는 민권당 김정수(부산진), 임채홍(산청-함양-거창), 민주사회당 고정훈(강남), 백찬기(마산), 신정당 이대엽(성남-광주), 이원형(함평-영광-장성), 민주농민당 이규정(울산-울주), 안민당 신순범(여수-광양-여천) 등 8명이다.

지역구에서 의석도 확보하지 못하고 전국적인 득표율도 2%에 미달하는 사회당, 기민당, 통일민주당, 원일당 등 4개 정당은 등록이 취소되어 8개 정당만 활동하게 됐다.

(5) 전두환 은총 속에 국회에 입성한 영광스러운 얼굴들

민주정의당 : 151명

○ 서울(14) : 이종찬(종로-중구), 봉두완(용산-마포), 이세기(성동), 권영우(동대문), 김정례(성북), 홍성우(도봉), 윤길중(은평-서대문), 남재희(강서), 최명헌(구로), 이찬혁(영등포), 조종호(동작), 임철순(관악), 이태섭(강남), 정남(강동)

○ 부산(6) : 왕상은(중-동-영도), 곽정출(서구), 구용현(부산진), 김진재(동래), 유흥수(남-해운대), 장성만(북구)

○ 경기(12) : 맹은재(인천 중-남), 김숙현(인천 동-북), 이병직(수원-화성), 오세응(성남-광주), 홍우준(의정부-양주), 윤국노(안양-시흥-옹진), 신능순(부천-김포-강화), 김영선(남양주-양평), 정동성(여주-이천-용인), 이자헌(평택-안성), 이용호(파주-고양), 이한동(연천-포천-가평)

○ 강원(6) : 홍종욱(춘천-춘성-철원-화천), 김용대(원주-홍천-횡성-원성), 김정남(동해-삼척), 이범준(강릉-양양-명주), 정재철(속초-인제-고성-양구), 심명보(영월-평창-정선)

○ 충북(4) : 정종택(청주-청원), 이해원(충주-제천-단양-중원-제원), 박유재(보은-옥천-영동), 안갑준(진천-괴산-음성)

○ 충남(8) : 남재두(대전 동구), 이재환(대전 중구), 정선호(천안-아산-천원), 천영성(금산-대덕-연기), 정석모(공주-논산), 이상익(부여-서천-보령), 최창규(청양-홍성-예산), 김현욱(서산-당진)

○ 전북(7) : 임방현(전주-완주), 고판남(군산-옥구), 문병량(이리-익산), 황인성(진안-무주-장수), 양창식(임실-순창-남원), 진의종(정읍-고창), 조상래(부안-김제)

○ 전남(10) : 심상우(광주 동-북), 박윤종(광주 서구), 나석호(광산-나주), 정래혁(담양-곡성-화순), 이대순(고흥-보성), 최영철(목포-무안-신안), 김재호(여수-광양-여천), 유경현(순천-구례-승주), 김식(장흥-강진), 조기상(함평-영광-장성)

○ 경북(13) : 한병채(대구 중-서), 김용태(대구 동-북), 이치호(대구 남-수성), 이진우(포항-영일-울릉), 박권흠(경주-월성-청도), 정휘동(김천-금릉-상주), 권정달(안동-의성), 박재홍(구미-군위-칠곡-선산), 오한구(영주-영양-영풍-봉화), 김종기(달성-고령-성주), 김중권(청송-영덕-울진), 염길정(영천-경산), 채문식(문경-예천)

○ 경남(10) : 조정재(마산), 고원준(울산-울주), 안병규(진주-삼천포-진양-사천), 배명국(창원-진해-의창), 이효익(충무-통영-거제-고성), 유상호(의령-함안-합천), 신상식(창녕-밀양), 이재우(양산-김해), 박익주(남해-하동), 권익현(산청-함양-거창)

○ 전국구(61) : ①이재형 ②나길조 ③김종경 ④이용훈 ⑤김기철 ⑥송지영 ⑦정희택 ⑧박동진 ⑨정원민 ⑩김정오 ⑪윤석순 ⑫김종호 ⑬최상봉 ⑭황병준 ⑮유근환 ⑯김용수 ⑰박태준 ⑱박경석 ⑲이우재 ⑳이춘구 ㉑김현자 ㉒정순덕 ㉓배성동 ㉔김사룡 ㉕이건호 ㉖신상초 ㉗오제도 ㉘김만환 ㉙정희채 ㉚김춘수 ㉛박현태 ㉜이양우 ㉝박종관 ㉞고귀남 ㉟나웅배 ㊱김 집 ㊲지갑종 ㊳허청일 ㊴이상선 ㊵송춘호 ㊶정시채 ㊷안교덕 ㊸최낙철 ㊹김모임 ㊺이헌기 ㊻이윤자 ㊼이민섭 ㊽이영희 ㊾김종인 ㊿박원탁 ○51이상희 ○52이영일 ○53이경숙 ○54조남조 ○55김행자 ○56이낙훈 ○57김영구 ○58황 설 ○59하순봉 ○60곽정현 ○61전병우

| 민주한국당 : 81명 |

○ 서울(11) : 김판술(종로-중구), 김재영(용산-마포), 심헌섭(동대문), 김태수(도봉), 손세일(은평-서대문), 고병현(강서), 김병오(구로), 이원범(영등포), 서청원(동작), 한광옥(관악), 정진길(강동)

○ 부산(6) : 안건일(중-동-영도), 서석재(서구), 김정수(부산진), 박관용(동래), 김승목(남-해운대), 신상우(북구)

○ 경기(10) : 김은하(인천 중-남), 정정훈(인천 동-북), 유용근(수원-화성), 김문원(의정부-양주), 이석용(안양-시흥-옹진), 오홍석(부천-김포-강화), 조종익(여주-이천-용인), 유치송(평택-안성), 이영준(파주-고양), 홍성표(연천-포천-가평)

○ 강원(4) : 김병열(원주-홍천-횡성-원성), 이관형(동해-삼척), 허경구(속초-인제-고성-양구), 고영구(영월-평창-정선)

○ 충북(1) : 김영준(충주-제천-중원-제원-단양)

○ 충남(5) : 박완규(대전 동구), 유인범(대전 중구), 유한열(금산-대덕-연기), 조중연(부여-서천-보령), 한영수(서산-당진)

○ 전북(6) : 김태식(전주-완주), 박병일(이리-익산), 오상현(진안-무주-장수), 이형배(임실-순창-남원), 김원기(정읍-고창), 김진배(부안-김제)

○ 전남(9) : 임재정(광주 동-북), 지정도(광주 서구), 이재근(광산-나주), 고재청(담양-곡성-화순), 유준상(고흥-보성), 임종기(목포-무안-신안), 허경만(순천-구례-승주), 유재희(장흥-강진-영암-완도), 민병초(해남-진도)

○ 경북(5) : 목요상(대구 동-북), 신진수(대구 남-수성), 김현규(구미-군위-칠곡-선산), 홍사덕(영주-영양-영풍-봉화), 김찬우(청송-영덕-울진)

○ 경남(1) : 신원식(양산-김해)

○ 전국구(24) : ①유옥우 ②이태구 ③김문석 ④황산성 ⑤양재권 ⑥정규헌 ⑦손태곤 ⑧신재휴 ⑨이정빈 ⑩김진기 ⑪이중희 ⑫연제원 ⑬최수환 ⑭서종열 ⑮손정혁 ⑯김노식 ⑰이의영 ⑱조주형 ⑲강원채 ⑳이윤기 ㉑윤기대 ㉒이홍배 ㉓김형래 ㉔김덕규

한국국민당 : 25석

○ 서울(1) : 조덕현(성동)
○ 경기(1) : 조병봉(남양주-양평)

○ 강원(2) : 신철균(춘천-춘성-철원-화천), 이봉모(강릉-양양-명주)
○ 충북(3) : 윤석민(청주-청원), 이동진(보은-옥천-영동), 김완태(진천-괴산-음성)

○ 충남(2) : 임덕규(공주-논산), 이종성(청양-홍성-예산)

○ 전남(1) : 이성일(해남-진도)

○ 경북(5) : 이만섭(대구 중-서), 이성수(포항-영일-울릉), 김영생(안동-의성), 박재욱(영천-경산), 김기수(문경-예천)

○ 경남(3) : 조병규(진주-삼천포-진양-사천), 김종하(창원-진해-의창), 조일제(의령-함안-합천)

○ 전국구(7) : ①김영광 ②이필우 ③노차태 ④조정구 ⑤김한선 ⑥김유복 ⑦강기필

| 민권당 : 2명 |

○ 부산(1) : 김정수(부산진)
○ 경남(1) : 임채홍(산청-함양-거창)

| 민주사회당 : 2명 |

○서울(1) : 고정훈(강남)
○ 경남(1) : 백찬기(마산)

| 신정당 : 2명 |

○ 경기(1) : 이대엽(성남-광주)

○ 전남(1) : 이원형(함평-영광-장성)

민주농민당 : 1명

○ 경남(1) : 이규정(울산-울주)

안민당 : 1명

○ 전남(1) : 신순범(여수-광양-여천)

무소속 : 11명

○ 서울(1) : 조순형(성북)
○ 충남(1) : 황명수(천안-아산-천원)
○ 전북(1) : 김길준(군산-옥구)

○ 경북(3) : 김순규(경주-월성-청도), 박정수(김천-금릉-상주), 이용택(달성-고령-성주)

○ 경남(3) : 조형부(충무-통영-거제-고성), 노태극(창녕-밀양), 이수종(남해-하동)

○ 제주(2) : 현경대(제주-북제주-남제주), 강보성(제주-북제주-남제주)

〈제2부〉 군부정권에 대한 줄기찬 항쟁과 제12대 총선

제1장 신한민주당의 돌풍을 몰고 온 제12대 국회의원 선거
제2장 군부독재정권에 대한 무모하고 줄기찬 도전
제3장 군부독재정권의 항복으로 비춰진 6.29 선언

제1장 신한민주당의 돌풍을 몰고 온 제12대 국회의원 선거

1. 정국이 안정됐다는 판단으로 연이은 해금(解禁)
2. 민추협 중심으로 선명야당인 신한민주당 창당
3. 민정·민한·신한민주당의 공천과정과 총선전략
4. 예상치 못한 신한민주당의 태풍으로 정치권 지각변동

18년 동안 장기 집권한 박정희 대통령이 김재규 중앙정보부장이 쏜 총탄에 맞아 서거하자 최규하 국무총리가 대통령 권한대행이 되고 전국에 비상계엄을 선포하고 정승화 육군참모총장을 계엄사령관으로 임명했다.

최규하 대통령은 중동 순방 중 급거 귀국하여 비상계엄 선포지역을 전국으로 확대하고 김종필, 이후락 등 9명을 권력형 부정축재 혐의로 구속하고, 김대중, 문익환 등을 사회혼란 조성 및 소요 관련 배후 조종혐의자로 긴급 구속하여 군부의 반대세력을 일망타진한 한편 국가보위비상대책 위원회를 설치하여 전두환 보안사령관을 상임위원장에 임명했다.

최규하 대통령의 사임으로 대통령에 취임하여 권력찬탈을 완성한 전두환 장군은 정치활동 피규제자 835명 중 268명을 정치활동 적격자로 판정하여 이들은 제1중대인 민주정의당(민정당), 제2중대인 민주한국당(민한당), 제3중대인 한국국민당(국민당)을 창당하여 신군부가 민의를 무시하고 입맛에 맞춰 제정한 신헌법에 따라 제11대 총선에 참여하여 입법부를 구성하여 국가 골격의 구색을 갖춰나갔다.

제5공화국이 출범하여 순조롭게 정착되자 전두환 대통령은 1983년 2월에 250명을, 1984년 2월에 202명을 해금조치한데 이어 제12대 총선을 두 달여 남겨놓고 김종필, 김영삼, 김대중, 이후락, 김상현, 김명윤, 김덕룡 등 15명을 남겨놓고 84명을 정치활동을 재개토록했다.

해금된 인사들과 민주화추진협의회(민추협)가 주도하여 총선 2개월을 앞두고 신한민주당(신민당)의 깃발을 내걸고서 12대 총선에 참여했다.

신민당은 예상을 뒤엎고 서울, 부산, 대구 등 대도시에서 압도적 승리를 통해 순치된 민한당을 제치고 제1 야당으로 급부상했고, 민한당은 태풍 같은 신민당의 돌풍에 눌려 지역구에서 26석 밖에 얻지 못해 원내 제3당으로 전락했고, 국민당은 전국구 의석에 힘입어 어렵게 원내교섭단체를 구성하는 수준에 머물렀다.

신민당의 돌풍으로 지금까지 민정당의 동반자로 야권지지 세력의 중추적인 역할을 해왔던 민한당이 몰락의 길로 접어들었고 집권여당인 민정당과 제3당이었던 국민당도 새로운 활로를 모색하게 되었다.

안정 지속과 민주 염원의 대결장에서 선전한 신민당은 전두환 정권의 안정 위주 정책에 제동을 걸었고 전두환 정권에 대한 무모하고 줄기찬 도전이 지속됐다.

1. 정국이 안정됐다는 판단으로 연이은 해금(解禁)

(1) 18년 동안 장기 집권한 박정희 대통령 서거

박정희 대통령은 김재규 중앙정보부장이 쏜 총탄에 맞아 1979년 10월 26일 서거했다.
대통령의 궐위에 따라 최규하 국무총리가 대통령 권한대행에 취임했으며, 최 권한대행은 전국에 비상계엄을 선포하고 계엄사령관에 정승화 육군참모총장을 임명했다.
김성진 문화공보부장관은 "박 대통령은 김재규 중앙정보부장이 마련한 궁정동 식당에서 김 부장이 쏜 총탄에 맞아 서거했다. 이 식당에서 사망한 사람은 박정희 대통령을 비롯하여 경호실장 차지철, 경호처장 정인형, 경호부처장 안재송, 경호관 김용섭, 운전기사 김용태 등이며 식당에는 김계원 비서실장도 동석했다"고 간략하게 발표했다.
정승화 계엄사령관은 취임하자 곧이어 일체의 옥내외 집회는 허가를 받아야 하고 언론, 출판, 보도는 사전에 검열을 받아야 하며 모든 대학은 휴교 조치하는 등 포고령 제1호를 발령했다.
헌법 제45조에 따라 국가원수의 대임을 맡게 된 최규하 대통령 직무대행은 외교관 출신으로 1975년 12월 19일 국무총리에 임명된 이래 격동기를 거치면서도 4년 가까이 국무총리직을 수행하여 왔다.
박 대통령의 급서 소식이 전해지자 국민들은 너무도 뜻밖의 사태에 경악하여 심한 충격을 받아 할 말을 잊은 채 침통한 표정이었다.
박정희 대통령은 1917년 11월 14일 경북 선산군 구미면 상모리에서 태어났으며 44세 때인 1961년 5월 16일 육군소장으로 군사쿠데타를 주도하여 제5, 제6, 제7, 제8, 제9대 대통령으로 18년 5개월여 동안 정부를 이끌어 왔다.

박 대통령은 1937년 대구 사범학교를 졸업한 뒤 경북 문경 소학교에서 한동안 교편을 잡다가 1942년 만주군관학교, 1944년 일본 육군사관학교를 거쳐 일본 육군중위로 근무하다가 8.15 해방을 맞았다.

해방 이후 박 대통령은 우리나라 육사 2기를 졸업하고 1954년 포병사령관, 1955년 제5사단장, 1960년 육군군수기지 사령관을 역임했다.

육군소장으로 5.16 쿠데타를 주도하여 최고회의 의장으로 3년 3개월 간 군정을 맡은 뒤 1963년 육군대장으로 전역하면서 민주공화당(공화당)에 입당했다.

1963년 10월 공화당 대통령 후보로 출마하여 민정당 윤보선 후보를 이승만 정권에서 야당의 텃밭이었던 영남지역에서의 57%에 달하는 지지에 힘입어 15만 6천여 표차 간발의 차로 누르고 제3공화국의 초대 대통령이 됐다.

제5대 대통령으로 재직하면서 야당의 줄기찬 반대를 무릅쓰고 1964년 월남 파병, 1965년 한일협정 비준을 단행했고, 1967년 제6대 대통령 선거에 출마하여 윤보선 신민당 후보를 116만여 표차로 누르고 다시 대통령에 선출됐다.

1969년 3선 개헌안이 국회에서 통과됨에 따라 1971년 4월 제7대 대통령 선거에 출마하여 영남권의 76%에 달하는 몰표에 힘입어 김대중 신민당 후보를 94만여 표차로 물리치고 대통령 직을 계속 수행할 수 있었다.

박 대통령은 1972년 7.4 남북공동성명을 발표하여 국민들에게 남북교류와 통일에 대한 환상에 젖게 하고서 그 해 10월에는 초법적인 비상계엄을 선포, 10월 유신을 단행하여 국력의 조직화를 표방하고서 유신체제를 출범시켰다.

그 해 12월에 통일주체국민회의라는 기상천외한 선거인단을 꾸며서 임기 6년의 제 8대 대통령에 선출됐다.
1974년 광복절 기념식에서 조총련 재일교포 문세광이 쏜 총탄을 맞고 영부인 육영수 여사가 비운을 당하기도 했다.
1978년 통일주체국민회의에서 제9대 대통령에 당선되어 1984년까지 대통령 직을 수행토록 되어있었다.
박 대통령은 경제개발을 추진하기 위해 간호사와 광부의 서독파견, 월남 내전에 전투부대 파병, 한·일 협정에 의한 배상금 등으로 재원을 마련하여 고속도로를 건설하고 울산, 포항, 마산, 구미 등 영남지역에 공업단지를 건설하여 경제부흥에 박차를 가했다.
박 대통령은 5.16쿠데타를 주도했고 내외의 많은 시련과 도전 속에서 대통령 직을 수행했기 때문에 국민들에 차갑고 엄격한 성격이라는 인상을 심어주었으나 농촌 출장 중에 흙투성이의 농민과 함께 막걸리 잔을 나누는 서민적 풍모도 보여줬다.
박 대통령은 "나는 민족과 국가를 위해 생명을 제단에 바친 사람이다. 나의 행동은 후세의 사가(史家)들이 판정해 줄 것"이라며 무서운 결단력과 추진력으로 한·일 어업협정 비준, 7천여 명 목숨을 앗아간 월남 파병, 경부고속도로 건설, 영남지역에 집중적인 공업단지 건설, 이승만 대통령을 답습한 3선 개헌, 그것도 모자라 영구 집권을 노린 유신체제 출범에 대한 공과(功過)를 정확하게 저울질 할 수 있는 사가(史家)들의 출현을 기대해 본다.

(2) 최규하 대통령에 의해 구속된 김종필과 김대중

학생 가두시위 등으로 빚어진 정국의 소용돌이 속에 제 104회 임시국회가 1980년 5월 20일 개회하여 개헌특위가 마련한 개헌안을 접수하여 정부에 이송하는 한편 계엄령 해제, 정치일정 단축 문제를 비롯한 시국문제를 다루기로 여·야간에 합의했다.
근 반년 만에 열리는 이번 임시국회는 신민당 측이 제출한 비상계엄해제 결의안, 정치일정 단축 촉구 건의안, 정부 헌법개정심의위 해체 건의안, 정치범 석방 건의안 등 정치의안을 다루게 되어 오랜만에 정치국회 양상을 띨 것으로 보였다.
한편 중동 순방으로부터 급거 귀국하여 대책마련에 나선 최규하 대통령은 김종필 공화당 총재, 김영삼 신민당 총재, 최영희 유정회 의장 등의 면담을 갖게 되어 수습의 고비가 될 것으로 보였다.
김종필 총재는 연내에 대통령 선거가 가능하도록 정치일정을 대폭 단축할 계획을 명백히 밝혀 정부에 대한 불신을 제거하고 개헌안은 국회안을 존중한다는 뜻을 분명히 밝히는 한편 일부 지탄받는 관계자에 대한 인사 조치를 취하는 등 스스로 성의 있는 근본 대책을 조속히 단행할 것을 촉구하겠다고 밝혔다.
김종필 총재는 계엄령 해제시기와 구속자 석방 등에 적극적으로 대처하고, 학생들의 시위에 대해서는 물리적인 방법이 아닌 이해와 설득으로 나가야 한다는 자신의 주장을 전달할 것으로 알려졌다.
그러나 최규하 대통령은 예상을 뒤엎고 비상계엄 선포지역을 제주도를 포함한 전국 일원으로 확대했다.
"북괴의 동태와 전국적으로 확대된 소요사태 등을 감안할 때 전국 일원이 비상사태 하에 있다고 판단했기 때문"이라고 확대 이유를 밝혔으나 사실상 확대 명분이 없고 왜 비상계엄을 8개월 동안 지속되어야 하는지에 대한 설득력도 부족했다.
또한 최 대통령은 국가의 안전보장과 공공의 안녕 질서를 유지하기 위해 모든 정치활동을 중지하며 정치 목적의 옥내외 집회 및 시위를 일체 금했다.
아울러 언론·출판·보도 및 방송은 사전 검열을 받아야 하며 전문대학을 포함한 모든 대학은 당분간 휴교 조치할 뿐 아니라 전·

현직 국가원수를 모독·비방하는 행위, 유언비어의 날조 및 유포를 금하는 등 쿠데타적인 조치를 발표했다.

또한 최규하 정부의 계엄사령부는 김종필, 이후락, 박종규, 김치열, 김진만, 오원철, 김종락, 장동운, 이세호 등을 권력형 부정축재 혐의자로 구속하고 김대중, 예춘호, 문익환, 김동길, 인명진, 고은, 이영희 등을 사회혼란 조종 혐의자로 긴급 구속하여 반대 세력을 일망타진했다.

비상계엄 확대조치 이후 혜성처럼 등장한 신군부 세력은 김종필 공화당 총재는 부정축재자로, 김대중 씨는 사회혼란 조종자로 구속하는 한편 김영삼 총재는 아무런 제재 없이 가택 연금하는 차별화 전략을 구사했다.

김영삼 신민당 총재는 모든 공직을 사퇴하고 정계에서 은퇴하겠다고 발표했다. 김 총재는 이민우 부총재를 총재 직무대행으로 지명했다.

김 총재는 "나는 지난 30년 간 민주당과 신민당 창당에 참여하여 이 나라 민주주의를 실현하고자 정열을 쏟아 오늘에 이르렀다. 동지들의 기대에 부응하지 못함을 죄송하게 생각한다. 나는 오늘의 정치적 상황에 처하여 야당 총재로서 소임을 다하지 못한 모든 책임을 지고 이와 같이 결심했다"고 정계은퇴 이유를 밝혔을 뿐 김 총재의 동정은 알 길이 없었다.

신군부세력이 김종필 총재와 김대중 씨를 구속하고 김영삼 총재를 가택 연금하도록 최규하 대통령에게 지시를 했는지, 아니면 바보처럼 꼭두각시놀이를 즐겼는지 밝히지 아니하여 후세의 사가들이 나름대로 짐작하여 서술할 수밖에 없게 되었다.

(3) 육군대장 전두환의 대통령 취임으로 권력찬탈 완성

주영복 국방부장관의 주재로 주요지휘관 회의를 열고 전두환 상임위원장을 차기 국가원수로 추대할 것을 전군의 합의로 결의하고 새 시대를 맞이하는 군의 사명과 자세를 굳게 다짐했다.
서울, 제주 지역 통일주체대의원 415명은 전두환 국보위 상임위원장을 11대 대통령 후보로 추대할 것을 만장일치로 결의했다.
전두환 장군은 "건설적이고 변화와 발전을 추구해야할 일대 전환기에 이 나라가 처해 있다는 엄숙한 사실을 인식하고 새 역사, 새 질서 창조에 신명을 바치겠다는 구국의 신념과 불퇴전의 결의로써 30년간의 현역 군 생활을 마무리 짓고자 한다"고 전역사(轉役辭)에서 밝혔다.
제11대 대통령에 통일주체국민회의 대의원 2,525명이 참석하여 2,524명의 찬성으로 전두환 예비역 대장이 당선됐다.
최 대통령이 사임한지 열하루 만에 보궐선거를 실시한 결과이며 취임식은 9월 1일 잠실 실내 체육관에서 거행됐다.
전두환 대통령은 제11대 대통령 취임사에서 "우리는 그동안 정치 작태에 대하여 책임을 져야할 상당수의 구 정치인을 정리하였으며, 그 외에도 이런 폐습에 물든 정치인들에게 앞으로의 정치를 맡길 수 없다는 것이 본인의 소신"이라고 말했다.
전 대통령은 "정국이 안정되고 소요의 우려가 없다고 판단되면 어느 때라도 계엄을 해제할 방침"이라며 "새 헌법에 의한 선거는 계엄이 해제되고 자유 분위기가 보장된 상황 하에서 과열이 배제되고 질서와 법이 존중되는 가운데 공정한 자유경쟁을 통해 실시할 것"이라고 말했다.
전두환 대통령은 국무총리 서리에 남덕우 전 부총리를, 부총리 겸 경제기획원 장관에 신병현 상공부장관을, 보사부 장관에 천명기 신민당 국회의원을 임명했다.
서울시장에는 박영수 통일주체국민회의 사무총장을, 감사원장에는 이한기 서울법대학장을 발탁했다.

전두환 대통령은 비서실장 보좌관 허화평, 사정수석 허삼수, 민정수석 이학봉, 공보비서관 허문도 등 장막 속의 실세들을 청와대 참모로 기용하여 참모 역할을 활성화했다.

이로써 1979 10월 26일 박정희 대통령 시해사건 이후 발령된 비상계엄이란 장막 속에서 국민들의 입과 귀를 막고 은밀하게 추진되어 왔던 권력찬탈은 대단원의 막을 내리고, 대통령 꿈에 부풀어 구름 위를 거닐었던 김영삼, 김종필 총재들은 씁쓸한 맛을 볼 수밖에 없었으며 김대중 씨는 싸늘한 감옥에서 인고의 세월을 보내야만 했다.

(4) 전두환 대통령은 정치활동 적격자 268명 확인

정치쇄신위원회는 정치활동 피규제자 835명 중 정치활동 적격자로 판정한 268명의 명단을 전두환 대통령의 확인과정을 거쳐 발표했다.

재심에서 구제된 268명은 10대 의원 101명, 정당 간부 162명, 기타 5명 등이다. 10대 의원 가운데는 김종철, 양찬우, 김용호, 이만섭, 최영철, 고재필, 이영근, 이종식, 이해원, 유치송, 김은하, 박권흠, 신상우, 한병채, 박찬종, 임호 의원 등이 포함됐다.

김중서 정치쇄신위원장은 국가에 현저한 공이 있거나 10.26 사태 이후 정국 혼란 수습에 최선을 다한 경우와 스스로 과오를 뉘우치고 새 시대의 정치풍토 쇄신에 기여할 것이 확인된 사람을 구제했다고 발표했다.

10대 의원 중 유정회 의원들은 해금율이 비교적 높았으나 서울의 신민당 의원은 전원 규제자에 포함됐고 부산에서도 김승목 의원을 제외한 전 의원들이 묶였다.

10대 국회 각 교섭단체의 고위 당직자는 거의가 해금되지 않았다.

이는 쇄신의 취지인 정치혼란의 현저한 책임소재를 구질서의 위계에다 설정했으며 구세력의 구심력을 이완시키는 효과를 갖게 되었다.
이 범주에는 김종필, 정일권, 구태회, 길전식, 김창근, 김택수, 육인수, 이효상, 장경순, 현오봉, 최영희, 태완선, 백두진, 김영삼, 이철승, 고흥문, 이민우, 이충환, 신도환, 황낙주, 정운갑 등이다.
민관식 국회부의장은 10대 국회를 사실상 마무리 짓는 제10회 정기국회 개회식에서 "저 빈 의석의 주인공들과 본인 사이에 도덕적인 면에서나 윤리적인 차원에서 과연 얼마만큼의 차이가 있겠는가를 생각해 본다"고 감회에 젖기도 했다.
남덕우 국무총리는 피규제자의 해제 문제는 전두환 대통령이 밝힌 대로 개전의 정이 있는 사람은 개별적으로 심사해서 적당한 시기에 풀어주는 것이 정부의 방침이라고 말함으로써 피규제자의 정치적 운명은 오로지 전두환 대통령의 정치적 재량행위가 되었다.

(5) 정치활동 적격 판정을 받은 야당 출신들의 민주한국당 결성

유치송, 김은하 등 신민당 출신 10대의원 14명이 야당 창당 발기 준비위원회를 결성했다.
그들은 민주한국당으로 당명을 설정하고 발기 취지문에서 "민주주의 그것은 우리 국민의 순정(純正)한 염원"이라면서 "민주주의 실현이야말로 국민 내부의 정의로운 화해와 화평의 기초"라고 주장했다.
창당발기 취지문에서는 민주, 복지, 정의사회 구현을 창당 이념으로 밝히고 민주 주도세력으로서의 역할을 다짐했다.
유치송 창당발기위원장은 "그동안 야당이 자의, 타의에 의한 해산으로 많은 창당 경험을 겪어와 그때 마다 축제의 분위기였으나 오늘 대회는 신민당이 해산되고 많은 동료들이 묶인 채 가지게 돼 무척 안타깝고 섭섭하게 생각한다"고 소회를 밝혔다.
입법의회 의원으로 활동한 고재청, 한영수, 유한열 의원은 채문식, 오세응 의원들의 민정당 행을 바라보며 민한당으로 헤어졌다.
민한당은 창당대회를 열고 유치송 창당준비위원장을 초대 총재 및 대통령 후보로 추대했다.
유치송 총재는 "정치의 기능을 정지시키고 있는 제약조건을 조속히 해소시켜야할 뿐 아니라 정치가 모든 불만과 비판을 제도 속으로 수렴할 수 있도록 활성화되어야 근본적인 제도 안정이 가능하다"면서 "본인은 대통령 당선에의 집념보다 민주제도 정착 여부에 더욱 큰 관심을 두고 현 정국에 임하고 있음을 밝힌다"고 제도권 하에서 순치(馴致)된 정당임을 선포했다.
유치송 총재는 신상우 사무총장, 최운지 정책위의장, 김원기 대변인 체재를 출범시켰다.
민한당은 1982년 실시한 11대 총선에 참여하여 지역구 57석, 전국구 24석으로 81석을 확보하여 제1야당으로 위치를 확보했으나 정당 득표율은 21.4%에 머물렀다.
손세일, 서청원, 한광옥, 서석재, 박관용, 신상우, 유치송, 고영구, 유한열, 한영수, 김태식, 김원기, 유준상, 허경만, 목요상, 김현규, 홍사덕 후보들이 지역구에서 당선됐고 이태구, 황산성, 이홍배, 김덕규 후보들은 전국구로 당선됐다.

(6) 술에 물을 타도 술맛이 변하지 않는 범위에서 제 1차 해금

제5공화국이 출범하여 순조롭게 정착되고 국회도 정치활동 규제와 제1당이 비례대표의 2/3를 차지한다는 헌법 규정에 힘입어 민정당이 과반의석을 확보하여 안정을 되찾게 되자 전두환 대통령은 정

치활동을 규제받고 있는 대상자 555명 가운데 250명을 1983년 2월 25일 금지 조치에서 해제했다.
이날 해금된 인사 가운데는 공화당 출신으로는 이효상 당의장 서리를 비롯하여 김유탁, 김우경, 김재식, 김효영, 민기식, 박경원, 박찬, 박철, 설인수, 신범식, 신윤창, 안동준, 오용운, 오유방, 오준석, 오학진, 유승원, 이병옥, 이백일, 임인채, 정무식, 정우석 전 의원 등이다.
신민당 출신으로는 김원만 고문과 황낙주 원내총무를 비롯하여 김동욱, 김영배, 김윤덕, 김창환, 박용만, 양해준, 이상신, 이종남, 이필선, 정재원, 황호동 전 의원 등이다.
민주통일당 윤제술 고문과 김경인 전 의원도 해금됐으며 무소속의 이진용, 김윤하, 김택하 전 의원 등도 포함됐다.
유정회의 김주인, 이도환, 이석제, 이정석, 지종걸 전 의원과 김용환 전 재무, 김현옥 전 내무, 이낙선 전 상공부장관과 양탁식 전 서울시장도 해금 대상자에 포함됐다.
이밖에 유혁인 전 정무수석, 박승규 전 민정수석, 김종락 코리아타코마 사장, 한병기 전 캐나다주재대사, 김남중 전 전남일보 사장, 서동구 전 경향신문 편집국장, 소설가 이호철, 대학교수 장을병 씨 등도 포함됐다.
황선필 청와대 대변인은 "전 대통령의 이번 단안은 개전의 정이 현저하다고 인정되는 자에 대해 취해진 조치"라고 말했다.
민한당 신상우 부총재는 "이번 조치를 환영하나 해금을 통해 정국 안정에 대한 자신감을 우리 모두가 확인할 수 있는 계기가 되지 못한 점을 유감으로 생각한다"면서 "국민 화합 조치는 제5공화국의 제2의 지표인만큼 나머지 피규제자도 조속히 해금되기를 바란다"고 전면해금을 촉구했다.
이번 해금 인사들은 과거 정당 및 정치활동에 있어 큰 비중을 차지했던 인사들이 포함되지 않음에 따라 해금 숫자와 관계없이 정국은 별다른 정치적 진통을 겪지 않을 것으로 보인다.
이재형 민정당 대표는 "이번 조치는 술에 물을 타도 술 맛이 변함이 없다는 자신감, 즉 제5공화국의 정치적 질서는 건전하게 정착돼가고 있기 때문에 새로운 질서 형성을 훼손하는 요인으로 작용하지 않을 것"으로 정국을 전망했다.

(7) 1984년에도 정치 규제자 99명을 남겨 놓고 제2차 해금

정치 피규제자 해금 등을 주장하며 김영삼 전 신민당 총재가 단식 23일 만에 단식을 중단하겠다고 선언했다.
김영삼 전 총재의 단식은 언론통제로 '정치 현안', '정세 흐름', '정치 관심사' 등 가명으로 보도하여 입소문만 무성했다.
곽정출 의원은 부산 서구 사람들은 김영삼 씨 단식에 무관심하다면서 사태가 적반하장 격으로 돼가고 있으며 언제까지나 구시대적 사고방식에 젖은 사람들에 의해 끌려가야 하느냐고 질타했다.
전두환 대통령은 정치활동 피규제자 해금문제에 대해 "아직 시기적으로 좀 빠르다는 생각이나 개전의 정이 있는 사람은 적절한 시기에 단계적으로 해제하도록 고려하겠다"고 긍정적으로 답변했다.
전두환 대통령은 지난해 1차 해금 조치에 이어 정치활동 피규제자 301명 가운데 202명에 대해 해금조치를 단행했다.
이날 해금된 주요인사는 공화당 출신으론 백남억 전 전당대회의장, 장경순 전 국회부의장, 신형식 전 사무총장, 길재호 전 사무총장, 육인수 전 중앙위의장, 이병희 전 무임소장관, 전예용 당의장서리와 김재춘, 박종규, 구범모, 문형태, 서상린, 장영순, 강상욱, 김암식, 최재구, 최영철 전 의원등이 포함됐다.
유정회 출신으로는 백두진 전 국회의장, 최영희와 태완선 전 유정

회의장, 이동원, 김세배, 이경호, 정재호 전 의원들이 해금됐고, 신민당 출신에는 정운갑 전 총재권한대행, 고흥문 전 최고위원, 정헌주 전 전당대회의장, 이중재, 김수한, 한건수, 박일, 엄영달, 이택돈, 조세형, 정대철 전 의원들과 민주통일당 소속의 박병배 전 의원도 합류했다.
전직 고위관료로는 고재일 전 건설부장관, 구자춘 전 건설부장관, 김치열 전 내무부장관, 김정렴 전 청와대 비서실장, 강창성 전 해운항만청장, 이세호 전 육군참모총장, 한완상, 서남동, 송기숙 전 교수들과 한승헌, 홍남순, 이기홍 변호사들도 포함됐으며 이해동 목사, 송건호 언론인, 백기완 백범사상연구소장 등도 해금됐다.
민정당 김용태 대변인은 "이번 조치는 전 국민이 합심하여 이룩한 정치안정을 토대로 화합정치를 더욱 활기차게 국민 속에 확산시키려는 전두환 대통령의 정치적 결단이다"라고 논평했다.
그러나 이번 해금조치에서는 화합의 욕구 충족 필요성과 현 정치 질서의 기본 골격 보호라는 두 가지 명제를 면밀히 교량(較量)하여 조화시킨 흔적을 엿볼 수 있다.
이제 남은 피규제자는 김종필, 김영삼, 김대중, 이철승 씨 등을 포함한 99명 가운데 19대 의원은 36명이다.
99명의 피규제자가 아직도 남아있다는 대목에서는 현 정치 보호라는 집권세력의 정치적 실익 추구를 가늠해볼 수 있다.
더구나 정치적으로 영향력을 행사할 수 있는 인사들이 상당수 추가 해금에서 제외됐고, 이번 해금 인사 중 정치 활동에 적극성을 보일 수 있는 사람은 20명 선이라는 관측은 눈여겨 볼만 한 대목이다.
해금을 앞두고 거명되던 몇몇 구 신민당 중진들의 경우 개전(改悛)의 정이라는 문제가 아니라 현 정당 질서에 위협 요인이 된다는 점 때문에 규제자로 남았다.

(8) 제12대 총선을 두 달여 남겨놓고 84명에 대한 제3차 해금

전두환 대통령은 정치풍토 쇄신을 위한 특별조치법에 의해 아직까지 정치활동이 금지돼 온 99명 중 84명에 대해 3차 해금조치를 단행했다.
정치활동 피규제자 567명 중 1983년 2월에 250명을, 1984년 2월에 202명을, 이번 11월에 84명을 해금하여 사망자 16명을 포함하면 이제 15명만 남게 되었다.
이번 조치로 해금된 주요 인사는 공화당 출신으론 정일권 전 국회의장, 박준규 전 당의장, 김진만 전 국회부의장, 구태회 전 정책위의장, 길전식 전 사무총장, 김용태 전 원내총무, 최치환, 문태준, 양순직, 박종태, 신동관, 김광수 전 의원 등이다.
반면 신민당 출신으로는 이철승 전 대표최고위원, 신도환, 이충환, 김재광 전 최고위원, 정해영 전 국회부의장, 이민우, 조윤형, 이기택 전 부총재, 박한상 전 사무총장, 송원영 전 원내총무, 박영록, 조연하, 김옥선, 김상진, 김동영, 노승환, 박찬, 손주항, 예춘호, 박종률, 이택희, 문부식, 이우태, 이상민 전 의원과 민주통일당의 김녹영 전 총재직무대행과 김현수 전 의원 등이 포함됐다.
이밖에도 김대중 씨의 부인 이희호, 아들 김홍일과 이문영 교수, 문익환 목사, 계훈제 씨 등도 포함됐다.
이번 해금에서도 제외된 인사는 김종필, 김영삼, 김대중 등 소위 3김 씨 와 이후락, 김창근, 오치성, 성낙현, 이철희, 김상현, 홍영기, 김명윤, 박성철, 윤혁표, 김윤식, 김덕룡 씨 등이며 구 야권인사들은 모두 민주화추진협의회(민추협) 운영위원들이다.
민한당은 이민우, 조윤형, 이기택, 박찬, 정대철, 김동영, 이택희 해금인사들과 입당교섭에 들어갔다.
민한당은 해금인사들을 적극 영입키로 결의하는 한편 입당 희망 인사들의 선거구 보장 등 요구조건을 최대한 반영해 주기 위해 공

천 심사위를 조속한 시일 내에 구성키로 했다.

민정당은 "대폭적인 해금에도 불구하고 당 조직이 영향을 받거나 정치의 흐름이 바뀔 가능성은 없을 것"이라고 낙관하면서 "해금을 앞두고 정부 측과 충분히 협의하여 현재의 정치 질서가 크게 흔들리지 않을 것이라는 자신감 아래서 대폭 해금 방향이 결정된 것"이라고 배경을 설명했다.

구 정치인에 대한 정치적 규제는 제5공화국이 새로운 정치질서를 편성하는 데는 절대로 도움이 되는 조치였지만, 시간이 흐름에 따라 규제조치는 정치적 기회불균등의 구체적 사실로서 내외의 시선을 받게 되는 등 오히려 제5공화국 정부의 정치적 부담으로 작용하여 왔다.

현재 야권의 대종은 민한당이란 제5공화국에서 순치된 정당이 원내 제1야당으로 실질적으로 야당세를 장악하고 있다.

이에 새 정당이 창당된다 해도 적어도 두 달여 밖에 남지 않은 총선 시기로 볼 때 민한당의 이 같은 기득권을 쉽사리 탈환하기란 어려울 것으로 여권에서는 판단했다.

야권 출신인 해금인사들은 김영삼, 김대중 씨가 공동으로 뒷받침하고 있는 민추협 중심의 신당추진파와 이철승, 신도환, 이충환, 김재광 씨 등 전 최고위원 중심의 신당추진파가 양분되어 움직이고 있다.

해금 인사가 구 신민당 이철승 대표를 비롯하여 신도환, 이충환, 김재광, 이민우, 조윤형, 이기택 등 최고위원이나 부총재 급이 포함되어 정통성과 선명성 논쟁에 휩싸일 가능성은 있으나 민한당 유치송 총재의 정치역량과 해금지도층의 정치역량이 교차되는 가운데 민한당의 유지와 신당의 결성 등이 결정될 것으로 전망됐다.

2. 민추협 중심으로 선명야당인 신한민주당 창당

(1) 민정당, 민한당, 국민당의 3당 체제 정립과 한계

신군부세력의 주도와 구상으로 출범한 민정당(제1중대), 민한당(제2중대), 국민당(제3중대)은 제11대 총선에서 3강 구도를 형성했다. 그러나 제12대 총선을 앞두고 그들의 정치적 역량을 발휘하고 있는지, 우리나라의 정치 발전에 기여하고 있는지에 대해 돌아볼 기회를 갖게 만들고 있다.

민정당은 지난 총선에서 제1당으로 발돋움하여 지금까지 우리나라의 정계를 이끌어왔으며 이번 총선에서도 제1당을 차지한다는 데 누구도 의심치 아니한 것이 사실이다.

그러나 1백만 명의 당원을 자랑하는 민정당은 재력과 추진력과 영향력에서 남이 따를 수 없는, 남이 넘볼 수 없는 특혜를 누리게 하는 정치적 환경의 산물일 수도 있다.

지금의 민정당이 과연 국민의 사랑과 신뢰를 받는 정당인가 하는 반문과 함께 민정당은 대내외적으로 문을 열어야 한다는 주문이 적지 않다.

민정당이 당 차원에서 지난 4년간 줄곧 집권세력임을 표방해 왔음에도 불구하고 실제 국민들의 눈에는 '권력구조의 변경(邊境)' 정도로 비쳐왔다.

그동안 민정당이 노정(露呈)해 온 대외 허약성과 내부 경직성은 국민 속에 뿌리를 내리는 데 성공적이지 못했다는 자성(自省) 아래 이번 전면 해금의 건의는 바깥의 시각을 의식하는 한편 침체되어 있는 당 내부의 접근자세를 고무시키기 위한 의도적인 조치라고도 볼 수 있다.

1980년 5.17 사태로 중지됐던 정치활동이 1980년 11월부터 재개되면서 정치활동이 허용된 구 신민당 국회의원 17명은 창당준비를 서둘렀고 12월 48명의 발기인들이 발기인 대회를 가졌다.
민한당은 발기인 대회에서 유치송 체제를 출범시켰고 창당대회에서 유치송 총재를 대통령 후보로 지명했다.
유 총재는 '참여를 통한 현실 개선'을 지도 노선으로 선언하면서 '의회정치의 상궤(常軌)를 벗어나 거리로 나서지 않겠다'는 약속을 했고 이 약속은 총재 재임기간 동안 지켜졌다.
민한당은 11대 총선에서 지역구 57명, 전국구 24명 등 81석을 확보하는 대승을 거두었으며 무소속으로 당선된 강보성 의원의 입당으로 82석으로 늘었다.
민한당은 국회가 개원되면서부터 정치풍토쇄신법, 국회법, 언론기본법, 지방자치법, 국회의원 선거법 등 이른바 개혁입법의 개폐를 주장하기 시작하여 11대 국회가 끝날 때까지 대여투쟁을 계속 펼쳐왔다.
민한당의 강경 대여투쟁은 한계를 보일 수밖에 없는 상황에서도 나름대로 야당의 역할을 자임했고 또 야당의 존재를 인식시키느라 나름대로의 원내 활동을 펴 온 것은 평가되고 있다.
1984년 2월 2차 해금이 이뤄졌고 이중재, 황낙주, 박해충, 김영배, 엄영달, 정재원, 황병우, 정상구, 김경인, 신진욱 등 구 신민당 의원 80명이 민한당에 입당했다.
민한당은 정통야당으로 다시 야당이 될 것과 거리로 나서지 않겠다는 것이 약속이었다. 민한당은 집권여당이 부과한 '대화정치 및 정책대결 엄수'라는 새로운 정치규범에 순응하면서 비교적 착실하고 점진적인 전술을 통해 다져왔다.
유치송 총재는 "아직 날이 차다. 자중자애 하면서 지혜로운 전진을 하자"고 주장하고 있으나, 신상우 의원 등은 "이불을 뒤집어 쓰고 있는 자에게는 새벽의 의미가 없다"며 지도부의 소극성을 비판하고 정세변화에 능동적인 대처를 주장하여왔다.

유 총재는 "나는 현재의 비판이 두려운 것이 아니라 후세의 역사를 두려워한다"면서 "후세 사가(史家)들은 어려운 상황에서도 민한당이 민주주의의 기틀을 잡았다고 평가할 것으로 자부하며 걸어간다"고 역설했다.
더구나 유 총재는 "일부로부터는 야당이 단도직입적으로 투쟁을 못한다는 차디찬 비판을 받고 있고, 여당으로부터는 과거 같은 근성을 발휘하고 있다고 욕을 먹고 있다"고 푸념했다.
그러나 정치권 안팎에서 민한당을 정통야당으로 보고 있는지, 민한당의 구성이 정통 야당을 주장할 수 있는지, 정통야당은 곧 만년야당이라는 관념을 벗어날 수는 없는 것인지 등에 대한 의구심을 갖고 있는 것도 사실이다.
인물의 빈곤과 조직의 비동질성이라는 정당으로선 고정된 정치 하에서는 그렇다 치더라도 변화할 장래의 정국에서는 어떻게 작용될 것인지 우려되고 있다.
민한당은 한마디로 제5공화국에서 속성으로 만들어진 신생정당이라는 한계와 굴레를 벗어날 수 없는 안타까움이 있는 것을 부정할 수 없다.
지금껏 정치적으로 집권여당의 언저리를 맴돌았고 지금도 집권여당의 눈치 보기에 급급하고 있는 국민당이 정당으로서의 역할과 생존은 미지수로 남겨둘 수밖에 없다.
중지됐던 정치활동이 재개되면서 정치활동이 허용된 구 공화당과 유정회 출신 의원들이 의기투합하여 국민당을 결성하였고 지난 11대 총선에 참여하여 지역구 18석과 전국구 7석을 확보하여 제3당으로 자리매김을 받았다.
그러나 국민당은 야당으로서의 투쟁성을 엿볼 수 없었고 여당으로서 일체성도 보여주지 못했다.
따라서 국민당의 좌표는 어디에 있는지 지향하는 목표는 무엇인지를 국민들에게 보여주지 못했다. 그러나 집권여당인 민정당은 무조건 싫고 야당인 민한당도 미덥지 못하다고 생각하는 유권자들이 혈연이나 지연, 학연에 이끌려 표를 모으다 보니 여기저기에서 당선을 일궜고 이번 총선에서도 그 한계를 벗어날 수 없을 것으로 전망됐다.

(2) 민한당의 뿌리를 흔들어버린 제3차 해금

"제5공화국의 정치질서에 순응할 의사가 없다고 판단되는 인사를 제외하고는 대부분이 해금 대상에 포함될 것"이라는 관측이 지배적인 가운데 민한당은 "대폭적인 해금에도 불구하고 우리 당 조직이 영향을 받거나 정치의 흐름이 바뀔 가능성이 없을 것"이라고 낙관하면서 "12대 총선에 해금자들이 대폭 참여할 것으로 예상하고 대비해 왔기 때문에 별 문제가 없을 것"이라고 여유를 보였다.

반면 대검찰청은 "최근 총선을 앞두고 정치활동이 금지된 인사들을 중심으로 조직된 불법정치단체가 특정정당을 지지 또는 반대하는 등 법으로 금지된 정치활동을 벌이고 있다"면서, 이들의 범법 행위에 대해 응분의 법적조치를 취하겠다고 발표하여 재야인사들의 활동을 위축시키는 엄호 활동을 전개했다.

민한당은 야당으로서의 기능 수행을 할 수 있는 구심력을 잃은 듯한 상황을 보여 왔고 그러한 상태 속에서 지난 4년여를 걸어왔다는 비판을 당내외에서 받아왔다.

"일부로부터는 야당이 단도직입적으로 투쟁을 못한다는 차디찬 비판을 받고 있고, 여당으로부터는 과거 같은 근성을 발휘하고 있다고 욕을 먹고 있다"면서 "민한당은 재야를 이해하고 재야는 현실에 참여한 제1야당을 이해해야 한다"는 당 지도부의 토로는 오늘의 민한당이 내일을 향하면서 겪고 있는 당착(撞着)과 고뇌(苦

惱)를 투영한 대목이라 할 수 있다.
제3차 해금인사들이 신당에 참여하여 출전한다면 서울을 비롯한 대도시에서는 민한당 의원들은 비상상태에 돌입할 수밖에 없게 됐고 신상우 부총재는 재야의 반골 신당 출현 가능성을 점치면서 "그렇게 될 경우 서울, 부산 등 대도시에서의 민한당 열세는 어쩔 수 없을 것"이라고 예견했다.
3차 해금을 맞으면서 해금인사 중 구 야권을 중심으로 한 신당 추진 작업과 민한당의 해금인사 영입작업이 정면충돌했다.
민한당이 지금까지의 수성자세를 지양하고 이처럼 적극적 자세로 전환한 것은 야권의 대동단합이라는 대외적 명분 아래 신당 추진 세력들이 진용을 갖추기 전에 상당수의 인사를 흡수하여 신당세를 약화시키는 것이 실질적인 자구책이 될 수 있다는 전술·전략적 측면도 고려됐다.
유치송 총재는 해금인사 전원을 크로스 체크하며 전력투구 했지만 해금 인사 전원의 입당은 사실상 불가능하며 신당 창당은 필연적인만큼 신당이 선명성에서나 정통성이라는 차원에서 큰 주장을 할 수 없을 정도로 소수정예만을 솎아오려는 것이 민한당 영입전략으로 수정했다.
양측 모두 야권의 대동단합을 명분으로 내세우고 있으나 민한당 등 기존 정치권의 수용능력의 한계를 감안한다면 야권의 대동단합은 구호에 그칠 전망이며 민한당과 재야신당의 일전은 불가피할 것으로 보였다.
민한당은 이민우, 조윤형, 이기택, 정대철, 김동영, 박찬, 이상민, 김녹영 씨를 대상으로 접촉한 결과 조윤형, 정대철 씨가 첫 번째 입당 기록을 수립했다.

(3) 갈길을 잃고 방황하는 해금 인사들

39명인 신민당 출신 전직의원 중 고홍문, 정헌주, 정운갑 씨 등을 제외한 나머지 인사들은 정치활동 재개의사를 밝혔다.

이들은 황낙주, 이용희, 신진욱, 조세형, 정재원, 김동욱, 황병우 등 민한당 입당파와 한건수, 박용만 등 신당추진파로 나뉘고 있다.

신당파는 민한당은 민정당 정부가 만들어준 관제정당이지 정통야당이 아니므로 추가 해금을 기다렸다가 구 신민당을 재건해야 한다고 주장했다.

이중재, 김수한, 박일, 이필선, 유제연, 엄영달, 김윤덕, 김영배, 김형광 등은 관망파로 알려지고 있으나 이들도 관망 후 신당 결성과 민한당 입당으로 갈려지게 되어있다.

민한당은 해금자들의 일괄 입당을 희망하여왔으나 전략을 바꾸어 부분적이고 단계적 입당을 추진키로 결정했다.

이에 한건수, 김수한, 박용만 해금인사들은 "민한당이 해금인사들을 전면 영입하지 않고 단계적, 부분적으로 입당시키겠다는 것은 진정한 영입이 아니라 당세 보강 작업에 불과하다"며 "민한당이 해금자를 전면 영입하지 않을 경우 범야신당 창당은 불가피하다"고 신당 결성의 필연성을 설명했다.

그러나 해금자 가운데 황낙주, 이필선, 엄영달, 박해충, 김윤덕, 이용희, 김영배, 조세형, 황병우, 정재원, 박일, 김동욱 등 10대 의원과 이중재, 신진욱, 정상구, 유제연, 김창환, 최경식, 심봉섭, 김경인 전 의원 등 25명이 민한당에 앞서거니 뒤서거니 입당했다.

이들의 입당은 신당 추진이 불확실한 상황에서 제1야당인 민한당의 공천을 받고 다음 총선에 끼어든 것은 당선이 보장된다는 현실적인 생각이 선명야당을 추구해야 한다는 명분을 앞섰기 때문이다.

구여권 출신 해금자 가운데 김재식, 박용기, 설인수, 오유방, 이인근, 정판국, 한병기, 김봉호, 김상년, 김수, 김용채, 김재춘, 문형태, 박숙현, 신형식, 양정규, 윤재명, 채영철, 최재구, 함종윤 등이 정치

재개를 희망하고 있으며 대부분의 인사들이 국민당과 줄다리기를 하고 있다.
국민당은 서둘러 모셔오는 입장에 서기가 내키지 않아 아직 구체적으로 나설 시기가 아니라고 얼버무리고 있다.
현역의원이 있거나 원외지구당 위원장들이 활발히 뛰고 있는 곳은 기존 세력과의 마찰이 예상되기 때문이다.
정치재개를 희망하고 있는 구여권 인사 가운데 정당을 택하지 않은 최치환, 윤재명, 강병규, 박찬종, 김광수, 김봉호, 김수 씨 등을 향해 현재 국민당이 영입 교섭을 전개하고 있으나 김광수 씨 등 소수에 그칠 전망이며 국민당의 당세 확장이나 노선 변경 등에는 영향을 미치지 못할 전망이다.
국민당은 신형식, 오준석, 함종윤, 김용채, 정판국, 심현직, 설인수, 박용기, 김용호, 김재식 등을 영입 대상으로 선정하고 교섭 중이며 문형태, 윤재명, 박숙현, 최재구, 채영철, 양정규, 이인근, 김수 등도 여건이 조성되면 입당 가능성이 있는 인사들이라고 밝혔다.

(4) 평행선을 달린 민추협과 비주류 연합 측의 벼랑 끝 합의

구야권 인사들은 해금과 함께 김영삼, 김대중 씨가 공동으로 뒷받침 하고 있는 민추협 중심의 신당 추진 움직임과 이철승, 신도환, 이충환, 김재광 등 전 최고위원들 중심의 신당 추진 움직임을 단일화하는 작업에 들어갔다.
민추협 측이나 비주류 측 할 것 없이 표면상 "또 다시 분파 작용을 재현하면 국민으로부터 외면당해 자멸한다"며 대동단결을 강조하고 있으나, 지금까지 밟아온 정치적 노선 때문에 응집하지 못한 채 맴돌고 있는 상황이다.
박용만 전 의원은 "구야권은 대표적으로 김대중계, 김영삼계, 이철승계 등으로 구분되나 4년간 정치규제라는 수난의 용광로 속에서 용해가 됐고 과거 분파에 대한 반성 또한 강하다"며 재야 단일신당 창당을 확신했다.
민추협 내 미해금 인사들은 당초 취지대로 민주화운동을 전개하되 순수 재야세력과 공동보조를 취하고 해금된 인사들에게 정계복귀의 길을 터주어 원내교두보를 확보하여 실질적으로 민추협의 영향력을 확대해야 한다는 뜻을 비쳐왔다.
민추협은 모든 민주인사들이 통합 단결하고 선명한 민주투쟁을 전개하는 야당으로 그 성격을 분명히 하여 타력이 아닌 자생적으로 결성돼 당원의 순수한 의지에 따라 운영되는 민주정당이어야 한다고 결의했다.
비주류 연합전선 측도 민추협 측의 신당참여 명분을 원칙적으로 수용할 태세를 갖추고 있으면서도 당 지도부 선출방식 등에서는 다양한 의견을 제시하고 있어 귀추가 주목되어 왔다.
신당을 창당한다 해도 정치기술상 민한당과의 접점 모색은 개인적 혹은 집단적으로 추구될 것으로 전망됐다.
따라서 민한당 유치송 총재의 정치 역량과 해금 지도층의 정치역량이 교차되는 가운데 민한당세의 유지여부는 물론 신당의 단합과 분열이 결정될 공산이 컸다.
신상우 부총재도 김영삼 전 총재로부터 신당 참여를 적극 권유받았으나 잔류했다.
이철승 전 대표의 권유를 받은 오홍석, 정진길, 고병현, 김태식 의원들도 '민한당 의원으로서 국민의 심판'을 받겠다며 불복했다.
한광옥, 김덕규 의원도 신당입당 교섭을 받았으나 정치인으로서의 지조를 내세우며 고사했다.
신당 창당을 위해 민추협 측의 이민우, 김녹영, 조연하, 최형우, 김동영, 박종률 씨와 비주류 연합 측의 신도환, 이기택, 송원영, 김수한, 노승환, 박용만 씨 등 12명이 회합을 갖고 창당 실무 작업에 들어갔다.
이들은 총선 실시 불과 60여 일 앞두고 해금을 실시한 것은 해금 인사들의 선거 채비와 재야단일신당 창당을 봉쇄하려는 정치규제의 실질적 연장이므로 조기 엄동 선거 실시를 연기할 것을 요구한다는 등의 성명을 발표했다.
민추협 측과 최고위원 연합 측의 줄다리기와 관련하여 "실무기구 구성문제로 계속 승강이를 벌인다면 아직도 정신을 차리지 못하고 구태를 재현하고 있다는 따가운 눈총을 받게 될 것"이라며 안타까움을 표시했다.
무소속의 조순형, 김정수, 김길준, 신순범 의원들이 민추협에 가입하여 신당 창당의 발걸음을 가볍게 하였으며 양측은 민추협의 이민우 씨를 당 대표로 추대하기로 가까스로 합의했다.

(5) 민추협이 주도하여 신한민주당의 깃발을

해금자들이 중심이 되어 신당을 창당할지라도 총선이 두 달여 밖에 남지 않은 총선시기로 볼 때 민한당의 기득권을 쉽사리 탈환하기란 어려울 것으로 관측됐다.
해금 결과 과거 신민당에서 비중 있는 인사들이 대거 단일야당을 새로 만들어 정계에 복귀하겠다는 움직임을 강하게 보이자, 민한당 내에서는 수성 태세와 함께 동요의 기미까지 일고 있었다.
민한당 소속의원 82명 가운데 초선 의원이 67명이며 이들의 대부분인 52명은 신민당과 전혀 인연이 없는 신참 정치세력이다.
해금 정국을 맞은 민한당이 명분과 현실 사이에서 몸살을 앓고 있는 가운데 민한당의 김현규, 허경만, 서석재, 박관용, 김찬우, 홍사덕, 최수환, 손정혁 의원 등은 "지난 4년 동안 원내에서 추진해오던 민주화를 더욱 전향적으로 그리고 더욱 빨리 쟁취하기 위해 민추협에 가입하여 신민당에 참여키로 했다"고 밝혔다.
또한 김형래, 이정빈 의원과 김한수, 유제연 전 의원들도 탈당 성명문을 발표하고 신민당에 참여키로 했다.
기존 정당에 대한 지도노선 시비와 공천 후유증으로 야권의 이합집산양상이 심화됐다.
민한당 목요상 대변인은 "어제까지 민주투쟁 대열에 동참했던 동지들이 공천에 불만을 품고 등을 돌리는 정치현실을 유감으로 생각한다"며 정치도의의 배반이라고 규탄했다.
유한열 민한당 사무총장은 "탈당 사태에 대해 당과 국민 앞에 책임질 사람은 당 5역이 아니라 신상우 부총재"라며, 신상우 부총재의 지도노선과 자기세력 구축을 비판하고 나서며 내분 사태가 격화되자, 민한당은 유치송 총재가 모든 당무를 선거대책위에 귀속시켜 일원화한다는 수습방안을 밝힘으로써 진정단계에 들어갔다.
재야인사들이 주축이 된 신한민주당(신민당)이 창당대회를 열고 이민우 창당준비 위원장을 총재에, 김녹영, 이기택, 조연하, 김수한, 노승환 등 5명을 부총재로 선출했다.
창당대회에서 대통령 중심제와 대통령 직선제, 임기 4년에 1회에 한해 중임을 허용하는 통치 기구를 골간으로 하는 정강·정책을 채택했다.
신민당은 창당선언문에서 "진정한 민주주의를 조국에 정착시켜야 할 역사적 사명감에서 창당을 내외에 엄숙히 선언한다"고 천명했다.
이민우 총재는 "독재가 민주를 위장하고 불의가 정의로 행세하는 기만 속에 국민적 대변인 역할을 담당해야 할 정당들은 들러리로 전락하고 만 것이 오늘의 정치현실이다"라며 "우리 신한민주당은 온 국민의 여망인 민주화를 위해 창당한 것이니 민주화 시대의 새봄을 맞이하기 위해 다함께 전진하자"고 역설했다.

신민당 이민우 총재는 "신한민주당은 오는 12대 국회에서 평화적 정권교체를 원천적으로 봉쇄하고 있는 현행 헌법을 대통령 직선제로 개정키 위해 헌법개정 추진위원회를 구성할 것이며, 광주사태에 대한 진상을 조사하고 그 책임을 묻기 위해 국정조사권을 발동토록 할 것"이라고 말했다.

신민당은 6명의 총재단에 최형우, 김동영, 황명수, 서석재, 박종률, 손주항, 송원영, 이철승, 신도환, 김재광, 한건수, 김옥선, 이택돈을 정무위원으로 선임했다.

신민당에는 구 공화당 출신의 박찬종, 권오태, 김수 씨와 구 유정회 소속의 조홍래 씨, 민권당 사무총장을 지낸 김정두 씨와 조순형, 김정수, 신순범, 김길준 등 무소속 의원까지 참여하여 세력판도 형성에 변수로 작용했다.

또한 내란음모 죄로 징역 20년 형을 복역 중 신병 치료를 위한 형 집행 정지 처분을 받고 지난 1982년 12월 도미했던 김대중 전 신민당 대통령후보가 선거 5일 전 귀국하여 동교동 자택에 머물면서 신민당의 선전을 지원했다.

3. 민정・민한・신한민주당의 공천과정과 총선전략

(1) 민정당의 물갈이와 배타적인 전국구 공천

민정당은 지난 총선에서 낙선한 전남 해남-진도(임영득→정시채)와 제주(변정일→현경대) 지역구는 물론 전국적으로 22개 지역구의 현역의원을 물갈이 했다.
현역의원을 교체한 지역구는 서울의 구로(최명헌→김기배), 동작(조종호→허청일), 부산 중-동-영도(왕상은→윤석순) 지역이다.
경기도에서는 인천 중-남(명은재→심정구), 부천-김포-강화(신능순→박규식)이며 강원도의 춘천-춘성-철원-화천(홍종욱→이민섭) 지역도 교체했다.
충청권에서는 충북의 4개 지역구에서 3개 지역인 충주-제천-중원-제원-단양(이해원→이춘구), 보은-옥천-영동(박유재→박준병), 괴산-진천-음성(안갑준→김종호)의 현역의원을 교체했으나 충남에서는 대전 중구(이재환→강창희)만 유일하게 교체했다.
호남권에서는 대대적인 물갈이가 이뤄졌다. 전북은 군산-옥구(고필남→고건), 이리-익산(문병량→조남조), 진안-무주-장수(황인성→전병우), 정읍-고창(진의종→전종천)에서, 전남은 광주 동-북(심상우→고귀남), 서구(박윤종→이영일), 담양-곡성-화순(정래혁→구용상)의 현역 의원이 교체됐다.
영남권에서도 5개 지역구의 현역의원이 교체됐다. 포항-영일-울릉(이진우→박경석), 김천-금릉-상주(정휘동→김상구), 마산(조정재→우병규), 울산-울주(고원준→김태호), 충무-통영-거제-고성(이효익→정순덕)에서 물갈이가 이뤄졌다.
교체된 24개 지역구의 절반이 넘는 14개 지역구는 전국구 의원들이 차지했고 고건(농수산부장관), 김태호(경기도지사), 구용상(전북부지사), 우병규(국회 사무총장), 박준병(보안사령관), 전종천(치안감), 김상구(호주대사), 김기배(수출공단 이사장) 등 관료 출신들이 대부분이며 순수 민간인 출신으로는 심정구(인천 중-남), 박규식(부천-김포-강화) 후보뿐이다.
전국구 후보의 순위 1번은 11대 때와 마찬가지로 이재형 당총재 상임고문이 됐고, 2번은 진의종 국무총리, 3번은 노태우 서울올림픽 조직위원장이 각각 차지했으며 정(正)후보의 맨 마지막인 61명은 이성호 당 경기도지부 사무국장으로 결정됐다.
조종호, 홍종욱, 안갑준, 최명헌, 황인성, 정휘동 의원 등 8명은 지역구 의원에서 전국구 의원으로 탈바꿈했다.
61명의 정(正)후보를 출신지역별로 보면 경북 11명, 부산-경남 10명으로 영남권이 21명을 차지하고 서울 9명, 전남 7명 순이다.
민정당 전국구 후보 구성은 민정당이 주도하는 정당정치의 운영을 강화하고 1988년의 평화적 정권교체를 위해 정부, 여당 내에서 차지하는 민정당의 비중을 강화하는데 초점이 맞춰진 정치성이 짙은 포석이다.
11대의 전국구 인선이 제5공화국의 실질적인 주도세력의 기용보다는 각계에서 동원된 인사의 배합에 치중한 절충형이라면, 이번 인선은 제5공화국의 집권정치세력을 본격적으로 구축하겠다는 취지를 바탕으로 한 배타적 인선이다.
이번 인선에는 제5공화국 창설의 실질적인 주도 세력이라고 할 수 있는 노태우 전 보안사령관, 유학성 전 국가안전기획부장, 서정화 전 내무부 장관, 김성기 사회정화위원장, 이상재 민정당 사무차장, 현홍주 국가안전기획부 차장 등이 포함됐다.

(2) 민한당은 92개 지역구 중 54개 지역구는 무경합 지구

민한당은 전국 92개 지구당의 공천 신청서를 접수한 결과 173명이 신청서를 제출해 평균 1.9대 1의 경쟁률을 보였으나 54개 지구당은 무경합 지구로 나타났다.

경쟁률은 낮지만 경합이 예상되는 지역구는 서울 성동(김도현, 김경인, 정규헌, 김노식, 김윤덕), 동대문(심헌섭, 유택형, 김덕규), 도봉(김태수, 박해충), 강서(고병현, 이중희, 김영배), 관악(한광옥, 연제원), 강남(신재휴, 이중재, 김형래), 부산 부산진(김정수, 정상구, 김진기) 등을 들 수 있다.

또한 경기 성남-광주(유기준, 강원채), 강원 동해-태백-삼척(이관형, 김일동), 충북 청주(신경식, 정기호), 옥천-보은-영동(정선영, 이용희), 진천-괴산-음성(김연태, 오성섭), 충남 천안-아산-천원(박동인, 정재원, 이원창), 공주-논산(박찬, 김한수, 조주형), 서산-당진(장기욱, 유제연), 전남 광주 동구(임재정, 김옥천, 이필선), 경북 포항-영일-울릉(서종렬, 최수환), 경주-월성-청도(김일윤, 심봉섭), 안동-의성(오경희, 신진욱), 달성-고령-성주(최운지, 이윤기, 김창환), 청송-영덕(김찬우, 황병우), 경남 진주-삼천포-진양-사천(양재권, 이위태, 박영식, 강갑중, 이상민), 밀양-창녕(신화식, 박일, 손태곤, 손정혁)도 접전이 예상되는 지역구이다.

민한당 의원들의 집단 탈당으로 사고지구당에 대해서는 추가로 공천 신청을 받기도 했다.

공천심사 결과 민한당 지역구 현역의원 중에는 심헌섭(동대문), 임재정(광주 동-북) 의원만이 탈락했고 전국구에서 지역구로 옮긴 의원은 김덕규(동대문), 강원채(성남-광주), 이홍배(여수-여천-광양), 서종렬(포항-영일-울릉), 김문석(문경-예천), 이용곤(산청-거창-함양) 의원 등 6명이다.

해금자 중에는 박해충, 김윤덕 전 의원들은 탈락했지만 13명은 모두 지역구를 차지했다.

민한당을 탈당하고 신민당으로 옮긴 김현규(구미-선산-군위-칠곡),

허경만(순천-구례-승주), 최수환(포항-영일-울릉), 김찬우(청송-영덕-울진), 양재권(진주-진양-삼천포-사천), 서석재(부산 서구), 박관용(부산 동래), 손정혁(밀양-창녕), 김형래(강남), 김한수(공주-논산), 김영배(강서), 유제연(인천 동-북), 엄영달(영월-평창-정선) 의원들은 친정인 민한당 의원이나 후보들과 한판승부를 펼치게 됐다.

민한당은 11대 총선 때 24명의 전국구 의원을 당선시킨 전례에 따라 24번 까지를 당선 안정권으로 보고 전국구 인선작업에 들어갔다.

민한당은 이태구 부총재를 1번에, 박해충 당무위원을 2번에, 현역 의원인 신재휴, 손태곤 의원을 3, 4번에 배치하고 5번에 정상구 전 의원을 안착시켜 상위권에 정치인을 집중 배치했다.

그리고 황대봉 대원교통 회장, 송현섭 당 후원회장 등 재력가들을 당선 안정권에 배치하면서 지역구 후보자를 도와줄 정치헌금을 받을 수 있었다.

(3) 겹치고 옮기는 진통을 겪은 신한민주당 조직책 선정

창당 중인 신한민주당의 조직책 경쟁률은 평균 3.8대 1로 가장 경합이 치열한 지역구는 서울 구로구와 강동구로 12대 1이다.
이충환 전 신민당 최고위원, 박종률 창당준비위 부위원장, 민한당을 탈당하고 신한민주당에 입당한 김현규, 홍사덕 의원 등은 조직책 신청을 하지 아니했다.
청주-청원 지역 출신인 이민우 창당준비위원장은 김현수 씨를 피해 서울 도봉구로 지역구를 옮겼으나 민한당 선대 본부장으로 형인 조윤형 씨를 피해 지역구를 옮긴 조순형 의원과 경합을 하게 됐다.
이민우 위원장은 도봉구를 조순형 의원에게 넘겨주고 정치 1번지

인 종로에 출전하여 신한민주당 돌풍의 주역이 됐다.

이기택 창당준비위 부위원장은 자신의 비서관인 박관용 의원이 입당하는 바람에 부산 동래구를 박 의원에게 양보하고 남-해운대구로 지역구를 옮겼으며, 이철승 전 신민당 대표는 자신의 비서실장이었던 민한당 김태식 의원과 전북 전주-완주에서 한판승부를 펼치게 됐다.

민한당 공천을 신청했던 유제연 전 의원은 충남 서산-당진에서 인천 동-북구로 지역구를 옮겨 신청했고, 민한당을 탈당한 이정빈 의원은 전남 나주-광산에 조직책을 신청했다.

서울 강남에서 이중재 의원에게 밀린 김형래 의원은 신당에 입당했으나 8대1의 경쟁을 펼치게 됐다.

구 공화당 출신인 김수 전 의원은 전남 고흥-보성에 신청서를 냈고, 민한당 조직책 경합에서 나란히 탈락한 양재권 의원과 이위태씨는 똑같이 민한당을 탈당하고 경남 진주-삼천포-진양-사천 지역구에 조직책 신청을 제출하여 또 한 번 경합하게 됐다.

조연하 조직책심사위원장은 신당에 조직책 신청자가 몰려들자 "그만큼 국민의 기대가 쏠리고 있다는 반증이기도 하지만 잉여정치인구의 수용소 같은 인상도 있다는 점을 인정치 않을 수 없다"고 말하고 "다른 당에서 공천 탈락되고 입당한 정치 철새들은 가급적 조직책 심사에서 제외하겠다"고 말해 귀추가 주목됐다.

신민당의 조직책 경합이 치열한 곳은 서울 성북(한호상, 심의석, 이석현), 도봉(조순형, 이민우, 신오철), 강서(김영배, 탁영춘, 송기태), 구로(나이균, 정순주, 유기수, 조연하), 동작(박실, 이길범), 강남(김형래, 최전권, 유훈근, 신경설), 강동(김병수, 김동규, 장석화, 황한수, 조정식) 등을 꼽을 수 있다.

부산도 중-동(송정섭, 김상진, 김정길, 한석봉, 박찬종), 서구(김종순, 서석재), 남-해운대(허재홍, 이기택), 부산진(김정수-정해영)에서 예측불허의 접전이 예상되고 인천 동-북(이병현, 유제연, 명화섭) 도 눈여겨볼 지역구이다.

경기의 안양-광명-시흥(이택돈, 신하철), 부천-김포-강화(안동선, 최기선), 송탄-평택-안성(정진환, 조성진). 파주-고양(황인형, 이교성), 강원의 춘천-춘성-철원(김철배, 백태열, 양건주), 동해-태백-삼척(지일웅, 이원종), 영월-평창-정선(엄영달, 신민선, 원성희)과 충북의 충주-제천-중원(이택희, 송창달, 윤대희), 충남의 대전 중구(송석찬, 김태룡), 천안-아산(이진구, 황명수), 공주-논산(김한수, 윤완중, 김형중)도 접전지역이며 전북 전주(이철승, 홍범식, 임광순), 이리-익산(오승엽, 박경철, 이협), 정읍-정주-고창(정균환, 유갑종, 이원배), 여수-광양-여천(김용일, 김충조, 신순범), 나주-광산-금성(박병용, 이정빈, 김면중), 장흥-강진-영암(오석보, 이영권), 경북 경주-월성(김순규, 심봉섭), 김천-상주(이재옥, 박희동), 안동-의성(양재범, 신진욱, 오상직), 영천-경산(권오태, 이재연, 윤영탁), 문경-예천(신영국, 황병호, 반형식), 경남 마산(강삼재, 백찬기), 진주-삼천포(이위태, 김재천, 양재권), 창녕-밀양(구자호, 손정혁)도 접전지역으로 꼽을 수 있다.

조직책 선정에서 승리한 조순형, 김영배, 조연하, 박실, 김형래, 김동규, 박찬종, 서석재, 이기택, 김정수, 유제연 후보들은 본선에서도 승리하여 국회 등원에 성공했다.

또한 경기도의 이택돈, 안동선, 충청권의 이택희, 김태룡, 김한수, 호남권의 이철승, 신순범. 이영권, 영남권의 이재옥, 권오태, 반형식, 강삼재 후보들도 조직책 선정에서 승리의 여세를 몰아 총선에서도 승리했다.

신민당의 전국구 후보는 당선권인 11번 이내에는 재정지원이 가능한 재력가를 배치했고 당선권에서 멀어진 12번에는 김동욱 10대 의원, 이신범 민권당 간부, 장충준, 최훈, 신경설 등 당료 출신들을 배치했으나 신민당의 돌풍으로 17번까지 당선되는 행운을 차지했다.

(4) 지난 총선보다 입후보자가 195명이 줄어든 12대 총선

이번 총선에 출전하는 지역구 후보 440명의 소속정당은 민정당 92명, 민한당 92명, 국민당 71명, 신민당 93명, 신사당 18명, 근농당 16명, 신민주당 13명, 민권당 12명, 자유민족당 4명으로 나타났다.
또한 전국구 171명은 민정당 81명, 민한당 31명, 국민당 25명, 신민당 30명, 신사당 2명, 민권당 1명, 근농당 1명이다.
이번 총선 지역구 후보자 440명 중 민정당, 민한당, 국민당, 신민당 후보자는 348명으로 79.1%를 차지한 반면 5개 군소정당 후보자는 63명에 불과하고 무소속 후보자는 3명에 그쳤다. 이 같은 무소속 비율은 역대 국회의원 선거 사상 가장 낮았다.
이번 총선의 경쟁률은 2.4대 1로 낮은 것은 체제의 수성기(守城期)에는 낮은 경향을 보여온 역사적 선례에 따른 것이다.
그러나 경쟁률이 이처럼 떨어진 이유는 신인 당선의 문이 그만큼 좁아 보였기 때문이다.
해금자를 중심으로 한 신당 출현과 기존 무소속 및 군소정당 의원들의 민한당 및 신민당 편입으로 야권이 11대 총선 때보다 팽팽한 진용을 갖춘데다 민정당이 원내 다수의석 확보를 위해 지난 4년간 줄곧 선거준비를 해왔기 때문이다.
경쟁률 저조와 더불어 또 하나의 특징은 직업정치인들의 대거 재등장이다. 지난 11대에는 많은 정치인의 정치활동 금지와 제5공화국이 새롭게 표방한 '직업정치인 배제' 정신에 따라 지역구 후보자 635명의 27.6%만이 정치인 출신이지만 이번 총선에는 11대 의원 181명, 전직의원 58명 등 정치인이 313명으로 총 후보자의 71.1%를 차지했다.
11대 때 당선자 78%가 초선인데 비해 이번에는 70% 이상이 재선 이상으로 채워질 전망이다.
직업정치인 배제 정신의 퇴화와 함께 의원들의 프로화로 인한 성

숙적인 정치를 기대해 보게 했다.
전국 92개 지역구 가운데 50개 정도가 3파전, 20여 개가 4파전 지역이며 당선권의 윤곽이 드러난 곳은 20여 개에도 미치지 못하는 것으로 분류됐다.
이 같은 현상은 민정당. 민한당, 국민당, 신민당 등 4당 후보자들의 과점현상과 이로 인한 군소정당 및 무소속 후보들의 현저한 위축에서 기인됐다.

(5) 권역별 판세점검과 선거결과 전망

서울의 14지역구 중 6개 지역에서 신민당 출신인 전 의원들이 고성(故城) 탈환을 위해 신한민주당에 참여하여 민한당 현역의원들을 위협했다.
마포-용산(김재영-노승환), 동대문(심헌섭-송원영), 서대문-은평(손세일-김재광), 강서(고병현-김영배), 영등포(이원배-박한상), 관악(한광옥-김수한)에서 백병전이 예상됐다.
수세에 몰려있는 민한당은 기존 체제에다 조윤형, 이중재, 정대철, 조세형 씨 등을 선거대책 기구 등에 보강하여 불어닥친 신민당의 선명성 바람에 맞서겠다는 전략이다.
서울에 인접하면서도 정치문화 면에서 보수성이 강한 인천과 경기는 기본적으로 일과성 바람보다는 조직세가 강하다.
그리하여 신민당의 바람보다는 민한당, 국민당 등 야권 후보들이 은메달을 놓고 경쟁이 심한 편이다.
다만 인천 동-북구에 신민당 유제연 전 의원이, 수원-화성에 무소속으로 이병희 전 의원이, 의정부-동두천-양주에 신민당 김형광 전 의원이, 안양-광명-시흥에 신민당 이택돈 전 의원이 도전하여 3파전을 전개하고 있을 뿐이다.

민정당 측은 강원도는 당락이 아니라 전국에서 최고득표율 속에 최고득표를 설정해 놓을 정도로 여당 강세 속에 민한당보다 국민당의 상대적인 우세가 예상되고 있다.

4개 선거구 중 3개 지역의 민정당 주자가 바뀐 충북은 일찍부터 민정당의 열기가 달아오른 이색 지대로서 실세로 자리 잡은 민정당의 정종택, 이춘구, 박준병, 김종호 후보들이 난공불락의 철옹성을 구축하고 있는 가운데 기존의 민한당, 국민당 조직에 신민당의 김현수, 이택희, 이용희, 이충환 후보들이 옛날에 다져놓은 기반을 가지고 두더지 식의 조직 다지기로 강력하게 도전하는 양상이다.

충남의 8개 선거구 중 대전 동구, 천안-천원-아산, 공주-논산 지역구는 민한당의 공천 후유증으로 곤욕을 치루고 있는 가운데 신민당의 김태룡(대전 중), 김한수(공주-논산), 김옥선(부여-서천-보령), 한건수(홍성-청양-예산)의 움직임이 거세어 돌풍을 일으키고 있다. 모든 선거구에서 민정당 후보들이 우세를 점하고 있는 가운데 사분오열된 야권이 은메달을 놓고 백병전을 펼치고 있는 양상이다.

호남의 전북과 전남은 선거분위기가 다소 다르다. 전북은 비교적 차분한 가운데 신민당 이철승 후보와 그의 비서실장인 민한당 김태식 의원이 세간에 회자되고 있을 뿐 비교적 조용하게 기존의 민정당과 민한당 의원들에게 신민당과 국민당 후보들이 틈새를 비집고 들어가고 있는 형국이다.

다만 정주-정읍-고창 지역구에는 은메달을 놓고 민한당의 김원기 의원과 군소정당인 신민주당 유갑종 후보가 혈투를 전개하고 있을 뿐이다.

전남의 야권 후보들은 대부분 김대중 씨의 인연을 명함이나 선전물에 포함시켜 놓아 분위기가 다소 어수선하다.

해금인사들이 주축이 된 신민당 후보들의 신장세가 광주, 목포, 순천, 여수 등 도시 지역에서 두드러지고 있는 가운데 민한당 현역 의원들의 수성의 안간힘도 거칠어지고 있을 뿐이다.

영남권은 구조적으로 신민당으로부터 위협을 받은 부산, 대구 지역이 끼어있어 민정당, 민한당의 현역 의원들의 긴장감이 비교적 감도는 양상을 보이고 있다.
김영삼 씨의 바람이 거센 부산의 경우 6개 선거구 중 민한당 서석재, 박관용 의원과 무소속 김정수 의원이 신민당으로 탈바꿈하여 출전한데다 이기택, 박찬종 씨가 가세하여 구조적으로 신민당이 대세를 휘어잡고 있다.
대구-경북은 민정당의 텃밭으로 민한당보다 국민당이 상대적으로 강세를 띠고 있는 지역으로 이번 총선에서도 신민당의 강세가 두드러지지 아니하다. 그러나 대구의 유성환(서-중), 신도환(수성-남) 후보들이 지난날의 명성을 바탕으로 조직을 추스르고 있고, 현역 의원인 홍사덕(영주-영양-영풍-봉화), 반형식(문경-예천), 권오태(영천-경산) 의원들이 강세를 보이고 있을 뿐이다.
민한당은 김현규, 홍사덕, 김찬우, 최수환 의원들이 이탈하여 위축되어 있는 상황이며 포항-영일-울릉 지역구는 박경석, 이성수, 서종열, 최수환 현역의원들이 난마처럼 얽혀 야권 의원들 간의 갈등과 자금 뿌리기 등으로 괴소문이 난무하고 있다.
경남의 경우 신민당의 바람이 거세지는 아니하지만 김영삼 씨의 고향인 거제와 마산은 신민당 후보들의 인기가 치솟고 있으며 김동주(김해-양산), 김동영(거창-산청-함양) 후보들은 개인기를 앞세워 선전이 예상되고 있다.
민한당은 11대 선거 당시 1석에 그친 약세였는데 해금인사인 황낙주, 박일 전 의원과 이수종 의원의 입당으로 당세가 오히려 신장할 전망이다.
전두환 영남 정권 하에서 민정당은 전 지역구 석권을 예상하고 있으나 후보 교체가 이뤄진 지역구에서 혹여 낙마가 나올까 걱정스럽게 전망하고 있을 뿐이다.

(6) 야권의 전국구 순위는 인물보다 헌금 액수로 결정

이번 총선에서 야권의 전국구 후보는 민한당 31명, 국민당 25명, 신민당 30명의 후보들이 31개 의석을 놓고 경쟁을 벌이게 되었다. 민한당의 전국구 후보는 외형상 당의 원로, 해금인사 등 고른 기용을 내세우고 있으나 실질적으로는 인물 중심이 아니고 공천심사위원들의 철저한 나눠먹기 식 배분과 공천헌금에만 역점을 둔 인선이라는 것이 지배적인 평가이다.
최운지, 신동준(유치송), 이동근(이태구), 문준식(신상우), 황대봉(황낙주), 정규완(조윤형), 김옥천(고재청) 후보들은 계파 보스의 추천에 의해 명부에 이름을 올릴 수 있었기에 나눠먹기 식 배분이라는 의혹이 제기됐다.
이번 공천에서 김노식, 윤기대, 연제원, 이중희 전구구 의원들은 탈락한 반면 신재휴, 손태곤 의원은 5억 원 이상의 고액을 헌납하고 재공천을 받았다.
이태구 부총재는 당 원로 케이스로 재공천을 받은 반면 김판술 의원과 윤택중 상임고문 등은 고령과 헌금 불능이라는 이유로 탈락됐다. 마지막까지 당선권으로 거론됐던 김윤덕 전 의원은 끝내 좌절되자 눈물 바람을 일으켰다.
공천 헌금액은 신재휴, 손태곤, 송현섭, 이상홍, 김병태, 황대봉, 정규완, 김옥천, 문준식, 이동근 후보 등은 5억 원, 최운지와 정상구 후보는 3억 원, 이태구, 박해충, 신동준 후보는 1억 원이라는 소문이 파다했다.
공천에서 탈락한 의원들은 일부 공천자의 색깔이 불투명하고 전국구 의원의 재공천 기준도 모호하다는 점을 들어 유치송 총재를 비롯한 공천심사위원 모두에게 책임을 물어야 한다고 흥분했다.
국민당은 김종철 총재, 이만섭 총재 권한대행, 조일제 선거대책본부장이 5번까지는 5억 원 헌금, 6번 이후는 사무처 요원 우대, 전

국구 재선 배제 등 원칙에 합의했다.
그리하여 김영광, 김유복, 강기필 의원들의 공천이 배제됐고 조용직, 송업교, 김종학 후보들이 등재되게 됐다.
국민당도 전국구 김영광, 김유복, 강기필 의원에 대한 배제와 일부 상위 순번 헌금 케이스에 대해 외풍과 금권 문제가 복잡하게 얽혔다는 의구심이 당내에 파다하게 퍼지는 등 뒷얘기도 적지 않아 후유증이 일어날 조짐도 있었다.
신민당은 지역구 공천 과정에서 당의 선명성을 흐렸던 통대의원 등 구여권 인사를 철저히 배제하여 당의 이미지와 선명성을 살려야 하고 오랫동안 민주화 대열에서 고생한 고참 당료들을 포함시켜야 한다는 당초 구상은 결국 위선으로 끝나버렸다.
신민당 총재단 회의에서는 전국구 6번까지는 5억, 8번까지는 4억, 12번까지는 1억 원의 당비 헌납 액수를 합의했다.
선명성을 강조하고 있는 신민당은 민추협의 집요한 추천으로 통일주체대의원 출신인 6번 한석봉, 10번 조영수 후보를 공천했다.
신민당은 당비헌납 위주로 인선하는 과정에서 박종률 재정위원장은 당비헌납 5억 원을 마련하지 못해 통대 출신인 한석봉 후보와 순위가 뒤바뀌는 곤욕을 당했다.

(7) 신한민주당이 민한당을 제치고 제1야당으로 등극

제12대 총선 결과 민정당 87명, 신민당 50명, 민한당 28명, 국민당 15명, 신사당 1명, 신민주당 1명, 무소속 4명이 각각 당선됐다.
민정당은 전국구 3분의 2인 61석을 합쳐 148석으로 의원정수 276명의 절반인 138석을 넘어 원내 안정 의석을 확보했다.
그러나 3차 해금자 중심으로 선거일 불과 20여 일을 앞두고 창당한 신민당이 예상을 뒤엎고 서울, 부산, 대구, 인천, 광주 등 대도시에서 압도적 승리를 통해 민한당을 제치고 일약 제1야당으로 급부상하여 태풍의 눈으로 주목받게 됐다.

신민당은 지역구에서 50명이 당선됨에 따라 전국구 17석을 배분받아 총 67석을 확보하게 됐다.

특히 신민당은 서울 14개 지역구 중 종로(이종찬)와 성동(이세기)을 제외하고 12개 지역에서 민정당을 누르고 1등으로 당선되는 강세를 보였다.

민한당은 신민당의 태풍 같은 바람에 눌려 지역구에서 26석 밖에 얻지 못해 전국구 9석을 합쳐 35석이 되어 원내 제3당으로 전락했음은 물론 신상우 부총재를 비롯한 지도부가 대거 낙선함에 따라 제1야당으로 지위가 위기에 처하게 됐다.

국민당은 지역구에서 15석을 얻어 전국구 5석을 배분받아 간신히 원내 교섭단체를 구성(20명)할 수 있게 됐다.

민정당에서는 서울 강남의 이태섭 정무장관, 부산 영도 윤석순 사무차장, 부산진의 구용현 전 부산시 교육감, 동래의 김진재 동일고무벨트 회장들이 낙선했다.

민한당은 신상우 부총재를 비롯하여 조윤형 선거대책본부장, 김은하 전 국회부의장, 김원기 전 대변인 등이 낙선했다.

국민당은 조일제 선거대책본부장, 이성수 정책위의장, 김종하 원내총무 등이 낙선했고 고정훈 신사당 총재와 신형식 전 공화당 사무총장도 낙선했다.

이번 선거에서 당선된 군소정당 후보로는 신민주당의 유갑종, 신사당의 김봉호 후보이며 무소속으로 김현규, 김효영, 이용택, 양정규 후보 등이 당선의 영광을 안았다.

(8) 대도시에서의 유세 열기가 신한민주당의 득표로 연결

신민당이 창당 3주일 남짓 만에 치러진 총선거에서 정치적 요충이라 할 수 있는 서울, 부산, 대구, 인천, 광주 등 대도시는 물론 중소도시까지 지지를 휩쓴 것은 선거 사상 분명 최초의 이적(異蹟)으로 기록될 만하다.

전국 92개 선거구 가운데 도시형으로 분류될 수 있는 31개 선거구 가운데 신민당은 21개 선거구에서 금메달을 땄고 서울지역의 경우에는 민정당을 15.7% 포인트 앞지른 42.7% 득표율을 기록했다.

11대 총선 당시 이 지역의 의석분포는 민정당 31, 민한당 25, 국민당 2, 신사당 2, 민권당 1, 무소속 1석을 기록했으나 이번 총선에서는 신민당 30, 민정당 26, 민한당 4, 국민당 2석으로 바뀌었다.

신민당이 대도시에 바람을 일으킬 수 있었던 주된 동력은 유세 현장의 열기에서 비롯됐다.

다른 후보들에 비해 현저하게 직공법(直攻法)을 구사하며 현 정권을 비판한 신한민주당 후보들의 연설에서 이미 위험수위론은 의미를 상실했고, 유세장에 몰려든 도시 청중들은 갈채와 함성으로 그들의 주장에 공감하는 현상을 드러냈다.

합동연설회가 갈수록 열기를 더해갔던 배경에는 대학생을 포함한 젊은 청중들이 현장조직세를 형성했던 것도 결정적 역할을 했음을 부인할 수 없다.

이는 지난 4년 간 장외 정치권으로 분류됐던 재야 정치세력이 유세장이라는 매개현장(媒介現場)에서 하나의 힘으로 결집됐고, 여기에 일반 야성(野性) 유권자까지 가세해 신한민주당지지 세력의 저류(低流)를 이룬 것으로 볼 수 있다.

도시형 선거구와는 달리 45개의 농촌형 선거구에서 민정당이 압도적인 승리를 거두었다는 것은 이번 총선 결과의 특징의 하나이다.

이는 민정당이 원내 안정 세력을 구축하는데 농촌 지역이 결정적 기여를 했음을 드러냈다.

다시 말하면 70년대 초반 유신(維新)과 함께 꼬리를 감췄던 야도 여촌(野都與村) 현상이 이번 총선에서 부활된 결과가 됐다.
민정당은 이번 총선에서 2개 선거구를 제외하고 금메달을 휩쓸었으며 민한당 17, 신민당 13, 국민당 10석 등의 의석 분포를 보여 지난 11대 총선 때 민정당 44, 민한당 24, 국민당 12, 민권당 2, 신정당 1, 무소속 7석의 분포와 비교됐다.
'정치 신1번지'인 서울 강남의 경우 이 지역에서 재선을 일궈낸 이태섭 민정당 후보가 3선의 문턱을 넘지 못하고 해금자가 아닌 민한당에서 이적한 전국구 의원 출신에게 패배한 것은 서울 지역에 일어난 신민당 강풍은 다분히 정당 선호의 성격을 띠고 있음을 드러냈다.
부산에서 민정당이 6개 지역을 휩쓸었던 11대 총선과 달리 3명의 전사자를 낸 사실은 부산이 김영삼 씨의 직접 영향권에 들어 있음을 반영한 것으로 보인다.
전남 지역에서는 광주의 2개 선거구는 예상대로 신민당이 석권했지만 나머지 9개 선거구에서 민정당이 11대 때의 고전(苦戰) 양상을 벗어나 전원 금메달을 차지한 것이 특색이었고, 민한당이 신민당을 따돌리고 4개 지역에서 힘겨운 수성(守成)에 성공했다.

(9) 안정 지속과 민주 염원의 대결장인 12대 총선

이번 총선은 안정 지속을 부르짖은 민정당과 국민들의 민주 염원을 표로 연결한 신민당의 대결이었다.
창당 과정에서부터 피동성 잡음을 뿌려왔던 민한당에 대한 불신의 심판이 한꺼번에 내려진 셈이다. 국민들이 자생의 야당을 선택한 것으로 보인다. 국민들은 그동안 누적돼 온 정치적 불만을 총선에서 가장 공격적이었던 신민당을 선택함으로써 보상받으려 했던 것으로 볼 수 있다.

이번 총선 결과가 비록 충격적이기는 하지만 정국운영의 효율성과 관련해 볼 때 그동안 산재했던 정치세력을 실세화 했다는 긍정적 의미도 있다.

이번 개표 과정은 예측을 뒤엎은 파란과 돌풍의 연속이었다. 거센 신민당 바람의 여파 속에서도 갖가지 기록들이 속출했다.

서울 동대문 송원영 신민당 후보는 236,678표를 득표하여 최다 득표를 기록한 반면, 전북 무주-진안-장수 김광수 국민당 후보는 17,363표라는 최소 득표로 금배지를 달게 됐다.

충북 진천-괴산-음성 김종호 민정당 후보는 유효투표의 65.9%를 득표하여 최고득표율을 자랑한 반면, 경북 안동-의성의 국민당 김영생 후보는 유효투표의 15.0%를 득표하고도 턱걸이 당선을 일궈냈다.

서울 종로-중구의 신민당 이민우 후보가 69세로 최고령 당선자가 됐고, 경남 마산의 신민당 강삼재 후보는 32세로 최연소 당선의 기쁨을 안았다.

야당 전승지역은 전국적으로 4군데로 서울 강남, 부산 중-영도, 부산진, 동래이다.

서울 강남에서는 신민당 김형래, 민한당 이중재 후보가 현직장관인 민정당 이태섭 후보를 제쳤고, 부산 중-영도에서도 신민당 박찬종, 민한당 김정길 후보가 민정당 사무차장인 윤석순 후보를 넘어뜨려 거센 야세를 보여줬다.

부산진에서는 신민당 김정수, 국민당 강경식 후보가 민정당 구용현 후보를 따돌렸고, 동래에서도 신민당 박관용, 민한당 이건일 후보가 현역의원인 민정당 김진재 후보를 무너뜨린 파란을 일으켰다.

4. 예상치못한 신한민주당의 태풍으로 정치권 지각변동

(1) 신한민주당 돌풍의 배경과 향후의 과제

12대 총선에서 신민당의 돌풍적 강세는 집권 민정당의 대도시에서의 부진과 지금까지 제1야당으로 군림해 왔던 민한당의 참담한 퇴조를 불러왔다.
예상을 훨씬 뛰어넘은 총선 결과를 정계에서는 충격적으로 받아들이게 되었고 특히 민한당은 초상집을 방불케 하는 분위기였다.
신민당의 급격한 부상은 민정당에게는 12대 정국의 전망과 진로에 정치적 기복을 예견케 하고 있다.
왜냐하면 해금된 구정치인들을 주축으로 한 신민당이 현재의 민한당 체제보다는 비판적이고 도전적이기 때문이다.
이번 선거에서 나타난 국민적 욕구는 1구2인 선출의 현행 국회의원 선거법상 여·야동반 당선 같은 인상을 주는 총선과 이른바 제도권 정당이라는 순치된 여·야관계는 바람직하지 않다는 것을 나타내고 있고, 민한당의 참패가 창당과정에서부터 피동성 잡음을 뿌려 온데다 무력에 대한 질책이 한꺼번에 내려진 심판인 셈이다. 민한당에 대한 일격은 결과적으로 민정당 주도의 정당질서에 대한 일격이기도 하며 지난 4년간 정당의 뿌리가 착근(着根)되지 못했음을 아울러 드러낸 셈이다.
국민들은 그동안 누적돼 온 정치적 불만을 총선에서 가장 공격적이었던 신민당을 선택함으로써 보상받으려 했던 것으로 풀이될 수 있다. 신민당의 제1야당 부상은 12대 정국은 11대의 정치적 수축기에 비해 정치적 팽창기에 접어들게 되었다.
이러한 도전적 분위기는 그동안 야권의 정치적 대부로서의 영향력을 실질적으로 행사해 온 김영삼 전 신민당 총재와 김대중 전 신민당 대통령 후보의 부상이 야권 통합 움직임과 병행하여 대통령 직선제를 골간으로 하는 개헌 공방이 구체화 되어 12대 국회의 최대 쟁점으로 부각될 전망이다.

신민당을 통해 지금까지 장외의 비판 세력으로 남아있던 재야인사들이 일단 제도권에 흡수됐다는 점에서 앞으로 여·야협상은 실체를 갖게 된 셈이다.

민정당은 이번 선거에서 해금자 중심의 신민당이 제5공화국 들어 동반자(同伴者)였던 민한당을 제치고 대거 진출하는 야권의 재편성 현상을 나타냈기 때문에 새로운 정국운영 구상을 마련해야만 하는 입장이 됐다.

민정당 입장에서는 신민당의 주축세력은 기본적으로 과거 정치에 대한 문책 대상 세력이었다. 그래서 규제라는 정치활동 유예기간을 부과했던 세력이었다.

나아가서 민정당은 이 같은 유예기간을 통해 정치적 맥락을 단절시켜 가능하면 정치권 재진입을 막고 싶은 세력이었고 이번 총선을 통해 내심 이러한 목표가 달성되리라 믿었다.

그러나 신민당 주축 세력은 5.17이라는 비상(非常)한 정치변혁에 탈권된 세력으로 자기들은 정통적 시민세력이었고 전통적 야당 세력으로 자임하고서 민한당을 제5공화국의 동반세력으로 몰아붙였다.

주권에 대한 정변으로도 설명되고 있는 신민당 돌풍은 국민들에게는 피조(被造) 대신 자생의 야당을 선택케 했고, 기존 야당에 대해서는 체제 안주보다는 비판과 견제를, 순치(馴致)보다는 야당으로서의 자세 회복을 해야 한다는 점을 분명히 인식케 해주었다.

제1야당의 위치에서 35석의 제3당으로 영락(零落)한 민한당은 아직 충격에서 벗어나지 못하고 있으며, 유치송 총재는 "통합야당 및 야당 단일화"를 제기하여 야권의 재편을 시사했다.

민한당은 "당이 비록 왜소해지기는 했지만 35석의 의석을 갖고 있는 뿌리가 있는 정당" 이라며 흡수통합(吸收統合)에 결코 응할 수 없다는 입장이다.
신민당의 계보는 다소 유동적이지만 상도동계는 이민우, 박한상, 박용만, 김동영, 박찬종, 권오태, 조홍래, 서석재, 홍사덕, 김정수, 김봉조, 문정수, 유성환, 명화섭, 김태룡, 김동규, 김동주, 김동욱, 김형경, 윤영탁, 조영수 의원 등 21명이고, 동교동계도 김녹영, 조연하, 송원영, 유제연, 허경만, 김현수, 조순형, 신순범, 이택돈, 김한수, 이철, 박왕식, 송천영, 신기하, 이영권, 강삼재, 박종률, 임춘원, 한석봉, 김용오, 최훈 의원 등 21명이다.
반면 이철승계로는 이철승, 김수한, 김형래, 박실, 최낙도, 신달수, 김병수 의원등 7명이며 김재광계도 김재광, 노승환, 김영배, 김형광, 고한준, 이신범, 신경설 의원 등 7명이다.
이기택계는 김현규, 박관용, 안동선, 이기택, 이재옥, 반형식, 장충준, 정재훈 의원 등 8명이며 신도환계는 신도환, 신병렬 의원 둘뿐으로 분류되고 있다.

(2) 민한당의 출범배경과 영락(零落) 과정

지난 1981년 1월 민주세력의 정통성 계승을 표방하며 출범한 민한당의 4년 3개월의 역정은 영욕으로 점철됐다.
1981년 실시한 11대 총선에 참여한 민한당은 지역구 57석과 전국구 24석을 확보하여 제1야당으로 발돋움했다.
유치송 총재는 12대 국회의원 선거에 대비하여 유한열 사무총장을 조직강화특위 위원장에 임명했는데 조직책 심사 도중 유 총장과의 마찰로 김현규 정책위의장이 사퇴하는 사태가 빚어졌다.
소속의원 10명의 무더기 집단탈당으로 창당이후 최대의 홍역을 치르게 된 민한당은 집단 탈당을 배신행위라고 규탄하고 당 체제정비를 서둘렀으나 당내 기류는 탈당 동조파, 눈치작전파, 수습파 등으로 나뉘어져 있었다.

소속의원 집단탈당과 관련하여 당권파에서는 신상우 부총재를 '창당과정과 11대 국회의원 공천과정에서 책임져야 할 사람', '국민으로부터 신뢰받지 못하게 당을 주도해 온 사람'이라고 공격하면서 당직 일선 후퇴, 출당론까지 번져나갔다.

1984년 11월 3차 해금이 실시되고 신당 바람이 불자 김현규 의원 등 13명의 의원들이 민한당을 탈당하여 민한당은 최대의 위기를 맞게 됐다.

이러한 소용돌이 속에서 유 총재는 새로 입당한 조윤형 씨를 선거대책 본부장으로 임명하여 분투했으나 김대중, 김영삼 씨가 지원하는 신민당 돌풍에서 벗어나지 못하고 지역구 28명, 전국구 7명의 당선이란 참패를 맛보았다.

민한당 유 총재는 "88년의 평화적 정권교체와 효율적인 민주화 투쟁을 전개하기 위해서는 무엇보다 야권 통합이 선결과제"라며 "범야권 통합에 앞장 서 나갈 것을 다짐한다"고 통합론을 제안했다.

민한당 전국구 낙선자인 이상홍, 김병태, 정규완, 문준식, 이동근, 김옥천 후보들은 당에 낸 헌금을 돌려 달라며 유치송 전 총재에게 폭언한데 대해 대부분의 인사들은 "그들이 금배지 투기꾼이냐", "정치 윤리도 모르는 장사꾼들의 저질적 주장"이라고 분개했다. 국민의 민의를 파악한 민한당은 영락할 수밖에 없으며 어떻게 명예롭게 종언을 고하느냐는 과제만 남겨졌다.

신상우 부총재, 고재청 국회부의장, 조윤형 선거대책본부장, 이중재, 박일 당무위원 등은 유치송 총재의 용퇴를 결의하고 촉구했다. 유치송 총재는 "민한당은 10.26 이후 어떠한 어려운 여건 속에서도 야당은 존재하지 않으면 안 된다는 사명감에서 창당됐으며 야당의 활동이 여의치 못했던 질식 상태 속에서도 지난 4년간 민주회복과 정치 활성화를 위해 싸워왔고 성과가 있었던 것으로 자부한다"면서 "그러나 국민들에게 이러한 우리의 노력이 이해되지 못한 점은 안타깝게 생각한다"고 아쉬워하며 총재직을 사퇴했다.
민한당 내에서는 야권의 통합이라는 큰 과제를 앞에 두고 있는 시점에서 누가 총재로 선출되든 어차피 단명의 과도체제일 수밖에 없다는 의견도 많았다.
민한당 내부에서는 전당대회에서 체제를 정비한 후 통합을 추진한다는 의견이 지배적이기 때문에 야권통합 문제는 답보 상태에 머물러 있는 실정이다.
민한당의 중진 인사들은 당의 진로를 난상토론 끝에 당 체제 정비 후 야권통합 원칙을 재확인하고 이번 전당대회는 야권통합 결의대회로 치른다는데 의견을 집약했다.
민한당 당총재 경선에는 조윤형, 유한열, 박일, 한영수 후보 등이 4파전을 벌이게 됐다. 총재 경선에서 조윤형 230표, 유한열 183표, 한영수 127표를 얻었으나 유한열, 한영수 후보 등이 경선을 포기하여 조윤형 씨가 총재로 선출됐다.
민한당 조윤형 총재는 "당대당의 통합원칙만 지켜진다면 12대 국회 개원이 되기 전에 통합에 응할 용의가 있으니 민한당 당선자를 개별적으로 뽑아가는 일만을 삼가해달라"고 통합 조건을 제시했으나 거부당했다.
민한당의 12대 총선 당선자 21명이 신민당에 입당하여 민한당은 사실상 해체 상태에 빠졌다.
민한당의 황낙주, 유한열, 정상구, 황병우, 정재원, 조종익, 서종렬, 이상민, 이건일, 신재휴, 김일윤 당선자 등과 이재근, 유준상, 허경구, 목요상, 이영준, 장기욱, 심완구, 김봉욱, 김성식, 김정길 등 전 의원들도 민한당을 탈당하고 신민당에 입당했다.
조윤형 총재는 "나는 국민의 바람과 김대중, 김영삼 선생의 재촉, 그리고 우리 당 소속 국회의원 당선자 과반수 이상의 이탈압력에 승복한다"면서 조건없는 합당을 선언했다.

이에 따라 오홍석, 김승목 의원들은 "조윤형 총재가 계속 사기극을 연출하고 있다"고 못마땅해 했다.

원외지구당 위원장들은 조윤형 총재가 '당체제 정비 후 통합 추진'의 전당대회 결의 사항을 위배하고 무조건 통합을 선언한 것은 위법이라며 조 총재의 총재직 사퇴를 주장했다.

당을 재기시켜 야권통합을 당대당의 합당을 구상했던 조윤형 총재 체제는 김대중, 김영삼 씨의 입김과 체제 정비의 늑장 등이 복합적으로 얽혀 출범한지 5일 만에 사실상 무너지고 민한당호는 침몰 직전의 상태에 이르렀다.

이는 체제에 안주하여 야당다운 야당을 바라는 국민적 기대에 부응하지 못한 민한당의 몰락을 뜻하는 동시에 강경, 선명을 표방한 신민당과 재야에서 야권의 풍향을 조종해온 김대중, 김영삼 씨의 구상대로 되어가는 것이기도 했다.

결과적으로 조윤형 총재는 양 김 씨의 돌풍에 휘말려 출범 5일 만에 백기를 든 채 신민당에 무조건 흡수통합을 선언하기에 이르렀다.

조윤형 총재는 신민당과의 무조건 합당을 선언했으나 마지막 읍소도 신민당에 의해 거부당했고, 12대 국회의원 당선자 35명 중 29명이 민한당을 탈당하고 신민당에 입당하여 당은 진공상태에 빠져 버렸다.

민한당은 조윤형 총재의 불신임 결의를 앞둔 임시전당대회를 앞두고 전당대회파(김준섭), 저지파(조윤형), 협상파(김은하, 오홍석) 등으로 나뉘어 혼전을 벌였다.

전당대회의에서 "조 총재가 지난 전당대회에서 '선 체제정비 후 통합'결의를 무시하고 무조건 통합을 선언하여 민한당을 와해시켰다"며 조윤형 총재를 만장일치로 제명 결의했다.

이로써 민한당은 유치송, 이태구, 김일윤, 황대봉, 신동준, 손태곤 등 6명의 의원만 잔류하게 됐다.
민한당의 김일윤, 황대봉 의원에 이어 이태구 의원까지 탈당하여 마지막에는 유치송, 손태곤, 신동준 의원만 남게 됐다.
김일윤 의원은 국민당 창당요원이었으나 변절하여 지난 12대 총선에서 민한당 후보로 출마하여 당선되고서 다시 국민당에 입당하는 철새 행각을 벌였다.

(3) 민정당과 한국국민당의 새로운 활로 모색

이번 총선과정에서 신민당과 민한당은 통합의 당위성에 공감했었고 그 뜻을 표명했기 때문에 두 당의 변형은 불가피할 것으로 보였다.
유치송 총재는 "우리 당의 실적에 대해 국민들이 미흡하게 생각할지 모르나 우리들은 피나는 노력을 했다"고 생색을 냈고, 신상우 의원은 "여당으로부터 칭찬 받은 야당이 되어서는 안 된다"고 고언했다.
민한당의 유치송 총재는 신상우, 이태구 부총재와 조윤형, 황낙주 해금자를 부위원장으로 하는 총선대책위를 구성하고 본부장에 조윤형, 대변인에 조세형 체제를 출범시켰다.
김대중 전 대선후보는 민추협 공동의장에 취임하여 '민주화 추진운동'의 공동 중심이 되는 한편 신민당을 중심으로 야당 통합을 조속히 실현키로 김영삼 전 총재와 합의했다.
신민당과 민한당의 통합에 대해 김영삼 전 총재는 "12대 총선을 통해 신민당은 국민으로부터 진정한 야당으로 선택됐고, 민한당은 심판을 받은 정당이므로 신민당의 민한당의 흡수 통합에 역점을 두고 있다"고 역설했다.
반면 김대중 전 대선후보는 신민당과 민한당을 대등한 자격으로 해서 재야까지 합치는 범야 통합의 필요성을 역설했다.

민한당의 목요상, 이재근, 유준상, 이영준, 허경구 재선의원들의 민추협 가입 의사를 비추어 전당대회 후 양당 통합의 어려움에 봉착했다.
국민당 김완태, 조병봉 의원들도 신민당에 입당했다. 이리하여 신민당은 102명의 의원을 거느리게 되었다.
동교동계는 신민당 당선자 19명 외에 개별 입당한 유갑종, 김봉호, 김득수 의원과 민한당의 이중재, 고재청, 이재근, 유준상, 장기욱, 김봉욱, 이용희, 김성식, 이진연, 임종기, 송현섭 의원 등 33명의 의원들을 확보했다.
상도동계도 기존의 21명 의원 외에 김현규 의원과 민한당 출신인 황낙주, 유한열, 정상구, 황병우, 정재원, 조종익, 서종렬, 목요상, 김정길, 이상민, 이건일, 김일윤 의원 등 34명의 계보원을 확보했다.
그러나 낙선의원 대부분은 "국회의원 당선자 몇 명만 빼가는 식의 흡수통합이란 국민이 열망하는 양당의 전체적인 통합과는 거리가 멀다"며 일부 의원들의 이탈 움직임에 반발했다.
신민당은 과거 민한당의 유치송 총재와 같은 정권의 동반자적 차원과 달리 정권적 차원에서 모든 것을 사고(思考)하고 행동하는 양 김 씨가 지휘하는 정당이기 때문이다.
신민당 이민우 총재는 양심수와 구속 학생 등의 전원 석방, 정치규제법의 폐기 등의 5개항을 12대 국회가 정상적으로 출발하기 위한 최소한의 요구조건으로 제시했다.
민정당은 신민당이 반대하는 제5공화국의 정치질서를 조성했고 '새정치'를 내세워 재래의 직업정치인 사이에 통용되는 정치규범에 반대하고 있으며 무엇보다도 대통령 직선제 개헌을 반대하고 있는 집단이다.
국민당은 지난 총선에서 20석을 확보하여 원내교섭단체 구성을 할 수 있었으나 김득수, 김완태, 조병봉 의원들이 탈당하여 교섭단체 구성

요건을 잃었으나 민한당을 탈당한 김일윤, 황대봉 의원과 무소속 김효영 의원의 입당으로 가까스로 교섭단체를 구성할 수 있었다.

(4) 신한민주당의 돌풍 속에 국회 입성에 성공한 얼굴들

민주정의당 : 148명

〈서울〉
○이종찬(종로-중구) ○봉두완(용산-마포) ○이세기(성동) ○권영우(동대문) ○홍성우(도봉) ○김정례(성북) ○윤길중(서대문) ○남재희(강서) ○김기배(구로) ○이찬혁(영등포) ○허청일(동작) ○정남(강동) ○임철순(관악)

〈부산〉
○곽정출(서-사하) ○강경식(부산진) ○유흥수(남-해운대) ○장성만(북구)

〈대구〉
○김용태(북-동) ○이치호(수성-남)
〈인천〉
○심정구(중-남) ○김숙현(동-북)

〈경기〉
○이병희(수원-화성) ○오세응(성남-광주) ○홍우준(의정부-동두천-양주) ○윤국노(안양-광명-시흥-옹진) ○박규식(부천-김포-강화) ○김영선(남양주-양평) ○정동성(여주-이천-용인) ○이자헌(송탄-평택

-안성) ○이용호(파주-고양) ○이한동(연천-포천-가평)

<강원>
○이민섭(춘천-춘성-철원-화천) ○김용호(원주-홍천-횡성-원성) ○김정남(동해-태백-삼척) ○이범준(강릉-양양-명주) ○정재철(속초-양구-인제-고성) ○심명보(영월-평창-정선)

<충북>
○정종택(청주-청원) ○이춘구(충주-제천-중원-제원) ○박준병(영동-보은-옥천) ○김종호(괴산-진천-음성)

<충남>
○남재두(대전 동) ○강창희(대전 중) ○정선호(천안-아산-천원) ○천영성(대덕-금산-연기) ○정석모(공주-논산) ○이상익(부여-서천-보령) ○최창규(홍성-청양-예산) ○김현욱(서산-당진)

<전북>
○임방현(전주-완주) ○고건(군산-옥구) ○조남조(이리-익산) ○전병우(진안-무주-장수) ○양창식(임실-순창-남원) ○조상래(김제-부안)

<전남>
○고귀남(광주 동-북) ○이영일(광주 서) ○최영철(목포-무안-신안) ○김재호(여수-광양-여천) ○유경현(순천-승주-구례) ○나석호(금성-광산-나주) ○구용상(화순-곡성-담양) ○이대순(고흥-보성) ○김식(장흥-강진-영암-완도) ○정시채(해남-진도) ○조기상(함평-영광-장성)

<경북>
○박경석(포항-영일-울릉) ○박권흠(경주-월성-청도) ○김상구(김천-금릉-상주) ○권정달(안동시-의성-안동군) ○박재홍(구미-군위-칠곡-선산) ○오한구(영주-영양-영풍-봉화) ○김종기(달성-고령-성주) ○김중권(영덕-청송-울진) ○임길정(영천시-영천군-경산) ○채문식(문경-예천)

<경남>
○우병규(마산) ○김태호(울산-울주) ○안병규(진주-삼천포-진양-사천) ○배명국(창원-진해-의창) ○정순덕(충무-통영-고성-거제) ○유상호(의령-함안-창원) ○신상식(밀양-창녕) ○이재우(김해시-양산-김해군) ○박익주(남해-하동) ○권익현(거창-산청-함양)

<제주>
○현경대(제주-서귀포-북제주-남제주)

<전국구>
①이재형(국회의장) ②진의종(국무총리) ③노태우(당대표) ④왕상은(당중앙위의장) ⑤유학성(반공연맹이사장) ⑥이상재(당사무차장) ⑦서정화(평통사무총장) ⑧박종문(농수산부장관) ⑨강경식(대통령비서실장) ⑩황인성(11대의원) ⑪박동진(11대의원) ⑫이용훈(11대의원) ⑬나웅배(아주대총장) ⑭조일문(건국대총장) ⑮권중동(증권협회장) ⑯이성열(대법원판사) ⑰김현자(11대의원) ⑱배성동(11대의원) ⑲현홍주(안기부차장) ⑳이영구(법무연수원장) ㉑김영작(당이념연구실장) ㉒조상현(예총회장) ㉓김영정(한국여성개발원장) ㉔안갑준(11대의원) ㉕김성기(사회정화위원장) ㉖조종호(11대의원) ㉗이상희(11대의원) ㉘유근환(11대의원) ㉙한양순(연세대교수) ㉚홍종욱(11대의원) ㉛정창화(11대의원) ㉜김종인

(11대의원) ㉝김영구(11대의원) ㉞최병열(조선일보 편집국장) ㉟강용식(KBS보도본부장) ㊱송용식(연합통신상무) ㊲지연태(이탈리아대사) ㊳임두빈(변호사) ㊴정현경(해군1차장) ㊵진치범(방공관제단장) ㊶최영덕(해경대장) ㊷임영득(변호사) ㊸김집(11대의원) ㊹지갑종(11대의원) ㊺최명헌(11대의원) ㊻이종률(당정세분석실장) ㊼조경목(과기처차관) ㊽김형효(서강대부교수) ㊾김학준(서울대교수) ㊿서정화(당조직국장) ㉛김두종(당훈련국장) ㉜양경자(당여성국장) ㉝문희갑(기획원예산실장) ㉞김양배(전북부지사) ㉟정휘동(11대의원) ㊱김장숙(여약사회장) ㊲박혜련(숙대교수) ㊳이철우(새마을본부회장) ㊴안영화(국회전문위원) ㊵최상진(당중앙위원) ㊶이성호(당경기사무국장)

민주한국당 : 35명

〈서울〉
○이중재(강남)
〈부산〉
○김정길(중-동-영도) ○이건일(동래)

〈대구〉
○목요상(북-동)
〈경기〉
○조종익(여주-이천-용인) ○유치송(송탄-평택-안성) ○이영준(파주-고양)

<강원>
○허경구(속초-양구-인제-고성)
<충북>
○이용희(영동-옥천-보은)

<충남>
○정재원(천안-아산-천원) ○유한열(대덕-금산-연기) ○김성식(홍성-청양-예산) ○장기욱(서산-당진)

<전북>
○김봉욱(군산-옥구)
<전남>
○임종기(목포-무안-신안) ○이재근(금성-광산-나주) ○고재청(담양-화순-곡성) ○유준상(고성-보성) ○이진연(함평-영광-장성)

<경북>
○서종열(포항-영일-울릉) ○김일윤(경주-월성-청도) ○황병우(영덕-청송-울진)

<경남>
○심완구(울산-울주) ○이상민(진주-삼천포-진양-사천) ○황낙주(창원-진해-의창) ○박일(밀양-창녕)

<전국구>
①이태구(당부총재) ②박해충(4선의원) ③신재휴(11대의원) ④손태곤(11대의원) ⑤정상구(7대의원) ⑥최운지(국제전선사장) ⑦신동준(총재비서실장) ⑧황대봉(대원교통회장) ⑨송현섭(당후원회장)

| 한국국민당 : 20명 |

<대구>
○이만섭(서-중)
<경기>
○이대엽(성남-광주) ○조병봉(남양주-양평) ○김용채(연천-포천-가평)

<강원>
○신철균(춘천-춘성-철원-화천) ○함종한(원주-원성-횡성-홍천) ○신민선(영월-평창-정선)

<충북>
○김완태(괴산-진천-음성)
<전북>
○김득수(이리-익산) ○김광수(진안-무주-장수)

<경북>
○김영생(안동-의성-안동)
<경남>
○최치환(하동-남해)

<전국구>
①김종철(5선의원)   ②정시봉(통대의원)   ③문병하(대양상선대표)
④김규원(국제운수대표) ⑤최재구(3선의원)

신한민주당 : 67명

<서울>
○이민우(종로-중구) ○노승환(용산-마포) ○박용만(성동) ○송원영(동대문) ○조순형(도봉) ○이철(성북) ○김재광(서대문) ○김영배(강서) ○조연하(구로) ○박한상(영등포) ○박실(동작) ○김동규(강동) ○김형래(강남) ○김수한(관악)

<부산>
○박찬종(중-동-영도) ○서석재(서-사하) ○김정수(부산진) ○박관용(동래) ○이기택(남-해운대) ○문정수(북구)

<대구>
○유성환(서-중) ○신도환(수성-남)

<인천>
○명화섭(중-남) ○유제연(동-북)

<경기>
○박왕식(수원-화성) ○김형광(의정부-동두천-양주) ○이택돈(안양-광명-시흥-옹진) ○안동선(부천-김포-강화)

<충북>
○김현수(청주-청원) ○이택희(충주-제천-중원-제원)

<충남>
○송천영(대전 동) ○김태룡(대전 중) ○김한수(논산-공주) ○김옥선(부여-서천-보령)

<전북>
○이철승(전주-완주) ○최낙도(부안-김제)
<전남>
○신기하(광주 동-북) ○김녹영(광주 서) ○신순범(여수-광양-여천)
○이영권(장흥-강진-영암-완도) ○허경만(순천-구례-승주)

<경북>
○이재옥(김천-금릉-상주) ○홍사덕(영주-영양-영풍-봉화) ○권오태(영천-경산-영천) ○반형식(문경-예천)

<경남>
○강삼재(마산) ○김봉조(충무-통영-고성-거제) ○조홍래(의령-함안-합천) ○김동주(김해-양산-김해) ○김동영(거창-산청-함양)

<전국구>
①신달수(경남버스대표) ②임춘원(동아대재단이사) ③고한준(재일실업인) ④김형경(김영삼총재특보) ⑤정재문(버스터미널협회장) ⑥한석봉(세화학원이사장) ⑦윤영탁(대우이사) ⑧신병열(창당발기인) ⑨박종률(선대본부차장) ⑩조영수(부산체육회이사) ⑪김병수(이철승대표비서실장) ⑫김동욱(10대의원) ⑬이길범(민권당조직국장) ⑭김용오(조계사주지) ⑮장충준(신민당조직국장) ⑯최훈(당청년국장) ⑰신경설(신민당노동국장)

신민주당 : 1명

<전북>

○유갑종(정주-정읍-고창)

| 신사당 : 1명 |

<전남>
○김봉호(해남-진도)

| 무소속 : 4명 |

<강원>
○김효영(동해-태백-삼척)
<경북>
○김현규(구미-군위-칠곡-선산) ○이용택(달성-고령-성주)
<제주>
○양정규(제주-서귀포-북제주-남제주)

(5) 11대 현역의원으로 지역구에서 낙선한 의원들

민정당 현역의원으로 낙선한 의원은 이태섭(서울 강남), 윤석순(부산 중-영도), 구용현(부산 부산진), 김진재(부산 동래), 한병채(대구 중-남) 등 5명이다.

민한당은 42명으로 김재영, 김태수, 손세일, 고병현, 김병오, 이원범, 서청원, 한광옥, 정진길, 김승목, 신상우, 신진수, 김은하, 정정훈, 유용근, 김문원, 이석용, 오홍석, 홍성표, 김병열, 이관형, 고영구, 김영준, 박완규, 유인범, 조중연, 김태식, 박병일, 오상현, 김원기, 김진배, 지정도, 유재희, 민병초, 신원식, 이수종, 강보성, 김문석, 김진기, 강원채, 이홍배, 김덕규 의원 등이다.

국민당은 13명으로 조일제, 이동진, 임덕규, 이종성, 이성일, 이성수, 박재욱, 김기수, 조병규, 김종하, 조형부, 김기수, 김한선 의원이며 신민당도 황명수, 김길준, 김순규, 김찬우, 백찬기, 최수환, 손정혁 의원 등 7명이다.

신사당의 고정훈, 이원형 의원과 근농당의 이규정 의원, 민권당의 임채홍 의원도 낙선했다. 무소속으로 출전한 임재정, 박정수, 오제도, 조주형 의원 등도 낙선하여 현역의원 68명이 낙선하는 초유의 사태가 빚어졌다.

제2장 군부독재정권에 대한 무모하고 줄기찬 도전

1. 부산 미국문화원 방화사건의 전말
2. 학원자율화 조치와 학생들의 끊임없는 저항
3. 봇물처럼 터져 나온 시위와 강압적인 진압
4. 적군파(赤軍派)식 투쟁을 전개한 인천시민 궐기대회
5. 건국대 교정에서 26개 대학생들의 연합시위
6. 문귀동 경장의 권인숙 양 성고문 사건 파장
7. 백일하에 드러난 박종철 군 고문치사 사건

안정지속과 민주염원의 대결장인 제12대 총선에서 총선 20일 전에 급조한 신한민주당이 돌풍을 일으켜 전두환 정권의 안정 위주 정책에 제동을 걸었다.

신한민주당의 돌풍으로 인한 총선에서의 선전을 발판으로 군부독재 정권에 대한 무모하고 줄기찬 도전이 계속됐다.

부산 미문화원 방화사건으로 시작된 독재정권에 대한 도전은 서울 미문화원 점거, 민정당 연수원 점거 등으로 이어졌다.

학원자율화 조치 이후 봇물처럼 터져나온 시위와 이를 강압적으로 진압한 군부정권의 대결은 급기야 적군파식 투쟁을 전개한 인천시민대회에서 절정을 이뤘다.

건국대에서 26개 대학 학생들의 연합시위가 벌어지자 검찰은 1,274명의 학생들의 구속영장을 신청했고, 부천 경찰서 문귀동 경장의 권인숙 양 성고문 사건은 전두환 정권의 도덕성에 치명타를 안겨줬다.

박종철 군 물고문 치사사건은 경찰청의 은폐, 조작이 밝혀져 정권이 흔들거렸고 민심의 이반 현상이 심화되었다.

고문 살인 은폐 규탄 및 호헌철폐 국민대회는 신민당의 개헌 서명운동으로 이어졌고, 의원내각제와 대통령중심제 개헌공방이 모든 정치이슈를 잠재우는 블랙홀이 됐다.

1985년 12대 총선에서 신한민주당의 돌풍이 군부정권에 대한 무모한 도전을 불러왔고, 봇물처럼 줄기차고 끊임없는 저항과 강압적인 진압은 부천서 성고문 사건과 박종철 군 고문치사사건이 폭로되면서 군부 정권은 지탱할 힘을 잃게 됐다.

1. 부산 미국문화원 방화사건의 전말

(1) 고신대 학생들의 방화로 학생 1명이 사망

1982년 3월 18일 부산에 소재한 미국 문화원에 일부 학생들이 화재를 일으켜 학생 1명이 사망하고 3명이 부상했으며 건물이 큰 손실을 입었다. 더구나 건물 주변에는 반미(反美)전단이 뿌려졌다.
서정화 내무부장관은 "범인을 숨겨주다 적발되는 단체나 개인이 있다면 정부는 은닉자도 방화범과 똑같은 불순분자로 간주할 것"이라면서 방화범에 대한 현상금 2천만 원을 내걸었다.
서울시경은 광주 미국문화원 방화범으로 수배 중인 정순철 등과 부산 미국문화원 방화용의자를 색출하기 위해 사복 경찰관 9.515명을 동원하여 특별 검문검색을 실시했다.
경찰 수사본부는 부산 미문화원 방화범으로 고신대 졸업생 김화석과 고신대생인 이미옥, 최충언, 박원식 등 4명을 검거하고 고신대생인 문부식, 김은숙과 부산대생인 최인순, 부산여대생인 김영현 등 4명을 수배했다고 발표했다.
이번 사건은 김화석이 자금을 제공하고 문부식이 주동했으며 점조직 형태로 포섭하여 범행한 사실을 밝혀냈다.
경찰은 문부식이 불온서클 학생들과 연계관계를 갖고 활동해 온 사실을 새로 밝혀내고 관련자들을 검거했다.
지난해 부산대 교내 시위 조종 혐의로 검거된 이호철은 문부식과는 알지 못하는 사이라고 진술했다.
문부식, 김은숙은 강원도 원주시 천주교 원주교구 최기식 신부에게 은신처를 부탁했으나, 최 신부의 설득으로 수사기관에 자수했다.
이규호 문교부장관은 전국대학 총학장 회의를 소집하여 "이번 방화사건을 계기로 이데올로기 비판교육을 더욱 절감하게 되었다"
며 대학 내의 문제 서클 지도강화와 좌경화된 불순 지하서클을 철
저히 단속하라고 긴급지시했다.
문부식은 의식화의 영향을 받아 편협된 의식과 어려운 가정환경으
로 인한 모든 일을 부정적으로 보는 인격으로 성장했다고 언론으
로부터 매도됐다.
또한 불순 배후로부터 문부식은 혁명적 사상에 영향을 받아 해방
신학을 내세우며 현실을 비판하고 동조하는 학생들을 모아 '새
벽'이라는 서클을 조직하여 운영했다고 보도했다.
경찰은 문부식 등에게 하룻밤을 묵게 하고 가톨릭 원주교구청에
은신처를 제공하는 등 배후 인물인 김현장과 치악서점 주인 김영
애를 검거했다.
김현장은 〈전환 시대의 논리〉, 〈우상과 이성〉, 〈오늘의 농촌경제〉,
〈농민운동〉 등 책자를 소개하고 '정권교체를 위해서는 좌경화된
학생이 많아야 한다', '미국이 한국의 자유민주주의를 지켜주기
위해 미군을 주둔시키고 있지 않다는 것을 알았다', '광주사태
를 통해서 미국이 우리 국민에게 보여준 실망의 행동으로 가톨릭
농민회원들이 광주문화원에 방화한 것이다' 등의 의식화 교육을
시켰다.
이번 사태로 광주사태 등을 주동하거나 기타 범죄행위를 저지르고
도피 중인 윤한봉, 심재권, 장기표, 박계동, 박우섭 등 9병을 전국
에 긴급수배했다.
주범이 천주교 원주교구 내에서 검거되자 "가톨릭이 무슨 범법자
비호단체냐"는 비난의 소리도 없지는 않지만, 이번 경우는 유신
이후 경직화된 현실 비판적 활동에서 가톨릭이 그런 곳으로서의
역할을 하게 된 연유를 찾아야 할 것 같다.

(2) 범인 은신처 제공으로 원주교구 최기식 신부 구속

유신 이후 대학 내의 자율적인 학생활동은 물론 비판적인 사회활동까지 규제를 받아왔다. 이런 가운데 대학가에선 학생활동이 '의식화'의 이름으로 지하로 스며들게 됐다.
문인, 언론인 등 지식층의 비판활동도 현실적인 많은 제약으로 숨통을 트지 못했다. 그리하여 가톨릭 등 종교계가 신앙을 통한 정의실현이라는 현실적인 활동에 나서게 됐으며 '정의구현 사제단', '가톨릭농민회' 등의 두드러진 활동이 나타나게 됐다.
1966년에 설립된 가톨릭농민회는 1976년 함평 고구마 피해보상 요구사건을 비롯하여 1979년 8월 오원춘 사건으로 잘 알려진 단체로 회원은 5천 명이다.
이창복, 박계동, 정순철 등도 회원으로 활약하고 있는 이 단체의 활동범위가 사뭇 방대하고 정의사회사제단과 같이 정부 권력과 마찰을 일으킬 수 있는 소지가 많았다.
검찰은 문부식 등을 범인인줄 알면서도 숨겨준 혐의로 최기식 신부를 비롯하여 현주건물 방화교사 등 혐의로 김현장, 범인 은닉 혐의로 김영애 등 5명을 구속했다.
비록 사제(司祭)라 할지라도 국사범을 비호한 것은 용납할 수 없다는 정부의 단호한 입장과 법 앞의 평등원칙, 그리고 이번 사건이 천주교 전체가 아닌 최 신부 개인의 범죄 행위라는 입장에서 천주교계는 받아들이고 있다.
최병국 담당검사는 "남북대치라는 우리나라 특수상황 아래서는 국가존립의 수호가 최우선적인 것이며, 자유민주주의 체제에 대한 도전은 어떠한 차원에서도 용납될 수 없다"는 입장을 밝혔다.
그러나 김수한 추기경은 "이번 사건은 우리나라의 정치현실과 아울러 뼈아픈 광주사태와도 깊이 관련되어 있다"며 "이 사건은 이 시대 우리 겨레의 아픔을 말해주는 것"이라면서 "최 신부의

행위는 소외되고 버림받은 자와 자신을 일체화시키려 했던 예수의 행위와 같은 관점에서 이해해야 하는 것"이라고 옹호했다.

안응모 치안본부장은 "부산 미문화원 방화사건은 공산당식 점조직과 혁명적 수법을 사용한 테러행위"라고 규정하고 "종교계가 범인은닉의 성역으로 될 수 없다"면서 주범인 김현장과 21명의 신부, 목사 등이 관련되어있어 이들을 모두 연행 조사하여 입건할 계획이라고 말했다.

이 사건과 관련하여 김승훈, 이재정 신부, 박형규 목사 등의 주한 미대사의 본국소환 등을 요구하는 성명발표에 대해 노신영 외무부 장관은 "한미관계가 갈수록 공고한 동반자적 관계로 증진되고 있는 이때에 일부 지각없는 교직자들이 한미관계에 금이 가는 언동을 하는 것에 대해 매우 유감스럽게 생각한다"고 말했다.

서강대 교수인 박홍 신부는 부산 미문화원 방화사건과 관련하여 "악인은 사랑해도 악을 미워해야 되는 것처럼 폭력적 행위 자체를 두둔해서는 안 된다"면서 성명서에 대해서도 "도시산업선교회 측이 작성한 초안은 내용면에서 졸속하고 불필요한 오해를 낳을 우려가 있어 반대했다"고 입장을 밝혔다.

성명서와 관련하여 이재형 민정당 대표는 "한국인들은 사물의 처리 능력이 능숙치 못해 별 것도 아닌 사건에 집착하여 침소봉대, 견강부회해서 결국은 사건을 처리할 능력을 잃어버리고 증오와 복수의 불꽃만 남게 해 낭떠러지로 떨어지고 만다"고 평가했다.

정부는 부시 미국 대통령의 방한을 앞두고 필요 없는 잡음을 없애고자 김승훈 신부와 박형규, 서남동, 인명진 목사 등 관련자 전원에 대해 검찰은 "이들의 행위가 북괴의 주장과 일치하고 있으나 구체적으로 북괴를 이롭게 할 목적이 있었다고 보기는 어렵다"는 명분을 내걸고 전원을 석방했다.

서울지검 김경회 공안부장은 "성명의 내용은 반미감정을 조성하여 한미 간의 관계를 이간하고 폭력으로 사회교란을 획책하는 북한 공산집단의 선전활동에 동조하는 결과를 초래하여 우리의 안보 현실에 비추어 용납될 수 없었다", "그러나 이들이 이번 성명에 대해 깊이 반성하고 앞으로 이 같은 과오를 되풀이하지 않겠다는 점을 감안했다"고 발표했다.

이번 사건은 무엇보다 사회의 관심을 끌고 움츠러든 반체제 활동에 일대 전기를 마련해 보자는 저의가 컸을 것이지만 독재정권과 반미에 대한 불씨를 살려보려는 활동의 빌미가 됐다.

(3) 김현장, 문부식은 사형에서 무기징역으로 감형

검찰은 방화범행 주모자로 기소된 김현장, 문부식 피고인에게 사형을, 김은숙 등 5명에게는 무기징역을, 최기식 신부에게는 징역 5년을 구형했다.

검찰은 최 신부에 대해 "김현장 등에 대한 비호행위는 사목(司牧)활동에도 해당되지 않을뿐더러 법은 만인 앞에 평등하다는 기본 원칙에 비추어 마땅히 응징되어야 한다"고 주장했다.

검찰은 "최 신부는 우리 사회의 부조리를 시정키 위해서는 민중의 의식화가 전제조건으로서 성직자 등 종교인들도 적극 현실에 참여하여 사회개혁에 앞장서야 할 의무가 있다고 생각해 왔다"며 최 신부를 범인은닉 혐의에다 국가보안법 위반을 추가했다.

검찰은 "김현장과 문부식은 빈부격차 등 자본주의 체제의 구조적 모순을 시정키 위해서는 의식화된 민중의 힘을 동원하여 식민주의적 외세를 몰아내고 정부를 전복하여 사회주의 체제로 변혁하는 것만이 유일한 길이라고 망상해 온 자들"이라며 국가보안법 위반 등 혐의로 16명을 기소하면서 이중 15명을 구속했다.

재판부는 부산 미문화원 방화사건 관련 피고인 16명에 대한 선고공판에서 김현장, 문부식 두 피고인에게는 사형, 최기식 신부에는 징역 3년 등 피고인 전원에 유죄 판결을 내렸다.

부산 미문화원 방화사건은 항소심에서 사형이 선고된 문부식, 김현장 피고인과 징역 3년을 선고받은 최기식 신부 등 관련 피고인 16명 전원의 대법원 상고가 기각돼 원심이 확정됐다.

이에 함세웅 신부는 "젊은 두 사람의 구명활동에 나서는 것이 우리들의 의무로 알고 있다"며 구명운동을 전개했고, 전두환 대통령은 사형이 확정된 김현장, 문부식의 형량을 무기징역으로 특별감형 조치했다.

정부는 38주년 광복절을 맞아 부산 미문화원 방화사건 관련자 10명과 김대중 내란음모사건 관련자 318명 등 공안사범 695명을 특별사면, 감형, 복권 등 조치했다.

이들 가운데 최기식 신부는 형집행 정지로 석방되고 서남동, 송건호, 이택돈, 김녹영, 한승헌, 이호철, 박정훈, 홍남순 등 318명이 복권됐다.

2. 학원자율화 조치와 학생들의 끊임없는 저항

(1) 정부는 해직교수 복직, 제적학생 복학, 구속학생 석방조치

1983년 10월 권이혁 문교부장관은 "지금까지 학원사태와 관련하여 제적된 학생 중 자신의 잘못을 깊이 뉘우치고 개전의 정이 뚜렷한 사람에 대해서는 1984학년도 1학기를 기해 전원 복교가 허용될 것"이라며 총학장들에게 방침을 시달했다.
그리하여 1980년 5.17 이후 학원사태와 관련하여 제적된 전국 65개 대학 1,363명이 1984년 1학기부터 복교가 가능해져 대학으로 다시 돌아갈 수 있게 됐다.
"반갑고 기쁘다", "늦은 감이 있으나 막힌 곳이 뚫린 듯 가슴이 시원하다"며 제적학생 복교방침이 알려진 21일 당사자인 제적학생과 학부모, 대학 당국은 물론 시민들까지도 마음을 열어 환영했다.
대학 교수들도 "제적 학생들을 캠퍼스에서 다시 만날 수 있다니 아주 기쁘다"며 복교절차를 챙겨보는 등 바쁘게 움직였다.
이진희 문공부장관은 1983년 12월 22일 학원소요와 관련된 학생사범 131명을 특별사면, 형집행 정지 조치 등 은전(恩典)을 베풀었다.
이번 조치로 학생소요 관련자, 부산 미문화원 사건, 남민전 사건, 부림사건, 전민련 사건, 아담회 사건 관련자 다수가 석방됐다.
제적학생 복교에 이어 구속학생 석방조치가 잇달아 나오자 여·야는 정치적 해금 이상의 의미가 있다고 환영했다.
민정당 권정달 의원은 "이번 조치는 대통령의 영단"이라고 논평했고, 민한당 이태구 부총재는 "새해부터는 어둡고 침울했던 학원사태가 되풀이되지 않기를 간절히 바란다"고 피력했다.

지난 1980년에 해직된 대학교수 87명이 1983년 2학기부터 단계적으로 복직돼 대학으로 다시 돌아갈 수 있게 됐다.

이들은 다른 시·도의 대학에 임용한다는 원칙에 따라 전남대 해직교수 12명 중 오병훈 교수 등 6명은 전북대에, 명노근과 송기숙 교수 등 4명은 충남대에 임용 신청을 했다.

권이혁 장관은 해직교수 87명 중 지금까지 30%선인 26명만이 타 대학에 임용됐거나 연구기관 등에 취업했다고 말했다.

이어 권 장관은 1980년 5.17 이후 학원소요에 관련하여 군에 입대한 학생은 465명이라고 밝혔다.

정부는 1984년 2월 학원사태에 관련하여 복역 중이던 48명을 형집행 정지로 석방하여 오는 새 학기에 복학할 수 있도록 했다며 배명인 법무부장관은 "이번에 석방되는 학생사범은 향학의욕이 높고 수감돼 있는 동안 모범적인 행동을 보여 온 사람들"이라면서 "학원사태와 관련하여 구속 중인 학생사범은 이제 한 사람도 없게 됐다"고 밝혔다.

그러나 향학열이 높지 않거나 모범적인 행동을 하지 아니한 구속 학생이 있다는 것을 숨겨왔으며 이어 정부는 3.1절을 맞이하여 학원사태에 관련하여 집시법 위반 등으로 복역 중인 156명을 석방하고 이들이 복학 절차를 밟아 새 학기부터 복교토록 조치했다고 발표하여 학원사태와 관련하여 구속된 학생이 얼마인지를 알 수 없으며 1984년 5월에도 집시법 위반 혐의로 형이 확정된 8명을 석방하면서 "학원사태와 관련 구속된 학생들은 모두 석방됐다"고 또 다시 발표했다.

(2) 서울대 이현재 총장, 경찰병력 투입 요청으로 소요진압

1984년 2월 권이혁 문교부 장관은 새 학기부터 어떠한 학원 내 소

요사태가 발생해도 총·학장의 공식적인 지원요청이 없을 경우에는 경찰병력을 학원 내에 투입하지 않기로 하는 등 학원사태에 대한 공권력의 개입을 최대한 억제하겠다고 선언했다.
그러나 문교부는 1984년 지난 1학기와 달리 2학기부터는 학원사태에 대해 강경하게 대처하고 학원 내의 폭력행위에 대해서는 학칙에 의한 처벌은 물론 형사사건에 대해서는 의법조치 하도록 각 대학에 시달했다.
권이혁 문교부장관은 1984년 10월 서울대생의 민한당사 농성사태와 교내에서의 외부인에 대한 감금, 폭행사건에 대해 이현재 총장에게, 고려대생의 경찰차량 방화사건에 대해 김준엽 총장에게 각각 계고장을 발송했다.
서울대생 350여 명의 민한당사 농성사건에 대해 민한당은 학원사태는 교권에 의해 다루어져야지, 경찰권에 의해 다뤄져서는 안 된다는 점을 강조했다.
민한당 임종기 원내총무는 "학생들이 당사에 와서 요구사항을 말하는 것은 범법 행위가 아니다"며 "따라서 농성해제 후에 취해진 연행 및 제적조치는 잘못된 것"이라고 주장했다.
이어 민한당은 서울대 학생 일부가 학교에서 제적당하고 경찰에 연행된 사건을 중시하고 원상회복을 촉구했다.
이해구 치안본부장은 "서울대에서 재수생들을 불법 감금, 폭행, 고문한 것은 무법치적 린치행위이며 이 행위는 대학 지성인의 양심과 학원자율화에 대한 파괴적 도전"이라면서 "교직원을 위협하고 총장실 기물 등을 부수며 시위에 동조하지 않는다고 교수와 학생들에게 집단폭행을 하는 등의 심각한 집단폭력행위에 대해 경찰은 학원자율화 시책의 정착을 위해 엄격히 대처할 것"이라고 말했다.
권이혁 문교부 장관도 "일부 대학에서의 폭력적인 시위와 농성, 그리고 수업과 시험거부 사태는 학생으로서의 본분을 벗어난 용납될 수 없는 행위"라며 범법자는 당국에 고발할 것이라고 강조했다.
한편 권이혁 문교부장관은 "대학 스스로 최선의 노력을 다해도 학원 사태의 해결이 어려울 때에는 부득이 공권력의 개입을 요청해서라도 학원질서는 확립해 달라"고 각 대학 총·학장들에게 지시했다.
1984년 10월 서울대는 이현재 총장 명의로 박일용 서울 관악경찰서장 앞으로 '시험거부로 학내질서를 바로잡기 위해 경찰 병력지원을 요청하니 지원해 달라"는 공문을 보냈다.
정부의 학원문제 자율 수습에 따라 지난 3월 1일 학원 내에서의 경찰 철수를 발표한 후 대학에서 경찰의 투입을 요청한 것이 이번이 처음이다.
학원자율화 조치로 철수했던 경찰이 7개월 24일 만에 6,420명의 경찰관이 서울대에 투입됐다.
경찰은 반정부 구호를 외쳐댄 40여 명의 학생들을 연행했으나 학원 내가 안정되자 이내 철수했다.
이현재 서울대 총장은 "일부 학생들이 중간시험 응시를 방해하는 것을 억제하고 선량한 학생들을 보호하기 위해 부득이 경찰 투입을 요청했다"고 해명했다.
이현재 총장은 "학내 질서를 공권력에 의존하는 사태에까지 이르러 교직원, 학생, 학부모, 사회에 심려를 끼친데 책임을 통감한다"고 말하고 경찰이 철수해도 무방하다고 통보하여 경찰은 투입한지 39시간 만에 완전 철수했다.

(3) 대학생 264명이 민정당사 소회의실을 점거·농성

1984년 11월 20일 연세대, 고려대, 성균관대생 264명이 민정당사

소회의실을 점거하고 당 대표와 만나 대화할 것을 요구하며 농성을 벌이다 출입문과 벽을 부수고 최류탄을 쏘며 들어간 기동 경찰에 의해 모두 연행됐다.
이들 학생들은 총학생회 인정, 전면 해금, 노동자 권익보호 등 14개항의 요구조건을 내걸고 민정당 대표 등과의 자유토론을 주장하며 농성했으나 전원 연행되어 조사를 받았다.
민정당은 대학생들의 당사 농성을 전후하여 지구당 사무실 등에 투석 사건이 잇달아 일어나자 말도 꺼내지 못하고 냉가슴 앓고 있는 분위기이다.
서울시경은 민정당사 농성사건에 대해 주동학생 19명에 대해 구속영장을 신청하고, 적극 가담학생 186명은 즉심에 회부했으며, 7명은 지명수배하고 60명은 훈방 조치했다고 발표했다.
경찰은 "이번 사건이 전국민주화투쟁학생연합이 주도면밀한 모의과정을 거쳐 정치, 사회적 혼란을 조성키 위해 조직적으로 자행한 난동행위였다"며 "민정당사에 난입함으로써 폭력가두 투쟁을 격화시키고 집권당을 타도하려는 뚜렷한 당면목표를 갖고 있었다"고 발표했다.
경찰은 구속영장이 신청된 주동학생들에 대해서는 재야인사들과의 연계부분과 대공상 용의점에 대해 계속 수사할 것이라고 밝혔다.
학생들이 민정당사를 점거했다는 소식을 접한 권익현 대표는 "경찰이 그렇게 약하게 굴지 말아라. 폭도들과 타협이 어디 있느냐. 이건 학생운동이 아니다. 여기는 민한당과 다르다. 남은 것은 항복이고 자수하는 것 뿐이다" 등 강경 입장을 고수했다.
그러나 의원총회를 거친 민정당은 김용태 대변인을 통해 "학원자율화는 캠퍼스 안에서만 보장된다. 학원 밖에서의 범법행위는 용납될 수 없다. 자진 해산해라. 신념을 갖고 왔다면 주동자는 자수하라"고 다소 온건한 내용을 발표했다.
민정당은 농성한 대학생의 처벌문제를 놓고 심각한 양상을 빚고 있는 학원사태와 관련하여 "처벌이나 징계보다 선도하는 차원에서 처리토록 하라"고 정부당국에 촉구했다.
이에 부응하여 정부는 "각 대학의 주동학생 2~3명 씩만을 구속기소하고 나머지 학생들은 기소유예 처분으로 석방한다"는 방침을 세웠다.
훈방 대상 학생들은 다시는 학생 신분에 벗어나지 않겠다는 각서를, 학부모들은 학생지도를 잘 하겠다는 각서를 쓰고서 훈방됐다.
즉심에 회부된 학생들은 대기실에서 '타는 목마름으로' 등의 노래를 부르기도 했으며 이들은 15~20일의 구류처분을 받았다.

(4) 대학생 73명이 서울 미국문화원 점거·농성

1985년 5월 23일 73명의 대학생들이 서울에 있는 미국문화원을 점거하고 광주사태를 묵인한 책임을 지고 미국은 한국민 앞에 사과하라는 등의 요구조건을 내걸었다.
이들은 광주사태 등의 구호를 유리창 등에 써붙이고 농성을 벌였으며 서울대 함운경, 고려대 이정훈 삼민투위 위원장들이 주도했다.
그러나 미국 측은 "광주사태 당시 군병력 지휘자는 한국 측이었으므로 미국은 지원책임이 없다"고 반박했다.
미국 측에서는 "농성해제 뒤 대화하자"고 설득하였으나 학생들은 "사과하면 농성해제"를 주장했다.
미문화원 농성이 계속되는 가운데 서울과 지방의 17개 대학 8천여 명이 교내 시위를 벌여 점거 농성을 전폭 지지한다는 내용의 성명을 발표했다.
경찰은 '전국학생연합'의 산하조직으로 20개 대학이 가담한 민족, 민중, 민주를 표방한 삼민투위에 대한 전면수사에 나섰다.
서울 소재 5개 대학 학생 73명은 점거농성 72시간 만에 더 이상의 대화를 할 필요성이 없다면서 스스로 농성을 풀었다.
경찰은 농성장에서 나온 학생들을 전원 조사하여 주동자를 구속할 방침이라고 밝혔다.
김석휘 법무부장관은 "삼민투위 핵심요원들은 고도로 의식화된 과격학생들이므로 오래 전에 배포된 깃발 등의 유인물을 통해 민중민주주의의 용공성과 민중개념의 계급성을 숙지하고 있었을 것"이라며 전가의 보도인 국가보안법 관련여부를 수사 중이라고 답변했다.
서울지검 공안부는 미국문화원 농성사건으로 구속된 25명 가운데 함운경 서울대 삼민투위원장 등 19명을 구속기소했다.
치안본부는 서울대, 부산대, 전남대 등 9개 대학 캠퍼스에 경찰병력 467명을 투입하여 수배중인 학원소요 주동학생 65명을 검거하고 이들의 은신처가 되어왔던 학생회관 등을 수색했다.
박배근 치안본부장은 "학원이 불법 아지트화가 되어 그대로 방치될 경우 학원이 폭력 불법시위와 체제 전복적 정치투쟁의 본거지로 전락할 위험이 클 뿐 아니라 각종 반체제 경향을 띤 극렬 투쟁이 학내외에서 계속 확산될 우려가 있어 이의 예방을 위해 국가안보적 차원에서 이번 조치를 취하게 됐다"고 설명했다.
경찰은 연행한 65명의 대학생 가운데 16명을 구속하고 이들 가운데 극렬좌경 의식화된 운동권 학생에 대해서는 국가보안법을 적용하는 등 강력 대응할 방침을 밝혔다.
서울 미문화원 농성사건의 첫 공판에서 피고인들의 재판거부와 방청객들의 농성 등으로 법정(法庭) 질서가 크게 어지럽혀지면서 실질심리가 이루어지지 못했다.
서울지법 이재훈 부장판사는 재판거부 사유를 밝힌 김민석 피고인에게 퇴정 명령을 내렸고 퇴정당한 김 피고인의 애국가 제창으로 법정이 넋나간 법정이 되었다.
미문화원 농성사건의 변호인단은 박찬종 의원에 대한 법무부 장관의 업무정지 명령은 위헌적이라는 이유로 전원 사임했다.
이 사건과 관련하여 검찰은 전학련 의장 김민석 피고인과 삼민투 위원장 함운경 피고인에게 징역 10년을 구형했고, 나머지 18명의 피고인들에게도 징역 5~7년을 구형했다.
최환 서울지검 공안부장은 "이 사건은 용공분자의 주도 하에 전통적인 한미관계의 이간과 위신 추락을 꾀한 폭력범행"이라고 단정하고 "이 사건과 같이 국가의 안전을 위협하는 반국가적, 반사회적 범행에 대해서는 분명하게 벌해야 마땅하다"고 주장했다.
법원은 함운경 피고인에게 징역 7년을, 김민석 피고인에게 징역 5년을 선고하는 등 피고인 전원에게 유죄를 선고했다.

(5) 민정당 연수원 점거 대학생 191명 전원 구속

1985년 11월 19일 박배근 치안본부장은 민정당 중앙정치연수원 점거 농성, 방화 사건에 가담한 대학생 191명 전원을 폭력 행위 등 처벌에 관한 법률위반과 집시법, 방화 등의 혐의로 전원 구속키로 결정했다고 밝혔다.
이들은 '독재 타도하자'는 등의 반정부 구호를 외치고 '노동해방가' 등을 부르며 농성을 벌였을 뿐 아니라 특정인에 대한 화형식을 갖고 유리창 등 연수원 기물을 파손한 혐의이다.
서울시경은 이들 모두를 구속한 것은 전원이 점거에 참가하거나 점거 직전 검거됐기 때문에 모든 행동의 공동정범으로 볼 수 있기 때문이라고 밝혔다.
경찰은 이번 수사결과 배후는 정태근(연세대), 함범찬(고려대), 오수진(성균관대) 총학생회장들로 밝혀졌다고 말했다.
검찰은 이 사건을 "현 체제를 타도하기 위해 집권당에 결정적 타격을 주려는 의도에서 저지른 도시 게릴라식 조직폭력 범행"이라

고 규정했다
정구영 서울지검장은 "최근의 극렬 학생소요 양상은 자유민주주의 체제를 부정하고 전복하려는 목표 아래 극도의 폭력성을 드러내고 있다"고 지적하고 구속학생 선별기준에 대해 "주동자, 방화관련자, 극렬행위자 등 죄질이 무거운 학생을 구속기소하고 이들의 속임수와 강요에 의해 단순 참가한 것으로 밝혀지고 반성의 빛이 뚜렷한 학생들에 대해서는 기소유예 결정을 내렸다"고 밝혔다.
기소유예 처분을 받은 학생들은 땅굴 등 전방 시찰을 마친 뒤 귀가했다.
이토록 강압적인 정권에 대해 무모하고 끈질기게 도전하는 학생들을 초강경 진압작전을 전개하여 학생들의 반정부 활동과 검·경의 초강경 진압은 점점 더 수위를 높여갔다.

3. 봇물처럼 터져 나온 시위와 강압적인 진압

(1) 학내시위 3,879회, 참가학생 98만여 명, 형사조치 9,221명

치안본부는 1985년 6.29일 서울대, 고려대, 연세대 등 전국 9개 대학 캠퍼스에 경찰병력 467명을 투입하여 수배 중인 삼민투위 관련자 등 학원소요 주동자 65명을 검거하고 이들 학생들의 은신처가 되어왔던 학생회관 등을 수색했다.
경찰은 이들 중 16명을 집시법 및 폭력행위 등 처벌에 관한 법률 위반으로 구속하고, 이들 학생들의 배후조종세력 또는 불순세력과의 연계 여부에 대해서도 수사를 벌이게 될 것으로 전해졌다.
경찰은 교내 수색을 통해 총 54종 85,824점의 시위용품을 압수했다고 발표했다.
1984년 3월 학원자율화 조치 이후 3학기 동안 대학생들의 학내시위는 3,877회이며 참가학생은 연인원 98만여 명이며 학외 불법시위집회도 305회에 달한 것으로 밝혀졌다.
또한 이 기간 중 학생 시위 등과 관련하여 모두 9,221명이 형사조치 됐으며 학사 징계된 학생 수도 6백여 명으로 밝혀졌다.
손제석 문교부장관은 1985년도 10월 말까지 학원소요와 관련하여 제적된 학생은 102명이며, 무기정학은 54명 등 징계 처분된 학생은 190명이라고 밝혔다.
노동자, 농민 등의 민생문제와 관련된 소요도 시위 26건, 농성 268건으로 76명이 구속됐고 종교계에서도 시위와 농성이 61건 발생하여 5명이 구속됐다.
전두환 대통령은 1985년 7월 20일 "정부는 2학기에도 학원의 자율화를 계속 보장하지만 학원을 국가전복의 기지로 삼으려는 학원소요는 용납하지 않겠다"면서 "학원, 노사문제를 야기 시키는 불순세력이 있다면 법에 따라 엄하게 다스릴 방침"이라고 강조했다.
정부는 학생들의 반정부 시위를 체제전복을 기도한 공산혁명분자로 취급하여 보안법 적용, 강경 대처하는데 학생시위와 강경진압이 반복되어 에스컬레이트했다.
문교부는 1985년 8월 3일 후크지 '민중교육'에 실린 내용을 문제 삼아 이 책의 좌담회에 참석했거나 기고한 15명의 교사를 모두 파면조치토록 지시했다.
문교부는 "이 잡지의 좌담회에 참석했거나 기고한 대학교수나 강사들에 대해서도 상응한 처벌을 내릴 방침 아래 발언 내용을 중심으로 조사를 하고 있다"고 덧붙였다.

(2) 전학련의 전위부대인 삼민투 검거 선풍

대검 공안부는 학원자율화 이후 학원의 소요사태를 주도해 온 전국학생총연합(전학련) 산하 삼민투쟁위원회에 전면수사를 펼쳐 56명을 구속하고 13명에 대해서는 국가보안법을 적용했다고 발표했다.
검찰은 삼민투위 간부들은 '깃발', '야학비판' 등 좌경불온 유인물과 〈러시아 혁명사〉 등 용공서적 등을 탐독하고 이를 교재로 한 의식화 학습을 통해 좌경사상에 고도로 심취돼 있다고 밝혔다.
이들은 민족통일, 민중해방, 민주쟁취라는 이른바 삼민이념 구현을 행동목표로 삼고 있다. 검거학생 가운데는 김태룡, 강기정, 김민석, 이해식 등이 포함됐다.
전학련과 삼민투위 등 최근의 학원 소요 및 미문화원 농성 배후에 대해 전면 수사를 벌여온 검·경은 허인회(고려대 총학생회장), 정태근(연세대 총학생회장) 등 15명을 추가로 수배했다.

전학련이 노출된 공개조직이어서 효율적인 투쟁이 어렵다고 보고 산하단체로 삼민투를 결성했다. 따라서 전학련과 삼민투는 이원조직으로 삼민투는 전학련의 돌격대라고 할 수 있으며 전학련에서 가장 극렬한 운동권 학생들이 모인 비밀조직이다.

정부는 미문화원 사건과 관련하여 구속 기소된 학생들에 대한 징계문제로 문교부와 마찰을 빚은 이현재 서울대총장의 사표를 수리하고 "삼민투가 배포한 유인물의 내용은 이 사회에서 용납할 수 없는 과격한 것이며 정치적인 고려 이전에 교육적인 측면에서 방치해서는 안 될 일"이라는 소신을 밝힌 박봉식 교수를 임명했다.

치안본부는 대학가의 대표적 지하 불온 유인물인 〈깃발〉 제작과 관련한 일반인 9명을 전격적으로 구속했으며 이들과 삼민투와의 관련 여부도 수사했다.

'삼민투위' '깃발' 등 학원소요관련 사건을 수사해 온 서울지검 공안부는 학내외의 각종시위와 위장취업 등 노사분규의 배후에 좌경용공학생들의 지하운동 단체인 '민주화추진위원회'라는 조직을 밝혀내고 이 단체 관련자 26명을 국가보안법 위반혐의로 구속했다.

피고인과 방청객 등이 합세해 반정부 구호와 노래를 부르고 재판을 거부하는 등 법정 소란이 빚어지자 재판부는 두 번째 공판부터는 20명의 피고인을 한 명 씩 나누어 심리하는 분리심리 방식을 사법사상 처음으로 도입했다.

민정당 심명보 대변인은 삼민투위 수사결과와 관련한 신민당의 성명에 대해 "보수 야당을 자처해 온 신민당이 용공이적 학생들을 두둔하고 나선 것은 당의 기본이념과 노선을 바꾼 것인지 아니면 본래부터 그런 저의가 숨겨져 있었던 것인지를 밝히라"며 신민당 투쟁노선 시비의 단초를 제공했다.

(3) 전학련 신년투쟁 및 개헌서명운동의 발본색원

검·경은 서울대에서 1986년 2월 4일 개최한 '전학련 신년투쟁 및 개헌서명운동 추진본부 결성대회'에 참가한 187명에 대해 집회 및 시위에 관한 법률 위반 혐의로 구속 영장을 신청했다. 그러나 법원은 124명의 구속영장을 발부하고 63명은 훈방했다.

훈방자 63명에 대해서는 '앞으로 불법집회 및 시위에 참가하지 않고 학업에 전념하겠다"는 자필반성문과 학부모들로부터 "지도를 철지히 해 앞으로는 시위에 참가하지 않겠다"는 각서를 받고서 훈방했다.

이영창 서울 시경국장은 구속영장이 신청된 학생들은 사전모의에 참여했거나 연락책으로 활동한 학생, 시위전력이 있거나 시위현장을 지휘한 학생들이라고 밝히고 "개헌운동을 둘러싼 정치집회 또는 정치성 있는 집회는 학내외를 막론하고 단호하게 대처할 방침"이라고 밝혔다.

최환 서울지검 공안부장은 "이번 사건 관련 학생들의 정치세력과의 연계 여부를 밝혀내기 위해 앞으로 배후 수사를 계속하겠다"고 으름장을 놓았다.

각 대학은 그동안 학원사태 등과 관련돼 구속되는 학생이 생기면 휴학을 권고하는 등의 방법으로 학사처벌을 유보해 구제하기도 했으나 문교부가 이를 엄금한다는 방침을 세움에 따라 학원사태와 관련한 희생자가 더욱 늘어날 것이 우려됐다.

경찰은 수배 중인 학생의 점거에 조선시대 5가작통법을 원용한 통반장을 통한 주민신고 체제 확립은 물론 경찰서별로 전담반을 편성하여 특별 호구조사를 실시하는 한편 수배학생을 신고하는 시민에게는 보상금 20만 원을 주기로 했다.

손제석 문교부 장관은 "헌정질서를 부정하고 사회기강을 흔들어 놓은 개헌서명 책동 등은 대학으로서는 단호히 대처해 나갈 것"

이라고 강조했으며, 전국 111개 4년제 대학 총장들은 "개헌 문제를 비롯한 모든 정치적 주장을 목적으로 하는 학생활동은 엄격히 규제돼야 한다"고 결의했다.
치안본부는 경찰관 1,584명을 동원하여 전국 114개 대학 129개 캠퍼스를 일제히 수색했다.
치안본부는 "개학을 앞두고 예상되는 시위와 학생들의 개헌서명운동을 사전에 막고 수배중인 학생을 검거하기 위해 취해진 조치"라고 밝혔으나, 등사기 등 시위준비용품 34,282점을 압수했으나 수배학생은 한 명도 검거하지 못했다.

(4) 전방입소에 대학생들의 반발과 강경진압

1986년 3월 6일 검찰은 서울대 연합시위 사건으로 구속 송치된 189명 중 51명을 집시법 위반으로 구속기소하고 138명을 기소유예 처분으로 석방했다.
1986년 4월 29일 경찰은 서울의대 도서관을 점거하여 장기간 농성을 벌이기 위해 서울의대 캠퍼스로 집결하던 대학생 123명을 연행했다.
이들의 대부분은 전방입소 교육대생으로 밝혀졌으며 "한국민중 압살하는 미제를 축출하자", "미제의 용병교육 전방입소 반대" 등 북괴의 대남 비방 논리와 용어를 그대로 사용하고 있어 주동학생들은 좌경화 된 것으로 보고 수사를 진행했다.
전방부대 입소훈련 거부로 시작된 서울대생들의 시위는 2명의 분신자살기도, 200여 명의 철야 농성, 2,000여 명의 '헌법 철폐와 민주헌법 쟁취'와 '수업전면 거부'를 결의하는 상황으로 진전했다.
연세대 교내에서 "군부독재 타도하자", "미제국주의 축출하자" 등 구호를 내걸고 1천여 명이 시위를 벌이자 경찰은 연세대에 들어가려는 140명을 연행하여 조사했다.
전두환 대통령은 "촌각도 방심할 수 없는 우리의 안보상황 아래서 대학생의 군사교육을 위한 전방입소 훈련 문제를 정치적으로 이용하려 한다면 이는 큰 잘못"이라면서도 "입소훈련의 목적과 취지를 더욱 잘 살리는 다른 방법이 없다. 그러한 문제를 개선해 나가도록 하겠다"고 밝혔다.

(5) 간헐적 항쟁과 소강상태에 머문 1986년 투쟁

대학생 21명이 쇠파이프와 화염병을 들고 부산 미국문화원에 들어가 도서관을 점거하고 구호를 외치며 농성을 벌이다 전원 경찰에 붙잡혀 끌려 나왔다.
이들은 '광주민중 학살 상기하여 친미독재 타도하자', '미제 용병교육 전방입소 결사반대' 등의 플래카드를 미국문화원 밖에 내걸었다.
김성기 법무부장관은 1986년 6월 현재 시국문제와 관련된 구속자는 997명이며 이중 국가보안법 위반은 165명, 소요죄 52명, 집시법 위반 460명, 폭력행위등 처벌에 관한 법률위반 260명 등이라고 밝혔다.
경찰은 아시아경기대회를 나흘 앞두고 전국 111개 대학에 대한 일제수사를 벌여 화염병 145개를 포함한 130종 6,201점의 각종 시위용품을 수거했다.
문교부는 최근 서울대를 비롯한 일부 대학에서 북한의 선전 내용을 그대로 담은 대자보가 공공연히 나붙고 있고 좌경혁명 고취의 팸플릿이 나오는 등 일부 학원의 학생움직임이 심각한 양상을 보이고 있는 것과 관련하여 이를 뿌리 뽑기 위해 강경하게 대처해 나가기로 했다.

정부는 좌경급진 세력 등을 뿌리 뽑기 위해 30개 재야단체에 대한 광범위한 수사에 착수했다.

수사단체 중에는 민통련, 민헌련을 비롯한 재야단체와 종교단체, 대학생 조직이 포함돼 있다"고 말하고, 특히 민헌연 김종완 이사장 등 관계자들을 이미 연행해 조사를 벌였다고 밝혔다.

검찰은 1986년 1년 동안 시국과 관련돼 구속된 학생, 근로자, 재야인사 등 공안사범은 3,405명에 달하며 이 가운데 현재 구속중인 사람도 1,480여 명이라고 발표했다

이러한 무더기 구속은 건국대사건, 서울대연합시위 등 각종 대형 사건이 발생할 때마다 일단 무더기로 구속한 후 기소 과정에서 혐의사실의 경중을 가리는 수사편의주의에서 비롯된 것으로 인신 구속의 신중에 큰 위협이 되고 있다.

4. 적군파(赤軍派)식 투쟁을 전개한 인천시민 궐기대회

(1) 인천시위는 반정부, 반미에 반신민당까지 등장

1986년 5월 3일 신민당 개헌추진위 경기·인천지부 결성대회가 예정된 시민회관 앞에서 대학생, 근로자 등 3,000여 명이 운집하여 격렬한 시위를 벌였다.

이들은 '미제축출', '파쇼타도', '민주헌법쟁취' 등의 구호를 외치고 '노동운동 탄압하는 독재정권 타도하자', '미일외세 몰아내고 민중정권 수립하자', '속지말자 신민당' 등의 플래카드를 들고 민정지구당사 일부를 불태우고 신민당 소속 차량까지 불태우는 격렬한 시위를 벌였다.

이들의 시위로 신민당 대회가 불가능하여 지구당 사무실에서 간단한 현판식 행사로 대체했다.

경찰은 시위현장에서 319명을 연행하여 이중 129명에 대해 구속영장을 신청하고 22명은 즉심에 넘기며 달아난 주모자급 10명을 지명수배했다.

검·경은 인천 도심지에서 있었던 극렬 폭력사태는 국기마저 위협하는 중대한 사태로 보고 그 전모를 철저히 규명하여 단호하게 대처하겠다고 밝혔다.

경찰은 반미 자주화, 반파쇼 민주화투쟁위원회(자민투)와 반제 반파쇼 민족민주투쟁위원회(민민투)를 용공좌익 조직으로 규정하고 주모자급 27명을 전국에 지명수배했다.

인천시위는 반정부, 반미에 반신민당 구호까지 등장하자 민정당은 "신민당의 입장은 앞으로 난처해질 것"이라는 안도감 속에, 신민당은 "학생들의 태도는 신민당에 좀 더 잘해달라"는 채찍질로 간주하고 강력한 대여공세를 통해 사태 전환을 꾀할 것으로 보이나 이질적인 큰 흐름에 여·야 모두 긴장하는 모습이 역력했다.
이번 사태는 그동안 민주화라는 주장 밑에 막연히 한 덩어리로만 파악돼 온 반정부 세력 내부에 또 하나의 이질적이며 어떤 의미에선 적대적이기조차 한 조직이 있어왔다는 새로운 사실의 확인임과 동시에 이들 세력의 공개적인 분화라는 의미를 갖고 있다.
말하자면 기존의 보수야당 세력이 지도자 선출방식이나 통치 구조 상의 변화에 초점을 맞춘 개헌을 통해 의회주의 방식에 입각한 점진적 민주화를 목표로 하고 있는데 반해, 소위 운동권은 민주혁명과 같은 방식을 통한 근본적인 사회개혁을 목표로 하고 있음을 드러낸 것이다.
이들은 신민당을 '매판 재벌 및 미제국주의 세력과 결탁한 시대적 기회주의 집단'이라고 공격하고 나섰다.
신민당은 이번 사태의 원인은 정부당국에 있으므로 지방결성대회는 예정대로 계속 추진한다는 원칙을 확인하고 "민주화의 톤만 높으면 무조건 용공좌경시 해버리는 기성세대의 자세는 문제가 있으므로 당이 이에 대한 확고한 논리를 정립하여 앞으로 학생문제에 대한 당의 입장을 분명히 해둘 필요가 있다"고 주장했다.
신민당은 '5.3 인천사태'는 재야와 노동운동권에 대한 탄압을 노린 대회방해라고 결론지었다

(2) 민민투, 자민투를 좌경용공단체로 규정하고 집중검거

검·경은 인천사태로 현장에서 연행된 397명 중 129명에 대해 구속영장을 신청하고 168명은 훈방하거나 학교선도위에 인계키로 했다.
대검은 재야단체에 대해 총괄적으로 수사를 진행했고, 치안본부는 인천시위가 민통련과 서울대의 자민투, 민민투 등 용공성과 과격

학생단체가 사전에 치밀한 계획을 세우고 조직적으로 가담해 이뤄진 점이 드러났다고 밝혔다.
한편 경찰은 좌경단체로 지목되고 있는 자민투(반미자주화 반파쇼민주화투쟁위원회), 민민투(반제, 반파쇼 민족민주투쟁위원회)의 전국 대학조직을 용공좌익 조직으로 규정하고 27명을 전국에 수배했다.
이들 좌경학생들은 보수야당인 신민당도 궁극적으로 타도대상으로 보며 개량주의자 또는 기회주의적 집단으로 규정하여 적대시하고 있는 것이 특징이다.
김성기 법무부장관은 "앞으로 민민투, 민통련, 가톨릭농민회 등의 인천사태 주동자 검거를 다 해 배후세력을 규명해 내겠으며 그들을 사회로부터 격리시키는 엄중한 조치를 취하겠다"고 말했다.
강민창 치안본부장은 "민민투 명의의 학내행사는 일체 불허키 위해 경찰을 자동투입하여 해산시키겠다"면서 "85년에 결성된 전학련과 삼민투가 붕괴되자 86년 각 대학에 불법투쟁 조직으로 민민투를 결성하여 급진 좌경적 극렬 학내외사태를 주도하고 있는 것"이라고 밝히고, 이 조직을 와해시키는 데 총력을 기울이겠다고 말했다.
대검은 인천사태는 과격학생조직인 민민투와 재야단체인 민통련, 서울노련 등 단체들이 유인물, 플래카드, 화염병 등 시위용품을 사전에 준비하고 조직적으로 인원을 동원하고 소요를 선동했다는 중간수사 결과를 발표했다.
대검은 이날 현재 인천사태와 관련하여 구속된 사람은 모두 149명이며 55명을 수배 중이라고 밝혔다.
검찰은 인천사태는 대학가 및 재야의 일부 과격세력이 현 체제 전복을 위한 결정적 투쟁의 날로 정하고 치밀한 사전계획 아래 민중봉기를 유발하려던 사건이라고 밝혔다.
검찰은 '5.3 인천사태'와 관련하여 구속된 170명 중 57명을 국가보안법, 집시법 위반 혐의로 구속기소하고 88명을 기소유예로 석방하는 한편 추가 구속된 민통련 간부 등 25명을 계속 수사 중이라고 발표했다.
공안당국은 최근 운동권 학생들의 투쟁방법이 일본 적군파나 서구의 극렬 좌익단체의 투쟁방법을 그대로 답습하고 있다고 분석하면서 "이는 최근 극렬한 학생소요를 주동하고 있는 학생들이 급진 좌경세력임을 말해주며 동시에 우리의 대학가에 북괴의 대남혁명 노선을 앞장서서 실현하려는 좌익전위집단이 등장했음을 시사해주고 있다"고 밝혔다.
대검은 각종 학내외 시위와 농성을 주도하고 불온 유인물을 만들어 배포한 민민투, 자민투의 간부 등 180명을 검거하여 이 중 169명을 구속하고 11명을 불구속 입건하는 한편 91명을 수배했다고 발표했다.
지난 학기동안 구속된 학생 수는 900여 명이며 현재 구속 중인 학생은 620여 명으로 민민투, 자민투 관련 학생이 27.5%를 점하고 있다.

(3) 인천시민대회와 연계하여 민통련 문익환, 계훈제, 백기완 등 의장단 구속

대검은 민통련 문익환 의장, 계훈제와 백기완 부의장, 이부영 사무총장 등의 인천사태 개입 사실을 밝혀내기 위해 수사를 집중했다. 서울시경은 민통련 문익환 의장을 전격 구속했다. 경찰은 문 목사가 서울대, 연세대, 경북대 등 18개 대학의 집회에 참석하여 학생 시위를 상습적으로 선동한 혐의라고 밝혔다.
문 목사는 서울대 '5월 민족 민주 해방제'에 참석하여 "6년 전 광주에서 2천여 명의 시민들이 쏟아지는 총탄 앞에서 민주주의를

위해 맨몸으로 돌진하면서 싸웠다", "미국 사람들이 이승만과 박정희 정권에 이어 현 독재정권을 뒷받침하여 우리의 자유를 짓밟고 민주주의를 가로막고 있으니 투쟁하자"는 등으로 선동했다.
문 목사는 민통련의 선명성을 보여주기 위해 인천대회에 개입하기로 결의하여 '군부독재 타도하고 민주정부 수립하자'는 유인물을 최종적으로 확인하는 등 인천소요사태에 연루됐음이 드러나 소요 혐의가 추가 적용됐다.
김대중 민추협 공동의장은 "우리는 문 목사의 구속을 단연코 좌시할 수 없다. 그는 비폭력 민주주의 신봉자이며 젊은이와 고난받은 사람을 위해 헌신해 왔다. 그를 구속한다면 정부는 사태의 큰 악화를 각오해야 할 것"이라고 경고했다.
신민당 이민우 총재와 김대중, 김영삼 등 3인은 "우리는 민통련에 대한 탄압이 곧 모든 민주세력에 대한 탄압임을 거듭 지적하며 민통련에 대한 범죄 조작음모를 분쇄하기 위해 국회에서의 투쟁은 물론 전 재야세력이 연합해서 대책기구를 수립할 필요가 있다고 합의했다"고 밝혔다.
이민우 신민당 총재는 "문익환 목사는 신앙인으로서 이 나라 민주화 운동에 적극적인 활동을 하고 있는 분이고 그 휘하의 민통련 또한 민주화활동을 하고 있는 조직체"라면서 "민통련에 대한 수사는 즉각 중단하고 문 목사를 하루 빨리 석방해야 한다"고 주장했다.
이에 전두환 대통령은 "민통련의 수사중단은 안 되며 문익환 씨에 대해서도 현재 수사가 진행 중이므로 석방을 얘기할 단계가 아니다. 문 씨는 과거 정부가 여러 번 관용을 베풀었으나 개전의 정이 없었다"고 지적했다.

(4) 민통련 해체와 민통련 중앙본부 압수수색

정부는 좌경 급진세력의 뿌리를 뽑기 위해 30여 개 재야단체에 대한 광범위한 수사에 착수했다.
수사 대상 단체에는 민통련, 민헌련을 비롯한 재야단체, 종교단체 및 대학생 조직이 포함돼 있다고 말했다.
정부와 민정당은 현재의 좌경세력을 방치할 경우 4.19 직후 민주당 정권 때처럼 극도의 혼란이 발생할지 모른다는 심각한 상황으로 인식하고 있다.
이에 부응하여 정부는 방치하면 4.19 이후의 혼란상태가 우려된다는 판단에서 민통련, 민헌련을 비롯한 재야단체와 종교단체, 대학생 조직 등 30개 단체와 1만 명에 대한 수사에 들어갔다.
정부는 정치세력과 좌경세력, 폭력학생과의 연계를 차단하기 위한 명분을 내걸고 민통련 해산을 명령하고 민추협 한광옥 대변인을 구속하자, 민정당은 "자유민주주의 체제를 폭력으로 전복하려는 세력에 대한 조치였을 뿐"이라고 옹호했다.
검·경은 자진해산 명령이 내려진 민통련 사무실과 강원지부 그리고 계훈제 의장 자택에 대한 압수수색과 사무실을 폐쇄조치했다.
이에 신민당은 "현 정권은 자신의 집권연장을 위해 민주인사 및 단체에 대한 탄압을 잇달아 자행하여 80년도의 민주대탄압 재연을 획책하고 있음을 분명히 했다"고 비난했다.
치안본부는 좌경용공분자를 색출하여 처벌하기 위하여 좌경용공단체 혐의가 있는 민통련과 민통련에 가입돼 있는 23개 단체 및 그 회원들에 대한 조사를 벌이고 있다고 밝혔다.
정부당국은 민통련 해산령을 내리고 민추협 관계자를 구속하는 등 강경책을 지속적으로 펼쳐나갔다.
민정당 심명보 의원은 민통련 해체와 관련하여 "정치세력과 좌경세력, 일부 폭력학생과의 연계를 차단하기 위한 정부의 조치"라고 옹호하고 나섰다.
국민당의 최재구 의원은 정부의 용공수사에 대해 "이번 수사가 만에 하나라도 한국판 메커니즘이 돼서는 안된다"고 말하고 "자칫 수사 과정에서 반정부 활동을 반국가 사범으로 처벌하거나 야당과 학원을 탄압하고 재야활동을 봉쇄하는 수단으로 악용되는 일은 없어야 한다"고 강조했다.

5. 건국대 교정에서 26개 대학생들의 연합시위

(1) 검찰은 학생 1,274명에 대한 구속영장 신청

경찰은 건국대에서 학원소요사상 최대 규모의 연합 철야농성 시위를 벌여온 26개 대학 1천여 명의 대학생들에 대한 농성 진압작전을 1986년 10월 31일 전개하여 전원을 연행했다.
경찰은 이영창 서울시경국장의 직접 지휘로 헬리콥터 2대와 8천여 명의 병력을 투입하여 돌과 화염병을 던지고 곳곳에 친 바리케이드에 불을 지르며 저항하는 학생들을 향해 최루탄을 발사하고 소방호스로 물을 뿜으면서 학생들을 전원 검거했다.
진압작전 개시 전 262명을 포함하면 이번 검거작전에 연행된 학생은 1,447명으로 사상최대의 기록이다.
검찰은 기초수사가 끝나는 대로 가담 정도에 따라 ABCD 등 4등급으로 분류하여 구속대상을 가리기로 했다.
검·경은 연행학생 1,447명 가운데 1,274명에 대해 구속영장을 신청키로 했다.
검찰은 이들 가운데 이 사건의 모의과정에 참여한 주동자급과 용공성향이 명백히 드러난 학생들에게는 국가보안법을 적용키로 하고 나머지 학생들은 집시법 등을 적용할 계획이다.
검찰은 구속학생들에게 순화교육을 실시하여 그 결과를 기소단계에서 반영한다는 방침 아래 교수 선정과 아울러 프로그램 작성에 힘을 기울였다.
검찰은 이 사건 진압과정에서 51명의 학생들이 부상한 사실은 있으나 사망자는 전혀 없는데도 "20여 명의 학생들이 분신 또는 타살 등으로 사망했다"는 등의 허위 사실을 만들어 학원가에 퍼뜨린 범법자를 가려내 엄단할 방침이라고 밝혔다.

검찰이 학생이라는 표현 대신 '공산혁명분자'로 표현하는 것은 이 사건에 대해 강력 대응할 방침인 것을 암시했다.
신민당 의총에서 박용만 의원은 "구속된 학생 전부가 용공·좌경은 아니지 않는가. 정말 용공·좌경학생이 이렇게 많다면 우리나라는 큰 일이다. 그 책임도 우선은 정부가 져야 한다"고 질타했고, 이철 의원은 "건국대 사태는 정부가 반정부 학생과 반정부 인사들에 대한 위협으로 본다. 반정부 인사를 좌경으로 모는 것은 '파시스트', '히틀러', 일제시대 때도 그랬었다. 정부가 반정부 학생과 민주인사를 용공으로 처벌하는 여론을 형성해 신민당 내부는 물론 재야와의 관계도 이간·분산시키려는 음모가 내재돼 있는 것으로 봐야한다"고 정부의 강경진압책을 비난했다.

(2) 순화교육 이수자 석방, 398명만 최종 구속 기소

건국대 연합점거 농성사건을 수사중인 검찰은 관련학생 1,274명에 대해 구속영장을 신청했다. 그러나 부상자 51명 중 40명은 조사를 하지 못해 이들에 대해서는 영장신청을 보류했다.
검찰은 구속 학생들에게 순화교육을 실시하여 교육 결과를 기소단계에서 반영한다는 방침을 세우는 등 어느 사건의 경우보다 신중을 기하였다.
검찰은 구속자 중 서울대 자민투위원장 정현곤 등 22명에 대해서는 국가보안법을 적용하여 구속했다.
강민창 치안본부장은 '공산혁명분자 건국대점거난동보고'라는 국회보고에서 "건국대사건은 서울대의 '전국 반외세, 반독재 애국학생 투쟁위원회'가 사전 모의를 거쳐 조직적으로 저지른 범죄로서 '민족해방, 민중민주주의혁명(NLPDR)' 노선을 표방하는 용공이적단체가 저지른 것"이라고 보고했다.

신민당 이재옥 의원은 "현 정권은 사전 정보 입수로 충분히 막을 수 있었던 사태였는데도 강제진압이라는 물리적 폭력을 자행함으로써 수많은 인명 피해를 자초했다"면서 "이는 건국대사태를 계기로 현 정국을 용공국면으로 전환하여 민주개헌의 초점을 흐리고 내각책임제 헌법을 통과시켜 정권연장을 꾀하겠다는 구도 속에서 나온 것"이라고 주장했다.

이에 민정당 이영일 의원은 "조선로동당의 대남공작업무 수행을 옹호한 듯한 발언은 면책특권으로도 용납될 수가 없다", "김일성의 지령에 따라 국회에서 떠드는 자와 국정을 논할 수 없다"고 정부를 대신해서 반발했다.

검찰은 선도각서 접수자나 순화교육자는 기소유예, 나머지 학생들은 구속기소할 방침을 세웠다.

민정당 이상재 의원은 "건국대 사태는 사회의 존립기반을 근본적으로 뒤흔들려는 중대사건인 만큼 배후관계를 철저히 가리라"고 주장했다.

서울지검은 D급으로 분류된 413명을 기소유예처분으로 구속 17일 만에 석방하고, C급으로 분류된 464명도 6일 간 순화교육을 실시한 뒤 기소유예 처분으로 석방할 방침을 밝혔다.

검찰은 최종적으로 398명을 구속기소하면서 이 중 35명은 보안법을 적용했다.

6. 문귀동 경정의 권인숙 양 성고문 사건 전말

(1) 경찰은 권인숙 양 성고문 사실 자체를 부인

여대생 해고근로자 권인숙(서울대 의류학과 4년 제적) 양에 대한 부천 경찰서 경찰관의 성 모욕 사건을 수사해 온 검찰은 부천경찰서 <성 모욕 시비> 사건에 대한 수사결과를 발표했다.
검찰은 권 양의 고소 사실 중 문귀동 경장이 성적 모욕을 가했다는 부분은 인정할 수 없으나 폭언, 폭행을 했다는 부분은 일부 사실이 인정된다고 발표했다.
이와 관련 검찰은 문 경장을 파면조치하고 부천경찰서장, 수사과장, 조사계장 등을 직위해제했다.
권 양은 타인의 주민등록증을 절취하여 자신의 주민등록증으로 변조하여 위장취업한 사실과 관련하여 절도죄와 공문서 변조죄 등으로 구속되어 수사를 받던 중 부천경찰서 문 경장으로부터 성적 모욕 행위를 당했다고 주장하는 고소장을 제출했다.
인천지검 김수장 특수부장은 "문 경장이 권 양에게 폭언, 폭행한 것은 조사에 집착한 나머지 우발적으로 저지른 과오로서 문 경장은 이로 인해 이미 파면 처분을 받은데다 10년 이상 경찰에 봉직해 온 경력을 살펴 기소유예 처분할 방침"이라고 밝혔다.
검찰은 이 사건의 성격에 대해 "급진 좌경 사상에 의한 노·학 연계 투쟁을 전개해 온 권 양이 성적 모욕을 당했다고 허위사실을 주장한 것은 운동권 세력이 상습적으로 벌이는 의식화 투쟁의 일환으로서 자신의 구명과 아울러 수사기관의 위신을 실추시키고 정부 공권력을 무력화시키려는 의도에서 나온 것"이라고 규정했다.
이어 노신영 국무총리는 "중요한 개헌정국을 맞고 있는 마당에 신민당이 사실과 다른 유언비어를 가지고 국민을 자극하거나 정치

문제화 하는 것은 국가발전이나 시국 안정을 위해서도 바람직하지 않다"고 으름장을 놓았다.

검찰의 사건 전모에 대한 발표에 대해 신민당 장기욱 의원은 "사실을 왜곡, 축소하여 발표한 것은 장기적으로 의혹만 크게 할 뿐"이라며 "특히 가해자에 대한 기소유예 방침 때문에 사태가 엄청나게 확산될 것 같은 예감이 든다"고 전망했다.

홍성우, 조영래, 이상주 변호사 등 권 양 변호인 9명은 검찰의 수사결과에 불복하여 서울고법에 재정신청 하겠다고 밝혔다.

(2) 성고문과 용공조작범 폭로대회

서울시경은 신민당과 35개 재야단체가 공동으로 개최키로 한 '고문 및 성고문 용공조작 범국민폭로대회' 개최 예정장소인 서울 명동성당으로 들어가려다 경찰에 의해 저지되자 현장에서 시위를 주도하거나 극렬한 시위를 벌인 7명을 연행하여 구속했다.

한편 신민당 지도부도 최루탄을 쏘아대며 저지한 경찰 저지선을 뚫고 가까스로 대회장에 도착하여 분통을 터뜨렸다.

정부・여당은 "부천서 사건과 관련한 시중의 유언비어를 이번 기회에 잠재운다"는 원칙 하에 경찰 자체수사와 검찰 수사결과를 바탕으로 대야, 대국민 의혹 해소에 초점을 맞추기로 결정했다.

이들은 부천서 사건이 기본적으로 세상을 흔들어보려는 세력에 의해 비화되고 있다는 점을 중시하며 이념 논쟁도 불사하겠다는 의지를 불태웠다.

부천서 사건의 현안이 걸렸던 내무위는 진상규명을 통한 민심수습보다 정치공제로 일관하다 예정된 기일을 소비했다.

신민당은 민추협 등 야권 35개 단체가 참여하여 '성고문, 용공조작범 폭로대회'를 신민당사에서 개최했다.

경찰의 당사 출입 통제로 500여 명이 참석한 대회에서 김영삼 상임고문은 "성고문은 현 정권의 도덕성을 의심케 하는 천인공노할 사건"이라며 "민주화의 도도한 물결은 어느 개인이나 집단이 역류시킬 수 없기 때문에 나는 직선 대통령제 합의 개헌을 통해 오는 88년 진정한 평화적 정권교체가 실현될 것으로 확신한다"고 격려했다.

여론에 떠밀려 검찰은 문귀동 경장을 구속 기소하였고, 문 경장은 징역 3년의 실형을 선고받았다.

7. 백일하에 드러난 박종철 군 고문치사 사건

(1) 의문투성이인 물고문에 의한 질식사망

치안본부는 1987년 1월 치안본부 대공수사단 조사관인 조한경 경위와 강진규 경사가 박종철 군에게 물고문을 가한 끝에 질식해 숨진 것으로 자체조사하고 두 경관을 가혹행위에 의한 치사 혐의로 구속하고 전석린 대공수사 단장을 직위해제했다고 발표했다.

치안본부는 주요 수배자인 박종운 군의 소재를 알아내기 위해 박종철 군을 연행한 뒤 위협수단으로 머리를 욕조물에 잠시 집어넣었다가 내 놓았으나 계속 박 군이 진술을 거부하자 다시 박 군의 머리를 욕조물에 밀어넣는 과정에서 급소인 목 부위가 욕조 턱에 눌려 질식 사망한 것으로 밝혀졌다고 발표했다.

신민당은 전두환 대통령의 대국민 사과와 내무부장관, 치안본부장의 파면을 요구하면서 "현 정권의 묵인 방조 하에 자행돼 온 야만적인 고문 사태가 박 군의 피살을 계기로 이제야 그 일부가 드러났다"고 주장하고 "우리 당은 선진조국을 말하는 현 정권이 국민의 눈길이 미치지 않은 곳에서 저질러 온 수많은 만행에 대해 온 국민과 더불어 격분을 금할 수 없다"는 성명서를 발표했다.

신민당 박찬종 고문치사사건 진상조사 위원장은 자체조사 결과 연행시간이 8시간이나 차이가 나고 사인(死因)도 물고문 과정이 아니라 엄청난 폭행과 물고문에 이어 전기고문 과정에서 사망한 것으로 단정된다고 주장했다.

신민당은 고문치사 사건의 진상규명과 책임자 인책 및 제도적인 고문근절책 강구를 위해 임시국회 소집을 요구했다.

신민당은 경찰에서 조사를 받던 중 숨진 박종철 군 사망사건을 '고문치사 사건'으로 규정하고 국정조사권을 발동하는 진상조사

특위의 구성을 요구했다.

전두환 대통령은 박종철 군 고문치사사건에 대해 유감을 표하고 고문사건의 재발을 방지하고 국민의 인권을 보호하기 위한 특별기구를 정부에 상설할 것을 검토하라고 내각에 지시했다.

이어 전 대통령은 김종호 내무부장관 사표를 수리하고 전 육군참모총장인 정호용을, 강민창 치안본부장 사표도 수리하고 이영창 서울시경국장을 임명했다.

정구영 서울지검장은 "박군 사체의 외상 소견과 부검 감정서 등을 살펴볼 때 전기고문 혐의는 일체 드러나지 않았으며 가혹행위에 가담한 경찰관은 구속 기소된 경찰관 2명 뿐이다"라고 밝혔다.

신민당 장기욱 의원은 국회본회의에서 "뭐, '탁' 치니까 '억' 했다고", "물고문으로 어떻게 피멍이 생기느냐, 물이 무슨 몽둥이냐. 욕조가 여러 개냐"고 물고문과 폭행의 인과관계를 힐난했다.

문정수 의원은 "물고문을 하면서 목이 욕조턱에 걸리도록 했다는 것은 이치상 물을 못 먹도록 하는 것이므로 사인 조작이 분명하다"고 주장했다.

서울지검 안상수 검사는 "사체의 피멍은 두 경찰관이 박 군을 욕조로 끌고 가기 전에 구타 등의 고문에 의해 생긴 것으로 본다"고 말하여 이 사건의 파장을 넓혀 나가는 빌미가 됐다.

(2) 원천봉쇄된 박종철 군 범국민추도대회와 49재

이영창 치안본부장은 경찰 수사에 있어서의 고문근절을 위해 영장 없는 강제 동행과 장기 구금을 일체 금지하고, 피의자 등에 대한 접견 교통권을 보장하며 먼저 증거를 수집한 후 피의자를 체포하는 원칙을 고수하는 고문방지 대책을 발표했다.
검·경은 명동성당에서 열릴 '박종철 군 범국민추도대회'가 종교집회 성격을 벗어나 정치적 집회화 할 가능성에 대비하여 이를 봉쇄하기 위해 법무부장관은 이 대회를 불법집회로 단정하고 주동자 및 참가자를 의법 처리하겠다는 방침을 밝혔다.
아울러 이영창 치안본부장은 경찰에 의한 대회 자체의 원천봉쇄와 시민들에 대한 참여하지 말 것을 당부하는 발표를 자행했다.
경찰은 민주언론운동협의회, 자유실천문인협의회, 민중문화운동협의회, 한국출판문화운동협의회 등에 대한 압수수색을 펼쳐 '누가 이 젊은이를 살해했는가', '현 정권의 고문살인 행위를 온 국민의 이름으로 규탄한다' 등의 유인물 등을 압수했다.
경찰은 서울 명동성당을 비롯한 부산, 대구, 광주 등 지방 일부 도시에서 개최예정인 '박종철 군 추도대회'를 3만여 명의 경찰을 동원하여 원천봉쇄하기로 최종결정하고 검문검색 강화, 재야단체 압수수색 등 주최 측의 준비활동을 사전 차단하고 대회 당일에는 주최 측 인사 가택연금, 대회장 주변 통제 등을 실시키로 했다.
민정당 노태우 대표는 "박군 사건의 정치적 이용에도 한도가 있는데 정부·여당의 즉각적 후속조치로 그 한도가 이미 지나가 버렸다"면서 "추모대회 개최 자체가 박종철 군의 죽음을 정치제물화해 욕보이는 것"이라고 주장했다.
경찰은 경찰사상 최대 규모인 7만여 명을 동원하여 '고 박종철 군 범국민 추도회'를 사전 봉쇄하거나 저지하여 무산토록 했다.
천주교정의구현사제단은 추도회 참석자가 경찰의 봉쇄로 명동성당에 들어오지 못하자 추도회를 추도미사로 바꾸어 진행했다.
경찰은 이날 시위 군중을 향해 최루탄을 쏘아 강제해산에 나섰으나 시위인파는 흩어졌다가 다시 다른 장소로 옮겨 시위를 벌이는 등 서울 시내 중심가는 산발적인 시위가 계속됐다.
검·경은 박 군 추도회와 관련하여 전국적으로 798명을 연행하여

40명 안팎을 구속할 방침인 것으로 알려졌다.
이 중에는 부산에서 연행된 김광일, 노무현, 문재인 변호사와 김영수, 김기수 목사 등을 구속 대상으로 분류했다.
고 박종철 군 49재(齋)를 맞는 3일 신민당과 민추협 등 재야단체와 종교단체 등이 '고문추방 민주화 국민평화 대행진'을 강행할 뜻을 밝히자, 경찰은 이를 불법집회로 단정하고 철저히 봉쇄키로 하여 행사를 앞두고 주최측과 당국의 대응이 맞섰다.
경찰은 전국에 갑호 비상령을 내리고 대행진 저지 및 봉쇄작전을 펼쳐 부산 사리암에서 가족들의 49재를 제외하고는 평화대행진은 사전봉쇄 또는 저지됐다.
서울 조계사 앞에서는 2,000여 명이 모여 경찰의 저지선을 뚫고 가두시위를 벌이기도 했다.
검찰은 '3.3 대행진'과 관련하여 전국적으로 439명을 연행하여 그 가운데 15명을 구속하고 나머지를 즉심에 넘기거나 훈방 조치했다.

(3) 고문치사 진상조작으로 내각이 흔들흔들

서울지검은 박종철 군 고문치사사건 가담자는 치안본부에서 2명이라고 발표했지만 치안본부 대공수사단 소속 황정웅 경위, 반금곤 경장, 이정호 경장 등 3명의 경찰관이 가담한 사실을 밝혀내고 이들을 고문치사 혐의로 구속했다.
정구영 서울지검장은 "수사반장인 조한경 경위가 모든 책임을 지겠다고 조작을 지시했다"고 밝혔다.
천주교정의구현사제단은 이 사건의 범인 5명을 2명으로 줄여 발표하게 했던 범인 축소 은폐기도 배후자는 박처원 치안본부 대공담당차장, 유정방 수사과장, 박원택 경장이 개입했다고 발표했다.

정구영 서울지검장은 "고문경찰관의 숫자를 줄이도록 상급자가 지시했다면 이는 명백한 범인은닉죄로 처벌 대상이 된다"며 "앞으로 철저히 수사하겠다"고 응답했다.

김영삼 통일민주당 총재는 "이 사건은 권력의 심층부에서 사건 자체를 축소, 호도하고 은폐하기 위해 꾸며진 구조적 조작극"이라고 주장하며 "현재의 내각은 국민 앞에 책임을 지고 총사퇴하라"고 요구했다.

검찰 내부에서는 경찰의 범인 조작에 "완전히 속아 넘어갔다"는 자기비판도 나오고 있지만, 이번 사건으로 기본적인 의문점조차 짚어보지 않고 미온적인 '눈치 보기 수사'를 벌였다는 비난을 면하기 어렵게 됐다고 입을 모았다.

전두환 대통령도 "사건의 내용이 왜곡되거나 은폐된 부분이 있었다면 이는 경찰에 대한 국민의 신뢰를 크게 실추시키는 일로 도저히 용납될 수 없다"고 지적하고 "정확한 경위와 사실 내용 등을 사직당국이 엄중히 조사해서 진실을 명명백백하게 밝히라"고 내각에 긴급 지시했다.

사건의 성격으로 보아 치안본부의 상급관계자 둘이 진상은폐의 시나리오 작성과 연출을 했으리라는 것은 자명한 이치인데도 검찰은 수사를 축소시켜 진상을 덮어두고 넘어가려는 은폐 동조에 골몰했다고 밖에 볼 수 없다.

박 군 고문치사사건은 천주교정의구현사제단이 경찰의 범인 조작 및 은폐 사실을 폭로하고 나섬으로써 진실규명의 새로운 전기가 마련됐다.

검찰 관계자들은 "관련 경찰관 3명의 신병 확보가 사제단의 성명보다 하루만 빨리 이루어졌더라도 이처럼 곤혹스런 지경으로 빠져들지 않았을 것"이라는 솔직하면서도 뼈아픈 자성의 소리가 나왔다.

검찰이 3개월 전에 이미 전모를 알고 있었음에도 불구하고 극비의 보안 속에 남모르는 고민을 하면서도 주저하고 결정을 미루고 있는 사이에 사제단의 성명이 폭탄처럼 터져 나왔다.

검찰은 재야에서는 이 사실을 모르고 있으리라고 자신하고 있었으나 사제단이 정확하게 입수된 정보를 바탕으로 성명을 터뜨리자 더 이상의 은폐가 불가능하다고 판단되어 두들겨 맞을 각오를 하고 공개수사의 길을 선택할 수밖에 없었다.

이 사건은 검찰 수사는 모름지기 '종양의 표피만 건드릴 것이 아니라 그 뿌리까지 도려내는 방식으로 진행되어야 하며 검찰이 위만 바라보는' 해바라기 수사'를 해서는 안 된다는 쓰디 쓴 교훈을 남겨주었다.

통일민주당 김현규 원내총무는 검찰은 공모 당사자라고 주장하면서 "검찰과 경찰이 국민을 속였다는 사실에 경악을 금치 못하며 검찰이 다시 조사 발표한다 해도 국민 누구가 그 발표를 믿겠는가"라며 강한 의문을 제기하며, 한국기독교교회협의회가 개최키로 한 '박종철 군 고문살인 은폐 조작 규탄 범국민대회'에 적극 참여키로 했다고 발표했다.

전두환 대통령은 박종철 군 고문치사 진상조작 사건 등으로 빚어진 민심이완을 수습하기 위한 문책인사 성격으로 노신영 국무총리, 김만제 경제부총리, 장세동 안기부장, 내무부장관, 법무부장관, 검찰총장 등을 경질하고 국무총리에 이한기 전 감사원장을, 부총리에 정인용 재무부장관을, 내무부장관에 정해창 대검차장을, 안전기획부장에 안무혁 국세청장을, 검찰총장에 이종남 법무부차관을 임명했다.

(4) 고문살인 은폐규탄 및 호헌철폐 국민대회 개최

대검중수부는 박처원 치안감, 유정방 경정, 박원택 경정 등 3명을 고문 경찰관들과 함께 범인은폐 조작을 모의한 혐의로 구속했다.
구속된 이들은 사건조작 후 이를 은폐하기 위해 조 경위가 "양심선언을 하겠다"고 하자 조용히 있으라고 설득했으며 2억 원 예금증서를 보여주며 회유한 혐의도 받고 있다.
한영석 대검 중수부장은 박 군을 조사할 때 가슴을 때리는 등 상당한 구타가 있었으나 전기고문 사실은 결코 없었다고 밝혔다.
통일민주당은 대검의 수사결과를 전적으로 신뢰할 수 없다면서 전면 재수사를 촉구했다.
서울지검은 민주당 정강과 관련하여 소환했으나 불응한 이협, 김경두, 안경률 등 3명을 구인하고 이태호를 지명수배했다.
구속된 이들은 당의 방침을 내세워 묵비권을 행사하고 있는 것으로 알려졌다.
이에 통일민주당은 "검찰이 박 군 고문치사사건의 의혹을 호도하고 우리의 국정조사권 요구를 제압하기 위해 이런 방식으로 선수를 나오는 것 같다"면서 "가뜩이나 경화된 정국을 더욱 경화시킬 뿐"이라고 주장했다.
치안본부는 민주헌법쟁취국민운동본부의 '6.10 고문살인 은폐 규탄 및 호헌철폐 국민대회'를 원천봉쇄하기 위해 전국 경찰에 갑호 비상근무령을 발동하고 검문 검색을 강화하는 한편 전국 20개 대회장과 시위예상 지역에 5만 8천명의 병력을 배치했다.
또한 민추협 사무실과 전국 110개 대학을 사전 수색하여 각종 시위용품 4,300여 점을 압수하고 재야인사들을 가택연금 조치했다.
검찰은 대회장 주변을 배회하는 사람은 지위고하와 신분여하를 막론하고 일단 연행키로 했다.
경찰은 연행자들에 대한 신속한 신병처리를 위해 일선 경찰서에 검사들을 투입하여 초동 단계부터 신속한 수사 지휘 체계를 갖추도록 했다.
전국 22개 도시에서 강행하려던 국민대회는 5만여 경찰이 동원돼 원천봉쇄 작전을 펴는 바람에 서울을 제외한 대부분의 지역에서는 제대로 열리지 못했다.
치안본부는 전국 20개 도시 104곳에서 시위가 벌어져 18,560명이 시위에 가담했으며 시위운집 인원은 4만 5백여 명으로 집계됐다고 발표했으나 실제는 더 많은 것으로 보여졌다.
경찰은 전국에서 3,831명을 연행하여 철야조사를 벌였으며 적극 가담자로 800여 명을 별도로 분류하였으며 이 중 150여 명을 구속할 방침이다.
경찰은 이날 시위로 통일민주당 의원 2명 등 738명이 부상당했다고 발표했다.
이날 6시를 기해 성공회와 명동성당 등 일부 교회와 사찰에서는 일제히 타종했으며, 김재열 성공회 신부는 "꽃다운 젊은이를 야만적인 고문으로 죽여 놓고도 국민을 속이려는 현 정권에 국민의 분노가 무엇인지를 보여주고, 국민적 여망인 개헌을 일방적으로 파기한 '4.13 폭거'를 철회시키기 위한 민주장정을 시작한다"고 선언했다.
필리스 오클리 미 국무성 부대변인은 정례브리핑에서 한국의 경찰과 시위자들의 폭력충돌 사태를 혐오하고 있다면서 "우리는 압제보다는 대화, 폭력보다는 타협하겠다는 더 큰 의지에 의해서만이 한국의 정치발전이 촉진될 수 있을 것이라는 견해를 갖고 있다"고 논평했다.
명동성당 시위농성이 사흘 째 계속되고 있는 상황에서 검찰과 경찰은 연행자 3,854명 중 140명에 대해 집시법 및 폭력행위 등 처벌에 관한 법률위반 혐의로 구속영장을 청구했다.
그러나 검·경은 명동성당의 특수성을 감안하여 성당 측의 양해 없이는 병력을 성당구내로 투입하여 진압작전에 나서는 것은 자제하기로 했다.
이 사건을 재수사한 대검 중수부는 조 경위의 진술을 사건발생 초기부터 새롭게 받는 한편 박처원 치안감이 조 경위에게 제시한 1억 원이 입금된 통장에 대한 집중적인 수사를 벌였다. 또한 대검은 강민창 치안본부장을 참고인 자격으로 소환했다.
대검 중수부는 박처원 치안감 등 3명을 고문경찰관들과 함께 범인은폐조작을 모의한 사실이 밝혀져 범인 도피죄를 적용하여 구속했다고 밝혔다.
서울형사지법은 조한경 경위, 강진규 경사에게 징역 15년을 선고하고 반금곤 경장에게 징역 8년, 황정웅 경위에게 징역 7년, 이정호 경위에게 징역 5년을 각각 선고했다.
재판부는 "이 사건으로 이제 고문은 영원히 사라져 고문하려는 사람도 없고 고문당할 사람도 없는 수사 풍토가 확립되고 고문으로 인한 시비가 종식되는 뼈아픈 교훈이 되길 바란다"고 밝혔다.
당시 유력한 사건 증인 국립과학연구소의 황적준 박사와 당시 담당 검사였던 안상수 변호사가 새로운 사실을 밝힘에 따라 노태우 당선자는 "국민들에게 일말의 의혹을 남기지 않도록 진실을 규명하라"고 촉구했다.
대검 중수부는 경찰수뇌가 처음부터 적극 개입한 사실을 밝혀내고 강민창 전 치안본부장을 직무유기 및 직권남용 혐의로 전격 구속했다.
김경회 중수부장은 "강 전 치안본부장이 박 군 고문치사사건 발생 다음날인 지난해 1월 15일 부검의 황적준 박사로부터 "사인이 경부 압박에 의한 질식사일 뿐 아니라 가혹행위로 인한 사망일 가능성이 충분하다"는 내용의 부검소견을 보고받고도 사인을 은폐한 채 부검내용을 발표하고 진상조사를 하지 않고 방치해 직무를 유기했다"고 밝혔다.

(5) 경찰의 최루탄 발사로 이한열 연세대생 사망

1987년 6월 9일 연세대 교내 시위도중 최루탄을 맞고 실신하여 병원에서 사경을 헤매던 이한열 군이 의식을 회복하지 못한 채 끝내 숨졌다.
이 군의 시신을 부검한 결과 뇌관 파편임이 확실시되는 금속파편 2개가 검출됨에 따라 최루탄 파편에 의해 숨진 것으로 결론을 지었다.
검찰은 연세대 총학생회장 우상호 군이 서대문 경찰서장 등을 살인미수 및 직무유기로 고발함에 따라 수사에 착수했다.
이한열 군의 영결식이 연세대 본관 앞 광장에서 학생, 유가족, 시민, 재야인사 등 7만여 명이 참석한 가운데 연세대 총학생회 주관으로 거행됐다.
'애국학생 고 이한열 열사 민주국민장'으로 명명된 이날 영결식에는 안세희 연세대 총장, 김영삼 통일민주당 총재, 김대중 민추협 공동의장, 문익환 민통련의장 등이 참석했다.
이 군의 추도행렬에는 학생·시민 등 7만여 명이 뒤따랐고, 주변에 있던 시민들이 합류해 장례행렬에 운집한 군중은 한 때 50만 명에 이르렀다.
수십만의 시민과 학생들은 '민주쟁취' 등의 구호를 외치고, '청와대로 가자'며 광화문 쪽으로 행진하여 이 일대의 교통이 마비되자 경찰은 시위 군중들에 최루탄을 쏘았다.
일부 학생들은 시청 정문을 부수고 들어가 옥상의 국기게양대에 조기를 올리기도 했다.
이 군의 유해는 광주시민들의 애도 속에 망월동 묘지에 안장됐다.

제3장 군부독재정권의 항복으로 비춰진 6.29 선언

1. 체제수호를 위해 국회의원들의 기소와 구속
2. 개헌가두 서명운동과 시·도 지부 결성대회
3. 끝없는 의원내각제와 대통령중심제 개헌 공방
4. 조연하 국회부의장 파동과 김대중 불출마 선언
5. 의원내각제 수용으로 비춰진 이민우 총재 구상
6. 통일민주당 출범과 정부·여당의 방해공작
7. 전두환 대통령의 4.13 호헌선언과 6.10 규탄대회
8. 노태우 민정당 대선후보 6.29 선언의 숨겨진 배경

새해 예산안을 단독 변칙 처리한 민정당은 폭력성을 동반하여 이를 항의한 신민당 의원 17명을 기소하는 야당 길들이기에 들어갔다.

이어 정부·여당은 국시 논쟁을 불러 일으켜 유성환 의원을 구속하는 강경노선으로 치달았다. 그러나 신민당은 개헌 가두서명운동과 시·도지부 결성대회를 강행하여 개헌논쟁의 불씨를 이어가다가 서울 88올림픽 이후에 개헌하겠다는 전두환 대통령의 결단으로 국회 내에 헌법개정특별위원회가 가까스로 가동됐다.

그러나 민정당의 의원내각제와 신민당의 대통령 직선제가 평행선을 달려 개헌논의는 한 발자국도 나아가지 못했다.

이러한 경색현상을 타개하고자 신민당 이민우 총재의 선민주화 구상이 발표되었고 이민우의 구상은 신민당의 분당사태로 이어졌다.

의원내각제 수용의사를 비친 이민우 총재를 고립무원으로 만들기 위해 김영삼, 김대중이 의기투합하여 통일민주당을 출범시켰다.

직선제 개헌에 대한 강경노선을 채택한 통일민주당 출범에 맞춰 전두환 대통령은 4.13 현행헌법 호헌 특별담화로 맞섰다.

전국적인 시위 확산과 정부의 초강경 대응으로 한 치 앞을 전망할 수 없는 극한 정국은 노태우 민정당 대선 후보의 6.29 선언으로 급선회하여 대통령 직선제에 의한 13대 대통령 선거와 17년 만에 빛을 발휘한 소선거구제에 의한 13대 총선이 실시됐다.

1. 체제수호를 위해 국회의원들의 기소와 구속

(1) 박찬종, 조순형 의원에게 소환장 발부

검찰은 신민당의 박찬종, 조순형 의원을 고려대생 시위현장에서의 행동과 관련하여 입건했고, 민정당은 두 의원의 행위가 불법적 행위라는 입장을 확인하면서 대국민 사과를 촉구했다.
두 의원은 검찰의 출석요구에 불응하면서 불출석 소명서를 제출했다.
박찬종, 조순형 의원에게 집회 및 시위에 관한 법률위반 혐의로 구인영장을 발부받은 서울지검은 박, 조 두 현역의원과 민추협 소속 김병오, 한광옥 전 의원 등 7명을 집시법 위반 혐의로 불구속 기소했다.
검찰은 "외부 세력이 학원사태 및 노사분규에 개입하고 선동을 하는 행위는 엄정하게 처리한다는 것이 검찰의 확고한 기본 방침"이라고 조치 배경을 설명했다.
검찰은 소환에 불응한 박, 조 의원을 민추협 간사장 김병오, 대변인 한광옥 씨와 함께 강제 구인했다.
검찰은 이들 4명에 대한 철야조사를 마치고 불구속 기소 방침을 정하고 일단 석방했다.
고려대 앞 시위현장 방문사건으로 불구속 기소되어 징역 3년이 구형됐던 박찬종 의원은 징역 1년에 집행유예 2년이, 징역 2년 6월이 구형됐던 조순형 의원은 징역 8월에 집행유예 2년이 선고됐다. 검찰과 법원은 시위학생들에 동참했다는 이유로 국회의원들에게 실형을 구형하고 이에 발맞춰 선고한 셈이다.

(2) 민정당의 야당의원 길들이기에 검찰이 총대를

민정당은 의원실 문을 잠근 뒤 예결위와 본회의를 잇달아 열고서 새해 예산안과 조세 감면 규제법 개정안 등 예산 부수법안 등 21개 법안을 2분 만에 전격적으로 단독으로 변칙 처리했다.
이에 반발한 신민당은 의원직 사퇴서를 제출하여 최악의 갈등상태를 조장했으며 정국은 걷잡을 수 없는 험로(險路)를 예고했다.
검찰은 민정당의 예산안 단독 처리과정에서 빚어진 신민당 의원 및 보좌관들의 의사당 내 폭력사태에 대한 수사에 들어갔다.
서울지검 최환 공안부장은 민정당의 예산안 단독처리 과정에서 빚어진 신민당 의원 및 보좌관의 의사당 내의 폭력사태는 사회질서를 수호하기 위해 결코 용납할 수 없다며 수사할 방침임을 밝혔다.
검찰은 의사당 내 폭력사건에 대한 본격적인 수사에 착수하여 11명의 신민당 의원과 7명의 보좌관에 대한 소환장을 발부했으나 모두 불응했다.
검찰은 신민당의 노승환, 김동영, 신순범, 장기욱, 김형래, 신기하, 김영배, 김태룡, 김정수, 최낙도, 이철 의원 등 11명을 입건 대상자라고 밝혔으며 의원보좌관 7명도 입건 대상자에 포함됐다.
검찰은 의원보좌관들을 연행하여 이 문제를 끈질기게 물고 늘어졌다.
검찰은 송천영, 김형래, 이택희, 유준상, 박용만 의원 등을 추가하여 모두 17명의 의원들에게 소환장을 발부했으며 소환에 불응할 경우 강제 구인할 방침을 세웠다.
검찰은 신순범, 김동주, 장기욱, 김정길, 김영배, 김태룡, 이철 의원 등에게 구인장을 발부했다. 이에 신민당 의원들은 조사에 불응하고 연행저지에 맞서기로 했다.
이틀에 걸친 농성 끝에 조사에 응한 이들 의원들은 모두 불구속

기소됐다.
신민당은 민정당의 사주에 의한 검찰의 의회개입이라고 비난하고 당국의 당사자 출두 요구에 불응함은 물론 개헌 추진을 위한 단계적 당내조치를 강화하기로 했다.
신민당은 민정당이 검찰로 하여금 인지수사를 내세워 구태여 문제 삼도록 하는 것은 의회의 권위를 모독하는 것이라고 반발하기도 했다.
민정당 심명보 대변인은 "겉으로는 분장된 민주화를 고창(高唱)하고 소위 직선제를 주장하면서 이의 관철을 위해 구사되는 수단은 이성과 논리보다는 제반 실정법을 위반하는 비민주적 행위에 호소했다"고 비난했다.
검찰은 1986년 8월에야 국회 내무위에서 최루가스 소동을 일으킨 김동주 의원을 제외하고 장기욱 의원 등 6명에 대해서는 공소를 취하했다.
또한 유준상 의원 등 10명에 대해서도 불기소 처분할 방침을 세워 야당 의원들의 길들이기였음을 드러냈다.

(3) 국시 논쟁에 휘말려 구속 기소된 유성환 의원

서울지검은 1986년 10월 15일 신민당 유성환 의원의 국회 본회의 발언 내용과 관련하여 국가보안법 위반혐의로 구속 영장을 신청했다.
한편 법무부는 유 의원에 대한 체포 동의요구서를 국회에 접수시켰다.
정구영 서울지검장은 "국민의 뜻을 올바르게 대변해야할 국회의원 신분으로서 공공연히 북괴의 주장에 동조하는 용공이적 행위를 한 것은 학원가를 비롯하여 사회 일각에 용공·좌경 성향을 부채질하고 국민의 반공의식에 악영향을 끼치는 중대행위로 보고 국민적 경각심을 불러일으키기 위해 단호하고 강력한 조치를 취하기로 한 것"이라고 설명했다.

유 의원의 원고 중 문제가 된 부분은 "우리나라의 국시는 반공보다도 통일이어야 한다. 통일이나 민족이라는 용어는 그 소중함을 생각하면 공산주의나 자본주의 용어보다도 그 위에 있어야 한다"와 "5.3 인천사태는 민중 수탈에 대한 민중의 처절한 생존권 투쟁이며 강대국의 한반도 분단 고착 정책에 대한 민중의 자발적 자주적 투쟁"이라는 내용이라고 밝혔다.

민정당은 경호권이 발동돼 야당의원들의 출입이 봉쇄된 국회의사당 내 참의원회의실에서 본회의를 열고 유성환 의원 체포 동의안을 단독으로 가결, 처리했다.

신민당 의원들이 국회본회의 단상을 점거하자 국회의장이 경호권을 발동하여 800여 명의 사복 경찰 병력이 의사당에 진입하여 본회의장에 있는 신민당 의원들을 봉쇄했다.

신민당은 "우리 당은 국회법을 무시한 채 민정당 의원만의 사사로운 회합에서 진행된 이 모든 음모에 대해 무효를 선언하며, 의회의 기능을 상실한 이 오욕(汚辱)의 장에 더 이상 머무를 이유가 있는지 결정할 것"이라며 밤샘 농성에 들어갔다.

민정당 노태우 대표는 "앞으로는 우리 사회의 어느 구석에도 좌경화된 무리가 뿌리내릴 수 없도록 철저하게 밝혀내서 국민들의 마음을 안정시키는 것이 급선무"라고 유 의원 처리 문제와 관련하여 입장을 밝혔다.

신민당은 국회에 무조건 동원해서 이재형 국회의장 등 의장단에 대한 사퇴권고 결의안과 유 의원 석방 결의안을 국회에 제출키로 했다.

이철승 의원은 "신민당은 해방 이후부터 민주, 민족, 자주, 통일, 반공을 수호해 온 정당인데 정부가 우리 당을 용공시하고 위해를 가하는 것은 유감"이라며 "정부·여당은 본질적인 것을 등한시하고 지엽적인 문제로 정국을 혼란상태로 몰고 간 책임을 져야한다"고 주장했다.

조연하 국회부의장은 "유 의원에 대한 체포 동의안이 1천여 명 사복 경찰의 경호 아래 본회의장이 아닌 제2의 장소에서 변칙처리 되어버린 사태를 의장단의 일원으로서 미연에 방지하지 못한데 대해 소임의 한계성과 책임을 통감하며 이 자리에서 물러나기로 했다"며 부의장직 사퇴서를 제출했다.

노신영 국무총리는 신민당 유 의원은 원내발언과 사전 배포원고에서 자유민주적 기본질서에 위배되고 사상적 혼란을 가중시키는 언급을 하여 문제 삼지 않을 수 없었다고 강변했다.

국시 발언으로 9개월간 수감되었다가 보석으로 풀려난 유성환 의원은 신상 발언에서 "동료 의원에 대한 체포 동의안을 가결시켜 옥고를 치르게 한 여러분을 대하고 보니 감회가 착잡하다"면서 "독방에서 느낀 것은 마음에 없이 반성해야 하는 비극이 다시는 이 땅에서 재연되지 않아야 한다는 것이었다"고 술회했다.

2. 개헌가두 서명운동과 시·도 지부 결성대회

(1) 신민당과 민추협은 개헌 서명운동을 전격 추진

신민당은 개헌추진 1천만 서명운동을 1986년 2월 29일부터 시작한다는 방침을 정하고 준비 작업에 들어갔다.
대검찰청은 신민당, 재야, 종교단체 및 대학생들이 개헌 서명운동을 본격화할 움직임을 보임에 따라 개헌에 대한 가두서명을 받은 경우 도로교통법 위반으로 1년 이하의 징역에 처하고, 옥내 집회에서 서명을 받을 경우에도 사회적 불안을 야기 시킬 우려가 있으면 집회 및 시위에 관한 법률을 적용하여 7년 이하의 징역 또는 300만 원 이하의 벌금 등 엄벌에 처하도록 지침을 시달했다.
신민당 이민우 총재는 "민주화와 그 핵심 과업인 대통령 직선제 개헌이 온 국민의 염원이고 역사적 필연인 이상 우리는 이 사명을 기필코 완수해야 할 것"이라며 천만 명 서명 운동을 전개할 것을 선언했다.
강민창 치안본부장은 개헌서명운동은 정치인이나 학생, 기타 신분과 지위고하를 막론하고 모두 연행하여 의법 조치 하겠다고 밝혔다.
대검은 단순히 서명을 한 행위에 대해서도 서명자를 소환하여 조사해 위법여부를 가릴 방침이라고 경고했다.
신민당과 민추협은 '2.12 총선 1주년 기념식'이 끝난 뒤 전격적으로 1천만 개헌서명운동에 돌입했다.
이민우 총재는 "나와 우리 당은 지난 1년 동안 인내를 거듭하면서 개헌문제를 대화와 토론에 의해 해결하려고 노력해 왔다"고 전제하면서, 정부와 여당은 개헌 논의 자체를 거부하다가 더 이상 미룰 수 없게 되자 헌법 연구나 하자는 말로 국민을 기만하려 했다고 비난했다.

김영삼 신민당 고문은 "1천만 개헌서명운동은 이 시대 민주 양심의 선언이며, 평화적인 민주화의 핵심이고, 민족 통일에 접근하는 구국투쟁임을 확신한다"면서 "우리는 이 운동을 헌법 개정이 실현될 때까지 비폭력, 평화적으로 전개할 것"이라고 선언했다.
강민창 치안본부장은 개헌서명 연명부는 압수하고 관련자는 의법 조치하겠다고 밝혔다.
이에 따라 경찰은 서명 명부 압수수색을 위해 신민당 중앙당사와 민추협 사무실에 대한 압수수색 영장을 신청했다.
검찰과 경찰은 신민당 중앙당사와 민추협 사무실에 대한 압수수색 영장을 서울형사지법으로부터 발부받아 두 사무실에 대한 야간 수색을 벌였으나 개헌서명 연명부는 찾지 못했다.
신민당 정무회의는 "12.12 총선에서 확인됐던 개헌에 대한 민의를 끝까지 성취할 것을 다짐한다"면서 "현 정권은 우리 당 당사를 봉쇄하고 합법적인 국민의 기본권을 행사하는 서명자를 구금연행한다고 위협하고 있으나 우리 당은 60만 당원 중 마지막 한 사람이 투옥될 때까지 평화적으로 개헌서명 투쟁을 전개할 것을 확인한다"고 밝혔다.
김성기 법무부장관은 "개헌서명운동과 관련된 일체의 범법행위에 대해서는 초기 단계부터 단호히 대처하고 법에 따라 엄단하겠다"고 밝혔다.
김 장관은 "개헌 서명운동은 헌법이 정한 절차나 방법을 따르지 않는 행위로서 법치주의와 의회민주주의를 무시한 위장된 폭력행위"라고 규정했다.

(2) 개헌서명 예상자까지 연행하여 조사한 경찰

전두환 대통령은 "사회 안정과 법질서 확립이 무엇보다 중요한 시기인 만큼 법을 무시하고 비민주적 집단행동에 대해서는 지위고하를 막론하고 철저히 다스려야 할 것"이라고 지침을 하달했다.
검찰과 경찰은 신민당 당직자 51명과 민추협 회원 31명 등 82명을 개헌서명운동과 관련하여 연행하여 조사했다.
서울지검 최환 공안부장도 신민당 국회의원에 대해서는 당직자 조사가 끝나는 대로 단계적으로 소환해 수사할 방침이라고 밝혔다.
신민당은 비폭력, 평화적 개헌투쟁을 계속 추진키로 다짐하는 한편 학생들의 동참을 말리고 자중자애를 당부했다.
신민당의 개헌서명 착수, 경찰의 신민당사 및 민추협 봉쇄, 압수수색과 김영삼 고문의 민추협 앞 기립 농성 등 긴박한 상황에서 민정당은 "서명행위는 국민에 대한 배반 행위"라며 "현행 헌법 개헌안은 대통령이나 국회의원 재적 과반수의 발의로 하게 돼 있는데 학생들의 행동이나 야당 정치인들의 행동은 혁명적 방법을 통해 민중 민주주의를 이룩하기 위한 것으로 정치적 절차를 거부한 것"이라는 대변인 성명을 발표했다.
민정당은 신민당의 개헌서명운동에 대한 정부의 강경조치를 전폭 지지하고 야권에 대해 서명운동의 즉각 중단을 요구하면서 모든 문제의 장내 논의를 촉구했다.
민정당은 "신민당은 그들의 서명운동에 헌정질서를 교란하고 파괴하려는 의도가 담겨있음을 감추지 말고 특정인의 정치적 사욕(私慾) 충족을 위한 수단이 되고 있는 서명 운동을 즉각 중지하라"고 촉구했다.
신민당은 개헌서명운동 단속 지침에 대해 "정부가 개헌서명운동과 관련된 모든 활동을 아전인수 식의 법률 해석과 집행으로 봉쇄하려는 것은 이 나라를 법치국가로부터 경찰국가로 전락시키려는 폭거"라고 주장했다.

(3) 경찰의 원천봉쇄로 신민당 중앙상무회의 무산

신민당은 중앙당사에 중앙상무위원회를 열어 개헌추진본부 현판식을 갖고 275명의 상무위원들로부터 개헌서명을 받을 예정이었으나 경찰의 제지로 회의를 열지 못했다.
지방 상무위원들은 출발지에서부터 경찰에 의해 저지당했고, 이민우 총재를 비롯한 부총재들은 관할 경찰서로부터 하루 동안 집밖으로 나갈 수 없다는 통보에 이어 가택연금을 당했다.
이에 따라 이 총재는 "오늘 중앙상무위원회는 경찰의 저지로 열리지 못했으나 가까운 시일 내에 재소집 하겠다"면서 "개헌서명운동을 위한 시·도지부 현판식 및 지구당 개편대회는 강행하겠다"고 밝혔다.
민정당은 경찰이 신민당사를 봉쇄하고 지도급 인사들을 자택에 연금한 것에 대해 헌정질서를 교란하고 파괴하려는 행위를 사전에 저지하려는 것으로 본다며 경찰의 입장을 적극 지지했다.
이기택 부총재는 "신민당 소속의원 전원에 대해 정치활동은 물론 평상활동도 못하도록 이렇게 신체 자유를 속박하는 것은 중대한 사태"라며 임시국회 소집을 요구해야 한다고 주장했다.
김영삼 상임고문은 "정부가 온갖 불법부당한 탄압을 가하고 있는 것은 자신감의 상실이며 우리의 투쟁이 무섭기 때문"이라면서 "우리는 때리면 맞고, 감옥에 넣으면 들어가고, 연금하면 당하는 등 '간디'식의 비폭력 평화적 방법으로 계속 서명운동을 추진해 나갈 것"이라고 다짐했다.
신민당은 중앙상무위 재소집을 공고하면서 홍사덕 대변인은 "우리의 굴절된 헌정사가 자유당과 공화당 독재 그리고 반민주적 유신체제에서 온갖 고난을 겪었다고 하지만 최근의 사태와 같은 헌정 오손(汚損)은 진실로 초유(初有)의 일"이라고 비난했다.
이제 서명운동은 그 자체가 강행한다 중지한다 할 성질의 것이 아닌데다 이미 1년간의 원내투쟁으로 투쟁효과를 올리지 못한 신민당으로서는 서명운동마저 실패할 경우 이제 더 이상 기대를 줄 수가 없다는 절박한 상황에까지 다다랐다.

민정당 심명보 대변인은 "우리는 헌정 40년의 교훈, 즉 평화적 정권교체를 단 한 번이라도 실현해 보자는 5년 전의 국민합의와 여망을 지켜주기 위해 현행헌법을 고수하는 것이다"라고 헌법 개정 반대사유를 설명했다.

김수한 신민당 부총재는 "야당 당사 봉쇄와 의원 연금조치는 실질적으로 정당해체 조치나 마찬가지인데 민정당이 정부의 조치를 전폭 지지한 것은 스스로 정당정치의 근본을 부인하는 자가당착의 망발"이라고 규탄했다.

한승헌 변호사는 "정당 활동에까지 집시법을 적용하는 것은 정부와 의견을 달리하는 의사 표시를 일률적으로 사회불안 조성 행위로 취급하려 한다는 비난을 살 수 있다"고 경찰의 신민당사 봉쇄와 의원연금을 초법률적 행위라고 비난했다.

전두환 대통령은 "민주주의는 법치주의"라고 전제하고 "법질서를 파괴하는 집단행동이나 헌법질서를 문란시키는 행위는 어떠한 이유로도 용납될 수 없다"고 거듭 강조했다.

(4) 신민당은 개헌추진위 시·도지부 결성대회 강행

1986년 2월 24일 전두환 대통령이 이민우 신민당, 이만섭 국민당, 노태우 민정당 대표들을 초청한 오찬에서 헌법특별위원회를 국회 내에 설치하는 문제를 3당 대표에게 일임했다.

또한 전 대통령은 신민당이 거리에 나서서 개헌서명운동을 벌이지 않는 조건에서 당사 내에서 당원끼리 정치활동의 일환으로 서명하는 것은 무방하다는 견해를 밝혀 개헌서명 추진의 숨통을 틀 수 있었다.
그리하여 1986년 3월 11일 신민당은 1천 5백 명이 참석하는 개헌추진위원회 서울지부 결성대회를 가질 수 있었다.
김영삼 상임고문은 이날 격려사에서 "우리나라의 유일한 야당인 신민당은 결코 개헌이 되지 않는 한 다음 대통령 선거에서 들러리 후보를 내지 않을 것"이라고 선언했다.
신민당은 1986년 3월 23일 부산진구 대한극장에서 김영삼 고문 등이 참석한 가운데 개헌추진위 부산시지부 결성대회를 가졌다.
이날 대회장에는 3천여 명이 참석했고 미처 극장 안에 못 들어간 많은 사람들이 대회장 주변 도로변과 골목 등을 메운 채 대회를 지켜보았다.
이민우 신민당 총재는 "부산시지부의 결성은 유신종식에 결정적인 역할을 한 부산시민들이 영원한 민주진지를 구축한 것 같다"면서 "물러서도 안 되고 물러설 곳도 없는 개헌투쟁에 우리가 얼마만큼 선도역을 잘 수행하느냐에 따라 나라의 민주화는 얼마든지 앞당겨질 수 있다"고 주장했다.
신민당은 1986년 3월 31일 광주 YMCA에서 개헌추진위 전남도지부 결성대회를 가졌다.
결성대회가 진행되는 동안 광주 시내 금남로, 충장로 등 도심 거리와 도청 앞 광장 분수대, 로터리 등은 시민, 학생들로 꽉 들어찼고 일부 도심 상가 건물들이 철시한 가운데 광주 시내 주요 도심지 도로의 교통이 한때 마비됐다.
결성대회가 끝나자 군중들은 아리랑, 선구자 등의 노래를 부르며 현판식을 하러가는 당 지도부의 뒤를 이었다.
1986년 4월 5일 신민당은 대구·경북지부 결성대회 및 현판식을 가졌다.
이민우 총재는 서울, 부산, 광주에 이은 대구 대회로 국민의 개헌 열망은 이미 확인됐다고 말하고 "정부·여당은 국민의 개헌 열망을 즉각 받아들여 역사의 소명에 순응하라"고 촉구했다.
이날 대회장 주변에서는 대학생 3백여 명이 스크럼을 짜고 '헌법 철폐' 등 구호를 외치며 대회장인 아세아극장 주변을 돌며 20여 분 간 가두시위를 벌였다.
1986년 4월 19일 신민당은 대전 충무체육관에서 충남도지부 결성 대회를 가졌으며, 이 총재 등 지도부는 고속도로 대전 톨게이트에서 시내 중심가까지 카퍼레이드를 벌였다.
4월 28일 개최한 충북지부 결성대회에서 이 총재, 김 고문 등 신민당 지도부는 '민주는 천하지대본', '대통령은 내손으로' 등의 깃발과 플래카드를 앞세우고 시내 중심가로 행진했으며 이 행진에는 많은 시민들도 참여했다.
5월 3일 인천 시민회관에서 개최예정인 경기지부 결성대회는 운동권 학생들과 근로자들이 대회장 밖에서 과격한 가두시위를 벌이는 바람에 지도부의 대회장 진입이 불가능하여 인천 중-남 지구당에서 현판식으로 대체했다.
'미제 축출', '파쇼 타도', '민주헌법 쟁취' 등의 구호를 외치고 '노동운동 탄압하는 독재정권 타도하자', '미일외세 몰아내고 민중정권 수립하자', '속지말자 신민당' 등의 피켓을 들고 민정당사를 습격하여 방화하는가 하면 대회장 주변의 네거리에서 최루탄을 쏘아대는 경찰들과 화염병을 던지며 맞섰다.
정부·여당은 대회 중지를 강력히 촉구한 가운데 강행된 신민당 개헌추진위 경남지부 결성대회는 물리적 충돌 없이 일단 치러져 여·야 모두 큰 고비를 넘겼다.
6천여 명이 참석한 이날 대회가 과격시위가 일어날 것에 대비 대회장 주변에 경찰병력이 배치돼 있었다.
신민당 지도부는 청년당원들과 함께 '독재타도', '직선개헌' 등의 구호를 외치며 가두 행진을 벌였으나 경찰은 이를 저지하지 아니했다.

5월 31일 전주시 학생회관에서 개최한 개헌추진위 전북지부 결성대회는 운동권 학생들이 한때 신민당 지도부의 입장을 방해하여 옥신각신하느라 예정보다 1시간 늦게 열렸다.

운동권 학생들은 신민당 지도부를 에워싸고 '신민당은 사죄하라', '내각책임제 개헌 철회하라', '이철승은 물러가라' 등의 구호를 외쳤다.

전북 전주대회를 마지막으로 신민당은 우여곡절 끝에 전국 시·도지부 결성대회를 마치고 본격적인 개헌추진 활동에 돌입했다.

(5) 신민당 개헌추진위원회 결성대회의 성과와 한계

이민우 총재는 정부·여당이 대학교수들의 시국선언과 종교계, 학원가 움직임뿐만 아니라 신민당의 개헌추진과 관련한 정당활동을 문제시하고 있는데 대해 원천적으로 문제를 해결하려 하지 않고 물리적 방법으로 사태를 다스리려는 생각은 착상부터 비민주적이라고 비난했다.

이민우 총재는 "당국이 민주화를 요구하는 학생과 근로자들을 투옥한다고 해서 또 경찰이 개헌서명운동을 방해한다고 해서 이 나라의 민주화와 우리의 개헌투쟁이 저지될 수는 없는 것"이라며 당원들의 적극적인 개헌투쟁을 당부했다.

신민당은 개헌투쟁이 민정당의 무방비 상태를 노출시키고 당정 간의 내부 교란상을 드러나게 한 것도 중요한 성과라고 믿고 있고, 국제 여론의 환기는 물론 순수 재야 각종 단체에 대해 두 김 씨와 신민당의 대국민 영향력을 과시할 수 있었던 점들도 모두 성과로 치부하고 있다.

서울, 부산, 광주, 대구, 대전 등 5대 도시 개헌추진위 결성대회를 성공적으로 치른 신민당은 개헌이 시중 분위기의 큰 줄기를 이루도록 하는데 일단 성공한 것으로 보고 있다.

신민당은 "지난번 대통령 선거에 출마했던 야당 후보 중 당선되리라고 기대한 사람이 누가 있었나. 다음 선거엔 절대로 들러리 후보를 내지 않겠다"와 "86, 88년의 두 체육행사가 대사(大事)이기는 하지만 큰 잔치일 뿐 큰 정치는 아니다"의 논리와 안보의 정치도구화를 공격하는 부분에서 국민들의 절대적인 호응을 받고 있다.

그러나 전두환 대통령이나 집권여당의 개헌에 대한 긍정적인 반응이나 시그널을 얻어내는 데는 실패하여 결성대회의 한계를 엿볼 수 있었다.

(6) 민정당 노태우 대표의 반격과 주장

노태우 민정당 대표는 "현행 헌법을 채택한 국민투표 이후 두 번의 자유선거에서 국민이 민정당을 지지한 것은 이 헌법을 보호하라는 것이었다"고 나름대로 해석하고 "현행 헌법이 담고 있는 내용 중 가장 중요한 것이 1인 장기집권 방지이므로 88년에 평화적 정권교체를 이루고 올림픽을 치른 다음 성숙된 여건 하에서 모든 것을 개방하여 89년에 국민이 원하는 방향으로 헌법을 개정할 수 있을 것"이라고 주장했다.

민정당 중앙위원들은 "우리 당의 헌법 논리는 일관성이 결여돼 있다"거나 "야측의 개헌주장이 민주적이라는 생각이 저변으로 확대되고 있는데 비해 우리는 방향감각조차 상실해 자신감을 느끼기 힘들고 도대체 어떻게 행동해야 될지 난감하다"며 중앙당의 자세를 신랄히 비판했다.

또한 "종교계나 대학교수 등 비정치권까지 나서 개헌주장을 하고 있는데 우리는 86, 88 양대 행사로만 대응하고 있다"며 "당 소속 국회의원들조차 자신감을 잃고 우왕좌왕하고 있으니 중앙위원들이야 더 말해 무엇하느냐"며 불만과 불안을 동시에 호소했다.
이에 노태우 대표는 "야측이 거리를 휩쓰는 작태가 자칫 사람들에게 감염되면 끔찍한 혼란에 빠지게 된다"며 "우리는 우선 1인 장기집권을 방지하는 현행 헌법에 의해 평화적 정권교체를 이룩하고 올림픽을 치른 다음 성숙된 여건 하에서 89년에 국민이 원한다면 개헌을 하자는 것이다"라고 설득했다.
결국 민정당은 88년까지의 호헌과 그 이후의 민주화를 담보로 함으로써 부러지지 않는 선에서 공생하자는 신호를 대국민, 대야용으로 계속 던지고 있는 양상이라고 할 수 있다.
노태우 대표는 "아무리 대학교수들의 견해 표명이 순수한 동기에서 비롯됐다 해도 그 같은 집단행동은 분명한 현실정치에의 관여이기 때문에 용납해서도 안 되며 가톨릭의 개헌서명 또는 권유 등 정치참여 행위를 방관해서는 안 된다"고 주장했다.

3. 끝없는 의원내각제와 대통령중심제 개헌 공방

(1) 전두환 대통령 개헌논의는 1989년에 하자

전두환 대통령은 1986년 새해 국정연설에서 "이 시기에 헌정 제도의 변경을 위한 논의에 골몰하는 것은 국민여론을 분열시키고 국력을 분산시켜 난국을 자초하는 어리석은 일이 될 것"이라며 "역사상 수많은 도전과 시련이 내부의 분열에 의해 극복 불능으로 되고만 과오를 되풀이할 수 없다"고 강조했다.

전 대통령은 "대통령 선거 방법의 변경에 관한 문제는 평화적 정권 교체의 선례와 서울 올림픽의 개최라는 긴급한 국가적 과제가 성취되고 난 89년에 가서 논의하는 것이 순서라고 믿는다"고 시기를 언급했다.

전 대통령은 "과거 대통령직선제를 통해 우리가 좋은 성과와 소망스러운 결과를 단 한 번만이라도 이룩했는가 자문해 보지 않을 수 없다"면서 "우리의 경험과 세계의 실례들은 직선제가 논리상으로는 평화적 정권교체를 봉쇄하지는 않고 있다 하더라도 실제적으로 그것을 봉쇄한 결과를 거의 100% 빚었다는 사실을 보여주고 있다"고 대통령직선제에 대한 강한 의구심을 드러냈다.

전 대통령은 평화적 정권 교체에 대해 "본인이 임기를 마치고 퇴임하는 것이 선례가 돼 새로운 전통이 확립되기를 간절히 바라며 이것은 국민 여러분의 여망과도 일치할 것"이라고 강변했다.

대통령의 헌법논의에 대한 입장 천명에 따라 민정당은 앞으로 헌법관계 논의에 대해 상당히 소극적인 태도를 견지할 것이 확실시 되는데 이에 신민당이 반발할 경우 원내정치는 그 성립이 어려울 것으로 예상되며, 반사적으로 신민당이 장외투쟁을 벌일 경우 정부의 강력한 규제가 뒤따르는 경색상태가 예상됐다.

신민당은 국정연설의 문맥상 지난 정기국회 때 이미 제시했던 헌법연구특위안도 가망이 없어졌다는 인식을 가지면서 "의회민주주의를 위한 무한 투쟁을 벌일 것"을 의원 총회에서 결의했다.
이기택, 최형우 부총재는 "86, 88의 양대사나 88년의 정권 교체가 모두 집권세력이 설정한 국가대사인데 예정된 사항을 원활하게 치르기 위해 야당에는 무조건 따라오라는 식"이라고 반발했다.
민정당 김식 의원은 "12대 국회 들어 야당이 국가원수에 대해서까지 마구잡이로 싸잡아 공격하고 있고 대법원장을 탄핵하며 국회의장을 고소하는 등 삼부 요인에게 못할 짓을 다하고 있다"면서 "야당과의 대화에서 무엇이 나오겠느냐. 지금 이성을 잃은 야당이 이성을 회복할 때까지 관망하는 것이 도리다"라며 대화무용론을 주장했다.
이민우 신민당 총재는 "가까운 기일 내에 정부·여당이 직선제 개헌을 핵심으로 한 민주화 일정을 밝히지 않는다면 국민들은 2.12 총선에서 명백히 입증된 국민적 합의에 대한 정면도전으로 간주하게 될 것이며, 그로부터 야기되는 분노는 감당하기 어려운 정치적 불안을 초래하고 말 것"이라고 경고했다.
이 총재는 "정부·여당은 민주화 일정의 제시를 끝내 거부하여 국민들로부터 민주화의 희망을 빼앗아버릴 경우 국민들이 과연 어떤 태도를 취할 것인지 깊이 성찰해 봐야 할 것"이라고 덧붙였다.
헌법특위협상 좌초, 신보수회의 신민당 탈당, 신민당 소속의원 7명 기소 등으로 민정당이 공세적 자세로 전환하고 있는 반면 신민당은 방어적 자세를 강요받고 있다.
민정당은 88년 평화적 정권교체와 88올림픽 등이 국정의 절대 목표로서 야권에서 주장해온 개헌 논의는 이 같은 목표 달성에 장애요소이므로 유보(留保)되어야 하며, 그 대신 1989년에는 개헌 논의가 이루어질 수 있다는 자기 논리로 강력하게 집대성된 정치적 카드로 제시됐다.

신민당은 직선제 개헌이 평화적 정권교체, 88올림픽의 성공적 개최보다 상위가치라는 점을 증명하는데 성공하지 못할 경우 동력을 잃고 난조에 빠질 위험성을 내포하고 있다.

국민당 이만섭 총재는 "개헌에 대한 논의는 국회 내의 '헌법연구특별위원회'에서 토론을 통해 결론이 유도돼야 한다"면서 "개헌 문제를 포함한 모든 정치적 현안이 국회에서 논의돼야 하고 어떤 문제든 장외로의 확산은 의회정치의 포기이며 정국의 파국을 자초하기 쉽다는 현실 상황을 일부 정치 지도자들이 똑똑히 인식해야 한다"고 말하고 "정치적으로 해결해야 할 문제인데 정부 당국이 폭력 행위로 규정하고 기소조치까지 서슴지 않는 것은 명백한 권력남용이며 국회에 대한 정부의 간섭"이라고 양비론을 펼쳤다.

민정당 노태우 대표위원은 국회 내 헌법특위 구성 문제에 대해 "정쟁적 논의를 위한 것이 아니라 연구의 장(場)으로, 그리고 그 논의가 사회적 확산의 대상이 되지 않는 한에서"라는 전제조건을 붙여 "국회에 헌법연구특위를 두는 것은 좋다고 생각한다"고 주장했다.

또한 노 대표는 "야당과 일부 국민 사이에 제기된 헌법문제에 관한 시비의 계속이 큰 정치의 전개를 가로막아 왔다"면서 "88년에 평화적 정권교체가 실현되고 올림픽이 성공하고 나면 국내 정치적 여건과 경제적 역량이 보다 성숙될 것이므로 그때 헌법문제를 논의하자"라면서 지금은 헌법 논의로 국력을 낭비할 시기도 아니며 또 그럴만한 겨를도 없다고 못 박았다.

이에 신민당 양순직 부총재는 "71년 대통령 선거 이후 88년까지 17년, 또 다음 선거 때까지 7년 등 모두 24년 동안 자기 정부의 선택권을 포기하라는 이야기는 이 나라 국민의 의식수준과 여망에 비추어 보아 전혀 정당성이 없다"고 반발했다.

이만섭 국민당 총재는 "집권세력이 진정한 평화적 정권교체를 위한 구체적 방안을 국민이 원하는 방향으로 제시하지 않는다면 국민이 결코 용서하지 않을 것이며 일부 야당 세력이 의회정치의 틀을 벗어나 조급히 서두르려 한다면 국민들은 그들의 과욕을 용납치 않을 것"이라고 이중적 잣대를 가지고 경고했다.

신민당 이민우 총재는 정부·여당의 개헌논의 유보제의를 전면으로 거부하고 "이 모든 질곡과 모순을 해결하는 길은 국민들로 하여금 자신이 지지하는 정부를 선택하도록 허용해 주는 것"이라고 주장했다.

이 총재는 "큰 정치란 민주화에 있고 민주화 이상의 것은 없다"고 규정하고, 정부가 구체적인 민주화 일정을 조속히 제시해서 국민적 합의를 존중할 것을 거듭 촉구했다.

호헌(護憲)과 개헌(改憲)을 놓고 대립했었던 여·야는 국정연설을 계기로 개헌을 현실화 해놓고 이제는 다만 개헌 시기를 놓고 공방 중이다. 이 같은 여·야의 갈등은 타협될 수도 있고 폭발할 수도 있는 것이다.

실제로 신민당 내에서도 '대권'과 '민주화'에 당장 관심을 가질만한 김대중, 김영삼 씨를 제외하면 시간에 따른 판세상으로는 대결보다 타협 지향성이 높아질 가능성이 있을 것으로 보인다.

이철승, 김재광, 신도환 의원 등 비주류 중진들은 "이제 개헌 투쟁은 두 김 씨가 무대 뒤에서 지휘만 하지 말고 직접 앞장서라"고 공동 선언했다.

(2) 국회 내 헌법개정특별위원회 가까스로 가동

여·야 합의 개헌을 도출키 위한 국회 헌법 개정 특별위원회가 1986년 7월 30일 가동됨으로써 개헌 문제의 공식 논의가 본격화

됐다.
개헌특위는 위원장에 민정당 채문식 의원을 선출하고 윤길중, 이치호, 이중재, 김수한, 신철균 의원 등 5명을 각 교섭단체의 간사로 선임했다.
채문식 위원장은 인사말에서 "오랜 진통과 곡절 끝에 헌법개정특별위원회 활동이 이제 시작돼 그동안 1년이 넘는 기간 동안 여·야 정치쟁점이 되어 풀기 어렵던 난제들을 이제부터 우리들이 떠맡게 됐다"고 말하고 "더 이상 혼란을 바라지 않는 국민 여망을 달성하기 위해 분발하자"고 덧붙였다.
국회 개헌특위는 1985년 5월 신민당이 현행 헌법의 개정을 요구하며 국회 내에 개헌특위를 구성하자는 결의안을 제출한 뒤 여·야 간에 호헌·개헌 공방과 신민당의 장외 투쟁이 벌어진 끝에 전두환 대통령과 이민우 신민당 총재와의 1986년 6월 3일 시국현안에 관한 회담에서 폭넓은 의견을 교환한 결과물이었다.
전 대통령은 "여·야가 타협해서 협의할 수 있다면 헌법 개정은 빠르면 빠를수록 좋다고 생각한다"며 개헌시기를 1989년에서 유연성을 보였다.
전 대통령은 이 총재가 직선제가 좋다고 건의하자 "직선제건 간선제건 대통령인 내가 이래라 저래라 말하지 않는 것이 좋겠다"고 유연하게 말했다.
이러한 전 대통령의 의중이 반영되어 제130회 임시국회에서 국회 내에 헌법개정 특별위원회를 구성키로 의결했다.
여·야는 특위의 위원 수는 45인 이내로 하되 위원장을 제외한 여·야 동수로 하며 활동시한은 86년 9월까지로 하되 진전에 따라서는 정기국회 말까지 연장할 수 있도록 했다.
여·야는 권력구조를 중심으로 첨예하게 대립된 개헌문제를 타결짓기 위해서는 정치력의 발휘를 필요로 한다는 점에서 중량급 인사를 헌특 위원에 지명키로 했다.

그러나 여·야가 권력구조 문제에 대해 내각책임제와 대통령 직선제로 첨예하게 대립하고 있기 때문에 개헌안의 실질 협상은 특위보다 막후에서 이뤄질 공산이 컸다.

현행 헌법의 개정 절차는 헌법 개정은 대통령 또는 국회 재적의원 과반수의 발의로 제안되며(제129조), 제안된 헌법 개정안은 대통령이 20일 이상 공고해야 한다(제130조).

국회는 개헌안이 공고된 날로부터 60일 이내에 재적의원 3분의 2의 찬성으로 의결하여 국민 투표에 회부하고, 국민투표에서는 국회의원 선거권자 과반수의 투표와 투표자 과반수의 찬성을 얻어 확정되도록 되어 있다(제131조).

헌법특위 간사들은 신민당이 제의한 바 있는 구속자 석방 및 사면·복권의 의제 성립, 서울 등 7대 도시에서의 공청회 개최, 공청회의 방송실황 중계요청 등에 합의하는 등 초기에는 활발하게 활동했다.

(3) 개헌특위에 의원내각제와 대통령중심제 개헌안 제출

국회 개헌특위에서 여·야는 각 당의 개헌안을 제안 설명하며 본격적인 개헌 공방에 들어갔다.

민정당 이치호 의원은 의원내각제 개헌안을, 신민당 이민우 총재와 국민당 이만섭 총재는 각각 대통령중심제 개헌안을 설명했다

여·야는 자당(自黨)의 개헌안이 민의에 충실하며 정권 정통성 시비를 종식시킬 수 있을 뿐 아니라 국민의 자유로운 정부선택권을 보장할 수 있다고 서로 주장했다.

민정당은 수상이 군통수권, 계엄선포권, 비상조치권, 국민투표회부권, 국회해산권, 외교권, 내각지휘권, 각료임명권, 공무원임명권, 법률안제출권 등 모든 통치권을 장악토록 하고 대통령에게는 의례적

이고 상징적 권한만을 부여하는 수상중심형의 내각책임제 개헌안을 마련했다.

이 개헌안은 대통령은 상징적 국가원수로서 형식적, 의례적 권한을 가진 반면 수상과 내각이 실질적인 통치와 정권을 장악하는 내각책임제를 주요 골격으로 하고 있다.

이 개헌안은 지난 1986년 3월의 민정당 중앙위 현행헌법 준수 결의안을 수정하게 된다.

정부·여당은 민정당의 내각책임제 개헌안이 확정됨에 따라 대통령중심제에 맞춰있는 정부조직법, 국회의원 선거법 등 각종 관계법을 내각책임제에 맞는 형으로 전면 검토 작업에 착수했다.

개헌안에서는 대통령의 임기는 5년에 1회 연임이 가능토록 하고 수상은 대통령의 지명 없이 국회에서 직접 선출하도록 했다.

신민당은 정부 형태는 대통령 중심제로 하고 선출 방법은 직선제로 하는 한편 대통령의 권한을 대폭 축소시킨 개헌안을 국회개헌특위에 제출했다.

이 개헌안에는 부통령을 신설하고 대통령과 부통령의 임기는 4년으로 하되 1차에 한하여 중임할 수 있게 돼 있다.

또 이 개헌안에서는 대통령의 국회해산권 및 헌법 개정 발의권을 삭제하면서 국정감사권을 부활하고 대법원에 위헌심사권을 주는 등 국회와 사법부의 독립 및 기능 강화에 역점을 두었다.

신민당의 홍사덕 대변인은 "민정당의 개헌안은 헌특 구성에 즈음한 여·야 대표 간의 기본합의인 '국민의 자유로운 정부 선택권을 보장하기 위한 법안 개정'의 정신을 정면으로 깨뜨린 것으로 협상의 기초로서도 받아들이기 어렵다"고 반박했다.

이 자리에서 국민당 이만섭 총재는 "궁극적으로 헌법은 국민의 것임을 상기할 때 국민이 대통령 직선을 원하고 있는 이상 이를 배척하는 것은 용납할 수 없는 국민에 대한 배신"이라고 주장했다.

국민당은 정부형태에 있어 대통령중심제를, 선출방식은 직선제를 추구하고 있음을 거듭 밝혔다.
대통령중심제, 직선제가 아닌 어떠한 제도도 민주적이 아니라는 논리가 성립할 수 없다는 것을 잘 알지만 제5공화국 이래 국민의 대다수가 대통령을 우리 손으로 직접 뽑기를 원하고 있다는 사실을 부인할 수 없기 때문이라고 부연 설명했다.
국회 개헌특위는 공청회의 방식에서부터 첨예한 대립으로 공전이 불가피하게 됐다.
여·야가 절차상의 문제로 승강이를 벌이고 있는 것은 공청회를 통해 노리는 목적이 서로 다른데다 상대방의 전략을 사전에 봉쇄해 초반부터 유리한 고지를 점령하려는 전략이 숨어있기 때문이다.
민정당 측이 공청회의 성격을 참고인 진술 정도로 국한하려는데 반해 신민당 측은 대통령직선제 개헌 공세를 장외투쟁의 수준으로 끌고 가려는 현격한 개헌 전략 차이에서 비롯됐다.
TV중계 문제에 대해서도 민정당 측은 "우리가 꼭 생중계를 하면 안 된다는 입장은 아니다"라고 전제하면서도 "그러나 방송의 편집, 편성권에 대한 침해"라고 언론자유를 강조하고 있다.
이에 신민당 측은 녹화 중계 = 편집 = 편파보도라는 경험을 상기시키며 "우리가 편집에 의한 편파보도에 한두 번 당했느냐", "상식적으로도 실황중계면 생중계를 의미하는 것인데 민정당 측이 생떼를 쓰고 있다"고 반격하면서 평행선만을 달렸다.

(4) 개헌 공방 다시 개헌특위에서 장외로 확산

국회 헌법개정특위에서 개헌논의를 공청회 방식에 대한 이견(異見)으로 교착시켜 놓은 채 여·야는 당원 단합대회를 표방한 대규모 집회를 통해 자체 개헌안의 선전과 상대 개헌안에 대한 격렬한 공격을 벌임으로써 다시 장외 공방 상태에 들어갔다.

민정당의 노태우 대표는 당원 단합대회에서 신민당의 대통령직선제는 선거 과정에서 북괴의 테러 행위를 불러 올 가능성을 주장하고 있는데 반해, 신민당 김영삼 고문은 지구당의 개헌 실천대회에서 대통령 직선제만이 남북 대치 상황에서 국가적 안정을 보장할 수 있다고 맞서는 등 여·야 간의 개헌 공방이 안보적 차원으로까지 비화됐다.

민정당 노태우 대표는 "국민적 여망과 시대적 요청이 합의에 의한 개헌인 만큼 만약 합의개헌이 되지 않고 헌특이 깨지면 돌이킬 수 없는 정치적 불행한 사태가 오고 말 것"이라고 합의개헌을 촉구했다.

헌특 공청회의 중계방식 등으로 대립을 거듭해 온 개헌정국은 신민당이 직선제에 대한 합의만이 오늘의 난국을 타개할 수 있는 유일한 길이라고 확인하며, 따라서 이 문제의 해결을 위한 실세대화가 이뤄질 때까지 국회 헌특활동 불참을 기습 선언함으로써 새로운 국면에 접어들었다.

민정당은 국회 헌특 가동의 전제조건으로 제시한 실세 대화 제의를 정면으로 거부하면서 신민당 측의 국회 헌특 무조건참여를 촉구했다.

민정당은 신민당이 제의한 여·야 실세대화를 거부하고 내각책임제 지방 홍보활동을 계속한다는 방침인 반면, 신민당은 직선제 개헌 열기 제고를 위한 대규모 군중집회를 통한 장기집권 음모 분쇄투쟁을 전개한다는 계획이다.

따라서 개헌정국은 계속 긴장상태를 벗어나지 못하고 있는 가운데 장외 홍보전이 자칫 장외 투쟁으로 번질 가능성도 컸다.

정순덕 민정당 사무총장은 "대통령직선을 하면 민정당이 지기 때문에 반대한 것이 아니냐는 지적이 있으나 지금까지 직선의 경우

여당이 패배한 적은 한 번도 없었다"면서 "야당이 직선제를 주장한 것은 그들의 선거 전략"이라며 야당의 주장은 논리적으로 납득하기 어렵다고 말했다.
신민당 이민우 총재는 "정부·여당의 민주의지가 확인되고 권력구조에 관한 선택적 국민투표 제의가 수용될 경우 언제든지 민정당의 기만 때문에 중단되었던 개헌특위를 재개할 용의가 있다"면서 "우리의 결의를 국민과 더불어 확인하기 위해 그동안 미뤄오던 '대통령직선제 추진 서울대회'를 추진할 것"이라고 밝혔다.
이민우 총재는 "내가 가장 걱정스럽게 생각하는 점은 현 정권이 자신의 정권연장을 위해 대탄압을 자행하면서 그것이 마치 반공투쟁인 양 가장하고 있는 점"이라면서 "정권연장에 방해되는 세력이라고 해서 모든 민주인사와 단체를 용공·좌경으로 몰아 탄압하는 행위는 즉각 중단해야 한다"고 촉구했다.
민정당은 신민당이 끝내 서울대회를 강행할 경우 이를 합의 개헌이 없다는 정치적 증거로 삼아 그 이후 개헌정국의 독자적인 운영방안을 검토했다.
1986년 9월 1일 개최하여 5만 명에 가까운 당원들과 시민들이 참가한 신민당 부산 개헌촉구 시민대회에서 이민우 총재는 "민정당의 내각책임제 개헌안은 민정당이 영구집권 하려는 음모"라고 주장하고 "민정당은 국민의 의사가 어디에 있는가를 정확히 파악하고 민주주의 실현을 위해 신민당이 제안한 대통령중심 직선제 개헌안을 받아들이라"고 촉구했다.
그는 "김영삼, 김대중 씨와 나 3명은 어떤 어려움이 있어도 민주회복을 위해 함께 싸워나갈 것"이라고 다짐하고 "부산시민 여러분은 우리의 이 같은 노력을 적극 밀어주고 용기를 갖게 해달라"고 당부했다.

(5) 직선제개헌 쟁취 서울대회는 불법집회로 규정하고 사전차단

치안본부는 신민당이 개최 예정인 '대통령직선제 개헌 쟁취 및 영구집권 음모 분쇄 범국민대회'를 불법집회라고 지적하고, 집회계획을 "국가 헌정질서를 저해할 우려가 있을 뿐 아니라 제2의 인천사태와 같은 엄청난 폭력사태를 유발하여 공공의 안녕질서를 저해하고 사회적 불안을 야기 시킬 우려가 있는 집회"라며 취소해 달라고 신민당에 공식적으로 요청했다.
치안본부는 갑호비상령과 함께 4만 여 경찰 병력을 동원하여 신민당 서울 각 지구당사에 당원을 포함한 출입자에 대해 출입을 통제했다.
경찰은 시·도별로 집회에 참석하기 위해 상경하는 사람들을 검문·검색하여 되돌아가도록 조치하는 한편, 현수막 등 시설물을 설치하지 못하도록 하면서 재야인사, 종교인, 노동단체, 학생회 등 핵심인물 260여 명을 대회 당일 가택에 연금시킬 방침을 수립했다.
치안본부는 전 경찰력을 동원하여 신민당의 서울대회는 집시법에 위반되는 불법집회이므로 이를 저지하라고 지시했다.
아울러 치안본부는 "만약 신민당이 대회를 강행하여 폭력, 난동사태가 벌어지면 신민당 책임자에게 형사책임을 묻지 않을 수 없다"고 으름장을 놓았다.
노신영 국무총리도 "서울대회를 절대로 허가해줄 수 없다. 따라서 공권력을 동원해서라도 저지할 수밖에 없다"고 정부의 강경 입장을 밝혔다.
경찰은 서울시의 신민당 지구당 사무실에 대한 압수수색을 실시하여 서울대회에 사용할 플래카드, 마이크, 스피커, 유인물 등을 사전에 압수했다.
신민당 김영삼 상임고문은 "신민당이 서울대회를 결정하기 앞서 선택적 국민투표와 여·야 대표회담을 제의하는 등 성의를 다해

노력했으나 민정당은 이를 모두 외면하여 결과적으로 신민당으로 하여금 서울대회를 하지 않을 수 없게 만들었다"고 민정당의 정치력 부족을 비난했다.

경찰은 서울도심 지역에 3만 2천여 명의 경찰병력을 배치하여 대회장소를 봉쇄하고 재야인사들을 가택 연금시켜 신민당 대회를 열리지 못하도록 했다.

또한 경찰은 경찰의 저지선을 뚫고 대회장으로 집결하려는 신민당원과 학생 등 621명을 체포하여 연행했다.

경찰은 김대중, 김영삼 씨를 가택 연금하는 한편 광화문에 이르는 주요 간선도로에 경찰병력을 집중 배치하여 시민들의 이유 없는 도심 통행까지 모두 제한했다.

경찰은 신민당사에 대한 압수수색 영장을 발부받아 가두방송을 할 경우 영장을 집행할 준비태세에 들어갔다.

신민당은 노신영 국무총리가 국회 본회의에 출석하여 신민당 서울대회 봉쇄에 대해 공식 사과할 것을 요구하고 사과가 없을 경우 예산안 처리를 실력으로 저지한다는 방침을 세웠다.

이에 민정당 이춘구 사무총장은 "신민당이 서울대회 저지를 탄압 운운하며 본회의에서 국무총리의 사과를 요구하고 제2의 서울대회 개최를 보장하라고 요구하는 것은 어불성설"이라고 일축했다.

서울시경은 신민당 서울대회와 관련하여 2,255명을 연행하여 27명을 구속하고 23명은 즉심에, 117명의 학생은 학교선도위에 넘겼다고 밝혔다.

미국의 언론들은 신민당의 서울대회 무산에 대해 한국의 정부는 최대의 경찰력을 동원하여 야당의 대회를 저지함으로써 반대자를 억누르겠다는 결의와 능력을 동시에 과시했다고 보도했다.

<뉴욕타임즈>는 반정부 세력들 1백만 명이 대회에 참석할 것으로 예상했으나 몇 천 명 정도만 참석할 수 있었고, <워싱턴포스트>는 야당이 필리핀 형태의 '민중의 힘'을 계획했던 대규모 집회가

결실을 보지 못했으나 이는 여러모로 보나 이날의 데모는 '신민당의 데모가 아니라 정부의 데모였다'고 꼬집었다.

이민우 신민당 총재는 대회중단을 발표하면서 "이번 집회를 평화적인 방법으로 진행할 예정이었으나 현 정권은 야만적 폭력으로 대회개최를 불가능하게 했다"고 주장했다.

이어 이 총재는 "만약 현 정권이 이 같은 만행으로 국민의사를 무시하고 독재 연장을 획책한다면 우리는 대화와 타협으로 민주화를 달성하려던 지금까지의 방법 대신 정권타도 투쟁도 불사할 것임을 밝혀둔다"고 경고했다.

4. 조연하 국회부의장 파동과 김대중 불출마 선언

(1) 민정당 의원들의 반발표로 조연하 의원 부의장 당선

야당 몫 국회부의장 선거에서 신민당이 공식 추천하고 민정당이 지지를 약속했던 이용희 의원이 낙선하고 당명에 불복하고 나섰던 조연하 의원이 당선되는 파란으로 신민·민정 양당은 당내 파동에 휘말리게 됐다.
신민당은 당의 명령에 불복하고 부의장 선거에 출전한 조연하, 김옥선, 박해충 의원들을 당기위원회에 회부키로 결정했다.
야당 몫의 국회부의장 선거에서 제1야당 공식 지명 후보가 낙선한 것은 의정사상 처음 있는 일이다.
동교동계는 자파의 몫인 국회부의장에 당연시 되어온 조연하 의원을 제치고 유제연 의원이 급부상했다.
신민당이 후보로 내세운 유제연 의원에 대한 민정당의 반발로 부의장 선출이 연기됐다.
신민당은 부의장 후보를 유제연 의원의 사퇴로 이용희 의원으로 교체하고 득표활동에 들어갔다. 그러나 투표결과 당의 명령에 불복하고 부의장 선거에 나선 조연하 의원이 당선됐다.
이리하여 민정당 이세기 총무와 신민당 김동영 총무가 사표를 제출했으며 신민당은 당내 갈등을 유발했다.
국회 부의장 선거 1차 투표에서 이용희 42표, 조연하 68표, 김옥선 34표, 박해충 12표, 국민당 김광수 48표로 분산되어 2차 투표가 실시됐다.
이어 실시한 2차 투표에서는 조연하 139표, 이용희 90표, 김옥선 12표, 박해충 4표로 조연하 의원이 당선됐다.
이에 신민당은 "민정당의 파렴치한 정치적 배신에 대해 최대의 경멸과 분노를 보낸다"고 민정당을 비난했다.
신민당의 오도된 지도노선의 틈새를 민정당은 파고들어 신민당의 동교동계를 망신시킴으로써 야권지도부에 타격을 가하고 가능하면 야권의 개헌 전열을 혼란시키려는 의도가 엿보였다.
김대중 씨가 부의장을 임의로 지명하고 바꾸고 하는 이른바 장외 영향력 행사에 제동을 걸면서 야권을 교란시킬 수 있는 호재로 판단한 측면도 있었다.
노태우 대표위원은 "특정인의 사욕을 채우려는 동기가 분명했기 때문에 자존심이 용납할 수 없어 당론을 결정하지 못한 것이 착오를 일으킨 것"이라고 경위를 설명했다.
김대중 씨가 민정당이 탐탁하지 않게 생각하던 부의장 후보를 이민우 총재와 김동영 총무가 교체토록 주장했고, 민정당 측의 약속만을 믿고 표 분석도 해보지 않은 채 부의장 선출 표결을 강행한 김 총무의 행동과 관련한 갈등현상은 깊을 수밖에 없었다.
당권파 의원들은 "조연하, 김옥선, 박해충 의원 등은 당명에 불복하고 부의장 경선에 나섬으로써 결과적으로 민정당이 노리는 김대중 씨의 대국민 이미지 실추, 야당분열 획책, 개헌투쟁전 역행이라는 전략에 놀아났다"며 징계를 강력하게 주장했다.
부의장 선출 때문에 자의건 타의건 깊이 관련된 것으로 알려진 김상현 씨는 "나는 정치적인 연관관계와 인간적인 관계 사이에서 부의장 후보 추천 때부터 지금까지 가장 많은 갈등을 겪고 있는 사람"이라고 착잡한 심경을 토로했다.
민정당은 "신민당은 국민이 최소한 공감할 수 있는 후보를 내세우는 것이 바람직하다는 우리의 의견을 밝혀둔다"는 대변인 논평을 발표하여 신민당의 내분을 부추겼다.
이철승 의원도 "이민우 총재가 주체성과 독자성을 발휘하지 못하고 양 김씨의 교지(敎旨)에 따르는 데서 비롯된 일이며 이대로 가다가는 당이 사당화 될 우려가 있다"고 한마디 거들었다.

(2) 신민당은 조연하 부의장에게 정권(停權) 2년

민정당은 부의장 선출 파동으로 인한 이세기 원내총무에 대한 인책은 있을 수 없으나 항명을 빚게 된 산표(散票) 유도자들에 대해 어떤 조치를 취해야 한다는 의견이 많았다.
노태우 대표는 부의장 선출파동이 민정당 측의 대규모 산표에도 원인이 있음을 지적하며 유감의 뜻을 표시했고, 김식 농수산위원장은 상임위원장들을 대표해서 "당에 누를 끼친 데 대해 대단히 미안하다"고 사과함으로써 민정당 내에서는 항명 문책은 일단락 됐다.
신민당 당기위원회(위원장 조순형)는 조연하 의원과 김옥선 의원은 제명하고 박해충 의원은 경고처분키로 결정했다.
김대중 씨는 조연하 의원의 국회부의장 사퇴와 공식사과가 관용의 전제 조건이라고 고집스럽게 주장했다.
신민당 의원총회에서 국회부의장 선출 파동으로 물의를 빚은 조연하, 김옥선 의원에 대해 제명을 정권(停權) 2년으로 낮춰 징계안을 가결하여 두 의원에 대한 징계조치를 확정했다.
신민당 조직책 심사위원장으로 활동했던 조 부의장은 "내가 만든 정당과 내 손으로 공천한 의원들로부터 불명예스런 심판을 받아 정치무상을 새삼 느낀다"면서 "그러나 어떤 일이 닥치더라도 신민당을 내 발로 떠나지는 않을 것"이라고 말했다.
조연하 의원은 부의장에 취임하면서 "이제 김대중 씨와는 친구로서는 몰라도 정치를 같이 하지는 않을 것"이라고 단언했고, 호남 출신이지만 정치 생활하는 동안 결코 동일한 노선을 걷지 아니했다.

(3) 김대중, 대통령직선제 개헌되면 대통령에 불출마

김대중의 사형 선고 빌미가 됐던 일본의 대표적 반한단체인 한국민주회복통일촉진국민회(한민통) 부의장으로 김대중 구출위원회 위원장으로 활동했던 정재준 씨가 한민통이 친북괴 성향으로 기울었다는 명분으로 탈당하여 와해(瓦解) 직전에 도달했으며 김대중의 사형선고가 정치적이었음을 보여줬다.

미국에서 신병치료를 해 온 김대중은 삼엄한 경비를 편 당국의 호위 속에 기자회견 등 일체의 외부 접촉 없이 가족 및 외국인 등 수행원들과 함께 자택으로 86년 2월 조용히 돌아왔다.

정부에서는 "현재 형 집행 정지 중일뿐 아니라 정치풍토 쇄신에 관한 특별 조치법에 의해 정치활동이 금지돼 있기 때문에 앞으로 정치활동은 허용되지 않는다"고 정치적 불구자라고 못을 박았다.

미국 국무부는 "미국은 가능한 한 조속히 김대중 씨에 대한 여타의 모든 제한을 해제 하도록 일관성 있게 요청해 왔다"면서 "한국 정부의 조치는 신민당 전당대회에 김대중 씨가 참여하는 것을 막기 위한 것으로 보인다"고 논평했다.

귀국하여 칩거한 김대중 씨는 제12대 2.12 총선에서 신민당의 돌풍에 간접적으로 기여했으며, 김영삼 민추협 공동의장의 강권에 의해 민추협 공동의장에 취임하여 김상현 의장 대리를 물러나게 하고 동교동계를 직접 관할하면서 재야인사들과의 교류 폭을 넓혀 나갔다.

김대중 민추협 공동의장은 1986년 11월 5일 시국에 관한 기자회견을 자청하여 "대통령직선제 개헌을 현 정권이 수락한다면 사면·복권이 되더라도 대통령에 출마하지 않겠다"고 선언했다.

그는 "현 난국을 수습하는 길은 국민의 절대 다수가 원하는 대통령직선제로의 개헌에 의한 조속한 민주화의 실현밖에 없다"고 강조하고 "나의 이 같은 결단이 지역과 지역, 부자와 가난한 자, 그리고 민(民)과 군(軍)의 대립과 갈등을 해소하고 민주화라는 공동의 기반 위에 국민이 화해와 단결을 이룩하는 계기가 되기를 충심으로 바란다"고 말했다.
김 의장은 "민주화만이 구국의 길이며 무엇보다도 안정과 안보에의 유일한 길"이라면서 "현 정권이 민주화의 길로 가는데 있어서 나의 존재가 장애가 된다면 나를 기꺼이 희생의 제단에 바치겠다"고 말했다.
김대중 의장은 "무엇보다도 나의 이런 결심은 건국대 사태에서 오는 전국민적 충격이다 정국의 위기의식에서 오는 절박한 심정 때문"이라고 부연 설명했다.
민정당 이춘구 사무총장은 김 의장의 회견 내용에 대해 '자체 모순이자 어불성설'이라는 반응을 보이면서, 김 씨는 여론과 당내외 사정 등 여러 가지 협공을 피하면서 국민동정을 유도하는 식으로 돌파구를 마련하고 사면·복권이나 얻어내 보겠다는 계산일 것"이라고 폄하했다.
신민당은 "김대중 의장의 선언은 민주회복이라는 숭고한 목적 달성을 위해 취한 어려운 결정"이라면서 "이로써 정부·여당은 대통령직선제 제안이 당리당략에 의한 것이 아니라 국민 여망에 부응한 것임을 명백히 깨닫고 민주화 의지를 밝혀야 할 것"이라는 입장을 천명했다.
김대중의 선언은 대통령직선제라는 야권의 개헌 목표를 민주화의 명제(命題)로 한층 고착하고 승격시키는 한편 자신을 그 목표와 관련한 정권 경쟁의 비당사자로 양보하는 특이한 형태를 갖추고 있다고 할 수 있다.
민정당이 김대중의 선언에 대해 미복권 법적 상태와 여당 개헌구상의 불변 방침을 들어 일단 냉소적인 반응을 보였음에도 불구하고 하나의 대세로서 개헌정국에 가시적으로 작용한 것은 자명한 사실이다.
김대중의 선언은 김수환 추기경의 로마 발언에서 제시한 방안 가운데 자기 개인의 해당 부분을 수락하면서 직선제 개헌 주장을 강조했다고 해석할 수 있을 것이다.
사회 일각의 분위기상 직선제 개헌안이 민정당이 내세운 의원내각제 개헌안보다 상대적인 우위와 민주화의 명제(命題)인 것처럼 그 인상을 강화해 준다는 데 이론이 있을 수 없을 것이다.
정국은 김대중의 선언에도 불구하고 김대중을 계속 없는 존재로 치부한다 하더라도 김대중이 펼치는 정치 현상과 그 결과를 어떤 각도에서 취급하느냐에 따라 그 양상이 크게 달라질 것이다.
동교동계에서는 양 김 씨를 겨냥하고 있는 정풍파의 명분을 없애주고 개헌과 관련한 정부·여당의 딜레마를 더욱 부각시키는 등의 부수조치가 있을 것임을 전망했다.
이들은 최근 혼미를 거듭하고 있는 정국의 흐름 속에서 근원적인 타개책을 마련하기 위해 살신성인의 자세를 보인 것이라고 극찬하는 분위기이다.
그러나 실상은 김대중 자신과 관련된 사면·복권과 실세 대화의 가능성이 희박해지고 있는데다 최근 유성환 의원 구속, 금강산 댐 공사 발표, 건국대 사태 등 정국의 흐름을 김대중으로서는 "혼란의 책임을 내가 모두 뒤집어 쓸 수도 있다"고 감지했을 것으로 추측되고 있다.
신민당 김영삼 상임고문은 김대중의 불출마 선언에도 불구하고 직선제 개헌이 이뤄지면 "김대중 씨의 대통령 출마는 생각할 수도 있는 것"이라고 말하고, "김대중 씨가 사면·복권이 이뤄지면 대통령 출마를 권유하겠다"고 밝혔다.
김 고문은 김대중 씨의 불출마 선언은 "난국 수습을 위해 가장 핵심적인 직선제가 이뤄져야 한다는 그의 강한 의지를 표시한 것으로 본다"고 긍정적으로 평가했지만, 민정당 당직자들은 김대중의 선언에 대해 '냉소'와 '일축'의 반응을 보인 것은 양면성을 지닌 상당히 계산된 '작위'라고 평가할 수 있다.
민정당은 어떤 경우든 김대중의 정치적 존재는 인정 불가라는 기본시각을 재확인하는 한편, 이미 당론으로 확정한 개헌방향인 의원내각제의 골격은 양보나 협상의 대상이 될 수 없다는 점을 못박고 나왔다고 볼 수 있다.

5. 의원내각제 수용으로 비춰진 이민우 총재 구상

(1) 민정당의 내각책임제 개헌 강행과 좌절

민정당 노태우 대표는 "그동안 민정당의 의원내각제 홍보 노력으로 국민 저변층에 그 지지가 확산되어 가고 있다"면서 "설혹 야당이 국회의 헌특 정상 가동에 응하지 않는다 해도 민정당은 의원내각제 개헌안 관철을 위한 최선책을 마련해야 할 것"이라고 말하여 국회 활동을 통해 개헌을 관철할 의사를 밝혔다.

민정당은 의원내각제 개헌 발의를 1987년 1월에, 국회의결을 2월에 마칠 계획을 수립했다.

민정당에서는 앞으로 일정기간 여·야의 약속대로 당대당 합의 개헌을 위한 마지막 노력을 하겠지만, 그것이 끝내 불가하다는 최종 판단이 내려지면 국민당과 신민당의 이탈표를 끌어들여 민주적 절차와 원칙에 따라 개헌안 관철에 나설 것이라고 밝혔다.

신민당은 민정당의 내각책임제 개헌 단독강행을 저지하기 위해 재야 세력 등과 연대해 '내각제 강행 저지 및 영구 집권 음모 분쇄 범국민 투쟁 위원회'를 구성하는 한편, 직선제 개헌안의 야권단일안을 마련키 위해 국민당, 민한당과도 협의키로 했다.

국민당 이만섭 총재는 "민정당 단독의 개헌발의는 있을 수 없는 일이며 만일 단독발의를 강행한다면 그것은 합의 개헌의 정신을 원천적으로 부정한 것으로 규정될 것"이라고 주장하면서 신민당의 야권개헌안 단일화 구상도 일축했다.

1986년 12월 16일 민정당, 신민당, 국민당 대표회담을 갖고 국회 개헌특위 활동시한(18일)을 연장하고, 적당한 여·야 대화의 절차를 밟아 헌특활동을 재개한다는 데 합의함으로써 경색된 개헌정국의 전환점을 마련했다.

(2) 물거품이 되어버린 이민우 총재 선민주화 구상

신민당 이민우 총재는 12월 24일 기자회견에서 정부·여당이 내각책임제를 성사시키기 위해서는 지자제 실시, 언론자유 및 집회결사의 자유 등 기본권 보장, 공무원의 정치적 중립, 국민에게 뿌리내린 2개 이상의 정당제도 정착, 공정한 국회의원 선거법, 용공분자를 제외한 구속자 석방, 사면·복권 등 민주화를 위한 7대 청사진부터 제시하여 국민의 공감을 얻어야 할 것이라고 강조했다.
또한 이민우 총재는 "정부·여당이 내각책임제 개헌안과 대통령 중심 직선제 개헌안을 함께 국민투표에 회부, 공정한 국민선택에 따른다면 그 결과가 어떤 것이든 승복할 용의가 있다"고 덧붙였다.
이민우 총재의 '민주화 조건부 내각제 개헌안 협상 긍정 검토' 발언으로 그동안 권력구조 부문을 놓고 줄기차게 대립해 왔던 개헌 공방은 일단 새로운 국면에 접어들었다.
민정당은 이 총재의 발언이 개헌정국에 커다란 전환점이 될 수 있다는 판단 아래 긍정적인 수용을 한다는 방침을 세웠으나, 신민당은 당론 채택 과정에서 논란이 예상되며 그 결과에 따라 협상 전망이 달라질 것으로 보여진다.
신민당 이 총재는 "선민주화론은 당론이 아니라 사견이기 때문에 재론할 필요가 없으며 당공식기구 등에 회부할 생각이 없다"고 발언함으로써 당론으로 채택될 가능성은 거의 희박한 상황이다.
당내 최대 계파인 상도계는 이 총재의 발언과는 관계없이 신민당의 존립 기반은 대통령 중심 직선개헌 관철임을 재확인하고 "당론 변경은 절대로 있을 수 없다"는 입장을 확고히 다짐했다.
그러나 비주류의 이철승 의원과 소장파 의원들은 "권력구조에 집중되어 있는 현 개헌투쟁의 방향을 민주화 우선으로 전환시켜야 한다"면서 이 총재 발언을 신중히 검토하여 당론화 해야 한다고 주장했다.

민정당 노태우 대표는 "신민당이 의원내각제 개헌협상 조건으로 이민우 총재가 제시한 민주화를 위한 7개항을 공식제의 한다면 면밀히 분석하여 긍정적으로 검토할 용의가 있다"고 화답했다.

이 총재와 김영삼 고문은 공동발표문에서 "우리 두 사람은 대통령중심 직선제가 2.12 총선에서 확인한 국민의 뜻이며 변경할 수 없는 당론이자 국민에 대한 약속임을 거듭 천명한다"고 밝혀, 이 총재의 '7개 조건부 내각제 협상용의' 발언을 당론인 직선제 개헌 관철을 위한 하나의 방안으로 간주한다는 선에서 이 문제를 둘러싼 내부 이견을 잠정 마무리 지었다.

민정당은 내각제로의 합의 개헌을 전제로 이 총재 요구를 협상하려는 반면, 신민당은 개헌 방향은 접어둔 채 정부 스스로의 민주화 조치 선행을 요구하고 나섰다.

민정당은 여·야 협상 정국의 추이가 순조로울 경우 1986년 3월 이내에 합의개헌 바탕이 마련돼야 한다고 주장한 반면, 김대중과 김영삼 씨를 비롯한 야권의 중추 세력은 이 총재 구상을 민주화 협상과 내각제 개헌을 교환하는 성격이 아닌가 하는 강력한 의문을 표시했다.

신민당 내 동교동, 상도동 양대 계보는 이민우 구상이 내각제 협상용이 돼서는 안 되며 대통령 직선제 당론과 이민우 구상의 민주화 요구는 엄격하게 분리돼야 한다고 주장했다.

김영삼 고문은 "이민우 총재의 민주화 제의로 신민당이 내각제 개헌안 수용 인상을 주고 있는 것은 불행한 일"이라고 주장하고 "대통령 직선제 개헌은 신민당 탄생의 뿌리이며 민주화 달성을 위한 가장 확실하고 빠른 방법"이라고 거듭 강조했다.

(3) 대통령 직선제는 변경할 수 없는 신민당의 당론

이민우 구상을 놓고 혼란을 거듭해 온 신민당은 이민우 총재가 김대중, 김영삼 씨의 당론수정 요구를 거부하면서 두 김 씨에 반발하여 창당 이래 지도체제가 최대의 위기에 처했으며 이에 따라 여·야 간의 개헌정국도 혼란상태에 빠졌다.

이 총재는 두 김 씨가 '직선제와 민주화 요구 병행 투쟁'이라는 기본 당론의 변경을 요구하자 크게 반발했고, 두 김 씨가 자신의 구상과 확대간부회의 결정을 수락하지 않는 한 당을 이끌어 갈 수 없다는 배수진을 치고 온양으로 잠적해 버렸다.

이에 두 김 씨는 이 총재와 갖게 될 3자회담에서 이 총재가 모든 것에 앞서 직선제 관철 의지를 천명하고 내각제 협상 가능성을 절대 부인하지 않으면 지금까지의 3인 협조체제에 대한 최후통첩을 하면서 본격적인 대결태세를 갖출 것으로 보여졌다.

한편 이 총재는 "직선제와 민주화의 병행투쟁론은 이미 우리 당의 당론이고 확대간부회의에서 추인까지 한 것이므로 새삼스레 수용 여부를 따질 문제가 아니다"라고 노선을 변경할 의사가 없음을 분명히 했다.

전두환 대통령은 국회 헌특위가 반년이 지나도록 토의와 진전을 이루지 못한데 대한 유감을 표명한 후 "정치 일정에 차질이 없도록 모든 정파가 사심을 버리고 인내와 자제로써 합의 개헌을 위한 현실적 방안들을 적극적으로 협의하여 하루 속히 국회에서 헌법문제를 매듭짓기를 권유한다"면서, 끝내 합의가 이뤄지지 아니하여 중대한 결단을 내려야만 하는 그러한 상황이 조성되지 않도록 여·야가 최선의 노력을 기울여야 할 것을 당부했다.

1987년 1월 15일 이민우 총재와 김영삼 고문은 회담을 갖고 "두 사람은 대통령직선제가 가장 빠른 민주화의 방법일 뿐만 아니라 누구도 변경할 수 없는 신민당의 당론이며 국민의 여망이라는데 의견을 같이했다"고 발표함으로써 이민우 구상으로 빚어진 당내 갈등은 일단 봉합됐다.

개헌 문제의 협상 틀로 특히 민정당 측에 의해 받아들여졌던 이민우 구상이 신민당에서 백지화됨에 따라 개헌정국은 다시 여·야의 내각제와 직선제 주장이 정면충돌하는 대결국면으로 접어들었다.

분당론까지 나왔던 신민당의 내분 사태는 이 총재와 김영삼 고문의 회동에서 합의한 4개항(내각제 합의 의사 없음, 직선제는 불변의 당론임, 민주화 7개항은 내각제 전제조건이 아님, 빠른 시일 안에 3자 회동 갖고 모든 문제 협의)으로 일단 위기를 넘기고 수습 마무리 단계에 접어들었다.

그러나 이민우 총재는 "민주화를 하자면서 내가 얘기한 민주화 7개항에 대해 백지화 운운하는 것은 명백한 모순"이라고 불편한 심기를 내비쳤다.

이민우-김영삼 회담에 이어 김영삼-김대중 회동으로 "두 사람이 최근 내분사태를 빚어온 신민당의 정상화에 공식 합의한 것"이라고 설명하고, 이는 적어도 지금부터 분당을 거론할 시기가 아니라는데 두 사람이 의견을 같이 했다.

그러나 민정당은 신민당의 내분사태가 이민우 구상이 유효한 가운데 수습의 실마리를 찾았다고 보고 앞으로도 계속 이민우 구상을 중심으로 개헌협상을 추진키로 했다.

이른바 이민우 구상과 함께 대두됐던 민주화 조치도 개헌 협상의 돌파구가 열릴 전망이 보이지 않는 한 표면화되기 어려울 것으로 예견됐다.

(4) 이민우 구상이 신민당 분당의 불쏘시개로

신민당은 5월 전당대회를 앞두고 '김영삼 총재 추대 합의', '상도동 측의 초기 전당대회 움직임에 대한 이민우 총재의 거부', '이철승 의원 제명에 대한 비주류 측의 반발 등이 복잡하게 얽혀 창당 이후 최대의 혼란에 빠졌다.
신민당은 서울 성북지구당 개편대회를 시발로 전당 대회에 대비한 각 계파의 개헌투쟁 노선과 아울러 장외투쟁에 시동을 걸었다.
이민우 총재는 여·야 지도자 회담과 선택적 국민투표 및 선민주화를 재강조 했고, 이택희 의원 등 정풍파 의원들은 이 총재의 선민주화 구상의 지지를 선언했다.
이에 반해 당내 주류인 상도동, 동교동 양대 계파는 대통령중심 직선제 개헌 담판을 위한 여·야 실세 대화와 민주화 작업을 총괄할 거국내각 구상을 주장했다.
그러나 3월 3일 이민우·김영삼의 회담에서 김영삼 고문은 "오늘 이 총재에게 우리들은 인생을 정리할 때가 됐으며 중요한 것은 명예라는 점을 강조했다"고 말함으로써 이민우 구상 계속 거론 자제와 이 총재 명예퇴진을 종용했음을 시사했다.
그러나 이 총재는 자신이 총재직에 재임하는 동안에 개헌정국을 마무리 짓고 싶다는 의중을 밝히면서 '민주화 7개항' 등 선민주화론을 고수할 뜻을 분명히 한 것으로 알려졌다.
이민우 총재는 확대간부회의에서 "민주화 7개항은 우리가 창당 이래 줄기차게 주장해 온 것으로서 백지화 될 수도 없고 백지화 되어서도 안된다"고 말해 자신의 7개항 고수 의사를 밝혔다.
민정당 노태우 대표는 '이민우 구상'을 기축으로 개헌 돌파구를 마련하고 이민우 총재의 신민당 총재 재임기간 중(86년 5월)에 개헌문제를 타결 짓겠다고 밝혀 신민당의 내분을 부추겼다.
신민당의 김영삼 상임고문은 이민우 구상 등 당 개헌노선의 혼선과 관련하여 지구당 개편대회에 불참하겠다고 선언했다.
신민당 주류인 상도동, 동교동계는 이 총재가 끝내 이민우 구상을 고수할 경우 이 총재 주재 당공식회의 불참과 이 총재에 대한 신임여부를 묻는 임시 전당대회 소집을 위한 서명운동에 나섰고, 이 총재 측과 비주류 세력들이 이를 반박하고 나섬으로써 개헌노선과 지도체제를 둘러싼 신민당 내분은 걷잡을 수 없는 상태로 빠져들었다. 이민우 총재는 "김영삼 고문이 어떤 생각으로 개편대회 불참을 선언했는지 그 진의를 알 수 없다"면서 "개편대회는 당헌·당규에 따라 2년에 한 번 치르는 연차대회"로서 개편대회를 연기할 의사가 없음을 분명히 했다.

총재 경선 가능성을 시사하고 있는 이기택 부총재는 "신민당은 특정인의 정당이 아니라 국민이 만든 국민정당"이라고 전제하면서 "특정인 때문에 지구당 개편대회가 지연되고 전당대회 개최가 위협을 받는다면 당은 많은 국민들로부터 지탄을 면치 못할 것이고 따라서 해체되는 것이 오히려 낫다"고 두 김 씨의 지구당 개편대회 불참을 비난했다.

6. 통일민주당 출범과 정부·여당의 방해공작

(1) 상도동, 동교동계는 의원 서명으로 이민우 총재 공격

개헌노선과 지도체제 문제를 놓고 갈등을 빚고 있는 가운데 신민당의 주류인 상도동, 동교동계는 '이민우 구상 배격'과 두 김 씨의 지도노선을 지지하는 서명을 받는 등 이민우 총재에 대한 적극적인 공세를 펼쳤다.

상도동계는 박일, 김현규, 정상구, 김동규, 김정길, 김형래, 고한준, 유성환, 신재휴, 박찬종, 김한수 의원 등 37명이, 동교동계는 유제연, 조순형, 김현수, 박왕식, 이길범, 김성식, 최훈, 송천영, 장기욱, 이철 의원 등 33명이 서명했다.

당의 결속과 단합을 위한다는 명분을 내걸고 서명하지 아니한 의원은 20명으로 이기택, 조연하, 송원영, 박해충, 이택돈, 이택희, 김옥선, 홍사덕, 박관용 의원 등은 비서명파로 남았다.

이번 서명은 김영삼 고문은 개헌 노선문제를 분명히 해놓자는 것이라고 규정했고, 김대중 민추협 공동의장도 개헌노선 갈등의 해소라고 말했다.

주류 측의 전격서명 작전으로 사면초가 상태에 빠진 이민우 총재는 일면 곤혹스러움을 느끼면서도 "선민주화론이 어떻게 당론 위배가 될 수 있느냐"의 태도를 견지했다.

이어 이 총재는 두 김 씨의 계속적인 반격작전에 "내가 신경 써봐야 말릴 도리도 없고", "나는 그저 바르게 살다 가면 된다고 생각한다"면서도 김영삼 고문에게 섭섭함을 토로했다.

이 총재는 "세력을 과시하려면 임시전당대회를 열어서 세력 없는 나를 불신임, 쫓아내면 되는 것 아닌가"라면서 '지렁이도 밟으면 꿈틀하는 법', '머슴도 부리다 내보내려면 새경을 주고 자리를 만들어 주는 법'이라는 말로 두 김 씨에 대한 불편한 심기를 여과없이 노출했다.

(2) 분당의 빌미가 된 이철승, 이택희 의원 징계

신민당 이철승 의원은 1987년 2월 19일 기자회견을 갖고 "반세기에 가깝도록 대통령 중심제에 의해 독재와 박해를 받아온 국민과 신민당은 특정 권력구조 문제에 연연하지 말고 선민주화(先民主化)를 전제로 진정한 책임정치가 구현되는 제도를 지지해야 한다"고 개인적 소신인 내각책임제를 강력히 표명했다.
김대중, 김영삼 씨는 내각책임제 지지 및 선택적 국민투표 반대 입장을 밝힌 이철승 의원을 당론위배 및 해당행위라고 보고 당에서 제명키로 합의한 것으로 알려졌다.
그러나 김재광, 신도환, 박해충 의원들은 이철승 의원이 당론은 위배했지만 "전당대회를 앞둔 시점에서 오랜 야당 동료이자 당의 원로를 제명하는 것은 당에 도움이 되지 않을 것이므로 원만히 수습하는 것이 바람직하다"고 의견일치를 보았다.
신민당 의총에서 주류 측 의원들은 "이철승 의원에게 사과를 하거나 스스로 당을 떠나라"라고 집중성토 했으나, 이 의원은 "두 김 씨는 국민에게 사과하고 정계에서 영원히 은퇴하라"는 성명을 발표했다.
신민당의 내분사태는 개헌노선 시비가 일단 수면 아래로 가라앉은 반면, 당권을 둘러싼 갈등이 오히려 표면화되는 새로운 국면에 접어들었다.
이민우 총재는 주류 측의 자신에 거취 표명에 대해 "나는 힘이나 강요에 의해 굴절될 생각은 없으며 역사의 심판을 받으려고 할 뿐"이라고 반발했다.

이 총재는 김영삼 고문이 차기 총재 추대 지지 요구에 대해서도 "총재의 입장에서 어떤 특정인을 지지한다고 손을 들어줄 수는 없다"고 일축했다.

신민당의 주류는 김영삼 고문을 5월 전당대회에서 총재에 추대키로 공식확인하고 당권장악을 위한 조직가동을 본격화했다.

이에 반해 비주류 및 중도 측은 김 고문 추대에 정면 대항키 위해 총재 경선에 나설 비주류 측 총재후보 단일화 추진 움직임으로 부산했다.

주류 측은 이민우 총재에게 "대통령 직선제 관철과 당 내분 수습, 원만한 전당대회 개최를 위한 결단"을 요구했다.

그러나 이 총재는 주류 측 의원들의 서명파 6인위 구성에 대해 "내 입장에서 생각하면 내 심정을 이해할 것"이라고 주류 측의 공세에 불만을 토로했다.

신민당의 이민우 총재와 김영삼 상임고문, 김대중 민추협 공동의장이 회동하여 "우리 세 사람은 이민우 구상은 야당이 오랜 세월 주장해 온 것으로 그 내용에는 아무 문제가 없다는데 인식을 같이 했다"고 정리하고서, 이철승 의원과 이택희 의원의 징계를 이민우 총재 책임 하에 조속히 처리키로 합의했다.

신민당 이철승 의원은 두 김 씨를 명예훼손 혐의로 고소할 준비를 서두르고, 이택희 의원은 김대중 씨의 적법성 여부에 대한 중앙선관위의 유권해석을 요청했다.

신민당은 이택희 의원에 대한 징계 절차에 들어갈 예정이었으나 이 의원의 지구당 당원 200여 명이 중앙 당사를 점거하여 중앙 당직자와의 몸싸움으로 유혈사태까지 빚어져 무산됐다.

이택희 의원의 지역구 당원들은 김영삼 상임고문을 신민당의 품위를 손상시키는 기자회견, 파벌 조성, 당비 유용, 공천 사전 매매, 당직 매매 등을 하지 못하도록 서울지법에 가처분 신청을 제출했다.

정책위의장직 사퇴서를 제출한 신민당 이택희 의원은 "현재 정통

야당이라고 자처하고 있는 신민당은 사분오열돼 있다"면서 김대중, 김영삼 씨의 퇴진을 촉구했다.
또한 이 의원은 "신민당은 이질적인 집단이 모여있어 내년도 예산안을 여당과 합의를 보았음에도 불구하고 예산안 통과를 정치적으로 이용하려는 속셈 때문에 민정당이 단독처리케 하는 잘못을 저질렀다"고 신민당을 비판했다.

(3) 통일민주당 창당 선언은 합의개헌 말살기도

김대중, 김영삼 씨는 자신들을 지지하는 신민당 소속의원 74명(상도동 40, 동교동 34)을 탈당케 해 신민당에서 분당하여 신당 창당을 1987년 4월 8일 선언했다.
이에 따라 개헌노선과 당 지도체제 개편 및 징계파동을 둘러싸고 빚어진 신민당의 내분사태는 끝내 분당으로 막을 내렸다.
주류 측의 대거 탈당으로 신민당은 90석의 제1야당 위치에서 창당된 지 2년 2개월여 만에 원내 교섭단체 구성요건에도 미달하는 16석인 군소정당으로 전락하게 됐다.
양 김 씨는 "국민의 소원이고 구국의 길인 민주회복을 성취키 위해 선명하고 강력한 야당의 존재가 절대 필요하다"는 명분을 내걸고 신민당과 결별하고 신당 창당을 선언했다.
신민당 이민우 총재는 신민당을 고수할 의사를 분명히 밝히고 민중민주당(총재 유한열, 의원 12명)과 민주한국당(총재 유치송, 의원 3명)과 제휴하여 원내 교섭단체를 구성하는 방안을 검토했다.
신민당에 남아있는 소속의원은 16명이지만 이기택, 박관용, 정재문, 장충준, 박한상 의원들은 관망자세를 유지하고 있으며 이민우, 이철승, 김재광, 신도환, 조연하, 김옥선, 이택돈, 이택희, 박해충, 신달수, 김병수 의원들은 당을 사수할 것으로 알려졌다.

이길범 의원은 탈당을 부인했고 민주사상회 소속인 이기택, 정재문, 박관용, 장충준 의원은 신민당을 탈당하고 무소속으로 잔류하여 신민당 소속의원은 13명으로 줄어들었다.

민정당은 신민당의 내분 사태가 급기야 분당으로까지 치달음에 따라 지금까지 표방해 온 합의개헌 노선이 사실상 실효를 거두기 어려운 길목에 접어들었다고 보고 지금까지의 정국 운영노선 수정을 검토했다.

신당 창당을 선언한 신민당 탈당 의원들은 창당주비위(18인)을 구성하고 신당 창당 작업을 본격화 했다.

민추협 사무실에서 열린 창당주비위는 창당 준비위원장에 김영삼 씨를 만장일치로 추대했으며 당명은 통일민주당으로 명명했다.

김영삼 준비위원장은 "우리는 신당 창당을 시발로 명실상부한 평화적 정권교체를 실현할 수 있는 수권정당으로 새출발 할 것"이라며 "88년 2월에는 민주승리를 기필코 쟁취할 것"이라고 말했다.

민정당은 김대중, 김영삼 씨의 신당 창당 선언을 '합의개헌 말살 기도'라고 규정하고, 개헌이 실패할 경우 그 정치적 책임을 양 김 씨가 져야 한다는 사실을 경고한 내용의 특별성명을 발표했다. 이와 함께 신당을 주도하는 김대중, 김영삼 씨와 대화를 하지 않겠다는 뜻도 선언했다.

이 같은 민정당의 성명 발표는 두 김 씨가 주도하는 강경야당의 출현에 대한 강경대응책으로 사전 경고적 의미와 함께 민정당의 정국상황 판단이 사실상 개헌 불가능 쪽으로 기울었음을 강력히 시사해주고 있었다.

민정당 노태우 대표는 "정권욕과 당권욕을 개헌과 민주화로 포장해 국민들을 현혹시킨 책임을 양 김 씨가 져야 할 것"이라고 두 김 씨를 비난하면서 "합의 이외의 방법으로 개헌할 생각이 없다"고 합의개헌의 가능성을 명백히 배제하면서 현행헌법의 수호 가능성을 내비쳤다.

(4) 통일민주당 창당, 김영삼 총재 선출

통일민주당은 4월 13일 서울 명동 YWCA 대강당에서 발기인 대회를 가질 예정이었으나 건물주가 사전 통고도 없이 회관으로 통하는 출입문을 전면 봉쇄하는 바람에 대회 장소를 민추협 사무실로 옮겨 발기인 대회를 가졌다.
김영삼 창당준비위원장은 "통일민주당 창당은 독재 종식 투쟁의 새로운 보루를 세워 우리의 역사적 소명인 평화적 정권교체를 완결 짓기 위한 것"이라고 말했다.
경찰은 신당 창당에 발맞춰 김대중 민추협 공동의장의 자택을 철저하게 봉쇄했다.
경찰병력 300여 명은 차량 15대를 동원하여 3중 바리케이드를 치고 외부인의 출입을 차단하여 정치 관여활동을 금지시켰다.
김영삼 창당준비위원장은 "현 정권이 상식을 초월하는 병력을 동원하여 가택 연금하는 것은 그동안 집요하게 전개해 온 김대중 의장과 나의 분열 및 야당 파괴공작이 실패로 끝나자 민주화 의지를 갖고 출발하려는 신당 창당을 두려워하고 초조해진 나머지 이를 방해하려는 또 하나의 공작정치"라고 주장하고 "개탄과 분노를 금할 수 없다"고 반발했다.
중앙선관위는 신민당 충주지구당원의 질의에 대해 "당원 자격이 없는 자가 특정정당의 정당 활동에 가담하여 지원연설 하거나 정당의 지구당 개편대회를 방해하고 정당원의 탈당을 선동하는 행위 등을 하는 것은 정당법에 저촉된다"고 유권해석하여 김대중 씨의 정당 활동은 위법이라고 결정했다.
신민당을 탈당한 66명의 의원이 주축이 된 통일민주당은 창당대회를 열고 김영삼 창당준비위원장을 총재로 선출했다.
김 총재는 단일지도체제의 당헌에 따라 이중재, 노승환, 이용희, 양순직, 박용만, 김동영, 최형우 씨들을 부총재로 지명했다.

김 총재는 "전 대통령의 4.13 개헌 유보 선언은 현 정권은 물론 국가의 불행을 자초하는 제1의 요인이 될 것이므로 이를 즉각 철회하고 난국 수습을 위한 실세 대화에 임할 것을 강력 촉구한다"고 말했다.

김 총재는 이어 "현 정권이 현행헌법으로 정치일정을 강행하겠다는 생각을 버리라"고 촉구하고 "만약 현행 헌법대로 강행할 경우에 우리는 범국민적 투쟁을 전개할 것"이라고 경고했다.

이어 김 총재는 "우리는 대통령 선거인단 선거 및 체육관에서는 대통령 선거에 참여하지 않을 것이며 범국민적, 비폭력 거부운동을 전개할 것임을 분명히 밝혀둔다"고 개헌 투쟁을 선언했다.

민정당 심명보 대변인은 "양 김 씨가 사욕을 앞세워 합의 개헌의 국민여망을 저버리고 국회의원을 인질로 잡아 폭력으로 규합하는 등 반민주적 폭거로 통일민주당을 결성한 것은 우리 정치사에 길이 오점으로 남을 것"이라고 비난했다.

(5) 통일민주당 창당방해 - 용팔이 사건

1987년 4월 21일 개최키로 한 통일민주당 청주-청원과 여주-이천-용인 지구당 창당대회가 당원 아닌 청년들의 대회장 사전점거 난동으로 열리지 못한 사태가 발생했다.

이와 관련하여 김태룡 임시 대변인은 "우리당의 창당을 방해하기 위해 현 정권의 비호와 방조 하에 이루어지고 있는 폭력난동은 국민의 준엄한 심판과 규탄을 면치 못할 것"이라고 주장했다.

통일민주당 유제연 의원(인천 동-북구) 사무실에 정체불명의 청년 150명이 난입해 기물을 부수고 석유를 뿌려 불을 지르는 등 1시간 동안 난동을 부리다 달아났다.

이들이 난입하는 과정에서 숙직을 하다 저지하던 지구당 당원 12명이 중경상을 입었다.

사고 직후 지구당원들은 부평 경찰서에 신고했으나 경찰은 1시간 늦게 현장에 출동했으며 이때는 괴청년들이 이미 종적을 감춘 뒤였다.

통일민주당의 지구당 창당과정에서 빚어지고 있는 잇단 폭력사태에 대해 통일민주당 측은 정부의 비호를 받고 있는 세력의 폭거라고 비난하고 있으며, 당원 아닌 괴청년들로부터 21개 지구당에서 창당대회 방해를 받았고 이들의 무차별 폭력난동으로 수십 명의 부상자가 속출했다.

이에 민정당은 "통일민주당 지구당 창당과정에서의 폭력사태는 신민당을 고수하겠다는 당원들의 자구(自救) 행위로서 결코 여권과는 무관한 일"이라고 입장을 밝혔다.

(6) 김영삼 총재 취임사로 소환·사법처리 으름장

김영삼 총재의 취임사 가운데 검찰이 문제를 삼은 것은 "이러한 헌법 하에서의 대통령 선거는 선거로 인정할 수 없다. 그 이치는 우리가 북한의 선거를 선거로 인정하지 않고 있는 것과 같다"며 대통령 선거 거부운동 전개를 선언한 부분과 "독재 권력의 자기 선전을 위한 올림픽이라면 나치 치하의 베를린 올림픽을 오늘에 재현시키는 것"이라며 88올림픽을 비난하는 부분이다.

노신영 국무총리는 김영삼 총재의 현행 대통령 선거를 북한의 흑백선거에 비유한 것과 서울 올림픽을 '나치' 하의 베를린 올림픽에 비유한 발언에 대해 법적 재제 의사를 밝혔다.

통일민주당은 김영삼 총재 입건문제에 대해 통일민주당을 탄압하거나 길들이려는 것으로 일고의 가치도 없는 것으로 단정하고 검찰 소환에 일체 응하지 않고 묵살키로 결론냈다.

또한 김 총재는 어용단체들의 고소, 고발에 대해 "정권 말기에는 관제데모나 관제고발 등이 있게 마련이며 이런 사실들은 국민들이 너무나도 잘 알고 있다"면서 "한 마디로 가소로운 일"이라고 일축했다.

여권의 강성 기류는 갓 태어난 극렬 야당에 대한 기선제압 내지 탐색적 의미와 함께 그 어느 때보다도 추위를 타며 암중 눈치를 보는 이때 통일민주당 주변의 냉기를 한껏 죄어둘 필요도 있다는 측면에서 출발했다.

그러나 민정당은 김 총재의 소환이나 사법처리가 여당에게 이익이 되고 통일민주당에게 손해의 도식이 성립되지 않고, 지금까지 장내외 투쟁이 모두 벽에 갇힌 상황에서 피공격 자체가 통일민주당의 위치를 도와줄지도 모른다는 우려 속에 김 총재를 직접 소환하거나 사법적 조치를 취하지 않을 방침으로 선회했다.

정부와 민정당은 김영삼 총재를 직접 소환하거나 사법적 조치를 취하지 않은 대신 취임사 및 정강·정책 중 문제부분을 수정토록 통일민주당에 요구했다.

(7) 통일민주당 정강·정책으로 옥죄기와 실무자 연행

검찰은 통일민주당 정강·정책 중 "민족통일이 정치적 이념과 체제를 초월하는 민족사적 제1과제임을 인식하고 이를 국정의 지표로 삼는다"는 부분도 현행법 저촉 여부에 대한 검토에 들어갔다. 통일민주당의 통일정책에 정부의 견해 표명과 민정당의 수정요구 방침에 대해 당사자인 통일민주당 측이 수정거부 공식 성명을 발표함에 따라 정국은 더욱 악화상태에 빠져들었다.
허문도 국토통일원 장관은 "통일민주당의 통일부분 정강·정책은 우리 사회 내부에 자유통일과 공산통일을 같은 차원의 가치 수준으로 받아들이게 하는 여지를 마련함으로써 어떤 통일이나 마찬가지라는 무분별한 통일논의를 유발한 우려가 있다"고 정부 입장을 발표했다.
검찰은 통일민주당의 통일관계 정강·정책에 운동권의 통일논리가 침투했다는 결론을 내리고 운동권 논리가 보수정당의 정강·정책에 반영된 과정과 배경을 수사를 통해 밝혀내기로 했다.
김영삼 총재는 정강·정책 시비에 대해 "우리 당의 대표는 나인데 이 김영삼이가 공산당이라면 4천만 국민 모두가 공산당이라는 말이냐"면서 "만약 그렇게 몰아세운다면 그거야말로 적을 이롭게 하는 것"이라고 정부·여당을 공격했다.
통일정책에 대한 정부의 견해를 묵살키로 했던 통일민주당 김태룡 대변인은 이날 발표문을 보고난 뒤 "고약한 내용이 많아 반박성명으로 바꾸었다"며, 정부 측의 계속되는 수정요구를 '세계인의 웃음거리', '나라 망신시키는 추잡한 작태'라는 용어를 구사해가며 혹평했다.
서울지검 공안부는 통일민주당 정강·정책 작성에 참여한 신민주전선 주간인 이협 씨에게 출석 요구서를 전달했으나 이협 씨가 불응하여 승강이를 계속했다.
통일민주당은 이협 씨는 실무자에 불과하므로 조사를 받으려면 김영삼 총재 등 지도부가 받아야 한다는 결론을 내고 소환에 일체 불응하기로 방침을 세웠다.
법무부는 통일민주당이 통일에 관한 정강·정책을 수정하지 않을 경우 정당해산을 헌법위원회에 제소할 것에 대비하여 법적 절차를 검토했다.
통일민주당은 동당의 정책이 기본적으로 자유민주주의의 실현에 목표를 두고 있으며 기본정책이 공산통일도 용인하는 것이 아니라고 정강 해명을 결의했다.
민정당 이춘구 사무총장은 "통일민주당의 통일정강은 우리의 국기가 보존되느냐 허물어지느냐의 여부가 가름되는 만큼 신중한 검토가 필요하다"며 수정을 요구했고, 검찰은 통일민주당의 정강·정책이 국가보안법에 위배된다는 결론을 내림에 따라 입안참여 의원들도 소환할 방침을 세웠다.

검찰은 정강·정책에 참여한 이협 씨에게 소환장을 전달하고 본격 수사에 착수했다.

검찰은 그동안 1, 2차 소환에 불응한 이협, 김경두, 안경률 등 3명을 검찰청사까지 동행하여 조사했다. 그러나 이들은 당의 방침을 내세워 묵비권으로 일관했다.

7. 전두환 대통령의 4.13 호헌선언과 6.10 규탄대회

(1) 통일민주당 창당에 발맞춰 4.13 호헌 특별담화

전두환 대통령은 1987년 4월 13일 현행헌법으로 1988년 2월 정부를 이양하고 그에 따른 대통령 선거인단 및 대통령 선거를 연내에 실시하겠다고 천명하고, 조속한 시일 내에 민정당 전당대회를 열어 후임 대통령 후보를 뽑도록 하겠다고 밝혔다.

전 대통령은 "본인은 평화적인 정부이양과 서울올림픽 양대 국가 대사를 성공적으로 치르기 위해서 국론을 분열시키고 국력을 낭비하는 소모적 개헌 논의를 지양할 것을 선언한다"고 밝혔다.

전 대통령은 "이번 결단의 참뜻은 어떻게 하든지 파국을 막고 정상적인 헌법 절차에 따라 명예로운 퇴임을 매듭짓고자 하는데 있다"면서 "시대의 낡은 사고방식에만 젖어있는 인물에게 발전하는 나라의 장래를 의탁할 수 없는 것"이라고 본심을 드러냈다.

그리고 전 대통령은 "부질없는 개헌 파쟁에만 골몰하여 불법과 폭력으로 사회혼란을 조성하고 국민생활을 불안케 하는 일이 있다면 헌법이 대통령에게 부여한 모든 권한에 따라 단호하게 대처할 것"이라고 밝혔다.

강성의 선명 야당을 표방한 신당 창당 선언은 앞으로 강경한 대여 투쟁이 예상됨에 따라 신당 출현을 선제하는 공격용 카드라는 것을 생각하지 않을 수 없다.

민정당은 내각제 개헌안을 홍보하는 과정에서 대통령중심제 폐단을 누누이 강조하여 오다가 개헌논의 유보라는 결단은 고육책일지도 모른다.

신민당 이민우 총재는 "대통령의 시국담화는 한마디로 현 정권의 집권 음모를 드러낸 것에 불과하다"고 논평했다.

김영삼 창당준비위원장도 "예견했던 일이지만 민정당은 그들의 영구집권 음모를 드러냈다"고 비난하고 "우리는 이에 단호하고 확실한 방법으로 대처해 나갈 것"이라고 말했다.
김대중 씨는 "그동안 내각제 개헌을 할 의도가 있는 양 위장하면서 마음 속에 숨겨왔던 본심을 드러낸 반민주적 처사"라고 비난했다.
김종필 전 공화당 총재는 "4.13 특별담화는 심히 실망을 주었으며 정치의 가장 중요한 덕성인 믿음을 훼손했다"고 비난하고 "내가 공산주의자를 만나는 것도 아닌데 졸졸 따라다니며 사람들을 못만나게 하는데 이게 민주주의냐"고 정부를 맹비난 했다.
미국 상원 외교위원회는 개헌 논의를 중단시킨 한국의 '4.13 호헌조치'와 관련하여 개헌논의 중단 결정을 재고하도록 촉구하는 대한결의안을 찬성 12표, 반대 6표로 통과시켰다.

(2) 개헌호의 진수(進水)에서 좌초(坐礁)까지

정부·여당은 그동안 야권의 직선제 개헌 주장에 '절대 호헌'에서 '89년 개헌 가능'을 거쳐 '전두환 대통령 임기내 개헌 가능'으로 입장을 바꾸어 개헌정국을 운영해 왔다.
그러나 신민당의 분열과 선명성을 기치로 내건 통일민주당의 창당으로 합의개헌의 가능성이 희박해지자 개헌논의 유보하고 호헌 쪽으로 급선회했다.
여·야는 1985년 2.12 총선 때 개헌 공방을 벌인 이래 현행 헌법 고수와 대통령 직선제 개헌을 둘러싸고 1986년 초까지 1년 동안 지루하게 대립해 왔다.
전두환 대통령은 1986년 새해 국정연설에서 "개헌 논의는 1989년에 가서 하는 것이 순서"라고 밝혀 개헌을 처음으로 표명했고, 신민당은 총선 1주년인 2월 12일 개헌서명운동을 전격적으로 시작했다.

이 과정에서 사정당국은 신민당사를 봉쇄하고 서명인 명부 압수 등으로 강경 대처했다.

이 같은 난국을 타개하기 위해 열린 2.24 청와대 3당 대표회담에서 전두환 대통령은 정부 내에 '88년까지 헌법연구' 의사를 밝히면서 '89년 개헌 가능' 입장을 보다 강하게 표명했다.

그러나 신민당은 이 같은 제의를 정면 거부하고 "86년 가을까지 직선제 개헌을 완료해야 할 것"이라고 주장하고서, 서울을 시발로 개헌추진위원회 시·도별 지부 결성대회를 개최하여 장외투쟁을 시작했다.

전두환 대통령은 유럽 순방을 마친 뒤인 4월 30일 3당 대표를 초치하여 회담하면서 "개인적으로는 88년까지 현행 헌법을 지키는 것이 바람직하다고 생각한다. 그러나 국회에서 여·야가 합의해 건의하면 재임기간 중에 개헌하는데 반대하지 않겠다"고 임기중 개헌 가능을 밝혔다.

이에 따라 국회는 6월 24일 본회의에서 '국회 헌법 개정 특별위원회' 구성을 결의했고 9월 30일 민정당 23명, 신민당 17명, 국민당 4명, 무소속 1명 등 45명의 의원으로 헌특을 발족시켰다.

국회 헌특은 민정당에서 의원내각제 개헌안을, 신민당과 국민당에서 대통령중심 직선제 개헌안을 제출하여 제안 설명을 듣는 등 활동에 들어갔으나, '공청회 TV 생중계' 문제를 놓고 여·야가 팽팽하게 맞서 결국 활동 중지상태에 들어갔다.

신민당 이민우 총재는 "난국 타개의 유일한 길은 실세 대화"라고 말하면서 "실세대화가 이루어질 때까지 헌특 활동에 불참하겠다"고 선언했다.

이어 이 총재는 의원내각제와 대통령중심제에 대한 '선택적 국민투표'를 제의했으나 민정당은 헌법에 위배된다는 이유를 들어 단호하게 거절했다.

직선제 열기를 가열시키려던 신민당은 유성환 의원이 국시(國是) 발언으로 구속되면서 개헌가도에 짙은 안개가 끼었고, '11.29 개헌추진 서울대회'도 경찰의 원천봉쇄로 좌절됐다.
민주화 선행을 전제로 한 내각제 협상 검토 용의를 표명한 이민우 구상이 발표되면서 신민당의 내분이 표면화 되었으며 끝내 신민당의 분당으로 치달았다.
전두환 대통령은 새해 국정연설에서 개헌의 조속한 타결을 촉구하면서 합의개헌이 불가능할 경우 중대 결단을 예고했다.
서울대생 박종철 군 고문치사 사건이 터지면서 정국은 고문 정국으로 바뀌었고, '2.7 추도회', '3.3 대행진' 등으로 개헌정국은 교착상태에서 헤매일 수밖에 없었다.
경색된 개헌정국이 풀릴 기미를 보이지 않는 가운데 신민당은 당권과 노선 문제로 갈등을 보였다. 이러한 와중에 이철승 의원의 제소와 이택희 의원 측의 당사 점거로 결국 김대중, 김영삼 씨는 신당 창당을 선언함으로써 신민당은 분당되고 말았다.
민정당의 노태우 대표는 전두환 대통령으로부터 정국주도 전권을 부여받고 합의개헌 관철을 통한 개헌정국 주도를 밝혔으나, 양 김 씨의 신당 창당으로 합의개헌이 어려운 상황임을 공식적으로 표명했다.
전 대통령은 지금까지 주장해 온 내각제 개헌안을 철회하고 현행 헌법에 따라 정국을 주도하겠다는 의중을 공표하여 정국을 더욱 혼돈의 와중으로 내몰았다.

(3) 민주헌법쟁취 국민운동본부(민헌운) 발족

통일민주당과 재야단체는 발기인 2,191명으로 '민주헌법쟁취 국민운동본부'를 1987년 5월 27일 결성하였으며, 이들은 발기 취지문에서 "우리들은 대통령중심 직선제를 비롯한 민주헌법의 쟁취를 이룩하고 이 땅의 민주화를 위해 몸 바칠 것"을 밝혔다.
국민운동본부는 김수환 추기경, 김영삼 통일민주당 총재, 김대중 민추협 공동의장, 문익환 민통련 의장, 함석헌 씨를 고문으로 박형규 목사, 김승훈 신부, 지선 스님, 계훈제 민통련 부의장, 이우정 여신학자협의회장, 송건호 민언협 회장, 박용길 민가협 의장, 고은 시인, 양순직 통일민주당 부총재, 김명윤 민추협 부의장 등을 상임 공동대표로 옹립했다.
통일민주당 김영삼 총재는 민정당이 '6.10 전당대회'를 취소할 경우 시국 수습을 위한 방안을 제시하겠다고 밝혔다.
민주헌법쟁취 국민운동본부는 "민정당은 지금이라도 국민의 뜻을 거스르는 '6.10 전당대회'를 즉각 중지하고 온 국민의 염원인 합의 개헌을 통한 민주헌법 제정에 응하기 바란다"면서 "설령 노태우 씨가 대통령에 선출된다 하더라도 이는 대다수의 국민과는 무관한 일이 될 것이고 한 정파의 대표자를 뽑는 것 이상의 의미가 없으며 그 결과는 개인은 물론 나아가 국가적 불행을 자초할 뿐"이라고 주장했다.
정부와 민정당은 "6.10 민정당 전당대회를 전후해 벌어지는 시위, 선동, 가두방송, 전단 살포 등을 원천 봉쇄하고 시가지 기습시위에 대해서는 강력 대처하겠다"고 밝혔다.
고건 내무부장관과 정해창 법무부장관은 합동담화문에서 '박 군 사건 규탄 및 호헌철폐 국민대회'를 주도하는 '민주헌법쟁취 국민운동본부'를 불순단체로 규정하고, 이 단체가 주최하는 대회의 양상이 국기를 문란케 하고 헌정을 파괴하는 불법대회이므로 이를 강행할 경우 엄단할 방침이라고 밝혔다.
합동 담화문은 "국민운동본부의 주도세력 구성원 상당수가 과거 국사범의 전력이 있는 등 불순성을 의심치 않을 수 없다"고 규정했다.
이에 통일민주당 김태룡 대변인은 "현 정권은 '6.10 국민대회'를 봉쇄할 것이 아니라 '4.13 호헌조치'를 철회하고 영구집권

음모를 버리라"고 반박했다.

(4) 민정당은 노태우 대표를 대통령 후보로 선출

통일민주당 김영삼 총재는 "민정당의 6월 10일 전당대회는 현 정권이 돌아오지 않는 다리를 건너는 것을 의미하며 현 정부와 민정당이 끝내 돌아오지 않는 다리를 건널 경우 현 정권에 대한 전면적인 거부 투쟁이 불가피할 것"이라고 밝혔다.
노태우 민정당 대표는 대통령 후보등록 신청서에 서명하면서 "이것이 하늘의 뜻, 우리 국민과 국민을 대표한 당의 뜻이요, 엄숙한 명령으로 생각하고 겸허한 마음으로 그 명령을 받겠다는 뜻"이라고 감회어린 표현으로 후보등록 소감을 피력했다.
민정당은 서울 잠실 실내체육관에서 전당대회를 열고 노태우 대표를 차기 대통령 선거의 민정당 후보자로 선출했다.
노태우 대통령 후보는 "폭력은 폭력을 불러 일으켜 역사의 악순환을 가져올 뿐 아니라 마침내는 4천 2백만의 공동체를 무너뜨릴 위험성마저 안고 있다"고 지적하고 "이러한 상황에서 본인은 자유민주주의 이념과 체제의 수호발전에 관하여는 확고부동한 자세로 추호의 흔들림이 없도록 모든 노력을 기울일 것을 다짐한다"고 말했다.
노태우 후보는 수락연설에서 "본인은 양대 국가 대사가 성공한 뒤 국민적 여망인 합의개헌을 반드시 성취해 낼 것임을 다짐한다"고 말하고 "그때 가면 사회적 분위기와 야당의 정치관에도 변화가 일어나 우리 당의 당론인 의원내각제 개헌안이 기필코 관철될 것으로 믿는다"고 말했다.
대통령의 임기는 구애받지 않겠다는 노 후보는 야당의 대통령 선거 거부움직임과 관련하여 "제5공화국의 헌법에 의거해 탄생한 야당이 헌법에 의한 대통령 선거에 불참하는 것은 자기모순이며 나아가 정당의 존재가치를 의심받게 될 것"이라고 일축했다.
그리고 노 후보는 "본인은 양대 국가 대사가 성공한 뒤 국민적 여망인 합의개헌을 반드시 성취해 낼 것임을 다짐한다"고 선언했다.

(5) 전국적인 시위확산과 정부의 초강경대응

권복경 치안본부장은 '6.10 대회'를 "불순단체가 주동하는, 현저히 사회적 불안을 야기 시킬 우려가 있는 불법집회로 규정한다"고 말하고, 시위 예상지역에 5만 8천여 명의 경찰 병력을 배치하여 대회의 원천봉쇄에 들어갔다.
검찰은 이에 앞서 민추협과 전국 110개 대학을 수색하여 각종 시위용품 4,300여 점을 압수하고 재야인사들을 가택연금 조치했다.
그러나 민주당과 민추협의 '영구집권 음모 규탄대회'가 열린 가운데 서울의 20여 개 대학을 비롯하여 전국 40여 개 대학 학생들이 '대회 개최지로 가자'는 구호와 함께 '6.10 대회' 참가 출정식을 가졌다.
비좁은 대회장에 들어가지 못한 2백여 명의 당원들은 '더 이상 못 속겠다. 거짓정권 물러가라'라고 쓴 플래카드를 앞세우고 민추협 현관에서 시위를 벌였다.
이들은 경찰들과 마주선 가운데 주먹 쥔 손으로 구호를 외치자 수백 명의 시민들이 주변에 몰려 이를 지켜보는 바람에 무교동 일대는 큰 교통 혼잡을 빚었다.
민주당 등 범야권이 서울을 비롯한 전국 22개 도시 중에서 강행하려던 '6.10 대회'는 경찰의 원천 봉쇄작전으로 서울을 제외한 대부분의 지역에서는 제대로 열리지 못했다.
그러나 서울, 부산 등 전국 20개 도시에서 학생, 재야단체회원, 종교인, 시민 등이 밤늦게까지 도심 곳곳에서 '독재 타도', '호헌철폐' 등의 구호를 외치며 투석 등을 하며 격렬한 가두시위를 벌였다.
치안본부는 이날 전국 20개 도시의 104곳에서 시위가 벌어져 18,550명이 시위에 가담했으며 시위운집 인원은 4만 5백여 명으로 집계됐다고 발표했으나 실제 인원은 이보다 훨씬 많았다.
또한 이 같은 가두시위로 16개 파출소, 전주시청, 동사무소, 민정당 사무실 등의 유리창이나 집기가 파손됐고 차량 6대가 화염병 투척으로 전소됐으며 17대가 파손됐다.
김재열 성공회 신부는 "꽃다운 젊은이를 야만적인 고문으로 죽여놓고도 국민을 속이려는 현 정권에 국민의 분노가 무엇인지를 보여주고, 국민적 여망인 개헌을 일방적으로 파기한 '4.13 폭거'를 철회시키기 위한 민주장정을 시작한다"고 선언했다.
이날 성공회와 명동성당 등 일부교회와 사찰에서는 오후 6시를 기해 일제히 타종했다.
경찰은 전국에서 3,831명을 연행하여 철야 조사 중이며 야당의원 2명, 일반인 28명, 진압경찰 738명이 중경상을 입었다고 밝혔다.
검찰은 연행자 3,854명 중 140명을 집시법 등 위반혐의로 구속영장을 청구했다.
검찰은 "명동성당에서 사흘 째 시위농성 중인 대학생들은 '6.10 대회' 주동자 또는 극렬 행위자들이 대부분일 것으로 보고 강력히 대처키로 했다"고 밝혔다.
서울지검은 대한성공회 서울대성당 내에서 외부와 차단된 상태에서 '6.10 대회'를 치른 국민운동본부 핵심 간부인 양순직 민주당 부총재, 박형규 목사, 계훈제 민통련 부의장, 김명윤 민추협 부의장, 지선 스님 등 13명을 집시법 위반으로 구속, 수감했다.
이들의 전격구속은 앞으로 시국치안에 관한 정부의 '초강경 사법대응'을 예고한 것이라는 점에서 충격적이며 심각한 의미를 던져 주는 것으로 풀이된다.

이들의 구속은 당국이 그동안 '눈의 가시' 같이 여기면서도 건드리기를 주저해 온 재야 지도급 인사들과 종교인들에 대한 본격적인 사법조치를 취했다는 점에서 주목을 끌었다.
검찰은 "일부 재야 지도급 인사들이 그동안 마치 치외 법권 지대에 있는 것처럼 온갖 불법행위를 자행하면서 각종 집회시위의 원인을 제공해 왔다", "더 이상 늦기 전에 뿌리를 뽑아야 할 시점에 이르렀다"면서 이제까지의 시위 참가자들을 대거 구속하는 물량주의에서 앞으로 '소수정예주의'로 전환하여 지위와 신분을 가리지 않고 엄중 대처할 방침을 밝혔다.
통일민주당 김영삼 총재는 "민주당을 적으로 돌릴 때 온 국민과 함께 전면투쟁을 하지 않을 수 없다"고 강조하고 "비극은 한 번이면 족하다. 그 길을 피할 수 있으면 피해야 하는데 이 정권은 자꾸 불행의 길로 가고 있다"고 주장했다.
한국국민당 이만섭 총재도 최루탄 사용의 중지를 요구하면서 "시위 군중은 무기 사용의 대상이 될 적이 아니다"고 지적하면서 "최루탄이 만약 인명 살상용 무기화로 그 결과가 나타난다면 치안 책임자는 살인자로 낙인찍힐 수밖에 없다"고 경고했다.
엿새 째 농성시위를 계속하던 명동성당 안의 농성시위 학생, 시민들은 해단식을 갖고서 자진해산한 뒤 안전하게 귀가 조치했다. 이들의 안전귀가 여부를 놓고 김수환 추기경이 정부 고위당국자와 절충을 벌여낸 결과였다.
'6.10 국민대회' 이후 닷새 동안 전국에서 경찰에 연행된 시위 관련자는 6,094명이며 이 중 220명이 구속됐다.
검찰 관계자는 구속자 중에서 사안이 경미하고 잘못을 뉘우치는 사람에 대해서는 순화교육 후 기소유예 처분으로 석방할 방침이라고 밝혔다.
검찰은 민주헌법쟁취 국민운동본부를 수색하여 유인물 등을 압수하고 본부의 대변인으로 활동하고 있는 인명진 목사를 연행했다.

8. 노태우 민정당 대선후보 6.29 선언의 숨겨진 배경

(1) 대학생 시위 전국적으로 더욱 확산되어 격렬

'6.10 대회' 이후 대학생, 시민들의 농성사태가 전국 여러 도시로 확산되고 파출소와 민정당사 습격·방화, 고속도로 점거, 열차 운행 차단, 진압경찰 장비 탈취 등 격렬한 양상을 띠었다.
이 같은 격렬한 시위로 전국 36개 대학이 조기방학을 결정하였지만 17일에는 전국 70개 대학에도 5만 2천여 명이 교내와 가두에서 격렬한 반정부 시위를 벌였다.
부산에서는 300여 명의 택시 기사들이 택시를 도로 가운데 세워놓고 교통을 차단하고 경적을 울리는 등 전국 주요도시에서 각종 시위사태가 심각한 상황을 빚었다.
부산에서는 5천여 명의 학생들이 가두시위를 벌이며 남포파출소 등 4개 파출소를 습격하여 불태웠고, 경찰버스 3대도 탈취하여 불태웠다.
대구에서도 대학생 8천여 명이 교내 시위에 이어 시내로 진출하여 중앙동 도로를 완전 점거한 채 연좌시위를 벌이자 시민들이 박수를 치며 호응했다.
대전에서도 7천여 명의 학생들이 시내 중심가에서 시위를 벌이며 시내 중심가의 은행동 파출소를 전소시키고 6개 파출소의 기물을 부쉈으며 KBS 대전 총국과 민정당 당사에 돌을 던져 유리창을 깨뜨렸다.
통일민주당은 "서울을 비롯한 전국 주요도시의 엄청나고도 과격한 시위에 대해 충정은 이해하지만 그 방법에 대해서는 깊은 우려를 표하지 않을 수 없다"면서, 학생들에게 폭력적 방법의 민주화 투쟁은 지양할 것을 강력히 호소했다.

아울러 현 정권에 대해서도 "민주화를 요구하는 애국적 시위에 대해서는 어떠한 경우에도 최루탄을 난사하는 등 폭력으로 대응하지 말 것"을 강력히 촉구했다.

대학생들이 주도하고 시민들이 가세하는 대규모 과격시위가 서울, 부산, 대구, 광주, 인천, 대전 등 전국 주요도심 곳곳에서 잇따라 벌어져 시위지역 주변 상가가 철시하고 교통이 마비되는 가운데 파출소 습격, 진압경찰 무장해제, 경찰 차량 탈취 방화, 철도 점거 등으로 전국을 긴장과 불안 속에 몰아넣었다.

6월 18일 하루 전국 78개 대학 5만 8천여 명의 학생과 2만 8천여 명의 시민들이 247개소에서 교내외 및 가두시위를 벌인 것으로 집계됐으며, 파출소 21개소, 경찰차 13대가 불타거나 부서졌으며 모두 1,487명의 시위 학생, 시민들이 경찰에 연행됐다.

국민운동 본부는 "6.10 국민대회 이후 민주화를 기필코 성취하겠다는 전 국민의 의지는 민주화의 새로운 지평을 여는 역사적인 분기점을 이루고 있어, 국민운동 본부는 이러한 전 국민의 뜻을 좇아 4.13호헌철폐, 구속자 석방, 집회 및 시위와 언론자유보장, 최루탄 사용중지 등을 촉구한 바 있다"면서 "그러나 현 정권은 전 국민의 민주화 열망을 외면하고 무제한 최루탄 사용, 대량 구속 등 폭압적 공권력의 남용으로 평화적 시위를 저지하고 국민들과 계속 맞서고 있을 뿐 민주화 의지를 행동으로 보여주는 아무런 실질적 조치를 취하지 않고 있다"고 비난했다.

그리하여 국민운동본부는 "오는 26일 오후 6시 전국에서 동시에 '민주헌법 쟁취를 위한 국민평화 대행진'을 실시한다"고 발표했다.

(2) 사면초가로 탈출구를 모색하고 있는 정부·여당

김수환 추기경은 "정부는 4.13 호헌선언을 철회하고 개헌논의를 즉각 재개하는 것만이 지금의 정치위기를 수습하는 길이다"면서, "전두환 대통령은 지금이라도 김영삼 총재 등 실세와 대화를 한다면 국민들의 환호와 박수를 받을 것이고, 내년 2월 명예롭게 퇴진할 수 있게 될 것"이라고 말했다.

김 추기경은 이어 정부·여당이 민심의 소재를 똑바로 보지 못하면 더 큰 불행이 올 것이라고 지적하고, 정부가 야당과 대화하고 개헌한다면 광주사태에 대해서도 국민들은 나라의 단결을 위해 관대하게 보아줄 것이라며, 모든 정치인들은 정권에 대한 욕심을 버리고 마음을 비워야 한다면서, 이것은 윤리강의가 아니라 현실적 해결책이라고 역설했다.

우리나라의 정계원로들과 석학 등 지도자들은 한결같이 정부·여당이 민심의 소재를 파악하여 조속한 결단을 내릴 때이며 야당도 한발 물러나 해결할 방안을 찾아야 한다고 주장했다.

이한기 국무총리는 "우리 모두가 간절히 바라는 법과 질서의 회복이 불가능해진다면 정부로서는 불가피하게 비상한 각오를 할 수밖에 없을 것"이라면서, 정부와 온 국민이 서로 자제하고 이성을 회복하고 인내함으로써 오늘의 이 난국을 풀어가자고 호소했다.

고려대 본관 앞 잔디밭에서는 민주화를 요구하는 연좌시위에 들어간 19명의 교수를 둘러싸고 500여 명의 학생들이 '타는 목마름으로'를 합창하며 응원하는 진풍경이 벌어졌다.

교수들은 '확인된 민의에 순응하라', '학생들의 주장이 옳았다'는 플래카드를 직접 붉은색 페인트 분무기로 써내려갔고, 학생들은 박수갈채와 함께 '독재타도'의 구호를 외치고 '교수님 만세' 삼창으로 열띤 분위기는 절정에 달했다.

미국 하원 외무위 아시아·태평양 소위는 개헌 논의를 중단하고 현행 선거제도로 선거를 실시키로 한 결정을 "유감으로 여긴다"고 밝히고, 정부와 야당의 조속한 대화 재개를 촉구하는 '한국의 민주주의와 안보촉진을 위한 결의안'을 통과시켰다.

레이건 행정부도 정부와 야당의 대화 재개를 찬성한다고 밝히고, 미 행정부는 양측의 폭력을 모두 반대하여 폭력과 최루탄 사용중지를 촉구한 통일민주당의 요청을 지지한다고 밝혔다.

미국의 레이건 대통령은 "한국 정부가 야당과 대화를 계속해야 하며 가능한 한 조속히 평화적 방법으로 소요를 종식시켜야 할 것"이라는 친서를 전두환 대통령에게 전달한 것으로 알려졌다.

이어 백악관 대변인은 "백악관은 한국의 사태를 면밀히 주시하고 있다"고 거듭 강조했고, 미국의 의회에서는 개헌논의 즉각 재개와 민주화 조치 등에 대한 경제제재 수단까지 동원하여 촉구하기 시작했다.

미국 국무성 시거 동아시아・태평양 담당차관보는 야당과의 대화는 긴장을 완화시키고 군부개입이라는 위험한 양상을 없애줄 것이라며 "한국 사태의 군부 개입은 적절한 해결책이 아니다"라고 말했다.

민정당으로선 '이런 상태에서 4.13 호헌 조치로 정부이양은 불가능하다'는 위기의식과 통일민주당으로선 '이쯤에서 협상 통로를 개설하는 것이 좋겠다'는 상황판단이 비상시국 탈출을 모색하게 되었다.

(3) 개헌논의 재개만 약속한 여・야 영수회담

민정당 노태우 대표는 개헌논의의 재개 및 합의개헌이 안될 때의 국민투표 방안과 김대중 씨의 연금 해제 등 민정당 의원 총회에서 취합된 의견을 보고하고 대통령이 국가원로 및 정당 대표와 만나는 시국관계 연쇄 고위회동을 건의했다.

통일민주당 김영삼 총재는 "6.10 사태 구속자 석방과 김대중 연금해제라는 대화 선결조건이 해결된다면 대통령과의 회담에 당연히 응할 것"이라고 밝혔다.
김영삼 총재는 "71일째 계속되고 있는 김대중 공동의장의 가택연금을 해제하라"고 촉구했고, 민주당 소속의원과 민추협 관계자들은 김대중 민추협의장 집 앞에서 항의시위를 펼치기도 했다.
전두환 대통령은 김영삼 총재와의 영수회담 전에 윤보선, 최규하 전 대통령을 청와대로 초치하여 의견을 청취했다.
전두환 대통령과 김영삼 민주당 총재 간에 여·야 영수회담이 6월 24일 개최되어 파국을 치닫고 있는 시국의 수습방안이 폭넓게 논의됐다.
회담에서 전 대통령은 여·야가 합의 개헌을 위해 개헌논의를 즉각 재개할 것과 앞으로의 정치일정을 여·야 대표회담과 중진회담을 통해 구체적으로 논의해 추진할 것을 희망한다고 말해 사실상 '4.13 호헌조치' 철회의 뜻을 밝힌 것으로 알려졌다.
전 대통령은 야권에서 요구해 온 '6.10 대회' 관련 구속자들의 석방 문제에 대해서는 "경중을 가려서 최대한 많은 사람이 풀어지도록 내각에 검토를 지시했다"고 말하고, 김대중 씨의 연금해제에 대해서는 "알았다"고 긍정적으로 답변했다.
이춘구 민정당 사무총장은 청와대 영수회담의 의미와 관련하여 "개헌논의가 전면 재개된 것은 개헌을 전제로 한 것이므로 이는 당연히 현행헌법에 의한 정치일정 진행 자체도 정지됐음을 의미한다"고 밝혔다.
그러나 통일민주당은 김영삼 총재가 4.13 조치의 철회를 요구했음에도 전두환 대통령은 이를 수용하지 않았다고 해석했다.
4.13 호헌조치의 철회라면 조치를 내건 본인 스스로 취소를 선언해야 함에도 전 대통령은 개헌논의 재개라는 표현만 했다는 얘기다.
또한 통일민주당은 4.13 호헌조치에 근거한 민정당의 차기 대통령 후보까지 취소 또는 백지화해야만 4.13 조치를 실질적으로 철회한 것으로 간주될 수 있다고 주장했다.

86년 9월 말까지의 시한부 개헌논의는 그때까지 시간만 끌다가 현행헌법에 따라 차기 대통령을 선출하겠다는 저의로 밖에 볼 수 없다는 주장이다.

전두환 대통령은 국가원로, 정당 대표, 종교계 및 사회각계 대표들과 잇단 면담을 갖고 시국수습방안에 대해 직접 대화를 가졌다.

김수환 추기경은 6월 26일 청와대에서 전두환 대통령에게 "영단을 내려 민주화를 해놓고 나간다는 자세로 임해주기 바란다"면서 "직선제도 간선제도 의원내각제도 모두 민주화이지만 현 상황에서 직선제를 받아주는 것이 필요한 것 같다"고 충언했다.

굴절 없는 민의의 전달과정인 이번의 대화에서는 "국민의 뜻을 받아들이는 영단을 내려 민주화의 기틀을 세워달라"(김수환 추기경), "영단을 내려 수습대책을 내면 사회는 안정되고 외국에서도 이해될 것"(한경직 목사), "민심의 소재를 파악하여 과감한 정책이 나와야 한다"(강원룡 목사) 등의 표현은 현행 헌법 고수를 포함한 여권의 기존 정치일정 및 정국운영 자세에 대한 전면 재검토를 요구했다.

또한 "개헌논의를 재개하는 것이 좋겠다"(최규하 전 대통령), "다음 정부가 국민의 의사에 따라 선택되는 것을 바란다. 지금처럼 한다면 사람만 바뀔 뿐 종전과 다름없다"(강원룡 목사), "현행 헌법이 완전히 민주화 돼있지 않다는 것이 민심의 동향이다"(한경직 목사) 등 의견을 듣고 6.29 선언을 구상할 수밖에 없었을 것으로 짐작될 뿐이다.

(4) 6.29 선언을 이끌어낸 6.26 민주헌법쟁취 평화대행진

야권은 4.13 호헌조치가 철회되지 않았기 때문에 6.24 영수회담이 결렬되었다고 보고 26일로 예정했던 '민주헌법쟁취 평화대행진'

을 강행키로 했다.
야권은 "김영삼 총재가 제시한 시국 수습안을 하나도 받아들이지 않고 개헌논의를 국회에서 재개하라는 일방적 통고로 회담을 끝내고 말았다"고 주장했다.
78일 간의 가택봉쇄 조치에서 해제된 김대중 민추협 공동의장은 "연금기간 중 내가 가장 큰 감격을 느낀 것은 6.10 국민대회와 그 이후에 진행된 사태였습니다. 현 정권이 더 이상 물리적 방법만으로 국민을 제어할 수 없다는 점이 여실히 드러난 것이다"라고 제1성을 털어놓았다.
김대중 의장은 "현 정권은 국민에 저항하다 국민의 힘에 의해 참담히 패배하느냐, 아니면 국민의 소망에 순응하여 민주헌법과 자유선거를 통해 안녕을 보장받느냐의 선택의 기로에 놓여있다"면서 현명한 길을 택하도록 요구했다.
국민운동 본부가 서울, 부산, 대구, 광주 등 전국 22개 주요도시에서 예정대로 국민평화대행진을 강행하자, 경찰은 이 대행진을 불법집회 및 불순시위로 단정하고 원천봉쇄에 나섬으로써 전국적으로 또다시 긴장감이 고조되었다.
민주당, 민추협, 종교계 등이 주도한 '6.26 국민평화 대행진'이 서울, 부산, 대구, 광주, 전주, 인천, 대전 등 전국 33개 도시와 4개 군 등 전국 37개 지역에서 강행됐다.
이날 대행진은 집결지로 향하던 시민, 학생들이 전국적으로 6만여 경찰의 강력봉쇄로 행진이 저지되면서 시위로 바뀌어 지역에 따라 최루탄 난사와 화염병 투척, 기물 파괴, 방화 등 격렬한 충돌양상이 다음날 새벽까지 계속됐다.
전국 270여 지역에서 20여 만 명이 참가한 것으로 추산되는 이날 시위는 밤이 깊어갈수록 시위군중이 더욱 늘어나 제5공화국 이래 최대의 군중이 시위에 참가했으며 일부지역에서는 철야시위가 벌어졌다.

과격 양상은 크게 줄어들었으나 그래도 파출소 29개소를 비롯하여 천안시청 등 관공서 4개소, 민정당사 4개소 등이 시위군중의 습격을 받아 기물이 부서졌고, 경찰차량 20대가 불타거나 파손됐다.
이날 군중 구호는 '6.10 국민대회' 때의 '호헌철폐' 대신 '직선제 개헌', '민주쟁취', '독재타도' 등으로 바뀌는 양상을 나타냈다.
이날 대행진이 강행된 오후 6시가 되자 서울 등 주요도시에서는 도심운행 차량들 중 많은 차량이 경적을 울렸고 학생, 시민, 당원들이 태극기와 흰 손수건을 흔들거나 박수를 치기도 했다.
일부 성당, 교회, 사찰에서도 오후 6시 정각에 일제히 타종을 했다. 경찰은 이날 시위와 관련 3,467명을 연행하여 조사 중에 있으며 이들 중 화염병 투척 등 극렬행위자 1백 명 정도 구속될 것으로 전망했다.
민정당 김정남 대변인은 "우리당은 '6.26' 시위에 나타난 국민들의 한결같은 여망은 민주발전이라는 명제가 성사되어야 한다는 것으로 믿고 이를 겸허하고 허심탄회하게 수렴하겠다"는 성명을 발표했다.
미 국무부 시거 차관보는 26일 기자회견을 갖고 한국 국민들은 민주주의를 아주 열망하고 있으며 민주주의의 진로는 이제 역행할 수 없게 됐다고 말했다.
시거 차관보는 "한국은 정치적 협상을 위한 발전의 기회와 폭력의 대결로 악화될 수 있는 위기로 매우 긴장된 시기에 처해있다"면서 "군부의 사태개입은 용인되지 않을 것이며 미국은 이를 반대한다"고 거듭 강조했다.
민정당은 6월 26일 민주당이 요구중인 4.13 철회요구와 관련하여 "4.13 호헌조치는 완전히 철회되었다"고 당의 공식입장을 거듭 확인했다.
통일민주당 김영삼 총재는 "내가 청와대 영수회담에서도 언급했지만 오늘 행사는 정말 국민과 정권이 함께 살 수 있는 길을 대화로 찾아야 한다는 경고의 의미를 가진 것"이라고 설명하며 "커질 만큼 커진 국민의 뜻을 힘으로 꺾지는 못할 것"이라고 역설했다.
민정당 지도부는 "이제 어물쩍, 내년 2월을 넘기려던 발상은 사라진지 오래"라며 "현행 헌법에 따라 정치일정을 추진하겠다는 건 완전히 백지화 됐다고 봐도 좋다", "노태우 대통령 후보의 사퇴도 시간문제가 아니겠느냐"고 설명했다.
통일민주당은 노태우 후보 사퇴설 등 여권동향으로 미뤄볼 때 4.13 호헌조치 철회나 정치일정 취소는 이미 달성 가능권에 들어 왔으므로 직선제 개헌이나 선택적 국민투표의 관철을 위한 새로운 대여 투쟁방법을 찾아 나섰다.

(5) 정치적 갈등의 대단원을 장식한 6.29 선언

민정당의 노태우 대표는 대통령 중심제 직선제 개헌을 수용하고 김대중 씨 사면·복권과 모든 시국 관련 사범의 석방 등 시국 수습을 위한 8개항을 자신의 특별 선언으로 밝히고 이 8개항의 제안을 전두환 대통령에게 건의했다.
노태우 대표는 "만약 이 제안이 받아들여지지 않을 경우 민정당 대통령 후보와 대표위원직을 포함한 모든 공직에서 사퇴할 것"이라고 밝혔다.
노 대표는 개헌과 관련하여 "여·야 합의 하에 대통령 직선제 개헌을 하고 새 헌법에 의한 대통령 선거를 통해 88년 2월 평화적 정부 이양을 실현하도록 하겠다"고 밝혔다.
노 대표는 "의원내각제가 비록 아무리 좋은 제도라 할지라도 다수 국민이 원치 않는다면 이에 따라 탄생되는 정부는 국민과 꿈도 아픔도 함께할 수 없을 것"이라면서 "오늘 이 시점에서 사회적 혼란을 극복하고 국민적 화해를 이룩하기 위해서는 대통령 직선제를 택하지 않을 수 없다는 결론에 이르렀다"고 밝혔다.
이어 노 대표는 정치권은 물론 모든 분야에 있어서의 반목과 대립이 과감히 제거되는 국민적 화해와 대단결을 도모하기 위해 "그 과거가 어떻든 간에 김대중 씨도 사면·복권돼야 한다"고 밝혔다.
이와 함께 노 대표는 자유민주주의적 기본질서를 부인한 반국가사범이나 살상, 방화, 파괴 등으로 국기를 흔든 극소수를 제외하고 모든 시국관련 사범도 석방돼야 한다고 주장했다.
노 대표는 이와 관련하여 역사의 분수령인 이 시점에서 국민 모두가 크게 웃는 계기를 마련하는 것은 중요하다며 "그렇게 되면 차기 대통령 선거가 국민의 축제로 승화될 것"이라고 말했다.
노 대표는 '국민 대화합과 위대한 국가로의 전진을 위한 특별선언'이라는 준비된 성명을 발표하며 "국민들 사이에 쌓여진 뿌리 깊은 갈등과 반목이 국가적 위기로 나타난 이 상황에서 정치인의 진정한 사명에 깊은 사색과 숱한 번뇌를 해왔다"며 자신의 8개 결심 사항을 단호한 어조로 피력했다.
노 대표는 그동안 여권이 거의 절대적으로 금기시 해오던 대통령 직선제에 대한 합의의사와 김대중 씨 사면·복권 실시 의사를 밝히는 가희 폭탄선언을 함으로써 정국전개에 미증유의 일대 파문을 일으켰다.
노 대표의 시국수습 구상은 지금까지 여권이 보여 온 정치권력적 행태에 비추어볼 때 한마디로 예상의 벽을 뛰어넘은 '비장한 결심'이라고 할 수 있다.
노 대표 개인으로 본다면 현 집권세력의 후계자로서 정치적 운명을 건 '한판 승부'를 본격적으로 시작했다는 의미로도 받아들일 수 있다.
그것은 노 대표의 결심이 1985년 '2.12' 총선 이래 더 나아가서는 제5공화국 출범 이래 잠재적이든 가시적이든 끊임없이 표출돼 온 민의(民意)를 정면으로 수렴한 내용이라고 해도 우선 시야를 여권내부로 좁혀본다면 특별한 의미를 지니지 않을 수 없기 때문이다. 최근 들어 민정당뿐 아니라 여권 내에서 폭넓게 시국 수습방안이 논의돼 온 것은 사실이다.
그러나 노 대표가 자신의 시국 수습방안을 여권 내에서 폭 넓은 타진과정을 거치지 않은 것은 분명한 것 같다.
노 대표의 발표가 워낙 갑작스럽게 독자적인 결심에 의해 이루어졌고 또한 구상의 핵심이 그동안 여권이 어떻게 해서든 정면 수용을 꺼려왔던 내용이라는 점을 감안한다면 폭탄선언의 성격으로 내놓게 된 정확한 배경은 알려지지 않고 있다.
노 대표가 폭탄선언을 하자 사전 지식이 없었던 듯 대부분의 중앙집행위원과 당내 인사들은 크게 경악하는 표정이 역력했다.
청와대 비서진들은 노 대표의 특별선언 내용을 보도진으로부터 전달받을 때까지도 "사실이냐"는 첫 물음에 이어 "당이 과연 그런 얘기를 할 수 있겠느냐", "너무 성급한 결론이 아니냐"는 등 의구심을 표시했다.
국민운동본부는 "정부·여당이 늦은 감은 있으나 이제라도 국민의 뜻을 겸허하게 받아들이기로 결정한 것은 환영한다"면서 "이는 오로지 민주화를 위해 온몸으로 싸워온 전 국민의 위대한 승리로서 민족사에 길이 빛날 새로운 지평을 열었다"는 성명을 발표했다.
찰스 레드먼 미 국무성 대변인은 "노태우 대표의 제의는 긍정적인 조치이며 구체적인 움직임이라고 평가하고, 모든 측이 이 제의를 구체적인 결과를 가져올 수 있는 기회로 간주하기를 희망한다"고 적극 환영했다.
전두환 대통령은 대통령직선제 개헌과 김대중 씨 사면·복권을 골자로 하는 노태우 민정당 대표의 시국 수습안을 전폭적으로 수용한다고 밝혔다.
전 대통령은 조속한 시일 내에 대통령직선제 합의 개헌을 이루어

임기 중 새 헌법에 따른 제13대 대통령 선거를 실시하고, 내년 2월 25일 후임 대통령에게 평화적으로 정부를 이양하겠다는 정치일정을 밝혔다.

김대중 고문도 "6.29 선언은 현 정권의 양심에서 나온 소리가 아니라 군대를 동원해도 이길 자신이 없어 나온 국민의 승리"라고 평가했다.

통일민주당 노승환 의원은 6.29 선언을 자기모순을 스스로 고백한 대국민 항복문서로 규정했다.

통일민주당 김정길 의원도 "6.29 선언은 비정통성을 스스로 시인한 국민에 대한 항복 선언으로 그동안의 폭정에 대해 사과해야 한다", "노태우 총재가 자기 스스로 국민적 영웅으로 부각시키고 있다"고 국회 본회의에서의 발언으로 민정당 의원들의 거센 반발에 부딪혔다.

〈제3부〉 제13대 대통령선거와 제13대 국회의원 선거

  제1장 6.29 민주화 선언 이후 급변한 정국
  제2장 1노 3김이 사생결단을 펼친 제 13대 대선
  제3장 4대 정당이 4색전을 펼친 제13대 총선

제1장 6.29 민주화 선언 이후 급변한 정국

1. 초원의 들불처럼 타오르는 민주화 바람
2. 봇물처럼 터져 나온 노사분규로 기간산업 마비
3. 순풍에 닻을 올린 대통령직선제 개헌
4. 물거품이 되어버린 통일민주당 후보 단일화
5. 멀고도 험난한 민주화의 여정

민정당 노태우 대표의 6.29 선언 이후 검찰은 시국관련 사범 177명을 기소 유예하여 석방하고, 정부는 시국사건 관련 사면·복권 대상자 2,100명을 확정하여 국무회의 의결을 거쳤고, 법원에서도 재판에 계류중인 시국사범 600명을 석방하는 조치를 단행했다.

또한 검찰은 박종철 군 관련자에 대한 중형을 구형하고, 전두환 대통령은 민정당 총재직을 이양하고 문민화에 박차를 가했다.

초원의 들불처럼 민주화의 바람이 온 누리를 뒤엎자 노사분규가 봇물처럼 터져 나왔다.

지금까지 노사 간 쟁의를 치안과 안보에 극히 저해적인 것으로 보고 분규가 터질 때마다 공권력을 동원, 억압해왔다.

또한 기업의 경영성과를 토대로 한 노·사 간 자율적 타결이 아니라 정부가 제시한 임금인상 가이드라인에 의해 근로자에게 일방적으로 강요함으로써 기업주 편만을 들어왔고, 기업주는 기업을 사유물로 여기고 노조활동을 자신에 대한 도전으로 생각해 노조결성 자체를 금기로 여겨왔다.

노사분규는 대우조선 근로자의 사망으로 정점을 이뤘고 민주당의 자제 성명으로 잦아들었다.

국회에서는 헌법개정특별위원회를 가동하여 대통령 직선제 헌법개정안이 순풍에 닻을 단 것처럼 순조롭게 타결됐으나, 김영삼·김대중 민추협 공동의장의 대통령 후보경쟁은 더욱 가열됐다.

드디어 김영삼 통일민주당 총재와 김대중 민추협 공동의장은 결별을 선언하고 독자행보를 걷기 시작했으며 대선 막바지까지 후보 단일화를 시도했으나 끝내 단일화는 이뤄지지 못했다.

끝으로 1979년 박정희 대통령의 시해부터 노태우 대통령의 당선까지의 멀고도 험난한 민주화의 여정을 약술했다.

1. 초원의 들불처럼 타오르는 민주화 바람

(1) 시국관련 사범에 대한 사면·복권과 석방조치

검찰은 6.10 호헌철폐 국민대회 이후 시위 등으로 구속 수사 중인 시국관련 사범 201명 중 양순직 민주당 부총재, 박형규 목사, 김명윤 민추협부의장, 김병오 민추협 상임위원 등 177명을 기소 유예 결정으로 석방했다.

이번 석방은 노태우 민정당 대표의 6.29 선언 이후 구속자 석방, 사면·복권 등 시국사범 처리와 관련하여 정부가 취한 첫 번째 조치였다. 이번 석방에서 제외된 24명은 이적단체 구성혐의 등 국가보안법 위반과 폭력사범 등이라고 검찰은 밝혔다.

검찰은 시국 관련으로 형이 확정돼 복역 중인 443명 가운데 357명에 대해 가석방 또는 형 집행 정지 조치를 단행하여 석방했다.

이날 석방된 사람 가운데는 문익환 목사, 이창복, 장영달, 권인숙 씨 등이 포함됐다.

그러나 인천사태 관련자인 장기표와 이부영, 전 민청련 의장 김근태, 부산 미문화원 방화사건의 문부식과 김현장, 서울 미문화원 사건의 함운경, 김민석, 허인회 군 등은 제외됐다.

정부는 김대중 내란음모사건 관련자 18명 전원과 광주사태 관련자 17명 전원을 포함한 2,235명에 대해 특별 사면과 특별 복권을 7월 10일 단행했다.

이날 사면·복권된 사람은 김대중 씨를 비롯하여 김상현, 문익환, 예춘호, 김종완, 이신범, 이해찬, 김옥두, 함윤식, 한화갑, 손주항, 김홍일 씨 등이다.

또한 백기완, 박세경, 이돈명, 김덕룡 씨 등도 포함됐으나 5.3 인천사태 관련자인 문익환, 이부영 씨는 일부만 복권되는 기현상을 보였다.
다만 남민전 사건, 부림 사건, 재일동포 간첩단 사건 등 좌경용공 사상을 전파한 사람 등 보안사범 300명은 제외됐다.
문교부는 시국관련 제적생을 선별하지 않고 일괄 복학시킬 방침을 세웠고 해직교사들의 복직문제는 시·도 교육감에게 일임했다.
국무회의는 '83년 12월 22일부터 '87년 7월 19일까지 학원사태와 관련해 제적된 학생은 대학정원에 상관없이 재입학을 허가할 수 있다'는 대학 학생 정원령 개정안을 의결하여 제적생 복학의 길을 터놓았다.
법원은 정부가 시국사범에 대한 특별사면 및 가석방 등 조치를 취한 것과 균형을 맞추기 위해 재판에 계류 중인 시국사건 관련 피고인 4백여 명 중 집시법 위반자 대부분과 혐의 내용이 비교적 가벼운 국가보안법 위반자 350여 명을 구속 집행정지 등의 조치로 석방했다.
치안본부도 80년 이후 각종 시국 사건 등과 관련하여 수배해온 350명 중 집시법 위반자로서 시위를 벌인 형법위반자 등 270명에 대해 수배를 해제했다. 그러나 공안관계 수배자 80명에 대해서는 계속 수배키로 했다.

(2) 전두환 대통령의 총재직 이양과 문민화 지향

민정당 총재인 전두환 대통령은 "임기가 다할 때까지 초연한 입장에서 대통령에게 맡겨진 책무에 전념하고, 민정당으로 하여금 새로운 지도체제를 통해 당면 대사를 수행할 수 있는 길을 열어주기 위해" 민정당 총재직을 사퇴했다.
전 대통령은 "국민 모두에게 신선한 충격과 높은 긍지를 안겨준 노태우 대표의 결단에 경의를 표한다"고 자화자찬하고 "지도자가 국민에 대한 약속을 헌신짝 버리듯이 하고 국민을 속이는 것을 손바

닥 뒤집듯이 하는 사리와 당략의 정치가 아니라 약속을 지키는 정치를 국민은 요구하고 있다"고 야당의 누군가를 강렬하게 비난했다. 민정당 제2대 총재로 선출된 노태우 총재는 "6.29 선언 자체가 나라의 진정한 민주화와 개혁을 위한 인식의 대전환이었고 발상의 대전환이었음을 깊이 인식하여 사회 각계각층에서 분출하는 민주화와 개혁 요구에 자제와 인내를 갖고 대처해 나가야 할 것"이라고 강조했다. 이어 노 총재는 "6.29 선언은 결국 우리 사회가 해결하지 못해 그 동안 쌓여온 병폐들을 무사 공평의 원칙에 따라 근본적으로 개혁하자는 뜻"이라고 역설했다.

2. 봇물처럼 터져 나온 노사분규로 기간산업 마비

(1) '6.29 선언'에 편승하여 노사분규 폭발

'6.29 선언' 이후 전국적으로 각종 시위 및 집회가 자제되고 온 국민이 정치, 사회, 경제 등 각 분야의 민주화 추진 작업을 조심스럽게 지켜보고 있는 가운데 곳곳의 생산현장에서 집단농성, 파업, 조업 중단의 악순환이 확산되는 조짐을 보였다.

전국 곳곳의 산업현장에서 노사분규가 잇따라 발생했고, 일부 분규 현장에서는 점거농성, 기물파괴, 투석전, 집단파업 등 근로자들의 집단행동이 과격 양상을 띠었다.

날로 확산되고 있는 노사분규가 일부 기간산업의 조업중단으로 부품 관련 각종산업에까지 영향을 끼쳐 연쇄마비 현상을 심화시켰다.

대한통운, 한진 등 컨테이너 수송업체의 잇따른 파업으로 부산항 부두 일부가 마비돼 수출입 상품 선적 및 하역 작업에 큰 지장을 주었다.

노동부는 서울 등 21개 지역 91개 사업장에서 농성 파업 등 근로자들의 집단행동이 계속되고 있고, 농성파업 중인 한국중공업과 근로자들과 구사대 사원들의 충돌이 빚어졌던 국제상사는 외부세력이 분규에 개입하여 농성 중인 근로자들을 지원하거나 조종하고 있는 것으로 드러났다고 발표했다.

전국적으로 70여 개 사업장이 사실상 조업중단 상태에 빠졌으며 자동차 산업 및 중공업 등 주요 기간산업을 비롯한 각종산업의 휴업 또는 조업단축으로 생산 마비 현상이 가중됐다.

산업현장에서 근로자들의 단결권과 단체행동권 행사에 대한 욕구가 전례 없이 강렬하게 분출돼 지금까지의 힘에 의한 억눌림에 대한 반발로 집단행동을 서슴지 않게 감행했다.

이로 인해 6.29 선언 이후 전국 220여 개 사업장에서 노사분규가 발생했고 130여 개의 기업에서 신규 노조가 탄생했다.

근로자들은 "회사가 이만큼 클 때까지 우리가 흘린 땀의 대가가 제대로 지급된 적이 있느냐"며 지금까지 근로생산성 향상률이 충분히 반영된 대접을 받아오지 못했다는 생각이 일시에 표출됐다.

이에 대해 대부분의 기업주들은 "근로자들이 모든 것을 한꺼번에 요구한다"며 노사 간의 주장이 엇갈린 것은 그동안 노사 간에 대화의 축적이 없어 상호이해의 공감대가 형성돼 있지 않아 상호 불신감만 팽배해 있었기 때문이라고 반발했다.

따라서 책임의 소재를 가리기 전에 우선 근로자와 사업주 사이에 양보와 인내, 자제가 어느 때보다 절실한 시점이었다.

그동안 경제성장의 그늘에서 근로자들의 요구가 많이 차단돼 왔음을 인정하면서도 "민주화 추진 작업의 문턱에서 한꺼번에 너무 많은 것을 요구하면 기업의 유지 발전이 어려운 것은 물론 사회적 불안까지 조성하게 된다"는 우려의 목소리도 높았다.

기업주들도 "과거와 같은 일방적이고 경직된 노사관을 버리고 입장을 바꾸어 생각하는 자세로 근로자들의 요구에 귀를 열고 솔선해서 노사갈등의 요인들을 해소해 나가려는 자세와 노력을 보여야 할 것"이라는 지적도 많았다.

최근 분규가 일어난 대부분의 사업장에서는 근로자들의 요구조건이 많아 업계에서는 근로자들의 요구를 수용할 수 없는 일부 중소기업은 전업 또는 폐업하는 사태도 일어났다.

그러나 일부 대기업에서는 근로자들이 자율적으로 노조를 결성하기 전에 어용노조를 설립함으로써 근로자들을 자극하여 노사갈등을 부추겨 비난의 대상이 되기도 했다.

(2) 정부의 노사분규 개입과 한계

정부는 사태 조기수습을 위해 노사 간 문제해결 능력을 배양하고 정부의 직접 개입은 최대한 억제하는 원칙하에 노동대책을 마련하여 시행했다.

국가 전략산업을 위시한 주요 기간산업을 망라하고 있는 현대, 삼성, 럭키금성, 대우 등 4대 재벌 그룹이 모두 노사분규에 휩싸였다. 최근의 노사분규는 농성 근로자들의 가두진출 시위, 타 지역이나 타 회사 근로자들의 연대행동, 회사장비 등을 동원한 실력행사 등의 현상이 두드러지게 나타났다.

정부는 분규 해결을 '노사 간 자율'에 맡겨놓고 있지만 사태의 심각성에 비추어 계속 자율에 버려둘 수도 없고 그렇다고 섣불리 개입할 수도 없는 딜레마에 빠졌다.

이 같은 딜레마는 정부의 자업자득이라 할 수 있다. 정부는 지금까지 노사 분쟁에 당사자들을 제쳐놓고 치안차원에서 과잉개입으로 노사 간의 자율해결 능력을 저상시켜왔다.

종래의 노사 간 쟁의는 치안과 안보에 극히 저해적인 것으로 보고 분규가 터질 때마다 공권력을 동원하여 억압해 왔기 때문이었다. 노사 간의 첨예한 대립이 정부 억압에 의해 표면으로 노출되지 않고 있었을 뿐 통치력의 틈이 생기면 일시에 폭발하여 더욱 안보 저해요인이 된다는 점을 정부는 간과하고 있었던 셈이다.

또 하나는 임금인상 폭의 결정과정으로 기업의 경영성과를 토대로 한 노사 간 자율적 타결이 아니라 정부가 제시한 임금인상 가이드라인에 의해 근로자에게 일방적으로 강요함으로써 기업주 편만을 들어온 것도 사실이었다.

이런 상황이 정부 개입에 대한 거부감을 불러일으키는 요인이 됐다. 기업주는 아직까지도 기업을 사유물로 여기고 단체활동을 자신에 대한 도전으로 생각해 노조결성 자체를 금기로 여기는 경향이 강했다.

노사분규가 우리 경제에 어려운 국면인 것만은 사실이지만 산업구조의 재편성과 역할에 따라서는 정부가 불신을 해소하고 건전한 노사관계를 정립할 수 있는 불가피한 진통으로 이해하고 바람직한 방향으로 유도해야 할 것이다.

(3) 최루탄으로 사망한 대우조선 근로자 이석규

전국적으로 확산되고 있는 노사분규는 우리나라 수출을 주도하고 있는 자동차 산업 전체와 국가기간산업 및 중화학 공업의 중심지인 창원공단을 마비시킴으로써 국민경제의 기반을 흔들었다.
강원도 탄광지대 광업소의 일부 농성광원들이 철도를 점거하는 바람에 태백선, 영동선 등이 불통 또는 지연 운행되는 사태가 반복되었다.
현대그룹의 중공업, 엔진, 미포조선, 종합목재, 정공, 중전기 등 6개 계열회사 근로자 3만여 명은 현대중공업 운동장에 모여 회사 측의 일방적인 휴업 조치에 항의하는 시위를 벌였다.
이들은 '정주영 회장 화형식'을 가진 뒤 가두시위를 벌이다 경찰이 최루탄을 쏘며 저지하자 한 때 투석전으로 맞서기도 했다.
울산공단내 근로자 6만 3천여 명이 작업을 하지 못하고 있으며 4천 2백여 부품업체도 조업에 차질을 빚는 등 울산지역 경제가 크게 흔들렸다.
연 이틀 동안 근로자의 집단농성과 가두시위가 계속됐던 현대그룹 노사분규가 정부의 중재안을 근로자들이 받아들임으로써 잠정 수습됐다.
전국에서 버스와 택시 운전사들의 파업이 잇따르고 있는 가운데 서울과 인천 시내버스 임금협상이 타결되지 않고 있어 수도권 대중교통에 비상이 걸렸다.
그러나 서울시내버스는 임금 11% 인상으로 합의했고 인천의 4개사만 파업에 돌입하여 수도권 지역의 대중교통 마비의 위기를 넘기게 됐다.
전국적으로 확산된 노사분규는 대우조선 근로자 이석규 씨가 시위

도중 경찰과 충돌 끝에 사망하고 근로자와 경찰 30여 명이 부상하는 충격적인 사건이 발생했다.
이 사건을 계기로 노사분규 차원을 넘어 개헌협상 등 민주화 작업을 추진하고 있는 정치일정에 혼란과 차질을 초래하여 사회 불안마저 야기할 것으로 우려됐다.
재야 각계와 노동운동 단체들은 이 씨의 장례를 '전국민주노동장'으로 치르기로 결정하는 한편, 이 씨 사망을 계기로 노사문제를 대중운동의 차원에서 정치문제화 할 움직임을 보이고 있으며, 대학가에서도 노학(勞學) 연계운동의 주요쟁점으로 제기할 움직임까지 있었다.
대우조선 근로자 3천여 명은 '진상보고 국민대회'와 '추모제'를 가진 뒤 시위를 벌였으며, 부검 결과 "최루탄 파편으로 확실시되는 이물질이 이 씨의 폐에 박히거나 관통하면서 폐에 피가 고였고 흉곽 내에 공기가 들어가 폐기능이 상실되면서 산소부족으로 사망했다"고 집도의 소병국 박사가 밝혔다.
검찰은 "6.29 선언 이후 그동안 소외되고 억눌렸던 근로자들의 욕구가 한꺼번에 분출되면서 노사분규가 일어나고 있다"고 분석하고 "노사분규의 원만한 해결을 위해서라도 기물을 부수고 사람을 해치는 등의 명백한 불법행위에 대해서는 강경대응이 필요하다"고 경고했다.
검찰과 경찰은 노사분규 과정에서 기물을 부수거나 폭력행사 등 과격 행동과 외부세력 개입에 대해서는 구속하는 등 강경대응에 나섰다.
'6.29 선언' 이후 노사분규와 관련되어 구속된 근로자는 모두 37명이다. 이들은 폭력행위 혐의(28명), 위장취업(6명), 노사분규 배후조종 혐의(3명) 등이다.

(4) 통일민주당의 자제성명으로 잦아든 노사분규

6.29 선언 이후 57일 째인 24일 현재 1,700여 건의 노사분규가 발생하여 이 가운데 1,200여 건이 타결되고 500여 건이 진행 중이었다. 기업 측이 근로자들의 자율적인 노조결성을 방해하거나 한걸음 더 나아가 어용노조를 설립하여 근로자들의 권리 의식에 상처를 입힘으로써 노사 간의 감정대립을 야기한 사업장의 경우 분규가 장기화되는 형상을 보여 왔다.
정부당국은 6.29 선언 이후 위축된 분위기를 보이며 노사분규에 대한 대응에서도 사전예방보다 사후 대처에 급급하는 취약성을 스스로 드러내 보였다.
대기업의 노사분규가 재연되면서 과격한 일부 근로자들이 기물을 파괴하거나 방화하는 등의 난동 양상을 보이자 경찰은 난동 주동자와 배후조종자를 색출하여 구속하기로 방침을 세웠다.
노사분규 관련 구속 근로자는 365명에 이르렀다. 이종남 검찰총장은 과격 근로자들에 의해 저질러지고 있는 노사분규를 빙자한 반인륜적 사생활 침해, 극렬행위자를 엄단하라고 전국 검찰에 지시했다.
전경련은 현재의 노사분규는 기업만의 힘으로 대처할 수 없는 상황에 이르렀다고 지적하고, 정부는 법과 질서를 위반하는 노동행위에 대해서는 공권력을 동원하여 단호히 대처해 주고 외부세력의 개입을 철저히 차단하여 색출해 줄 것 등 7개항의 긴급건의문을 김정렬 국무총리에게 전달했다.
전경련은 이 건의문에서 현 노사분규 사태를 조속히 종식시키지 못한다면 산업 활동이 마비되어 기업의 연쇄도산, 폐업과 이로 인한 대량실업 발생으로 우리 경제는 파국적인 상태로 돌입할 것이라고 우려했다.
이 건의문은 급진세력이 근로자의 교육, 위장취업을 통해 노사분규를 선동 또는 막후 조정함으로써 현 사태를 혁명의 기폭제로 삼으려고 하고 있음을 중시하여 자유민주체제가 지켜질 수 있도록 정부의 개입을 건의했다.

박찬종 통일민주당 정책심의의장은 노사분규 과격사례 중 "사장을 드럼통에 집어넣고 굴리며 때렸다", "사업주를 포크레인 삽에 싣고 위협했다", "팬티를 벗겨 근로자들 앞에 세웠다"는 자극적인 내용은 확인결과 허위 과장된 것이라고 주장했다.

반면 통일민주당 김태룡 대변인은 "노동자들의 요구가 비록 정당한 것이라 하더라도 그 수단과 방법이 폭력적일 때는 절대로 요구가 관철되지도 용납되지도 않으며 국민의 지지도 받지 못할 것"이라고 과격 시위에 대한 자제를 부탁하는 성명을 발표했다.

3. 순풍에 닻을 올린 대통령직선제 개헌

(1) 여·야는 개헌안 작성을 위한 개헌특위 가동

통일민주당 개헌안 작성특위는 대통령 임기는 4년에 1차 중임으로 하고 대통령의 권한을 대폭 축소하는 내용의 개헌요강 일부를 작성했다. 또한 부통령제를 신설하되 대통령과의 러닝메이트로 선출하며 국정감사권을 부활시키고 비례대표제를 그대로 유지하며 선거연령은 18세로 낮추기로 했다.

통일민주당은 대통령과 부통령의 무소속 출마를 금지하고 대통령의 피선자격의 하나인 '선거일 현재 계속하여 5년 이상 국내에 거주해야 한다'는 규정을 삭제하고 헌법위원회와 평화통일자문회의를 폐지하는 개헌안을 만들었다.

아울러 개헌안 특위는 "헌법안 전문에 1980년 광주항쟁의 정신을 담는 방향으로 안을 기초하고 있다"고 밝혔다.

민정당은 대통령직선제를 골격으로 하되 대통령 임기를 6년 단임으로 하는 한편 부통령제는 두지 않기로 했다.

그리고 현행 헌법 전문에 명문화 되어있는 제5공화국 부문은 그대로 존치시키되 선거연령을 18세로 낮추는 문제와 국정감사권 부활 주장 등은 받아들이지 않기로 했다.

개헌협상은 대통령의 임기, 부통령제 도입여부, 대통령 피선자격에서의 국내 거주 요건, 선거권 연령, 국정감사권 부활여부, 전문에서의 이견 등이 될 것으로 예견됐다.

(2) 8인 정치회담은 신민·국민당의 방해로 출발부터 삐걱

민정당은 정치협상 대표로 권익현, 최영철, 윤길중, 이한동 의원을 임명했고 통일민주당은 이중재, 박용만, 이용희, 김동영 의원을 임명하여 대좌하게 했다.
민정당과 민주당의 8인 정치회담은 신민당과 국민당 의원들의 실력저지 바람에 며칠 째 열리지 못했다.
신민당과 국민당은 민정·민주 양당만의 개헌협상은 국민의 뜻을 저버리고 대의정치 원칙에 위배되는 행위라고 규정하고 실력저지에 들어갔기 때문이었다.
유한열 신민당 부총재는 이재형 국회의장에게 "민정·민주 양당 이외의 의원 56명에게 의정참여 의욕을 좌절시킬 수도 있는 정치회담이 국회 내에서 있을 수 있느냐"며 항의했다.
통일민주당은 8인 정치회담이 '정당대 정당' 회담이므로 그 장소가 반드시 의사당내일 이유가 없다는 반면, 다당제를 지향해 온 민정당으로서는 '소수당 통솔 책임'이 있는데다 처음부터 의사당 밖으로 도망가서 회담하기는 싫다는 입장으로 대립했다.
민정당은 "우리 당은 4당 참여를 원칙으로 하고 있으나 민주당이 반대하고 있기 때문"이라고 궁색한 변명을 늘어놓고, 통일민주당은 신민당에 대해선 배신감과 일종의 혐오감을, 국민당에 대해선 정치적 색채 및 신뢰성의 문제를 들어 협상테이블에 동석하는 것을 반대했다.
그러나 국회 내에 헌법개정특별위원회를 재가동하고 민정과 국민, 민정과 신민의 당대당 회담을 갖는다는 선에서 신민당과 국민당의 방해를 잠재웠다.

(3) 8인 정치회담 드디어 헌법개정안 타결

양당안의 쟁점 부분은 전문의 5.18 광주 사건의 정신, 저항권 및 군의 정치개입 금지 등의 삽입여부, 부통령제의 신설 여부, 선거연령 인하문제, 대통령의 임기 및 후보자의 자격요건, 사법부의 독립보장 문제, 근로자의 경영참여권과 이익균점권 규정여부, 국회 해산권과 정당해산 제도의 인정 여부 등이 주요 쟁점으로 부각됐다.

8인 정치회담은 대통령 입후보자 요건과 관련하여 '계속 5년 이상 국내 거주' 부분을 삭제하고 무소속 후보 대통령 출마를 허용하며 국회에 국정감사권과 조사권을 모두 부여한다는 등 이견 111개 항목 중 67개 항을 합의했다.

양당 대표는 선거연령은 현행 헌법조항에서 삭제하여 하위 법률에 규정키로 하고, 대통령의 국회해산권을 삭제하는 선에서 개헌안 협상을 끝냈다.

이번에 타결된 개헌안은 대통령 선출을 간선제에서 직선제로, 대통령의 임기를 7년 단임에서 5년 단임으로 하되 부통령제는 신설치 않기로 했으며 대통령의 비상조치권을 폐지했다.

또한 국정감사권을 부활시켰으며 구속적부심의 전면 인정과 근로자의 단체행동권을 보장했다.

아울러 헌법재판소를 신설하여 위헌법률 심사, 탄핵심판, 위헌정당 해산심판 등을 관장토록 했다.

주요 쟁점이었던 대통령 입후보 자격의 '5년 이상 계속 국내 거주' 조항을 삭제했고, 전문(前文)에 '5.18 정신'을 넣지 않기로 한 대신 저항권은 '불의에 항거한 4.19 이념'으로, 군의 정치적 개입금지는 종장 부분에 '정치적 중립은 준수된다'라는 구절을 추가해 그 취지를 반영시켰다.

8인 회담에서 타결된 헌법개정안은 국회 헌법 개정 특위의 심의를 거쳐 정부에 이송됐다.

(4) 부수법안 협의에서 마주친 8인 정치회담

8인 정치회담의 마지막 쟁점은 새 헌법의 발효시기와 총선시기로서 민정당은 새 헌법 발효시기를 전두환 대통령의 임기가 끝나는 날로, 민주당은 공포한 날로 팽팽하게 대립했다.

총선시기에 있어서도 민정당은 새 정부 출범 이전인 내년 2월을 고수하고 있으나, 통일민주당은 내년 4월을 주장했다.

8인 정치회담에서 최대 쟁점이었던 차기 총선시기를 '헌법 공포일로부터 6개월 이내'로 부칙에 규정키로 합의하고 개헌협상을 모두 끝냈다.

민정당 측은 "개헌 후에도 대법원장과 감사원장의 남은 임기를 보장하자"고 주장했으나 "이 둘은 새 대통령이 새 헌법에 따라 후임자를 임명할 때까지 그 직무를 계속한다"는 민주당 측과 맞선 끝에 민정당 측이 양보해 타결됐다.

헌정 사상 처음 여·야 합의로 만들어진 본문 130조 부칙 6조의 제9차 개헌안을 1987년 9월 12일 국회에서 의결했다.

이 헌법안은 10월 26일 국민투표를 거쳐 확정되며 내년 2월 25일부터 발효된다.

직선제헌법은 국민투표에서 투표율 78.2%, 찬성율 93.1%로 확정됐다.

이철승 의원은 "이번 개헌안이 소수의견을 무시하고 민정·민주 양당의 당리당략에 의해 소위 8인 정치회담이라는 당 기구를 통해 졸속처리 됐음으로 찬성할 수 없다"고 반대의견을 밝혔다.

개헌안에 서명하지 않은 의원은 이철승, 신도환, 임종기, 서종열, 신달수, 김병수, 신경설, 임춘원 의원 등 8명이며 이재형 의장은 "소중한 임기를 1년 이상 단축한 개헌안에 서슴지 않고 서명한 여러분의 결심을 국민들이 치하할 것"이라고 칭찬했다.

뒤이어 노태우·김영삼 총재 간 회담에서 12월 20일 전 대통령 선거를 실시하기로 합의했으며 제13대 대통령 선거는 12월 17일에 실시됐다.

4. 물거품이 되어버린 통일민주당 후보 단일화

(1) 지켜지지도 못할 약속을 남발한 두 김 씨

통일민주당 김영삼 총재는 "우리는 절대 흔들림 없고 한 치의 간극도 없이 단합하고 결코 표 대결로 싸우지 않겠으며 80년과 같은 우매한 짓을 하지 않겠다"고 재다짐 했다.
김대중 민추협 의장도 "우리는 단결할 것이며 우리는 이제 정치의 마지막 봉사의 길로 들어서고 있다"고 화답했다.
김대중 의장은 "광주의 망월동 묘소를 참배하고 현지인들과 상의한 뒤 이달 안으로 입당하겠다"면서 "이에 대해 김영삼 총재와도 합의했다"고 약속했다.
두 김 씨는 김 의장의 민주당 입당합의와 관련하여 "두 사람은 앞으로도 절대 단합하고 협력할 것"이라고 밝히면서 "후보 단일화, 당 조직정비 문제 등은 앞으로 시간을 갖고 충분히 논의키로 했다"고 발표했다.
김 의장의 입당이 이뤄지자 고문으로 추대됐으며, 김영삼 총재는 "김 고문과 나는 온 국민의 여망인 민주당의 대통령 후보 단일화를 기필코 성공시킬 것"이라고 강조했다.
김대중 고문도 "앞으로 김 총재와 나는 두 사람의 양심과 경륜, 당원들의 충고와 노력, 그리고 모든 민주세력은 물론 국민의 열화 같은 여망과 정치수준에 따라 반드시 대통령 후보 단일화를 성취시킬 것"이라고 밝혔다.
김영삼 총재는 거듭 후보 단일화가 이루어질 것을 역설하면서 "아무리 탄압한다 하더라도, 닭의 모가지를 비틀어도 새벽은 온다는 것을 믿자"고 호소했다.
김대중 상임고문은 김수환 추기경과의 요담에서 "김 총재와 협력해 반드시 단일후보를 옹립시켜 민주당이 선거에서 승리하도록 힘쓰겠다"고 약속했다.
김영삼 총재는 "아무리 늦어도 9월 15일 이전에는 후보 단일화를 매듭 짓겠다"고 선언했다.
그러나 김대중 고문은 "후보결정은 10월 중순에 가서 해도 늦지 않고 오히려 선거전략 차원에서 이점이 있다"고 말해 서로의 욕심만 가득하여 상대방에게 양보만을 기대할 뿐 진척은 전혀 없었다.
통일민주당의 대통령 후보 단일화는 김영삼 총재가 조기 결정을 주장하고 있는데 대해 김대중 고문은 광주, 목포방문을 마치고 영남권 지역 순회를 계획하고 있어 새로운 국면에 접어들었다.

(2) 김대중 민추협 공동의장의 불출마 선언 무효화

김대중 의장은 "작년 11월 내가 불출마 선언을 할 때에는 전두환 대통령이 자발적으로 직선제를 하면 내가 나가지 않겠다고 말한 것이었으나 이번에는 어디까지나 국민이 쟁취한 것"이라고 설명하여 자신의 조건부 불출마 선언은 자동 소멸된 것이라는 입장을 분명히 했다.
이어 김 의장은 "대통령 후보 문제는 개헌안이 마련되어 통과되고 국민여론도 부각된 뒤 두 사람이 협의해서 국민의 뜻에 맞게 결정할 것"이라고 말했다.
김대중 민추협 의장의 불출마 선언 백지화에 대한 민정당 반응은 이민섭 대변인이 '정치도의의 위배'라고 논평했지만, '그럴 줄 알았다'며 예상했던 결과라는 표정이었다.
민정당은 두 김 씨의 '이전투구식 싸움'이 장기화 되면 될수록 민정당에 불리할 것이 없다는 차원에서 이를 관망하는 입장이다.
민정당은 김 의장의 사면·복권 이후 양 김 씨의 역학관계로 보아 앞으로 있을 대통령 선거에 영향을 검토한 결과, 김영삼 총재보다는 김 의장이 출마할 경우 승산이 있다는 쪽으로 기울었다.
광주를 16년 만에 방문한 김대중 고문은 "다음에 출현할 민주정부에 의해 광주 의거는 전 국민 앞에서 정당한 해결이 반드시 이루어져야 할 것"이라고 말하고 "무엇보다 광주사태의 진상이 밝혀져 용공 폭도로 몰렸던 광주 시민의 명예가 회복돼야 한다"고 역설했다.
김 고문은 "나는 혹독했던 10여 년 정치의 겨울에 그 겨울을 이겨낸 강인한 덩굴풀 인동초(忍冬草)를 잊지 않았다"며 "거센 광풍이 지나가면 의연하게 다시 일어서는 풀포기처럼 강인하게 살아온 우리의 민초와 함께 나, 김대중은 언제나 전진할 것"이라고 다짐했다.

(3) 김영삼 총재와 김대중 고문의 후보 경쟁은 더욱 가열

김영삼 총재는 조기 단일화의 당위성을 주장한 반면, 김대중 고문은 36개 미창당 지구당의 정비를 서둘자고 주장했다.
두 김 씨는 경선 없는 후보 단일화 원칙을 거듭 확인하기는 했으나 두 사람의 단일화 협의가 순조롭지 못할 경우 당내 후보 경선을 할 수밖에 없음을 강력히 시사했다.
김영삼 총재는 "후보 단일화는 온 국민의 지대한 관심사이자 국민을 안심시키고 선거를 있게 하는 등 민주화 과정에서 모든 문제 해결의 핵심인 만큼 빨리 매듭짓자"고 주장한 반면, 김 고문은 "후보 단일화는 두 사람 사이에서 반드시 이루어내면 족한 것이지 빨라야 할 필요는 없다"면서 "후보 단일화가 빨라지면 대여 선거전략에서도 이로울 것이 없다"는 종래의 입장을 거듭 밝혔다.
김 고문은 "대통령중심 직선제에서의 대통령은 국민이 뽑는 것이

므로 어떤 사람이 대통령에 출마하고 안 하고를 직접 결정하는 것은 국민여론"이라고 밝히고 "나의 태도는 인천, 부산을 다녀온 뒤 이를 종합해 결정하겠다"고 밝혔다.

두 김 씨의 경쟁 양상은 협의를 통한 후보 단일화보다 오히려 당내 후보경선, 나아가서 다소 성급하지만 동시 출마 가능성까지 짙게 하고 있다.

현재 두 진영의 원내 세력 분포는 계보를 정하지 않은 이철 의원을 제외하면 김 총재 측이 38명(지역구 33, 전국구 5)으로 김 고문 측의 31명(지역구 27, 전국구 4)보다 우세하다.

지금 현재 상태에서 전당대회를 개최하여 경선을 하면 김 총재 지지 640표, 김 고문 지지 575표라는 계산이 나온다.

김 고문 측이 미창당 지구당의 결성을 요구하는 것은 이 같은 열세의 만회를 겨냥한 것이다. 왜냐하면 양측은 전국 92개 지구당을 46 대 46으로 반분키로 합의해 놓았기 때문이다.

김 총재 측은 미창당 지구당의 결성을 거부하고 있다. 국회의원 선거구가 미정이라는 이유를 들고 있지만 현재의 우위를 유지하려는 속셈이 깔려있기 때문이다.

김 총재 측은 김 고문이 스스로만든 당을 깨고 나가지 못하리라고 보고 있지만 민주산악회의 시·군지부회 단합대회를 통해 김 고문 측의 지방행의 열기를 상쇄하고 경선에 대비하면서 최악의 경우에는 동시출마에 대처한다는 것이다.

김 고문은 대화로 조정하는 것이 바람직하지만 대통령 후보지명을 위한 전당대회를 열어 대의원들의 투표로써 후보 단일화 문제를 해결하는 것이 차선책이라고 일부 언론들이 보도했다.

통일민주당의 두 김 씨는 대통령 후보 단일화를 공언하면서도 당의 공식적인 선거체제와는 별도로 계파조직을 중심으로 독자적인 선거체제를 갖추고 실질적인 조직 확대 작업을 펼치고 있다.

상도동계는 후보 단일화가 지연되고 동교동계의 이미지 부각 활동이 점차 열기를 띠어가자 매우 예민한 반응을 보이면서 "이제 우리도 실력으로 세를 보여 주어야겠다"는 정면 승부를 가질 자세를 취했다. 상도동 측은 "김 고문이 후보 단일화 명분이 희석되는 때만을 기다리고 있다"고 판단하고 "정통 야당의 울타리만 튼튼히 지키면 명분은 우리 편이다"라고 판단하면서 내부 조직 강화에 열을 올리고 있다.
민주당 이용희 부총재는 "나이로 보나 민주화를 위해 싸우다 고생한 것으로 보나 이번 대통령 후보는 김 고문이 돼야 한다", "김 고문은 그동안 두 번 씩이나 제1야당 총재로 만들어 주는데 결정적 역할을 하지 않았느냐"며 김 총재가 도의적으로 양보하고 총재직만 맡아야 할 것이라고 했다.
이에 김동영 부총재는 "김 고문의 사면·복권은 김 총재가 앞장서 해준 것이며 오늘의 정치 상황이 있기까지 전면에 나서 투쟁한 것은 김 총재"라며 후보 양보의사가 없음을 시사했다.

(4) 두 김씨는 드디어 결별을 선언하고 독자행보

박희도 육군 참모총장은 뉴욕타임즈 기자에게 "김대중 씨가 대통령에 출마하면 뭔가 불행한 일이 발생할지도 모른다"고 발언한 데 대해 통일민주당과 민추협은 "박 총장의 발언은 정치적 중립에 저해되는 것"이며 "민주주의를 요구하는 국민에 대한 도전적 발언"이라고 비난했다.
김영삼 총재는 "만약 이번 대통령 선거가 영·호남 출신 후보의 대립 양상이 된다면 지역감정은 도저히 더 이상 걷잡을 수 없는 상태로 악화되지 않을까 걱정된다"면서 자신이 후보로 나서야만 이를 해소할 수 있다고 화답했다.
김대중 고문은 상도동 측이 주장하는 비토그룹 문제와 관련하여 "아르헨티나에서도 알폰신이 안된다고 하다가 대통령이 됐다"면서 "정치 군인이 반대하는 사람일수록 오히려 대통령이 될 자격이 있다"고 정면으로 반박했다.

김 고문은 "광주, 목포, 대전, 인천 방문에서 확인된 국민여론을 놓고 볼 때 후보를 양보한다는 것은 국민여망을 저버리는 일로서 일종의 배신행위라고 생각됐다"면서 "상도동 측은 비토그룹 문제를 얘기하지만 군사독재를 종식시켜 민주주의를 확립하자는 이 마당에 비토그룹의 눈치를 보면서 후보자를 정한다는 것은 결코 동의할 수 없고 부끄러운 일"이라고 김 총재의 양보를 종용했다.

그러나 김 총재는 "원만한 민주화와 순조로운 정권이양을 위해서는 김 고문이 양보하는 것이 좋겠다"고 말하고 "김 고문에게는 중산층의 거부반응이 있고 또 김 고문이 출마하면 영·호남의 지역대결이 예상된다"며 김 고문의 양보를 요구했다.

김 총재는 자신은 민주당 대통령 후보를 양보할 의사가 없음을 거듭 밝히고 김 고문에게 당의 총재를 맡아달라고 공개적으로 제의했다. 김 총재는 "나는 국민이 독재의 폭압에 짓눌려 신음한 정치사의 고비마다 그 규격을 깨는 몸부림을 해왔고 온몸을 던져 맨 앞에서 압제의 사슬을 끊어왔다"고 주장했다.

김 고문은 "여·야 후보가 특정지역에서만 나와야 지역감정 문제가 일어나지 않는다는 발상은 다른 지역의 오해를 불러일으킬 소지가 있으며 국민화합과 민주주의를 위해서도 전혀 동의할 수 없다"고 반박하고 "군부와 지역감정을 거론하는 것은 상도동 측과 우리 측의 차이를 뚜렷이 부각시킨 것이며 나로 하여금 일보도 후퇴할 수 없게 하는 것"이라고 말했다.

김 총재는 이제부터 통일민주당이라는 당의 옥쇄를 지키고 명분의 우위를 국민 속에 확산시켜 나간다는 전략을 수립했다.

두 김 씨는 공동발표문에서 "두 사람은 국민 여망인 대통령 후보 단일화를 약속시한까지 합의를 못 본데 대해 국민과 당원에게 미안하게 생각한다"고 말하여 극적 전환이 없는 한 결별은 불가피할 것으로 보여졌다.
김 총재는 개헌 투쟁의 본진인 민추협이나 확고한 우위확보의 거점인 통일민주당이 와해 또는 평가절하되는 것은 치명적인 손실이 될 것으로 전망했다.
김 총재 측은 "김 고문이 4파전 때 가장 유리하다고 판단하고 있지만 후보 단일화를 깨면 국민으로부터의 악감정으로 결과는 엄청나게 달라질 것"이라고 예상했다.
어떤 경우든 출마한다는 결심을 이미 굳힌 김 고문으로서는 실효도 없을 김 총재와의 단일화 협상 제스처에 더 이상 시간을 소비하는 것보다는 독자 출마의 명분을 획득하여 축적하는 일이 더 중요하다고 전략을 변경했다.
민주화실천가족협의회(민가협) 회원 100여 명은 "둘이 나오면 당선은 커녕 둘 다 영원히 죽는다는 것을 알라"고 두 김 씨에게 눈물로 호소했으나 두 김 씨는 꿈쩍도 하지 아니했다.
통일민주당의 긴급의총 결의에 따라 구성된 단일화 촉구단 6명(김수한, 황낙주, 박일, 송원영, 고재청, 허경만)은 김 총재와 김 고문의 자택을 방문하여 결집된 의견을 전달했으나, 두 사람은 자신이 후보가 되어야 한다는 당위성만 설명했을 뿐 단일화 실현을 가능케 하는 구체적인 언질은 주지 않았다.
통일민주당 내 박찬종, 홍사덕, 박관용, 김정길, 유성환, 강삼재, 박일, 이재옥, 조순형, 박실, 박왕식, 장기욱, 송천영, 이철 의원 등 14명은 "국민적 염원인 후보 단일화를 적극적으로 실현하기 위해 계보 탈퇴를 선언한다"고 발표했다.
통일민주당과 평민당을 탈당한 박찬종, 조순형, 홍사덕, 이철, 허경구 의원 등은 "대통령 후보 단일화 운동을 계속하기 위해 이 같은 결심을 했다"면서 무소속 잔류를 선언했다.

(5) 대선 막바지까지 후보 단일화 진통으로 패배를 자초

야권후보 단일화 논의를 위한 비상 정치회담이 10일 한국기독교 장로회 선교교육원에서 열렸다.
야권후보 단일화 촉구 13개 재야단체들의 제의에 무소속 백기완 후보와 통일민주당 김영삼 후보가 수락했고 이를 평민당 김대중 후보도 응하기로 함에 따라 극적으로 이뤄졌다.
김영삼 후보와 백기완 후보는 군정종식을 위한 민주세력의 대연합을 추진키로 하는 원칙에도 합의했다.
김대중 후보는 백기완 후보와 단독 요담을 마치고서 "단일화는 국민에 의해 이루어져야 하며 밀실에서 하는 거래적 단일화에는 찬성할 수 없다"면서 비상정치회담 참석을 거부했다.
김대중 후보는 "단일화 주장자들이 공명선거를 등한시 하고 뚜렷한 방법도 제시하지 않으면서 무조건 단일화 얘기만 거론하는 것은 부정선거에 대한 관심을 흐리게 해 결과적으로 여당만 유리하게 하리라는 점에서 매우 유감스럽게 생각한다"고 백 후보에게 공명선거만을 강조했을 뿐이다.
김영삼 후보는 "모든 민주세력은 군정종식이라는 대의 아래 하나로 통합할 것을 제의한다"고 말하고 "군정종식이라는 대의에 입각한다면 나는 어떠한 형태의 후보 단일화 협상도 기꺼이 임할 것"이라고 밝혔다.
통일민주당은 무소속 백기완 후보와 일부 재야에서 추진하고 있는 범야권 후보 단일화 협상에 적극적 자세를 보였다.
통일민주당은 사실상 결론이 날 수 없을 것이라는 점을 알고 있으면서도 단일화라는 '대국민 명분론'에 적극적 자세를 보임으로써 이미 물건너 간 것처럼 보이는 단일화 실패의 책임을 김대중 후보측에 집중시켜 선거 막바지 부동표의 흐름을 김영삼 후보 쪽으로 몰아간다는 전략이었다.

군정종식이라는 국민적 열망을 위해 후보단일화를 적극 추진했으나 단일화 협상 실패라는 상황에서 막판 표 몰아주기 형태로 나타날 수밖에 없을 것이라는 것이 통일민주당 측의 분석이자 바람이었다.

백기완 후보는 "민주 세력의 연대를 이룩하지 못한 책임을 지고 후보직을 사퇴한다"고 발표했다.

그러나 백 후보는 "자신을 지지해준 국민과 민중은 노태우 씨만을 제외하고는 자유의사에 따라 당당히 투표해 달라"면서 특정 후보 지지 태도는 표명하지 않았다.

무소속 백기완 후보가 막판에 들고 나온 단일화 시도는 결국 아물고 있는 양 김 씨 사이의 상처를 다시 악화시킨 이적행위를 한 것으로 평가됐다.

백 후보의 막판 단일화 시도는 두 김 씨의 이미지를 흐리게 해 결과적으로 두 김 씨를 곤경에 처하게 한 묘수로 작용했다.

사회당 홍숙자 후보가 김영삼 후보의 지지를 선언하며 사퇴했으나 노태우 후보를 따라잡지 못하고 후보 단일화를 이루지 못한 두 김 씨는 패배자였을 뿐이었다.

5. 멀고도 험난한 민주화의 여정

(1) 18년 동안 장기집권한 박정희 정권의 종말

○ 1979. 2. 19 민주공화당은 이효상 의장, 길전식 사무총장을 박준규 의장, 신형식 사무총장 체제로 교체
○ 2. 23 국회의장에 백두진 유정회 의장을 내정하고 유정회 의장에 태완선 전 대한상의회장을 임명
○ 3. 15 신민당에서 퇴장 방법으로 백두진 의장 반대를 강행할 때 민주공화당이 원구성을 무기연기 통고하여 개원 진통
○ 3. 17 국회의장에 백두진(유정회), 부의장에 민관식(민주공화당), 고홍문(신민당)을 선출
○ 5. 31 신민당 전당대회에서 김영삼 후보가 2차 투표에서 378표를 얻어 367표를 득표한 이철승 후보에게 역전극을 펼쳐 꺾고 총재에 당선. 김영삼 총재는 이민우, 박영록, 조윤형, 이기택 등을 부총재로 지명
○ 6. 4 오세응, 한병채, 예춘호, 김현규 등 의원 10명이 신민당에 입당하여 민주공화당보다 3석이 많은 제1정당으로 발돋움
○ 6. 7 민주공화당은 이후락, 권오태, 최치환, 박정수 등 15명의 의원을 입당시켜 제1정당 복원
○ 7. 25 신민당의 헌법특위구성 결의안을 국회에 제출하여 국회가 공전되어 민주공화당이 단독국회 운영
○ 8. 11 신민당사에서 농성중인 YH 무역 여종업원 170명을 경찰이 강제 해산. 김경숙 양 투신자살
○ 9. 8 서울민사지법은 신민당 김영삼 총재 직무집행정지를 결정하고 정운갑 전당대회의장을 총재 직무 대행자로 선임

○ 9. 17 정운갑 전당대회의장의 총재 대행직 수락으로 신민당은 양극화 분당 사태로 줄달음
○ 10. 4 백두진 의장 주도로 신민당 전 의원이 단상을 점거한 상태에서 폐회 중 NTY 기자와의 회견이 의원 본분에 위배된다는 이유로 김영삼 총재 의원직 제명 의결
○ 10. 13 신민당 소속 국회의원 66명 전원과 통일당 소속 3명이 함께 의원직 사퇴서 제출
○ 10. 16 미국에 체류했던 김형욱 전 중앙정부장이 파리 상젤리제 근처의 호텔에서 실종
○ 10. 18 박정희 대통령은 3천여 명의 대학생들의 시위가 연이틀 계속된 부산직할시 일원에 비상계엄 선포
○ 10. 20 마산·창원 일원에도 소요사태로 위수령(衛戍令) 발동
○ 10. 26 박정희 대통령 서거. 전국에 비상계엄을 발령하고 계엄사령관에 정승화 육군참모총장. 대통령 권한대행에 최규하 총리 취임. 전국대학 휴교 조치
○ 11. 3 박정희 대통령 국민의 애도 속에 국장 엄수. 청와대 15년 10개월 만에 말없이 고별
○ 11. 5 신민당 의원사퇴서 선별 수리론을 접고 일괄 반려
○ 11. 6 계엄사에서 박정희 대통령 시해사건 전모 발표, 김재규 중앙정보부장 단독계획, 범행이라고 단정
○ 11. 12 민주공화당 당무회의에서 김종필 총재 선출, 통일주체국민회의에서 뽑은 대통령 선거에 후보를 내지 않기로 결정
○ 11. 16 유정회 의원 총회에서 태완선 의장 사표를 수리하고 최영희 원내총무를 의장으로 선임
○ 11. 26 계엄사는 YWCA 위장 결혼식과 관련한 불법집회 혐의로 박종태, 양순직, 김병걸, 함석헌 등 96명 연행, 14명 구속
○ 12. 6 통일주체국민회의에서 최규하 대통령 선출. 최 대통령은

　　　　신현확 부총리를 국무총리에 임명. 신 총리는 민주공화당
　　　　탈당계 제출
○ 12. 7 최 대통령은 유신헌법의 반대 금지를 골자로 한 대통령 긴
　　　　급조치 제9호를 해제, 구속인사 68명 석방
○ 12. 12 합수부에서 정승화 계엄사령관 연행. 새로운 계엄사령관
　　　　에 이희성 중앙정보부장 서리 임명
○ 12. 17 백두진 국회의장 사퇴서 수리, 민관식 부의장이 직무대행
○ 12. 20 계엄보통 군법회의에서 박 대통령 시해관련 김재규, 김계
　　　　원 등 8명에게 사형 선고
○ 12. 24 국방부는 정승화, 이건영, 문홍구, 장태완, 정병주 장군 연
　　　　행에 대한 수사결과 발표

(2) 전두환 대통령 취임으로 신군부 권력찬탈 마무리

○ 1980. 1. 11 박찬종 의원 주도의 민주공화당 정풍운동이 재연되
　　　　어 김종필 총재 리더십이 흔들거림
○ 1. 18 최 대통령. 남북총리회담 제의, 북한에서 총리회담 수락
○ 2. 18 국정자문회의 발족. 허정, 유진오, 백낙준 등 참여
○ 2. 11 민주공화당과 신민당 새 헌법안 국회 제출. 대통령 직선제
　　　　와 1차 중임 등 동일
○ 2. 29 윤보선 전 대통령, 김대중, 김동길, 정일형, 김철, 지학순
　　　　등 687명에 대한 복권 조치
○ 3. 13 정부 개헌심의위원회 발족. 유진오, 김정열, 백남억, 김상
　　　　협 등 각계 68명 위원 위촉

○ 3. 25   이후락. 정풍운동 등 당내 혼란 책임져야하고 총재선출
         때 당헌 위배를 들어 김종필 총재 퇴진 요구
○ 4. 2   신민당 양해준, 김창환, 이기한 전 지구당위원장 제명 조치
○ 4. 7   김대중 씨 신민당 입당 포기, 대통령 출마 시사
○ 4. 14   최규하 대통령. 중앙정보부장 서리에 전두환 보안사령관
         임명. 질서 위협받는 한 계엄해제 불가
○ 4. 24   강원도 정선군 사북읍 광부 700여 명 유혈 난동. 임금 소
         폭 인상, 어용노조에 불만
○ 5. 1   김옥길 문교부장관. 병역집체훈련 거부 학생은 의법 조치
         경고. 대학생들 집체훈련 일단 응소키로 결의
○ 5. 6   최 대통령 사우디 아라비아와 쿠웨이트 방문. 민주화 일정
         불변, 정부개헌 구상 따로 없다고 성명
○ 5. 17   비상계엄 전국으로 확대. 사회 안정 위해 정치활동 중지
         및 대학 휴교 조치. 계엄사령부는 김종필, 이후락 등 9명
         을 권력형 부정축재혐의로, 김대중, 문익환 등 17명을 사
         회불안 조성 및 학생, 노조 소요의 배후 조종 혐의로 연
         행, 구속
○ 5. 20   박정희 대통령 시해사건의 상고를 기각하여 김재규 사형
         확정, 김계원은 무기징역으로 감형
○ 5. 21   광주 일원 데모사태. 신현확 내각 총사표, 박충훈 총리 지
         명
○ 5. 27   광주 유혈사태 10일 만에 계엄군 광주 진입에 성공. 사망
         170명(민간인 144명), 부상 380명이라고 발표
○ 5. 31   국가보위 비상대책위원회 신설. 상임위원장에 전두환 중
         앙정보부장 임명
○ 6. 5   국보위 상임위원 30명 임명. 정부 각료와 노태우, 정호용
         등 장성 18명 포함
○ 6. 17   계엄사령부는 오치성, 이용희 의원 등 329명을 부정축재,

국기문란, 시위주도, 배후조종 등 혐의로 지명 수배
○ 6. 18 계엄사령부는 권력형 부정축재 수사결과를 발표. 김종필 (216억 원), 이후락(194억 원) 등 9명은 853억 원을 국가에 자진 헌납, 모든 공직 사퇴 조건으로 형사 처벌은 유보
○ 6. 25 김종필 민주공화당 총재 모든 공직 사퇴. 이후락, 김진만, 박종규, 이병희 의원도 의원직 사퇴
○ 7. 4 유혈혁명, 정부전복 혐의로 김대중, 장을병, 함세웅, 김동길, 이영희 등 37명 군사재판에 회부
○ 7. 10 정재석 장관 등 2급 이상 고위공무원 12.1%인 232명과 3급 이하 4,760명을 숙정하여 사회 정화의 전기 마련. 농수협도 1,212명 숙정
○ 7. 19 김현옥, 구자춘, 고재일 등 전 장관, 국회의원 17명을 비리·부패와 국가기강 문란 혐의로 연행. 의원직 사퇴와 부정 재산 국가 헌납
○ 7. 31 부패요인·음란·사회불안 조성 혐의로 씨을의 소리 등 주·월간지 172개 (정기간행물의 12%) 등록 취소
○ 8. 6 폭력배 16,599명을 검거하여 군사재판·근로봉사대·순화 대상으로 분류, 삼청교육 실시
○ 8. 13 김영삼 씨 정계은퇴, 신민당 총재 등 모든 공직에서 사퇴. 총재직무대행 김명윤 지명
○ 8. 16 최규하 대통령 하야. 학생소요와 광주사태 등 책임 통감, 평화적 정권이양 위해 사퇴
○ 8. 27 통일주체국민회의에서 전두환 장군 제11대 대통령 선출. 새 역사 창조를 소명으로 정직한 정부 되도록 최선을 다짐. 남덕우 국무총리 지명
○ 9. 17 계엄보통군법회의는 김대중 등 내란음모사건 선고 공판에서 김대중 사형, 문익환과 이문영 징역 20년 등 23명에게 유죄 선고

○ 10. 22 제5공화국 헌법 확정. 투표율 95.5%, 찬성 91.6%로 사상 최고. 국회는 해산하고 입법회의로 대체
○ 10. 25 광주사태 관련 175명 선고공판. 정동년, 김종배, 박남선 등 5명은 사형. 홍남순, 정상용 등 7명 무기징역. 163명에 5~20년 유기징역. 80명에 집행유예
○ 10. 28 제5공화국 헌법 발효, 정당·국회 해산. 입법회의 의원 81명 임명. 의장에 이호, 부의장에 정내혁, 채문식 선출
○ 11. 3 정치쇄신조치법 의결. 88년 6월 말까지 3김 씨와 박준규, 백남억, 이철승 등 835명 정치활동 규제
○ 11. 17 정치쇄신위원회 발족. 김중서, 이춘구, 박봉식, 이진우, 김종호, 이광로 등 위원 임명
○ 11. 15 동아방송, 동양방송, 신아일보, 국제신문 등 다수의 언론기관 통폐합
○ 11. 27 신민당 출신 해금인사 중심으로 민주한국당 창당 결의
○ 11. 28 신군부 주도세력 민주정의당 창당 선언. 지역구조직책 68명 임명
○ 12. 18 민주공화당 재산 100억 원. 민정당에 무상 양도

(3) 민정당 전두환 후보 90.2% 득표율로 대통령에 당선

○ 1981. 1. 15 민주정의당(민정당) 창당대회. 전두환을 대선후보와 총재로 추대. 대표위원 이재형, 사무총장 권정달.
○ 1. 17 민주한국당(민한당) 창당대회. 유치송을 대선 후보와 총재로 추대. 부총재 김은하, 사무총장 신상우, 대변인 김원기
○ 1. 23 김대중 사건 12명 원심 확정. 다만 김대중은 전두환 대통령의 지시로 무기로 감형코자 각의애서 의결
○ 1. 23 한국국민당(총재 김종철), 민권당(총재 김의택), 민주사회

당(당수 고정훈), 신정당(총재 김갑수)등이 각각 창당대회를 개최

○ 1. 24 국가적 위기상황이 극복되고 공명정대한 선거분위기를 보장하기 위해 비상계엄을 456일(1년 3개월) 만에 전면 해제

○ 2. 11 대통령선거인 5,278명 선거. 민정당 3,676명(69.6%), 민한당 411명(7.8%), 국민당 48명(0.9%), 민권당 20명(0.4%) 후보 당선

○ 2. 25 민정당 전두환 후보 5,271표 중 4,755표(90.2%) 득표로 제12대 대통령 당선. 유치송 404표, 김종철 85표, 김의택 26표 득표

○ 3. 3 제12대 전두환 대통령 취임. 5,221명 감형·복권 등 특사. 정승화 전 계엄사령관도 특사에 포함.

○ 3. 25 제11대 국회의원 선거. 민정당 전국구 61석(2/3) 차지하여 151석 확보. 민한당 81석, 국민당 25석, 군소정당과 무소속 19석

○ 3. 28 광명, 송탄, 동두천, 태백, 정주, 남원, 금성(영산포), 영천, 김해, 서귀포읍 시 승격

○ 4. 11 제11대 국회 개원. 의장 정내혁, 부의장 채문식, 김은하 선출

○ 5. 15 경북 경산서 오토바이 친 열차를 뒤오던 열차가 추돌하여 사망 54명, 중경상 253명 대참사 발생

○ 8. 14 제 26주년 광복절을 맞아 1,061명 특사. 한화갑, 함윤식, 김옥두, 이강철, 장영달 등 형집행정지로 석방

○ 8. 26 정부기구 개편. 중앙정부 과장급 이상 531명 감축, 잉여공무원 해임하거나 대기발령

○ 10. 1 제24회 하계올림픽 서울개최 확정. 일본 나고야를 52대 27표로 압도. 아시아에선 2번째 개최

○ 10. 17 윤노파의 살해사건 현장에서 피해자 예금증서 등을 하영웅 순경이 빼돌려 용산경찰서장, 내무부장관 인책 사퇴

(4) 민주화의 불씨가 된 부산 미국 문화원 방화

○ 1982. 1. 1 통행금지 해제. 현재의 우리나라 인구는 3,902만 9,339명
○ 3. 2   제5공화국 1주년을 맞아 2,863명 감형·특사. 김대중 무기서 20년으로, 예춘호와 김종완 씨 등 석방
○ 3. 20 부산 미국문화원에 방화. 일당 9명 중 1명 검거. 광주 미국문화원 방화범으로 수배 중이던 정순철 추적
○ 4. 2   부산 미문화원 방화범 문부식, 김은숙 원주교구 최기식 신부 설득으로 자수. 범인 은닉·도피자금 제공 혐의로 최기식 신부 등 구속. 문부식, 김현장 사형, 최기식 3년 선고
○ 4. 26 경남 의령 경찰서 우범곤 순경. 만취상태에서 총기난사 주민 62명 피살. 내무부장관 경질
○ 5. 11 공영토건, 일신제강 부도처리. 장영자·이철희 부부 어음 사기극으로 구속. 이규광 씨 비호 혐의로 구속. 11개 부처 장관 경질, 권정달 민정당 사무총장 해임
○ 6. 16 대통령과 3당 대표 회담. 정국 현안 협의. 국무총리를 김상협으로 교체
○ 7. 9   공무원 가족, 학비 수당 두 자녀로 제한
○ 8. 14 광복절을 맞이하여 김상현, 고은 등 1,286명 특사 조치
○ 12. 24 구시대 청산에 대한 정치적 자신감으로 김대중 부인, 두 아들과 함께 치료차 도미. 광주사태 관련자 47명 석방

(5) 버마 아웅산 국립묘지에서 외교사절 16명 순직

○ 1983. 2. 25 정치 피규제자 250명 해금. 이효상, 윤제술, 황낙주, 김종인 등 전직의원 68명, 대학교수 12명 포함
○ 3. 21 민정당 체제 개편. 대표 진의종, 사무총장 권익현, 원내총무 이종찬
○ 3. 31 국회의장 채문식, 부의장 윤길중 내정
○ 6. 9 김영삼 전 신민당 총재 23일 만에 단식 중단. 정치해금이 최대 쟁점으로 부상
○ 6. 30 KBS 이산가족 찾기 생방송 3천 5백 가족 재회. 범국민운동으로 전개. 신청 건수 18만 7천여 건
○ 8. 11 광복절을 맞아 최기식 신부 등 1,944명 특사. 서남동, 이택돈, 김녹영, 한승헌 씨 포함
○ 8. 13 탑승객 269명을 태우고 뉴욕에서 서울을 향한 KAL기 사할린 부근서 실종. 소련의 미사일 공격으로 추락. 유엔안보리서 소련 만행 규탄. 소련 극동사령관이 격침 명령. 소련은 배상요구각서 접수 거절. 전 대통령은 소련의 만행은 패권주의 실증이라고 비난
○ 8. 16 해직교수 87명, 단계적으로 복직키로
○ 10. 9 버마 아웅산 국립묘지에서 대폭발 사고. 서석준 부총리 등 16명 순직. 예정 없던 연습진혼 나팔소리에 이계철 주 버마 대사를 전두환 대통령으로 오인하여 시한폭탄 원격조종. 북괴 특공대 소행이 밝혀져 버마는 북괴와 단교하고 국가승인 취소
○ 10. 15 새 국무총리에 진의종, 부총리 신방현 임명
○ 11. 12 전 대통령과 레이건 미국대통령과 정상회담. 평화위협 공동대처, 한국군 현대화 지원 강화
○ 12. 21 학원사태로 '5.17' 이후 제적당한 1,363명 내년 새 학기

부터 복교 허용
○ 12. 23 성탄절을 맞이하여 학원사태 학생 131명과 공안관련 314명 등을 포함하여 일반사범에 대해 석방·복권조치

(6) 민주화투쟁학생연합 민정당사 점거·농성

○ 1984. 2. 8 학원사태 관련자 48명 석방, 남은 학생도 뉘우치면 은전. 복교생은 면학 전담토록 지원
○ 2. 25 정치규제자 202명 추가 해금. 미해금자는 99명. 신형식, 고흥문, 이중재, 김수한, 한완상, 홍남순, 구자춘, 김지하 등 포함
○ 3. 2 학원사태 관련 159명 특사조치. 구속자는 이제 22명 뿐. 복학생 사회활동 불이익 없도록 조치
○ 4. 2 최은희·신상옥 홍콩서 납치됐다가 탈출. 평양에서 대남모략 선전영화 동원. 김정일이 납치 지시. 최은희는 78년 1월, 신상옥은 78년 7월 납북
○ 5. 3 교황 요한 바오로 2세 역사적 방한. 절두산 참배, 청와대 예방, 광주에서 옥외미사, 순교 103위 시성식
○ 6. 26 정내혁 민정당 대표위원 경질. 문형태 씨 투서로, 정내혁 씨 의원직 사퇴하고 51억 재산 헌납. 문형태 씨도 재산 헌납하고 형사 처벌 모면
○ 8. 13 긴급조치 위반자, 학원사태 관련자 등 공안사범 714명과 일반사범 1,016명을 특별사면이나 감형조치. 유갑종, 양순직, 김지하, 이문영, 한완상, 인명진, 이우재 등 복권
○ 9. 3 서울지역 홍수. 2만 채 침수. 9만 명 긴급대피. 사망·실종 126명. 재산피해 152억 원. 영호남도 폭우로 사망·실종

　　　　31명
○ 10. 23　서울대 이현재 총장은 중간시험 집단거부 사태에 대처하기 위해 경찰병력 투입 요청. 서울대 내에 6천여 명의 경찰 배치
○ 11. 20　민정당사 농성관련 272명의 학생을 연행하여 19명 구속, 186명 즉심회부, 60명 훈방, 7명 지명수배 조치. 전국 민주화투쟁학생연합에서 배후조종
○ 11. 30　3김 씨 등 15명을 규제하고 84명을 해금. 박준규, 길전식, 이철승, 신도환, 이민우, 조윤형, 이기택, 박한상, 김녹영, 문익환, 계훈제 등 포함
○ 12. 20　신한민주당(신민당) 발기인대회 이민우 전 국회부의장을 창당준비위원장으로, 김녹영, 조연하, 이기택, 김수한, 노승환, 박용만을 부위원장으로 추대. 김현규, 허경만, 서석재, 박관용, 홍사덕 등 민한당 의원 10명 집단 탈당 합류

(7) 신민당 창당, 총선에서 대승. 직선제개헌운동 전개

○ 1985. 1. 18　신민민주당(신민당) 창당. "현행 헌법으로는 정권 교체 불능, 직선제로 개헌 마땅" 선언
○ 2. 8　　　김대중 씨 귀국. 김 씨는 기자회견 등 외부접촉 없이 삼엄한 경비 속에 동교동 자택으로
○ 2. 12　　제12대 국회의원 선거. 신민당 대도시에서 압승. 민정당 87명, 신민당 50명, 민한당 26명 당선
○ 2. 19　　민정당 당직자 전원 사표. 국무총리 노신영, 내무부장관 정석모, 안기부장 서동권으로 교체
○ 3. 6　　　김대중, 김영삼, 김종필 씨 해금. 마지막으로 14명 모두

　　　　　풀려. 이후락, 오치성, 김창근, 김상현, 홍영기, 김명윤, 김
　　　　　윤식, 김덕룡 씨도 포함
○ 4. 3　민한당 의원 21명 신민당에 입당. 탈당의원 29명으로 늘
　　　　　어나 민한당 해체 직전. 신민당은 102석으로 민정당과 대
　　　　　척
○ 4. 18　국민당은 김득수, 김완태, 조병봉 의원 탈당으로 원내교섭
　　　　　단체 구성이 와해됐으나 김일윤, 황대봉, 김효영 의원 입
　　　　　당으로 가까스로 교섭단체 구성
○ 5. 13　12대 국회 지각 개원. 의장에 이재형, 부의장에 최영철(민
　　　　　정), 김녹영(신민) 선출
○ 5. 23　서울 미국문화원에 1백여 명이 들어가 도서관을 점거하여
　　　　　농성. 광주사태를 묵인한 책임을 지고 미국은 사과하라
　　　　　등 요구. 농성학생 70명 연행, 19명 기소. 김민석 5년, 함
　　　　　운경 7년 징역 선고
○ 5. 27　북적 대표단, 12년 만에 서울 오다
○ 6. 29　서울대 등 9개 대학에 경찰병력 467명을 투입하여 학원소
　　　　　요주동학생 66명을 검거하고 학생회관 등을 수색. 85,824
　　　　　점의 시위용품 압수. 연행 대학생 16명 구속
○ 7. 18　전국 19개 대학 삼민투위원회 학생 56명 구속. 용공이적
　　　　　단체로 규정하여 12명은 보안법 적용. 대학 유인물 '깃
　　　　　발' 관여 일반인 9명도 구속
○ 8. 1　신민당 전당대회에서 이민우가 김재광을 471표대 354표로
　　　　　꺾고 재선. 부총재는 민추계(이중재, 양순직, 최형우), 비
　　　　　민추(김수한, 노승환, 김옥선), 독자후보(이기택, 유한열)
　　　　　등이 경합
○ 9. 19　박찬종, 조순형 의원 시위현장에서 선동혐의로 기소. 예산
　　　　　안 날치기 통과에 항의하여 기물을 손괴한 노승환, 김동
　　　　　영, 신순범 의원 등 11명도 기소

○ 9. 20 고향 방문단 서울·평양 도착, 양측 151명 씩 3박4일 체류. 남북혈육 40년 만에 상봉과 예술 공연 두 차례
○ 10. 29 부의장 지명 이용희 의원 낙선하고 조연하 의원 당선. 여·야의 항명적 요소에 신민당 김동영 총무 사퇴. 신민당은 조연하 의원 정권 2년 처분
○ 11. 6 학내 소요 1,300여 회 발생 관련 제적생 102명, 정학은 113명, 구속 309명, 구류처분 1,700여 명이라고 발표
○ 11. 19 민정당 연수원 점거 농성에 가담한 191명을 연행하여 공동정범으로 전원 영장 발부, 81명을 구속·기소
○ 12. 18 신민당 이민우 총재는 민주화가 국민의 염원이라고 천명하고 직선제 개헌 천만 명 서명운동 추진 선언

(8) 전두환 대통령, 임기중 개헌용의로 한걸음 양보

○ 1986. 1. 10 신민당 의원 7명 구인장 발부 후 불구속 기소. 신민당 의원들 의사당에서 철야 농성
○ 1. 16 전두환 대통령은 "개헌논의는 89년 하는 게 순서, 법질서 파괴행위는 단호 규제"라고 경고
○ 2. 7 서울대 '86 전학년신년투쟁 및 개헌서명운동 추진본부 결성대회'에 참가 했다 연행된 15개 대학 252명 가운데 189명을 구속. 수배 학생 검거 위해 호구조사 실시
○ 2. 12 신민당과 민추협은 1천만 개헌서명운동 돌입. 신민당사와 민추협 수색. 서명자 전원 및 추정자까지 소환
○ 2. 15 경찰은 2,500명을 동원하여 전국 114개 대학 일제 수색. 수배학생은 한 명도 못 찾고 유인물 등 3만 4천 점 압수

○ 2. 24 전두환 대통령 국회는 헌법특위 구성, 정부는 헌법연구 기관 설치하되 89년 개헌 선언. 민정당 중앙집행위는 89년 개헌 결의
○ 3. 18 최은희·신상옥 오스트리아 빈에서 탈출. 미국 대사관에 보호요청. 난민자격으로 미국행. 김정일 지시로 홍콩서 피납
○ 4. 28 서울대 도서관에서 전방 입소훈련을 거부하며 농성 중인 대학생 123명 연행. 화염병도 압수. 2천여 학생 수업거부 결의
○ 4. 30 전두환 대통령 "국회서 합의하면 임기 중 개헌용의. 직선제만이 민주화 아니다"고 한걸음 후퇴
○ 5. 3 학생들과 근로자들의 시위로 인천 시민회관에서 개최 예정인 개헌추진위 경기도 지부 결성대회 무산. 민정 지구당사 불타고 시위군중과 경찰 투석전 전개. 129명 구속하고 관련재야단체 수사. 인천사태는 민민투, 민통련이 주도
○ 6. 14 시국관련 구속자 모두 997명. 보안법 위반자 165명과 소요죄 혐의 52명 포함. 신민당은 대사면·복권 촉구
○ 6. 24 국회 개헌특별위원회 구성 결의. 45명으로 구성하되 위원장 제외 여·야 동수로. 3당 개헌안 제안 설명. 그러나 공전과 난항만 계속하다 소득 없이 좌초
○ 9. 20 아시아 경기대회 개막. 27개국 4,758명 참가. 우리나라 금메달 93개로 94개인 중공에 이어 종합 2위. 사상 처음 일본을 압도
○ 10. 17 경호권을 발동하여 국시발언 논란을 일으킨 유성환 의원 체포동의안 변칙처리
○ 10, 31 경찰 8천 명을 투입하여 건국대에서 농성 중인 학생 전원 연행. 1,274명 구속영장 신청, 22명 보안법 적용, 394

명만 기소
○ 11. 5 김대중 씨 대통령 직선제 개헌 전제로 대선 불출마 선언, 민주화만이 구국의 길이며 사면·복권돼도 출마하지 않겠다. 김영삼 고문 "그가 사면·복권되면 출마를 권유하겠다"고 선언
○ 11. 12 민통련 사무실 수색, 폐쇄조치. 계훈제 의장 권한대행 등 4명 연행
○ 11. 17 김일성 총격으로 사망, 암살자 중공피신 보호받아. 암살설 사실무근으로 판명. 북괴의 사망설 유포는 심리전일 듯
○ 11. 26 화천 북방에 평화의 댐 건설. 북한 금강산 댐의 수공을 차단하여 수도권을 보호하기 위해 전 국민 성금 모금운동 전개
○ 11. 29 3만 경찰이 신민당 개헌추진 서울시 지부 결성대회 봉쇄. 전 지구당사 봉쇄, 당 간부 자택 연금
　　　당원 2,255명 연행, 중앙당사 수색. 신민당 의원들 의원직 사퇴서 총재에 제출
○ 12. 24 이민우 총재 민주화 7개 선행조건 제시하여 내각제 개헌협상 긍정 검토 선언. 개헌정국 새 파장, 노태우 민정당 대표 긍정 검토하겠다며 여·야 협상 추진

(9) 민주화를 달성했으나 대통령은 민정당 노태우

○ 1987. 1. 17 신민당은 경찰에서 조사받던 서울대 박종철 군 사망사건 진상 규명 요구. 치안본부는 물고문 도중 질식사라고 발표. 두 경관 구속. 대공단장 해직
○ 1. 30 고문정국 다시 경색. 신민당 의원들 국회서 농성 연장.

　　　　　추도회장 주변 원천봉쇄로 무산. 시위 관련 40명 구속
○ 2. 28　평화의 댐 착공, 6천억 원 들여. 노신영 국무총리는 북한 수공 음모에 대한 자위조치라고 강조
○ 3. 3　박종철 군 49재 맞아 '고문 추방 민주화 국민 평화대행진'이 전국 곳곳에서 시도, 종교단체에서 대대적 참여, 원천봉쇄하려는 경찰과 공방전 전개
○ 4. 4　신민당 충돌사태 당기위원회 못 열어. 이택희 의원 지구당원 200명 당사 점거. 당직자와 유혈육박전. 총재단 경찰개입 요청
○ 4. 8　김영삼, 김대중 씨 신당창당 선언. 국회의원 74명 신민당 탈당. 이민우 총재는 신민당 지키기로 결심. 김대중 씨 자택 완전 통제
○ 4. 13　전두환 대통령 현행 헌법으로 정부 이양. 대통령 선거 연내 실시. 개헌논의 올림픽 뒤 생각할 일
○ 5. 1　통일민주당 창당. 총재 김영삼, 부총재 이중재, 노승환, 이용희, 양순직, 박용만, 김동영, 최형우 등 지명.
　　　　　민주화투쟁 선언하고 현행 헌법에서 대통령선거 불참 선언
○ 5. 22　박종철 군 고문치사 사건의 범인 축소 조작 모의. 물고문 범인 추가구속. 민주당은 조작인책 내각 사퇴 요구. 대통령은 진상 규명, 관련자 의법 조치 지시. 박처원 치안감 등 구속으로 번져
○ 5. 22　국무총리 경질, 새 총리에 이한기, 안기부장 안무혁. 고문 경관 상급자와 대질신문
○ 6. 2　통일민주당 정강·정책 관련 이협, 김경두, 안경률 등 3명 구인
○ 6. 10　민주헌법쟁취 국민운동본부 주도로 고문살인 은폐규탄 및 호헌철폐 국민대회 개최. 경찰 5만 8천 명 투입하여

　　　　봉쇄작전. 검찰 주도 110개 대학 야간 전격 수색. 전국
　　　　에서 3,831명 연행, 양순직 부총재 등 123명 구속. 시
　　　　민과 경찰 768명 부상
○ 6. 10　민정당은 전당대회를 개최하여 대통령 후보에 노태우 선
　　　　출
○ 6. 18　대학생 시위 70개 대학에서 더욱 격렬. 전국 대도시서
　　　　심야시위. 레이건 미국대통령 한국사태 크게 우려
○ 6. 26　전국 22개 도시에서 대행진 강행. 전국 경찰 60만 명 동
　　　　원 철저봉쇄. 122개 대학 밤새 수색. 대도시와 37개
　　　　시·읍에서 심야까지 격렬 시위 3,467명 연행
○ 6. 29　대통령직선제 연내 개헌, 김대중 사면·복권 등을 대통령
　　　　에 건의하겠다고 노태우 후보 선언, 전두환 대통령 전폭
　　　　수용
○ 7. 6　양순직 부총재 등 634명 석방. 김대중 씨 등 2,335명 사
　　　　면·복권. 수배해제 270명, 제적생 선별 않고 복학조치
○ 7. 9　연세대 이한열 군 수십만 인파가 모여 영결식 거행
○ 7. 14　국무총리 김정열, 선거관리내각 출범
○ 8. 1　민정당과 민주당 8인 정치회담 개최, 신민당과 국민당
　　　　저지와 방해. 개헌안 완전타결(9. 16)
○ 8. 11　노사분규 확산 격화. 전 업종 큰 타격. 섬유서 시작 중
　　　　공업 이어 전자까지 대기업 거의 분규에 휘말려. 자동
　　　　차 생산 전면 마비, 울산근로자 2만 4천 명 가두시위.
　　　　노사분규 3천 건 넘어. 과격근로자 100명 구속
○ 9. 29　김영삼, 김대중 씨 단일화 담판 결렬. 극적 전기 없는
　　　　한 결별 불가피. 국민에 미안 공동발표. 동시 출마 강행
　　　　태세. 소장의원 14명 계보 탈퇴
○ 10. 12　직선제 개헌안 국회의결. 27일 국민투표에서 93.1% 찬성
　　　　으로 확정

○ 10. 30 신민주공화당(신공화당) 창당. 총재와 대통령 후보로 김종필 추대
○ 11. 9   통일민주당 전당대회에서 김영삼 총재 대선후보 추대. 정승화, 김재춘 씨 민주당 입당
○ 11. 12 평화민주당(평민당) 창당대회. 총재와 대통령 후보로 김대중 추대
○ 11. 30 KAL기 추락 잔해 발견. 태국-버마 국경 밀림 지역. 115명 탑승. 범인 일본인 위장 북한계 추정. 부녀로 행세하며 위조여권 사용 조사 중. 남자는 음독 절명. 생존한 마유미 신문
○ 12. 8   야권 후보단일화 시도, 백기완 후보직 사퇴. 양 김 씨 단일화 무산
○ 12. 16 대통령 선거. 노태우 후보 당선, 노 후보는 안정 바라는 국민 모두의 승리라고 자축
○ 12.18   노태우 당선자는 민주화합추진본부 구성, 출범시켜

제2장 1노 3김이 사생결단을 펼친 제 13대 대선

1. 보통 사람으로 뿌리를 내린 민정당 노태우
2. 군정종식을 캐치프레이즈로 내건 민주당 김영삼
3. 4자필승론(四者必勝論)에 흠뻑 젖은 평민당 김대중
4. 구여권의 잔존 세력을 규합한 신공화당 김종필
5. 야권 분열과 이전투구로 당선된 민정당 노태우

통일민주당 김영삼 총재와 김대중 고문 간의 경쟁이 치열해지면서 돌아올 수 없는 다리를 건너게 되었다.

통일민주당 총재로서 임시전당대회를 개최하여 대통령 후보로 지명된 김영삼 후보가 기선을 제압하고 동교동계의 핵심인 김상현을 영입하여 총재직무 대리로, 박종률을 사무총장으로 기용하여 동교동계의 기세를 꺾을 수 있었다.

그래도 김대중 고문은 대구-경북을 민정당 노태우 후보가, 부산-경남을 통일민주당 김영삼 후보가 차지하여 영남권을 양분하고 신공화당 김종필 후보가 충청권을 석권하면 호남 출신 25%를 주축으로 승리할 수 있다는 4자필승론에 흠뻑 젖어 주위의 만류를 뿌리치고 출마를 강행했다.

박정희 정권 18년의 공과를 등에 업고 부정축재자라는 국민들의 의혹을 딛고 신공화당을 창당한 김종필 후보도 진군나팔을 불고 힘차게 전진했다.

집권여당인 민정당 노태우 후보를 비롯한 1노 3김은 자신들의 출신지역의 기반을 공고히 하는 지역주의에 매달렸다.

이러한 지역주의는 영남권에서 김대중 후보 거부운동이 일어나자 호남권에서 노태우, 김영삼 배척운동이 전개되어 선거전을 피로 물들이는 불상사가 일어났다.

지역주의, 동향 출신 후보에 대한 선호 경향은 이번 선거에서 두드러지게 나타나 출신 지역은 몰표를 건져 올린 거점현상으로까지 표출됐다.

전국을 4등분한 선거결과에서 민정당 노태우 후보는 고향인 대구-경북에서 66.8%의 득표율을 올려 고향인 부산-경남에서 52.8%의 득표율에 그친 통일민주당 김영삼 후보에게 1,944,813표를 더 얻어 승리했다.

패배한 3김 씨들의 항변과 선거무효화 투쟁은 선거방식이 야당 측이 원하던 직선제였고, 그들 자신이 참여했으며 패배의 중요한 부분이 단일화 실패라는 사실이 부각되어 국민적 공감대를 형성하는 데는 결코 성공할 수 없었다.

1. 보통 사람으로 뿌리를 내린 민정당 노태우

(1) 노태우 후보의 포부와 당선을 도운 인물들

전두환 대통령으로부터 민정당 총재직을 물려받은 노태우 후보는 "내가 대통령에 당선되면 권위주위 체제를 말끔히 청산하겠다"면서 "보통 사람들이 보다 안심하고 보다 넉넉하게 살 수 있는 좋은 나라를 만들어 나가겠다"고 포부를 밝혔다.
노태우 후보는 "지역감정을 해소하기 위해 인재등용을 출신지역이나 출신학교를 가리지 않고 반드시 능력 위주로만 하겠다"고 약속했다.
노 후보는 "이 한 몸 희생되어 지역감정이 해소되고 국민화합이 이룩될 수 있다면 언제든 희생될 각오가 되어있다", "이 일은 민주화 과정에서 극복해야 할 고비"라고 지역감정 해소를 최우선 과제라고 역설했다.
민정당 노 후보는 "앞으로 내가 집권하면 청와대 기능의 축소, 내각기능의 강화, 정보기관의 역할 조정, 각종 단체의 자율성 제고 등을 단행하여 모든 권위주의적 요소를 철저히 청산하겠다"고 약속하고, "참여민주주의 정착과 당내 민주화, 군의 정치적 중립 등을 통한 문민 민주정치에의 착실한 가교역할을 하겠다"고 선언했다.
노 후보는 보통 사람의 위대한 시대를 열기 위해 ○ 지속적 물가안정 속에 국민 소득의 5천 달라 달성 ○ 근로자와 농어민의 소득 배증 ○ 여성의 사회참가 적극 보장 ○ 젊은 세대의 진취적 기상 수용 ○ 자질이 있으면 누구나 교육받을 수 있는 사회의 조성 ○ 지역감정의 타파 ○ 88올림픽의 성공적 수행 ○ 완벽한 안보와 평화적 민주통일 등을 앞으로 5년 간 실천해 나가겠다는 '10대 집권기본 강령'을 발표했다.

민정당은 노신영 전 국무총리를 비롯한 수많은 각료와 유력인사들을 무차별 영입하여 지역지원책임자로 임명했다.
김만제, 이기백, 윤성민, 배명인, 금진호, 손수익, 김종호, 손재식, 황인성, 정한주, 조철권, 서동권, 조영길, 허삼수, 오유방, 김세배, 변정일, 이환의 등 전직 각료와 의원들이 이들이다.
또한 민정당은 김광수, 양정규, 이봉모, 김영생, 최용안, 이대엽, 김일윤, 함종한 한국국민당이나 무소속 의원들과 박유재, 장경우, 김진재, 한병채, 고판남, 이효익, 안교덕, 최낙철, 하순봉 전 의원들을 무차별로 영입하여 세를 한껏 부풀렸다.
민정당은 중앙선거대책위원장에 채문식 의원을, 부위원장에 정석모, 남재희, 이대순을, 사실상 총책임자인 선거대책본부장에 이춘구 전 사무총장을 임명했다.
이춘구 본부장 휘하에 김태호(총괄), 현홍주(홍보), 강경식(정책), 서정화(수도권지원), 이상재(유세) 부본부장이 업무를 분장하고 있으며 조경목 기획조정실장이 사무처와 선대본부의 교량 역할을 맡고 있다.
또한 민정당은 시·도별 선거총책으로 이종찬(서울), 왕상은(부산), 이한동(인천-경기), 정재철(강원), 박준병(충북), 정석모(대전-충남), 고건(전북), 김식(광주-전남), 권정달(대구-경북), 권익현(경남) 등 10명을 임명했다.
다산청년회 등 3만여 명에 이르는 청년전위조직은 김영구 청년지원 봉사단장이 맡고 있고, 심명보 비서실장과 강용식, 이병기, 김임제, 곽순철 보좌관 등이 노 후보의 일거수일투족을 보살폈다.
공식조직과 별도로 유학성 국책평가위원장, 최병렬 국책연구소부소장, 김종인과 김학준 의원 등이 노 후보의 자문 또는 친여조직 규합역할을 맡고 있고 이영호 전 체육부장관이 연설문 작성팀을 관장했다.
이들 외에도 김만제 전 경제부총리, 금진호 전 상공부장관, 김복동

대한광업 진흥공사 사장 등이 비선조직의 관리 역할을 맡아 활동했다.

(2) 김영삼, 김대중 후보 비방을 위한 노 후보의 사자후

민정당 노태우 후보의 연설장에는 "마음을 비웠다면서 욕심을 비우지 못한 채 머리가 텅 빈 정치인", "대통령 병이 든 행동하는 욕심", "소심하고 우유부단한 행정가"라는 원색적인 용어를 구사한 "이런 사람은 대통령이 될 수 없다"는 인쇄물이 운동장 가득 뿌려졌다.

노태우 후보는 야당 세 후보들은 '몹쓸 지역감정을 마구 부추기는 사람', '세상을 시끄럽게 하는 사람', '반대를 위한 반대만을 일삼는 사람'이라 비난하면서 '무책임한 선동가', '수권능력이 없는 사람들에게 나라를 맡길 수 없다'고 역설했다.

노 후보는 "야당 후보 가운데는 지금도 군정시비를 벌여 국민을 현혹시키려는 사람이 있다"면서 "그러나 군정 시비는 6.29 선언으로 이미 끝난 것"이라고 확언했다.

노 후보는 "지역감정이 배타적 지역감정으로 발전하면 망국병이 되는 것이다. 지각없이 일부 후보들이 지역감정을 부추기고 있는 것 같다. 문제는 선거 후까지 그 영향이 남을까봐 걱정이다"라면서 지역감정의 폐해를 주장했다.

노 후보는 "야당 대통령 후보 두 분에게 단일화를 강력히 요구한다"고 밝히고 "1대 1의 대결로 국민 과반수 이상의 확실한 지지를 얻어 이번 선거과정에서 갈라진 국론을 하나로 통합해 나가자"고 제안했다.

이어 노 후보는 "김영삼 후보가 '스스로 좌익폭력 세력인 공산주의자임을 자인하지 않으면 다 풀어주어도 좋다'는 것은 정말

어처구니없는 일"이라고 성토하면서 "야당이 언제부터 안정을 원했나", "분열과 선동만을 일삼아 온 야당이 어떻게 안정을 보장할 수 있는가"라고 역공을 펼쳤다.

노 후보는 포항 유세에서 "이번 KAL기 사고는 여러 가지 정황으로 보아 북한의 지령에 의한 폭탄 테러임이 거의 굳어지고 있다"면서 "이런 상황에도 불구하고 북한의 남침위험이 없다든지, 공산주의자 이외에는 모두 풀어주자는 말을 함부로 하고 있다"고 안보를 활용하여 두 김 씨를 비난했다.

노 후보는 천안 유세에서 야당 후보들을 겨냥하여 "입만 열면 허황된 주장을 하고 남이 해놓은 일을 비판만 하는 사람들"이라면서 "30년 정치 경력만을 자랑하는 그들이 국민을 위해, 국가를 위해 무슨 기여를 했는지 반문하고 싶다"고 공격했다.

이어 노 후보는 "그들 주변에는 투사만 있을 뿐 수권 능력을 갖춘 재사가 없다"면서 "그들에게 나라를 맡길 수 없다"고 안정세력임을 주장했다.

노 후보는 전주 유세에서 "이번 선거에서 양 김 씨 중 한 사람이 당선되면 좌익 과격 폭력세력의 천하가 되고 전국 곳곳에서 해방구를 선언하는 것은 물론, 욕구불만이 일시에 터져 나오는 집단행동으로 엄청난 혼란이 밀어닥칠 것"이라고 사회불안 조성이라는 상대 후보 약점을 파고들었다.

노 후보는 충청 유세에서 "야당 사람들에게 나라를 맡겼을 때 혼란과 무질서는 필지의 사실로 이 나라는 안정이 무너지고 올림픽은 떠내려가며 경기가 가라않고 수출 길이 막힐 것"이라며 "자유민주주의체제를 송두리째 부정하는 세력 위에 야당 후보들은 얹혀있는 사람들이기 때문"이라고 주장했다.

노 후보는 제주 유세에서 "야당이 집권하면 올림픽을 6개월 앞두고 나라 전체가 대변혁이 일어나고 좌익폭력 세력은 더욱 기승을 부려 사회가 극심한 혼란에 빠질 것"이라고도 주장했다.

노 후보는 안양 유세에서 "국민에게 한 단일화 약속을 헌신짝처럼 버린 수신제가도 못하는 그런 사람들에게 어떻게 나라를 맡기고 국가운영을 위임할 수 있겠는가"라고 양 김을 공격하고 "사회안정과 국가발전을 책임질 나에게 절대적인 지지를 보내달라"고 호소했다.

노 후보는 지하 530m 강원도 태백탄광 막장에서 "여러분들과 함께 호흡해 보지 않고선 꿈과 고통을 같이할 수 없겠기에 이곳까지 왔다"면서 "근로자 여러분 힘을 냅시다"라고 격려했다.

노 후보는 80만 명이 운집한 부산 유세에서 "부산이 왜 야당을 하고 왜 불만이 많은 줄 이 노태우는 잘 압니다. 민주주의를 잘못했고 집권당이 미워서 또 정치를 순리대로 하지 않았기 때문"이라고 청중들을 위무했다.

노 후보는 서울 여의도 유세에서 "내가 집권하면 초당적 차원에서 국정을 운영할 것이며 취임 즉시 대사면을 단행하고 서울 올림픽 직후 국민들로부터 재신임 등의 방법으로 중간평가를 받겠다"는 등 8개항을 공약했다.

100여 만의 인파가 모인 대구 수성 천변 유세에서 노 후보는 "이렇게 많은 인파가 모여 열렬한 환영을 보여주는데 대해 눈물겹도록 감사하고 가슴 뿌듯하게 생각한다"고 감격해 했다.

노 후보는 "내가 호소한 변화 속의 안정논리가 국민들의 호응을 얻고 있으며 야당후보들의 허구적 주장과 흑색선전이 심했지만 안정을 바라는 대다수 국민들의 마음을 흩트리지 못했다"며 승리를 확신했다.

(3) 노 후보를 보위하며 상대후보들에게 독침을

민정당은 '비운 마음 채우는데도 삽시간, 불출마 선언 뒤집는데도 삽시간', '둘 사이의 단일화도 못하는 사람들이 어떻게 거국내각을 하나', '공천 장사 위해 분당한 양 김은 집권하면 통반장까지 팔아먹을 것' 이라는 인신공격적인 반박논리를 개발하여 홍보했다.
민정당 김충선 연설원은 김영삼 후보를 '개떡 같은 바람둥이', 김대중 후보를 '표리부동한 인간', 김종필 후보를 '양심이 곪아터진 사람' 등으로 세 후보를 비난했다.
오랜 야당 출신이었지만 집권여당으로 전향한 민정당 채문식 선대위위원장은 "야당은 그들의 잘못과 책임을 정부·여당에 송두리째 떠넘기려는 정치작태를 계속하고 있다"고 지적한 뒤 "최근 야당 후보들의 유세장을 가보면 무분별한 인신공격과 흑색선전이 난무하는 것을 똑똑히 알 수 있다"고 역설했다.
민정당 김중위 선대위 대변인은 "재야세력과 극렬 폭력세력들이 공명선거를 추진한다는 구실 아래 특정 후보를 비방하고 특정 후보를 당선시키기 위해 선거감시단이라는 불법 위장단체를 구성하여 활동을 전개하고 있다"고 선거감시단 활동을 비난했다.
김중위 대변인은 "야권이 외국의 반한단체들이 형용할 수 없는 악랄한 수법으로 조작한 광주사태 비디오를 대량배포하여 방영하고 있다"면서 "이는 야권이 오직 권력만을 탐한 나머지 민족분열의 비극적 상황이 도래해도 무방하다는 그릇된 인식에서 비롯된 것"이라고 광주사태를 자의적으로 해석하며 비난했다.
서의현 조계종 총무원장은 노 후보의 고향인 대구 팔공산은 국왕을 모시는 신비의 새 봉황이 찾아 앉는 형국의 영산이라고 아첨하고서 "김 장로, 김 신부 등은 기독교만이 종교이고 불교는 마귀인 듯 말하고 이 나라의 잘못이 불교의 탓인 듯 얘기한다" 고 야당 두 후보들을 겨냥하고 "우리의 뿌리를 알고 소중히 간직해 자손만대에 물려 줄 분은 노태우 후보 한 분 뿐이다"라고 종교인인지 민정당 홍보원인지 가늠할 수가 없을 정도로 노 후보 당선을 위해 동분서주했다.

(4) 끊임없이 제기된 관권·금권 선거에 대한 시비

통일민주당과 평민당은 내무부가 산하 일선 행정조직에 시달했다는 '득표에 관한 기본전략' 지침서를 일제히 폭로하고 정부·여당의 관권을 동원한 부정선거 획책을 즉각 중지하라고 촉구했다.
이에 대해 민정당은 선거때마다 의례적으로 조작하는 야당 측의 정치공세 수법이라고 반박했다.
평민당 김대중 후보는 "민정당 입당원서 1장만 쓰면 몇 만 원 씩 돈을 주고 있고, 지난 추석 이후 국민 모두가 민정당 선물을 하나 이상 받았을 정도로 엄청난 금품이 살포되고 있다"면서 "군대에서도 지휘관들에게 소속부대에서의 여당 표 확보량을 할당해주고 이에 미달하면 인사조치 시키겠다고 협박도 했다"고 폭로했다.
평민당은 부재자 투표를 실시하던 중 상관이 "김대중 후보에게 표를 찍는 사람은 용공분자로 판단해 군법회의에 회부하겠다"고 협박했다고 고발한 사실 등을 폭로했다.
김영삼 후보는 대전 유세에서 "노태우 후보는 막대한 자금을 살포하는 매표(買票)와 흑색선전, 부재자 투표에서의 부정 등 12.12 쿠데타에 이어 또다시 집권을 위한 제2의 선거 쿠데타를 추진하고 있다"고 비난했다.
김영삼 후보는 "노 후보의 서울 유세 때 서울시에서 각동에 1천만 원을, 단체 등에 2백만 원 씩 동원비를 배포했다"고 폭로했다.
김영삼 후보는 "민정 측이 최근 통반장 등 일선 행정조직과 지방공무원 등을 동원하여 금품 살포를 통한 표 모으기에 혈안이 되어 있다"고 비난하면서 불법선거운동을 즉각 중지하라고 촉구했다.
김영삼 후보는 제주 유세에서 "지금 전국에 엄청난 돈을 뿌리고 다니는 노 씨가 보통 사람이냐", "남들은 하늘의 별보다 따기 힘든 별을 1년 새 두 개 씩이나 다는 노 씨가 보통 사람이냐"고 공세를 취했다.
김영삼 후보는 "정부·여당의 부정·타락 선거 수작이 크게 염려스럽다. 그러나 민정당이 아무리 천문학적 돈을 쓰고 관권을 총동원하지만 국민의 마음을 돌리거나 돈으로 사지는 못할 것이다"라고 낙관했다.
김종필 후보도 "민정당은 지금 패색이 짙어지자 3.15 부정선거를 능가하는 관권·금권 동원을 하고 있다"고 비난했다.
신공화당 조용직 대변인은 "이번 선거는 수차 우리가 지적하고 경고했듯 그 과정에서부터 금권·관권으로 얼룩진 부정·타락선거로 규정한다"고 밝혔다.
민정당은 전 공무원을 동원토록 한 것은 사실이었다. 선거 당시 5급인 행정사무관으로 부산에 근무할 때 기관장의 특별지시로 전 직원에게 동원령을 내려 노태우 후보의 부산 해운대 유세에 참가하도록 했었다.
대부분의 유권자들은 공무원이나 통반장들이 선거운동에 개입하고 있다는 인식을 갖고 있는 것으로 나타났다. 더구나 가족이나 이웃 중에서 선거와 관련하여 단체관광을 간 일이 있거나 금품 또는 음식 대접을 받은 사실이 있는 것으로 드러났다.

2. 군정종식을 캐치프레이즈로 내건 민주당 김영삼

(1) 김영삼 통일민주당 총재의 기선제압

통일민주당 김영삼 총재는 "이 나라의 민주화를 보다 확실히 실현해야 한다는 사명감과 십자가를 지는 심정으로 대통령 후보 출마 결심을 하기에 이르렀다"고 실질적인 대선출마를 선언했다.
김영삼 총재는 김대중 고문과의 후보단일화 노력은 계속하되 후보 추대를 위한 임시전당대회를 개최하겠다고 밝혔다.
김 총재는 "박정희 정권을 타도하고 현 정권의 항복까지 받는데 앞장서서 누가 투쟁했는가를 알고 있는 우리 국민들은 누가 후보가 돼야 하나를 이미 작정했을 것"이라며 후보단일화 협의는 하되 김대중 고문의 양보를 받아내기 위해 총력을 기울일 것임을 분명히 했다.
김 총재의 선수(先手)는 다분히 김대중 고문을 겨냥한 경쟁전략 측면에서 해석되며, 통일민주당이라는 한 울타리 안에 아직은 공존하는 관계에서 김 고문 측의 양보를 얻어내기 위한 마지막 압력 수단으로 해석됐다.
어쨌든 김 총재의 이번 출마선언은 민주당 후보티켓의 선점을 노린 것이며 결과적으로 두 김 씨가 각기 제갈길로 갈라서는 결별선언으로도 볼 수 있었다.
통일민주당은 지난 6.29 선언 이전에 마감된 36개 지구당 조직책 신청을 추가로 더 받기로 하되 조직책 신청이 마감되면 곧바로 임명작업을 서두르기로 했다.
김 고문의 분당을 막기 위한 명분을 내세워 자신과 김 총재가 민주당직을 지닌 채 당의 공천 없이 동시 출마하자는 방안을 내세우자, 김 총재는 국민을 우롱하는 행위라고 일축하면서 단일 후보를 내기 위한 전당대회를 강행할 태세여서 통일민주당은 창당 이래 최악의 상태로 치닫고 있었다.
김대중 고문은 "경선 문제는 정부·여당에서 양 계파 간에 싸움을 붙여 전당대회의 추악한 꼴을 국내외에 보여주어 두 김 씨의 이미지를 손상시키려는 전략을 갖고 있는 만큼 어렵다"고 말하고, 김 총재는 경선 않겠다는 방침을 변경하여 경선을 통해 후보단일화를 결정짓고 이에 승복하자는 제안을 했는데 받아들일 수 없다"고 재차 강조했다.
김영삼 총재의 '군정종식 및 김영삼 대통령 후보 추대를 위한 부산대회'가 열린 수영만 고수부지에서는 '밀어주자 김영삼', '부산 시민의 선택 김영삼' 등의 구호들이 연창됐다.
또한 '효자 김영삼을 청와대로', '대통령은 김영삼, 김영삼은 대통령', '마, 김 총재를 청와대로 보내자', '민주화 카모 부산 아이가' 등의 피켓을 들고 김영삼을 연호했다.
김 총재 측의 박일 의원은 "9월 말까지 후보단일화 하자고 할 때 김대중 고문은 국민에게 물어보겠다며 시간을 끌더니 이제 와서 경선은 때가 늦었다고 하는 것은 후보단일화를 처음부터 피하려는 의도였음을 인정한 것"이라 했고, 호남 출신인 김덕룡 총재비서실장은 "김 고문이 전략상 야권 후보단일화는 늦을수록 좋다는 말의 유희를 계속하다 이제 국민의 절대적 열망이자 재야 및 당원들의 직접적인 압력인 '경선을 통해서라도 단일화를 성취하라'는 주문을 뿌리치고 말았다"고 비난했지만, 기울어진 운동장에서 축구경기를 펼칠 바보스러운 사람은 결코 많지 않다는 것을 간과했다.
통일민주당은 세종문화회관에서 임시 전당대회를 열고 김영삼 총재를 대통령 후보로 추대했다.
김 총재는 수락연설에서 "역사는 군부독재를 이 땅에서 영원히 종식, 청산하고 평화적으로 민주주의 혁명을 완성할 것을 요청하고 있다"고 주장했다.
이로써 김대중 고문을 민주당 밖으로 내몰았으며, 김 고문은 민주당을 뛰쳐나와 새로운 정당을 창당하거나 김 총재의 후보추대를 묵인하는 양 갈래의 기로에 서 있게 됐다.

(2) 김영삼 후보의 무차별적인 인물 영입

통일민주당은 무소속의 김재광 의원과 신민당의 서종렬, 한석봉 의원들의 영입에 성공했다.
김영삼 후보는 영입된 김재광 의원을 선거본부장으로 지명하고 박용만, 김동영, 최형우, 이기택, 김명윤, 김창근, 박종률, 김현규, 홍영기, 김수한, 송원영, 황낙주, 박일, 정상구, 권오태, 신상우, 김은하 등 17명을 부본부장으로 지명했다.
무소속으로 잔류하고 있던 박한상, 박해충, 양해준, 이기택, 정재문 의원들과 광주 출신인 임재정, 순천매산고 출신인 황산성 전 의원들도 김영삼 후보캠프에 합류했다.
유진산 전 대표의 아들인 유한열 의원의 민주당 입당에 대해 평민당은 "내각제를 주장했던 사람을 민주당이 지금 받아들이는 꼴이 뭐냐"고 비웃고는 "아무리 선거에서 이기기만 하면 된다지만 민주당은 배알도 없느냐"고 일갈했다.
당직 없이 백의종군하기로 한 김재춘 전 중앙정보부장은 "12.12 사태는 명명백백한 반란행위이며 단언코 제5공화국은 명분도 없고 집권해서는 안 될 사람들이 집권하고 있는 것"이라고 맹공했다.
정승화 전 육군참모총장이 민주당에 입당했다. 정 전 총장은 "소위 6.29 선언은 거대한 민족양심이 받아낸 거짓된 사람들의 고백으로 규정한다"면서 "다시는 일부 정치군인들의 야욕을 필연으로 위장하는 역사의 패륜아들이 이 땅에 발 못붙이도록 최선의 노력을 쏟을 것"이라고 다짐했다.
김영삼 후보는 "정승화 전 총장과 김재광 의원이 입당해 군정종식의 선거투쟁 대열에 동참한 것은 선거의 대세가 우리 쪽에 기울었음을 단적으로 입증함은 물론 우리에게는 백만 대군을 얻은 것 같다"고 의미를 부여했다.
정승화 전 총장의 민주당 입당에 대해 평민당은 정 전 총장의 전력을 들어 비난했다.
김대중 평민당 대선 후보는 "정 씨는 79년 육군참모총장 시절 군의 비토권을 처음으로 말한 사람이며, 3김 특히 나에 대해 엄청난 매도와 박해를 했던 사람"이라고 상기하고 "그에 대한 사과와 반성 한마디 없이 군의 정치개입에 반대한다고 말하는 것은 유감"이라고 피력했다.
이중재 평민당 대선 부위원장은 "당시 정승화 씨는 김영삼 씨에 대해 '무능한 사람', '대통령 자격이 없는 사람', '병역기피자', '사대주의자'라 했다"고 곁들였고, 노승환 부위원장도 "김종필 씨에 대해서는 부패한 사람이라고 하는 등 당시 정 씨는 3김 씨 모두에게 정권을 넘겨줄 수 없다고 말했다"고 가세했다.
이용희 부위원장은 "정 씨는 79년에 계엄사령관으로서 3권을 장악하고 있었음에도 자기직무를 다하지 못하고 부하에게 당했던 사람"이라며 "그가 진정한 군인이라면 그 때 할복자살을 했어야 옳으며 이제 정치에 참여하게 된다면 국민과 역사 앞에 깊이 사과해야 한다"고 비난 대열에 합류했다.
김대중 후보는 "총칼로 백성을 짓밟다가 세상이 바뀌니까 민주주의 순교자인 양 행세하는 자들은 정권을 못 잡았으면 못 잡았지 받아들이지 않겠다"고 선언했다.
김상현 민주대학 이사장이 민주당에 입당하여 부총재로 임명됐다. 김 이사장은 "군정종식의 역사적 사명을 수행하기 위해 김영삼 후보를 중심으로 민선 민주정부를 수립하는데 국민적 역량을 결집하기 위해 입당했다"면서 "정당은 사당화나 특정지역 중심의 파행적인 조직을 탈피하여 국민정당으로서의 신뢰를 회복해야 한다"며 "대통령 후보가 되기 위해 분당해 나간 정당에는 입당할 수 없었다"고 주장했다.
통일민주당은 "김 씨의 입당으로 박종률 사무총장까지 동교동의 핵심과 중추가 우리 쪽에 넘어온 것"이라고 자랑했다.
홍숙자 사회민주당 대통령 후보와 김영삼 후보는 민주당사에서 공동기자회견을 갖고 "군정종식과 민주정부 수립을 갈망하는 국민 여망에 부응하기 위해 후보직을 사퇴하겠다"고 발표했다.
이에 사회민주당(위원장 권두영)은 홍숙자 후보에 대해 당원자격을 박탈하고 선거대책 기구를 해체했다.
사회민주당은 "홍 후보가 사전 협의없이 온갖 잡음을 몰고 오면서 특정 야당 후보를 지지한 것은 40년 정통 혁신정당을 보수정당의 앞잡이로 타락시킨 것"이라고 규정했다.
이에 김영삼 후보는 "홍숙자 사회민주당 후보의 사퇴를 정치공작을 통해 저지시키려다 여의치 않자 사퇴 선언 이전에 허무맹랑한 사실을 들어 매도하는 상식 이하의 유치한 장난을 하고 있다"고 맞불을 놓았다.

(3) 군정종식을 위해 가동할 수 있는 조직을 총동원

통일민주당의 김영삼 후보는 "16년 만에 대통령을 내 손으로 뽑겠다는 국민의 소망이 이루어지는 선거라 온 국민과 함께 나 역시 기쁘고 기대가 크다"면서 "대통령이란 쿠데타의 경우가 아닌 이상 어느 개인이 하겠다고 해서 되는 것이 아니라 시대와 역사의 소명이 있어야 하고 무엇보다 국민의 지지가 있어야 하는 것"이라고 말했다.

김영삼 후보는 "투표자의 과반수 이상 득표로 반드시 승리해 군정종식을 이룩할 것을 확신한다"고 자신했다.

김 후보는 "이번 선거에서 가장 우려되는 것은 정부·여당의 부정선거 획책과 공무원의 불법개입이라고 보며 지역감정은 선거과정을 통해 우리 모두가 슬기롭게 극복해 나갈 수 있을 것"이라고 말하고, 부정선거와 관련하여 "만약 공무원이 가담하면 결코 용서받을 수 없을 것이며 전두환 대통령이나 노태우 후보가 계속 부정을 획책한다면 제2의 이승만이나 마르크스가 될 각오를 해야 한다"고 경고했다.

통일민주당 김재광 선대본부장은 "이번 선거에서 민정당은 관권과 행정력 등을 불법적으로 총동원하여 원천적이고 의도적인 선거부정을 획책했다"면서 "투·개표 참관인 및 야당 당원과 민주화를 원하는 국민을 억압하고 구타하는 폭력이 전국 각지에서 자행됐다"고 주장했다.

통일민주당의 선거대책 본부장은 김재광 의원이 맡고 있고 부본부장은 박종률 사무총장이 맡아 10개 위원회를 진두지휘하고 있다. 정책은 김창근, 기획은 김도현, 홍보는 이원종, 조직은 서석재 의원 등이 맡아 김 후보에게 직접 보고를 하는 체제이다.

시·도별 지역책임자는 김수한(서울), 김정수(부산), 목요상(대구), 명화섭(인천), 임재정(광주), 조종익(경기), 김완태(충북), 황명수(충남), 양해준(전북), 조연하-고영완(전남), 권오태(경북), 박일(경남), 김준섭(강원), 강보성(제주) 등을 임명하여 지역활동에 전념토록 했다.

통일민주당은 최근 영입한 정승화 전 육군참모총장을 비롯한 김재춘, 박경석, 백영화, 박병순 등 군장성을 군정종식의 캐치프레이즈의 연사로 활용했고 박규태 전 탤런트협회장을 간판 찬조연사로 부상시켜 홍보전을 강화했다.

재야세력 흡수를 위해 김명윤 민주산악회장이, 유성환 의원이 탈당한 홍사덕 의원이 조직한 중앙청년위원회를 인수하여 청년조직을 가동시켰다.

(4) 거침없는 김영삼 후보의 사자후(獅子吼)

통일민주당 김영삼 후보는 "광주사태는 소요가 아니라 우리 민주운동사에 길이 빛날 희생적 시민항쟁이었다"고 규정하고 "그런 점에서 광주시민의 명예는 회복되어야 하며 희생자와 부상자는 국가유공자로 보호되어야 마땅하다"고 강조했다.
이어 김영삼 후보는 "독재에 항거하고 민주화를 위한 의거라는 점을 분명히 해야 한다"고 주장하고 "희생자들에 대한 독립유공자 차원에 준하고 민주투쟁을 하다 희생된 사람도 국가에서 보상해야 한다"고 주장했다.
김영삼 후보는 "어느 누가 대통령이 되는 것이 국가 장래를 잘 끌고 나갈 수 있는지 여러분이 판단해 달라"면서 "'정직한 대통령', '성실한 대통령', '부정부패 않는 대통령', '하느님과 국민을 두려워하는 대통령'이 되겠다"고 다짐했다.
김영삼 후보는 "이번 선거에서 명확하게 드러난 군부독재정권 그룹과 민주세력 간의 엄청난 간격, 민주정치세력 내부의 갈등, 그리고 지역 간의 갈등이 가장 풀기 어려운 난제이다", "이제 대세는 확실하게 결정됐습니다. 대세가 기울자 나에 대한 온갖 흑색선전으로 마지막 발버둥을 치고 있지만 국민의 뜻, 하늘의 뜻을 결코 거역할 수 없는 것입니다"며 자신감에 넘쳐있었다.
김영삼 후보는 "지난 80년 어떤 사람은 공산주의자로 몰려, 또 어떤 사람은 부정축재자로 몰려 처벌을 받았지만 나에 대해서는 이 정권이 모든 방법을 동원해 조사했지만 꼬투리를 잡을 수 없어 2년 7개월 간 연금하게 된 것"이라고 주장했다.
김영삼 후보는 파주 유세에서 "역대 군사정권이 안보를 정권유지의 수단으로 악용해 옴으로서 국민의 안보의식이 희박해 졌다"고 지적하고 "민주화가 되면 국민들이 민주주의 체제를 지켜야 한다는 확신을 갖게 돼 안보 체제가 더욱 강화될 것"이라고 주장했다.

김영삼 후보는 논산 유세에서 "군 고위지휘부의 임명은 민(民)주도 하의 안보정책과 3군통합군 구조에 맞게 형평을 갖추어야 한다"면서 "군은 야전군 중심으로 개편하여 정치권 내에 있는 청와대 경호실, 보안사, 안기부 등의 장교는 그 기능이 모두 전문화로 축소조정돼야 할 것"이라고 주장했다.

130만 명이 운집한 것으로 추정되고 있는 서울 유세에서 김영삼 후보는 "사상 유례 없는 군중들 앞에서 벅찬 감격을 안고 군사독재 최후의 날을 선언한다", "민주당의 집권과 나의 당선은 움직일 수 없는 대세이자 국민의 뜻, 하늘의 뜻"이라고 포효했다.

김영삼 후보는 거제 유세에서 "우리 국민의 눈에서 눈물이 마를 날이 없었던 군사독재 하에 언제 안정이 있었는가"라고 반문한 뒤 "노 씨의 말은 언어도단으로 누가 정권을 잡아야 안정이 온다는 것은 국민들이 잘 알고 있다"고 주장했다.

김영삼 후보는 주문진 유세에서 "그동안 강원도가 여당만 찍어 왔는데 무슨 혜택을 받았는가"라면서 "이번에는 민주당에 표를 몰아주어 강원도를 더욱 발전시키자"고 호소했다.

춘천 유세에서 김영삼 후보는 "지금 천하대세는 민주당인 김영삼이에게 기울었다"면서 "어제 흔히 노 씨의 아성으로 알려진 경북 북부 지역에서도 완전히 대세를 뒤집어 놓았다"고 장담했다.

김영삼 후보는 논산 유세에서 "박정희 정권은 나에 대해 총재직 가처분과 의원직 제명을 함으로써 분노한 국민에 의해 부마사태라는 저항에 직면하여 몰락했다"고 주장했다.

(5) 김영삼 후보의 주 공격대상은 군부독재정권과 노태우 후보

통일민주당 김영삼 후보는 노 후보가 어린아이를 안고 귀엣말을 하는 노 후보 선전 벽보를 거론하며 "서울 학생들 사이에서는 귀엣말 내용이 '아저씨 속 좀 차리고 빨리 그만 두세요'라는 이야기가 있다"고 말해 청중들은 웃음과 박수로 화답했다.
통일민주당 김 후보는 노태우 민정당 후보를 '일선 병력을 빼내 12.12 쿠데타를 일으킨 사람', '국민의 군에 대한 신뢰를 저버리도록 한 장본인' 등의 용어로 신랄히 공격하며 "노 후보가 다시 대통령이 돼 군정을 연장시키겠다는 것은 국민이 용납 못할 어불성설"이라고 비난했다.
김영삼 후보는 "12.12 군사반란의 주모자 노태우 씨는 정권욕 때문에 일선 사단 병력을 마음대로 빼돌리는 범법행위를 저질렀다"고 비난하고 "군정종식과 압제의 잔재 청산은 오직 민주세력만이 해낼 수 있으며 민주세력의 본산인 민주당의 집권은 역사의 순리"라고 역설했다.
김영삼 후보는 "12.12 사태와 5.17, 5.18로도 씻지 못할 죄악을 저지른 쿠데타 세력이 선거를 통해 재집권하려는 것은 결코 용납될 수 없다는 것을 국민들은 명백히 보여줘야 한다"고 말했다.
김영삼 후보는 파주 유세에서 노태우 후보를 "'대통령 후보 출마 자격이 없는 사람', '수많은 학생, 노동자, 민주시민들을 괴롭혀 온 사람', '12.12 사태의 장본인'"이라고 비난한 뒤 "심지어는 민주당에 입당한 정승화 전 육참총장을 12.12사태 때 불법으로 체포해 물고문까지 했다"고 주장했다.
김영삼 후보는 "민정당이 주는 돈은 도둑질을 한 돈이므로 모두 받으라"면서 "그러나 노태우 후보에게 표를 주어서는 안된다"고 어조를 높였다.
김영삼 후보는 청주 유세에서 "노태우 후보가 지난해 관훈 토론

회에서 80년에 3김 씨를 찾아가 눈물을 흘리며 단일화를 호소했다 '고 한 발언은 거짓말'이라면서 "이렇게 거짓말이나 하는 사람이 어떻게 대통령이 되려고 하는가"라고 반문했다.
이어 김 후보는 "제5공화국 때는 마치 하늘에 가 있다가 이제 천사처럼 내려와 민주화의 화신처럼 활동하고 있다"면서 "노 씨가 대통령이 되면 제5공화국의 비리를 조사하겠다고 했는데 오늘까지 정권을 잡은 사람은 전두환 대통령과 노 씨가 아닌가"라고 반문했다.
김영삼 후보는 예천 유세에서 "우리가 그토록 피눈물을 흘리며 직선제 개헌을 이루었는데 노 씨를 대통령으로 뽑으려고 그랬느냐"면서 "어질고 순한 농민들이 사람 대접 받고 사는 사회를 만들겠다"고 공약했다.
김영삼 후보는 여주 유세에서 "얼마나 부끄러우면 소속정당인 민정당의 이름을 쓰지 못하겠는가"라면서 "고의적으로 민정당과 자기를 떼놓으려는 노 씨는 도덕적으로 타락한 사람"이라고 공박했다.
김영삼 후보는 수원 유세에서 "이번에 대통령을 잘못 뽑으면 아무리 후회해도 5년을 기다려야 한다"면서 "노태우 씨가 보통 사람이라면서 후보로 나섰는데 참 딱하고 불쌍한 것 같기도 하면서도 너무 염치없는 사람"이라고 비난했다.
김영삼 후보는 남원 유세에서 "야밤에 서울의 안정을 파괴한 12.12 쿠데타로 정권을 장악한 정치군인의 수장(首長)인 그가 혼란 메커니즘 속에서 불법과 혼란으로 상징되는 '무덤 속의 안정'을 다시 앵무새처럼 주장하고 있다"고 노 후보를 공격했다.
거창 유세에서 김영삼 후보는 "노 씨가 지금 전국을 돌며 자기가 보통사람이라고 거짓말을 해 웃기는데 더욱 웃기는 것은 그가 집권해야 군정을 종식시킬 수 있다고 하는 것"이라며 "5공화국을 전 대통령과 둘이서 끌고 온 노 씨가 갑자기 하늘에서 떨어졌느냐"고 반문했다.
김영삼 후보는 부산 유세에서 "노 씨가 일말의 양심이 있다면 이

제 국민을 속이는 얘기는 더 이상 하지 말고 대통령 후보직을 사퇴해야 할 것", "오늘까지 전국을 돌아다니며 135번의 연설을 했는데 천심과 민심, 그리고 대세는 민주당에 돌아왔다"고 포효했다.
김영삼 후보는 "난 노 후보가 지금처럼 우매할 줄은 정말 몰랐다. 6.29로 국민에게 항복했으면 야당으로 살아남을 궁리를 했어야지, 선거를 통해 구제받을 길을 찾아야 한다는 뜻이다. 끝으로 어거지로 이기려 한다면 이길 수도 없거니와 지난 과오에 대한 구제도 받을 길이 없어진다"고 주장했다.

(6) 김영삼 후보 찬조연사들의 공격적인 말, 말

김상현 총재 직무대행은 "지역감정 해소와 군정종식을 위해 김영삼 후보가 대통령이 돼야 한다"면서 "김대중 후보가 이번에 사퇴하면 92년 선거에서 김영삼 후보가 김대중 후보를 대통령으로 추대할 것"이라고 주장했다.
김상현 총재대행은 TV 연설에서 "노 씨가 과거의 잘못을 뉘우치고 보통 사람이 되겠다고 하니 우리 모두 노태우 장군의 소원을 들어주자"고 해학적으로 공격했다.
통일민주당 문정수 의원은 "민정당에서 1조 5천억 원 내지 2조 원을 이번 선거에 푼다고 하는데 이 돈은 1만 원 짜리로 깔면 서울과 부산 사이를 50번 왕복할 수 있는 액수"라며 민정당의 금품 살포를 비난했다.
통일민주당 김재광 선대본부장은 "경찰이 온갖 파렴치한 방법으로 유세를 계획적으로 방해하고 유세장을 공포로 몰아넣은 폭력을 자행했다"면서 "이번 사건으로 구속된 민주산악회 회원인 오정복 씨를 즉각 석방하라"고 요구하면서, 노태우 후보를 '정권을 도둑질 한 무자격 후보'라고 공격했다.

3. 4자필승론(四者必勝論)에 흠뻑 젖은 평민당 김대중

(1) 김대중 통일민주당 고문의 평화민주당 창당

통일민주당 김대중 고문은 대통령 출마를 공식 선언하고 신당 창당도 추진하겠다고 발표했다.
김대중 고문은 국민화해, 정의경제, 군부중립, 자주외교, 통일추진 등 5대 공약을 제시했으며 "국민을 위한 봉사자로서의 책무를 회피할 이유가 없다는 충정에서 십자가를 지는 결단을 하게 됐다"고 밝혔다.
김대중 고문이 독자출마를 선언하자, 김영삼 총재는 정통야당의 법통 승계와 명분확보에서 우위를 차지하게 되었다.
김영삼 총재는 당권을 쥔 우위의 상태에서 경선을 제의한 것은 명분 쌓기에 불과했다.
김 고문은 분당 시비에 따르는 부정적 이미지와 정통성 시비 등 정치적 부담을 맞시비하기보다는 정책 대결과 인물 대결로 우회하여 극복한다는 전략을 세웠다.
상도동 측 김태룡 대변인은 "김대중 씨의 반국가적 분당 행위는 현 정권의 계획된 음모에 유도된 처사"이며 "독자출마는 분당이 아니고 사실상 야권분열이자 민주세력 내부의 반목을 야기 시키는 처사"라고 흥분했다.
평민당은 10월 12일 세종문화회관에서 창당전당대회와 대통령후보 지명대회를 열고 김대중 총재를 대통령 후보로 추대했다.
김대중 총재는 "다음 민주정권 아래서 수행해야 할 첫 번째 과제가 광주사태의 해결"이라고 지적하고 "나는 이 문제의 해결을 통해 우리 민족의 지혜와 도덕성을 세계의 역사 앞에서 과시하는 민족사적 위업으로 남기고 싶다"고 밝혔다.

그는 총재 취임사에서 "노태우 씨가 12.12 사태와 광주사태에 관여돼 있는 부분은 이번 선거를 통해 분명히 밝혀져야 할 것이며 국민들은 엄숙하게 그 책임을 물어야 할 것"이라고 말했다.
이날 대회에서 김 총재는 부총재로 이중재, 노승환, 이용희, 유제연, 양순직, 박영록, 최영근 등 7명을 지명하고 이상돈, 김응주, 김판술, 유청, 이태영 등 5명을 상임고문으로 추대했다.
평민당은 선거대책본부위원장에 이상돈 제헌의원을 기용하고 본부장에 이중재 부총재를 지명했으며 산하에 9개 실무위원회를 구성했다.
한때 계보중진들마저 '4파전은 위험하다'며 재고해 줄 것을 김 고문에게 직언했으나 김 고문은 나름의 근거를 제시하면서 넘치는 자신감을 내보이고는 '두고 보면 안다', '내 말을 믿어도 된다'고 설득했다.
산하에 이재근(총무), 김영배(조직), 허경구(정책), 허경만(당헌·당규), 김현수(대외협력), 조세형(선전) 등을 실무위원장에 정대철 전 의원을 대변인에 선임했다.
함석헌, 문익환, 홍남순, 이돈명, 이태영, 조남기 등 18명을 고문으로, 문동환, 이우정, 지선, 성래운, 이소선, 김병걸, 이문영, 한승헌 등 20명을 공동위원장으로 한 각계인사들 4,300여 명은 '김대중 선생 단일후보 범추진위'를 구성하고 김 후보로의 단일화와 선거에서의 승리를 다짐했다.
문인 190명도 '김대중 단일후보 추진을 위한 문인 190명 선언'을 발표하고서 '민족통일전망과 대안을 갖고 있는 후보를 야권단일후보로 선택하기로 했다"고 밝혔다.
평민당 김대중 후보는 "이번 선거는 오늘로 김대중의 승리가 확실해졌다"며 "야권의 확실한 승리를 위해 김영삼 후보는 사퇴해야 할 것"이라고 주장했다.
두 김 씨의 분열이 갖는 정치적 의미는 두 김 씨는 현재까지 선거전에서 특별히 경계할 만한 선두주자를 자신들 외는 없다고 판단하고 있으며, 후보자 간의 미세한 우열 때문에 이번 선거는 상상을 넘어선 과열양상을 불러올 수도 있다는 전망이 높았다.
또한 가장 우려돼 왔던 지역 간 대립이 두 김 씨의 출마로 더욱 표면화되고 고착화되는 것은 명약관화한 사실이었다.

(2) 통일민주당 탈당파와 재야세력의 연합체제

평민당은 통일민주당을 탈당한 그룹과 재야그룹이 연합되어 창당했으며 선거대책본부는 이태영 명예위원장, 이상돈 위원장, 이중재 본부장, 양순직 교체본부장 밑에 이재근(총무), 김영배(조직), 허경만(부정선거대책), 김봉호(정책), 조세형(선전), 유준상(유세), 김현수(대외협력), 조승형(인권), 장충준(동원) 등 실무위와 한광옥(상황실), 한화갑(상담실) 등이 제반관련 업무를 집행했다.
선거기획은 최운상(외교), 정웅(안보), 정대철(국제), 유종근(경제), 조세형(언론), 한화갑(민정), 김경재(홍보), 조승형(법률) 특보와 이석현, 배기운 전문위원 등이 맡았다.
선대본부는 노승환, 김승목, 최영근, 유제연, 박영록, 이용희, 유청, 박종태, 고한준 등이 시·도위원장을 맡아 득표활동을 벌였다.
김 후보 진영에서 가장 활력 있는 손발은 민주연합청년동지회(회장 문희상)로 10만 명의 회원과 200개 이상의 지부를 갖추고 있으며 산하에 대학생 중심의 '민족통일애국운동청년단'을 두고 있다.
민통련, 민가협 등 재야단체 등도 외곽 지원세력으로 활동하고 있으며 재야와 종교계의 연대업무는 양순직, 김현수, 김병오, 한영애 등이 맡고 있다.
전대협 등 학생 및 청년운동권도 유력한 우군으로 설훈, 윤태일 등이 주도했다.

선거진용을 갖춘 평민당 김대중 후보는 "이번 선거가 정부의 약속대로 공명정대하게 실시돼 진정한 민주시대가 도래하기를 열망해왔으나 최근 일련의 사태는 공명선거에 대한 기대를 거의 가질 수 없게 하고 있다"고 지적하고 "전두환 대통령이 이에 대한 근본적인 시정조치를 취하지 않으면 예상 이상의 불행한 사태가 초래할 것임을 경고한다"고 말했다.

김 후보는 "현재 정부·여당은 관권을 총동원하여 부정선거 음모를 추진하고 있으며, 정치자금을 불법적으로 독점하고 있을 뿐만 아니라 TV 등 상당수 언론을 조종하여 공정보도를 방해하고 있다"고 주장하고 "특히 야당 후보에 대한 흑색선전을 펴고 있으며 부산, 광주, 대구, 예산 유세에서 보았듯이 관권이 직접 또는 그 비호 아래 폭력이 자행돼 야당 후보의 유세를 방해하고 있다"고 주장했다.

(3) 광주사태 해결을 위한 적임자는 바로 나요, 나

김대중 후보는 광주사태 해결 문제에 대해 "국회 내에 광주사태 해결 특위를 구성하고 국정조사권을 발동해서 사태의 진상을 규명하고 피해자 유가족에 대한 보상과 광주 시민, 전남도민의 명예회복 방안 등을 마련했으면 한다"면서 "광주사태의 해결은 정부·여당의 시혜로서는 기대하기 어려울 것"이라고 못박았다.

김대중 후보는 광주 유세에서 "80년 광주사태 당시 광주시민과 본인에 대해 무고한 누명을 뒤집어씌운 군사정권의 판결을 그대로 확정한 대법원은 그들이 범한 중대한 과오를 인식하고 법의 소정 절차에 따른 절차에 의해 원 판결을 취소하라"고 주장했다.

김대중 후보는 "전두환, 노태우, 정호용, 이희성, 황영시 등이 5월 14일 육군본부에서 5.17 비상 계엄령 확대선포와 김대중 체포를 모의했고, 이에 따라 필연적으로 예상되는 광주시민들의 항의데모를 부마사태와 같이 진압키로 결의했다"고 주장했다.

80여 만의 인파가 모인 광주 유세에서 김대중 후보는 "광주사태 직후 정부 측으로부터 협력을 해주면 살려주겠다는 얘기를 들었으나 광주희생자와 함께 죽겠으니 더 이상 나에게 말하지 말라며 거절했다"고 회고했다.

김 후보는 "자신만이 광주의거의 진상을 규명하고, 해결할 수 있다"고 단언하고 "누가 죽이라고 했나", "얼마나 죽였나", "어떻게 죽였나", "광주시민은 정말 폭도였나", "김대중이가 조종했는가"라고 절규하듯 외쳐댔다.

자신이 대통령이 되면 지배의 정치를 청산하고 대화의 정치를 펴겠다는 김대중 후보는 군의 승복에 대해 "군 내의 압도적 다수는 민주주의를 지지하고 있다. 군이 국민의 결정을 뒤집는 것을 용납하지 않을 정도로 국민이 약하지 않습니다"라고 응답했다.

(4) 6.29 선언은 국민들의 피땀 어린 투쟁의 산물

평민당 김대중 후보는 "6.29 선언은 국민들의 피땀 어린 투쟁의 결과로 쟁취한 것"이라고 전제한 뒤 "노태우 씨가 보통사람이라고 하지만 보통사람의 상식으로 생각할 때는 위장 보통사람"이라고 비난했다.

김대중 후보는 군산 유세에서 "민정당 노태우 씨가 자기가 당선돼야만 안정이 있고, 6.29 선언이 민주주의의 출발점이 됐다고 자화자찬 하는데 그것은 정말로 어불성설"이라면서 "12.12 쿠데타 이후 이때까지의 정치, 경제, 사회 부조리에 책임이 있는 그가 어찌 안정을 말할 수 있느냐"고 비난했다.

김대중 후보는 "노태우의 6.29 선언은 국민한테 훔친 권리를 되돌려 주겠다는 장물 반환 선언"이라고 희화적으로 꼬집은 뒤

"그러나 직선제를 빼고는 아무것도 반환을 안했으니 노 씨는 천하의 둘도 없는 거짓말쟁이"라고 공격했다.

김대중 후보는 강릉 유세에서 "서울 사람들이 말하기를 이제까지는 4월 1일이 만우절이었는데 내년부터는 6월 29일이 만우절이라고 한다"며 6.29 선언을 빗대 공격했다.

김대중 후보는 "16년 만에 국민이 직접 대통령 투표를 하는 것을 보니 한없이 기쁘다"면서 "국민이 이 주권을 찾는데 얼마나 많은 투쟁을 하고 목숨을 잃고 감옥에서 고생했는지를 생각해 한 표의 귀중함을 절감하게 된다"고 말했다.

김대중 후보는 TV 연설에서 "지금 국민이 나를 필요로 하는데 이를 외면해서야 되겠는가"라고 출마의 배경을 설명하고 "군사독재 정권이 뿌려놓은 죄악 때문에 일부 소수 국민들이 저에 대해 잘못 알고 계셨다"고 과격인물에 대해 해명했다.

김 후보는 "평민당이 집권해야 진정한 안정이 있고 내가 집권해야 아르헨티나 알폰신처럼 믿음 속에 군을 통솔할 수 있다"고 강조했다.

그는 "며칠 전 대구에서 돌멩이가 날아와도 연설을 계속했듯이 나는 정권을 잡으면 정치군인들이 내 목에 권총을 들고 협력하라고 해도 굴복하지 않을 것"이라며 "작전지휘권은 전시가 아닌 한 대통령인 나의 권한 하의 한국군에 돌려받겠다"고 역설했다.

김대중 후보는 "남북한이 유엔에 동시 가입하기를 바라지만 불가능하다면 남북한이 단일회원국으로 UN에 공동 가입하는 문제도 고려할 수 있다"고 말했다.

김 후보는 "남북한 인구를 합치면 세계 10위 내지 13위의 대국인데 국제외교가 가장 긴밀히 이뤄지는 UN에 아직 가입하지 못하고 있다는 것은 비정상"이라고 말했다.

(5) 승리를 위해 전국 방방곡곡에서 사자후를

김대중 후보는 여의도 연설에서 "김구 선생이 '내 자식들이 자랑스럽다', '내가 눈 감고 죽을 수 있게 됐다'고 하는 소리가 들리는 듯하다"고 감격스러워하며 "돈도 권력도 없고, 언론도 이 김대중이만 몰아치지만 이렇게 수백만 명이 나와서 격려해 주시니 나는 세상에서 가장 행복한 사람"이라고 환호했다.
김대중 후보는 제주 유세에서 "어제 여의도 광장에 나온 수백만 명의 시민 중 90%는 '우리 뜻대로 정부를 세우자', '이것을 방해하는 사람은 민중의 힘으로 박살내자'는 결의를 갖고 나왔다"고 규정하고 "당장 거국내각이 구성돼야 하고 특히 안기부장, 보안사령관, 내무, 법무, 국방, 문공장관은 즉각 갈아치워야 한다"고 대여 공세를 강화했다.
김대중 후보는 안산 유세에서 "어떤 사람은 나에게 민족지도자로 남으라고 하고 또 바웬사, 사하로프와 이 김대중이가 세계에서 가장 상징적인 인권지도자이지만, 국민이 고난 속에 있는데 내 개인의 그런 영광이 무슨 소용 있겠느냐"면서 "국민을 위해 한 번은 써야 할 나의 지식과 정책과 신념을 쓰지 않고 썩힌다면 국민을 위해 손해"라고 자기도취에 빠져 부연 설명했다.
김대중 후보는 장흥 유세에서 "북한의 올림픽 참가를 위해 모든 노력을 다 할 것이며 남북한 단일팀의 구성을 북한 측에 제의할 용의가 있다", "평민당이 집권하면 국가보안법, 사회안전법 등 독재정권의 용공조작에 악용된 제 법률을 대폭 개폐해서 공산당에 대한 처벌에만 국한하겠다"고 밝혔다.
이리 유세에서 김대중 후보는 "꼭 죽을 수밖에 없었던 이 김대중이가 살아서 대통령 후보로 나선 것은 어떤 독재자도 총칼도 국민의 힘을 누를 수 없다는 사실을 보여준 국민의 위대한 승리"라고 선언했다.

원주 유세에서 김대중 후보는 "전두환 씨나 노태우 씨는 반공을 한다며 국민을 억압하고 정적을 빨갱이로 몰지만 내가 집권하면 국민에게 많은 자유를 주고, 공정한 분배를 해 공산당 하라고 떠밀어도 안 하는 자발적인 반공을 실시하겠다"고 주장했다.

김 후보는 고양 유세에서 "내가 지팡이를 짚고 다닌다고 민정당에서 말이 많은 모양인데 이 지팡이는 지난 71년 8대 국회의원 선거 때 박정희 정권이 나를 죽이려고 일으킨 교통사고 때문에 짚게 된 것"이라며 "따라서 이 지팡이는 민주화의 자랑스런 훈장이며 이 한 몸을 지탱하는 것이 아니라 이 나라의 민주주의를 지키고 4천 2백만 국민의 권리를 지키는 지팡이"라고 강조했다.

김대중 후보는 광명 유세에서 "계엄사령관으로 있으면서 '3김은 안 된다. 그러니 내가 하겠다'고 했다가 세월이 바뀌니까 민주주의의 거룩한 희생자인 양 하는 정치군인, 중앙정보부장으로서 인권을 탄압하다가 이제 민주주의의 화신인 양 하는 사람, 정부와 내통하며 내각책임제를 하려는 사람, 낮에는 야당 하고 밤에는 여당 하는 불순세력은 평민당은 받아들이지 않았다"고 선명성을 강조했다.

김대중 후보는 구리 유세에서 "현 정부가 30대 기업이 진 5조원의 빚을 비밀리에 탕감해주고 부실기업에 대해 8조원의 특혜융자를 줄 정도로 재원이 있음에도 정부의 잘못된 외국 농산물, 축산물 도입과 농산물 유통구조로 발생한 농가부채를 탕감해주지 않는 것은 어불성설"이라고 농어가 부채탕감을 주장했다.

김대중 후보는 구로 유세에서 "우리나라 노동자들은 세계에서 가장 긴 근무시간에 시달리면서도 가장 열악한 대우를 받고 있다"면서 "전체 인구에 대한 비율로 보나 조직원 힘으로 보나 노동자 문제에 대한 원천적 해결이 없이는 사회 안정이 있을 수 없다"고 말했다.

(6) 공격수를 자임하고 나선 김대중 후보 지지자들

평민당 정대철 대변인은 정읍 유세에서 김영삼 후보의 '03 사인'에 대해 "이것은 김영삼 후보가 돈을 쓰고도 3등을 한다는 뜻인데 그럴 바에야 차라리 사퇴하고 김대중 후보를 지원하는 게 옳다"고 말해 웃음과 박수를 받았다.
이용희 부총재는 "김영삼 후보는 자기를 '무능한 바보'라고 한 정승화를 수십 년 야당 한 사람도 제치고 당 상임고문으로 앉혔고, 중정부장을 지낸 썩은 쓰레기통을 금은보화인 양 하고 있으니 뭐가 잘못돼도 한참 잘못됐다"고 원색적으로 공격했다.
평민당 정웅 예비역 육군소장은 "80년의 광주사태는 12.12 반란을 주도했던 군 세력과 그 추종자들이 사전계획에 의해 고의적으로 유발시킨 것"이라고 주장했다.
조윤형 김대중 비서실장은 "지키라는 휴전선은 안 지키고 자기 휘하의 부대를 빼돌린 사람은 대통령 감이 아니라 군법회의 감"이라고 노태우 후보를, "우리의 기본권과 생존권을 박탈한 중앙정보부를 창설한 사람으로 국민에게 사과하고 후보직을 사퇴해야 한다"고 김종필 후보를, "군벌과 재벌의 눈치를 보면서 김대중 씨의 사퇴를 촉구하고 있는 심약한 사람"이라고 김영삼 후보를 공격했다.
소설가 황석영 씨는 "오늘의 대중적 삶을 온 몸으로 살면서 억울하고 속상한 사람들의 사랑을 받은 김대중 후보를 선택함으로써 자연스런 단일화를 이루자"고 호소했다.

(7) 김영삼, 김대중 후보의 사퇴파동과 이전투구

평민당 김대중 후보는 경주에서 "이제 선거의 양상은 야권 후보 단일화에서 표 몰아주기로 바뀌었다"면서 "선거의 주도권은 이제 평민당으로 넘어왔으며 내가 당선되는 것이 민심의 순리"라고 주장했다.

김영삼 후보는 신탄진 유세에서 "어느 후보는 여의도 유세에서 사람 좀 모였다고 나의 후보 사퇴를 주장했으나, 나는 이번 5일 두 배의 청중이 모여도 내 입으로 그의 사퇴를 요구하지는 않겠다"고 공격했다.

김대중 후보는 자신이 후보 사퇴를 선언했다는 허위내용의 당보 호외 판을 대량으로 제작하여 살포한 김영삼 후보 측의 태도를 "선거 사상 이렇게 추악하고 수치스러운 행동을 한 후보는 일찍이 없었다"고 비난하고 "정치 지도자로서의 원칙과 윤리적 자세가 결여된 김영삼 후보는 이런 비도덕적인 행동에 대해 국민 앞에 사과하고 후보직을 사퇴하라"고 요구했다.

김대중 후보 사퇴 호외판과 관련하여 김영삼 후보는 "나는 잔꾀가 아닌 정도를 당당히 걸어왔다"면서 "우리가 바보가 아닌 다음에야 마이너스 요인인 그런 짓을 왜 하겠느냐"고 반문한 뒤 "민정당 측이 만들어낸 각본"이라고 주장했다.

그러나 이러한 선거 막판의 이전투구는 국민들의 마음을 움츠러들고 등을 돌리게 하여 노태우 후보의 당선을 도왔을 뿐이다.

4. 구여권의 잔존 세력을 규합한 신공화당 김종필

(1) 정치재개를 위해 동분서주한 김종필

김종필 전 공화당 총재는 "앞으로 대통령 직선제가 실시될 경우 지난 80년에 중단됐던 국민의 심판을 다시 받을 각오가 돼있다"고 말하면서 대통령 선거에 출마의 뜻을 시사했다.
김종필씨가 정치를 재개한다면 4만 명의 회원을 가지고 있으며 고문으로 있는 민족중흥동지회를 모체로 하는 신당이거나, 확대개편될 한국국민당일 것으로 예상됐다. 그러나 한국국민당은 JP영입파와 현 체제 유지파 그리고 관망파로 나뉘어 다소 진통을 겪었다.
김종필 씨는 자신의 신당 결성 문제에 대해 "최근 당을 만들 생각을 굳혔으며 그 정당은 국민과 권력 간에 원활한 통행로가 될 것"이라고 말했다.
대학생들과의 토론회에서 대학생들이 "5.16 쿠데타를 일으키고 유신본당을 자처하는 사람으로서 은인자중하는 것이 바람직하지 않는가"라고 묻자, JP는 "나는 지난날의 뉘우침에 대한 보상을 하기 위해서라도 내가 해야 할 일은 결자해지의 심정으로 해 나가겠다"고 정계 복귀 결심을 재천명했다.
한국국민당 상당수 의원들은 "13대 국회의원 선거에서 살아남기 위해서는 대통령 선거에 그럴듯한 후보를 내야만 하는데 현재의 체제로 이것이 과연 가능할까"라면서 김종필 전 공화당 총재를 영입해야 한다는 의견들을 제시했다.
최재구, 김광수, 김효영, 신철균, 김용채 의원들은 "국민당이 생존하기 위해서는 차기대통령 후보를 내야 하는데 JP만한 지명도와 득표기반을 갖춘 인물이 없는 현실이므로 그를 불러들여 당의 활로를 모색해야 한다"는 명분을 제시하며 JP영입에 적극적이나,

함종한 의원은 "JP가 입당 하는 날, 나는 탈당하겠다"고 공언하는 등 반대 입장을 밝혀 당내 갈등이 유발됐다.
김종필 전 공화당 총재의 신당 창당 구상으로 "이제는 국민당을 중심으로 한 제휴는 제휴될 수도 없는 상황에 이르렀다"면서 "국민당 소속의원들이 개별적으로 합류하는 형태가 될 수밖에 없을 것"이라고 전망했다.

(2) 신민주공화당을 창당하고 대권에 도전한 김종필

신민주공화당 발기인 대회에서 김종필 창당준비위원장은 "우리당의 이념기조는 자유민주주의 구현, 조국근대화 과업 성취, 복지사회건설, 조국통일성취에 있다"고 밝혔다.
김종필 위원장은 길전식, 오치성, 이병희, 구자춘, 최재구, 신철균, 김효영 등은 상임위원에 김용채, 박숙현, 강경식, 최각규, 김재식, 이승홍, 김연식 등은 분과위원장에 각각 임명됐다.
신민주공화당은 10월 20일 창당대회를 가졌다. 총재 및 대통령후보로 추대된 김종필은 "5.17 힘의 세력이 오는 날 민주화 주체라는 탈을 쓰고 국민 앞에 나서고 있다"며 "이번에도 그들을 가려낼 줄 모른다면 우리 국민은 민주주의를 누릴 수 있는 자격도 권리도 없는 국민"이라며 자신의 지지를 호소했다.
신공화당 김종필 후보는 "후발 주자로서 아무것도 나은 여건이 없으나 국민의 올바른 선택을 받기 위해 최선을 다 하겠다"고 말했다.
장영순 부총재가 선거대책위원장을 맡고 있고 이병희(경기), 최재구(경남), 구자춘(경북), 최정기(전남), 김영자(여성), 김효영(강원) 부총재 등이 지역 등을 통괄하고 있으며 선거대책본부장은 김용채 사무총장이 임명됐다.

김용채 총장은 김용호(기획), 김한선(조직), 김옥자(여성) 사무차장과 한 팀이 되어 사무처를 이끌어 갔다.
정책개발은 재무부장관을 지낸 김용환 씨가 주도하고 있으며 나필렬 박사가 정책개발실장을, 송업교와 임두빈 씨가 차장으로 일하고 있다.
김 후보의 특보로는 길전식, 이영근, 양찬우, 옥만호, 김우경, 권오석, 설송웅, 윤덕상 씨 등이 활약했다.
김 후보를 좋아하는 각계각층 인사로 구성된 동심회(회장 신윤창), 구 공화당 청년당원 출신이 재결집된 청년회, 무술유단자로 충성심이 두드러진 청무회, 대학생 2만여 명으로 구성된 새시대구국청년회, 구 공화당 사무처 요원 모임인 은행나무동우회가 김 후보를 지원하고 있으나 김 후보의 최대 지원 조직은 민족중흥동지회(회장 전예용)와 동서문화교류협회(회장 김용태)를 꼽을 수 있다.

(3) 김종필 후보의 주 공격은 군부 후배들인 신군부세력

신공화당 김종필 후보는 포천 유세에서 12.12 사태와 관련하여 "당시 최규하 대통령이 나에게 전화를 걸어 '어젯밤 내가 죽을 뻔 했어요' 라고 말했었다"라며 12.12 사태는 대통령을 협박하여 참모총장 체포를 사후에 승인받는 전형적인 반란이라고 주장했다. 김종필 후보는 "철면피한 사람들을 찍어주지 말자", "눈 가리고 입 막고 역사를 역류시킨 7년 세월" 등의 표현으로 노태우 후보를 공격했다.
김종필 후보는 노 후보를 '나타나서는 안 될 사람들', '장유유서, 붕우유신도 모르는 자들', '개헌 과정에서 일곱 살 된 어린애처럼 국민 의사와는 정반대로 네 번이나 오락가락한 자들'이라고 성토하고서 "저들은 먹었다 하면 수천억 원 씩 천문학적 숫자로 부정을 저지르는 자들이 나를 부정축재자로 몰아세웠었다"면서 "그야말로 뭐 묻은 개가 겨 묻은 개 나무라는 격 아니냐"며 공박했다.
김종필 후보는 김해 유세에서 "나도 5.16에 가담했지만 피 한 방울 안 묻혔다. 그러나 이자들은 움직일 때마다 피를 흘렸다", "오직 입으로만 민주주의를 떠드는 무경험자들이 나라살림을 맡을 수 있나요", "그들 욕심정당은 당 하나도 간수 못해서 만났다 헤어졌다 하는데 대통령이 되면 실로 가공할 상태가 올 것"이라고 다른 세 후보들을 성토했다.
김종필 후보는 마산 유세에서 "지금 정권을 잡은 사람들은 자기들끼리 별을 네 개 씩 달았다"고 비난한 뒤 "드골 대통령은 12년이나 프랑스를 다스렸어도 끝까지 별 하나로 만족했다"고 가시 돋친 비유를 쏟아냈다.
충주 유세에서 김종필 후보는 "만일 노태우 후보를 찍어준다면 국민이 항복을 받은 자에게 무릎을 꿇고 항복하는 꼴"이라고 공격했고, TV 탤런트 박병호 씨는 "80년 언론통폐합으로 신문과 방송을 시녀로 만든 현 정권은 최근 갖가지 편파보도로 노 후보를 지원하고 있다"고 주장했다.
의정부 유세에서 김종필 후보는 "10.26 사태 직후 당시 국무총리에게 '대통령을 맡아 공명한 선거를 통해 정통성 있는 새 정부를 출범케 해달라'고 부탁했는데, 대통령이 된 뒤 갑자기 태도가 이상해졌다"며 "12.12나 5.17도 결국 청와대 주변에서 권력에 물든 자들의 고얀 짓이었다"고 신군부세력에 화살을 겨누었다.
김종필 후보는 "나는 당시 유신헌법에 따라 대통령을 하라는 권유도 뿌리치고 국민의 손에 의해 민주적이고 정통적인 방법에 의해 새 시대를 주도하고자 했다. 그랬더니 5.17 세력은 나를 붙잡아 두 달 동안이나 감옥에 가두었다"고 현 정부를 공격했다.
30여 만 청중이 운집한 대전 유세에서 김종필 후보는 "정부・여당은 조자룡 장군 헌 칼 쓰듯 권력을 휘둘러 왔다"며 "국민은 그런 전횡을 일삼고 국민을 우습게 본 그들을 그만 두라고 한 지 오래인데도 요즘 돈 뿌리며 재집권을 획책하고 있다"고 화살을 날렸다.

김종필 후보는 원주 유세에서 "이 무도한 세력들은 자신들의 정통성 결여를 호도하기 위해 김종필을 뭇매 때리고 김대중 씨를 잡아 가두는 등 온갖 짓을 다했으며 국민의 입을 막아 지난 7년 동안 버티어 온 것"이라고 군부세력을 성토했다.

김종필 후보는 TV 연설에서 "현 정권은 정당성뿐만 아니라 도덕성마저 비판받을 수밖에 없는 국민적 저항의 대상"으로서 "정상적인 방법이 아닌 온갖 타락, 불법, 부정수단으로라도 이기는데 혈안"이라고 비난했다.

김 후보는 "청중 숫자를 가지고 당장 결판이나 내듯이 하는 풍조가 과연 바람직한 것이냐, 흑색선전, 비방, 인신공격, 과열, 선동 그리고 폭력이 난무하는 상태가 민주주의냐"고 양 김 씨에게 반문했다.

(4) 벙어리, 귀머거리 7년의 한을 풀기 위해 출전

김종필 후보는 광주, 대구 야당 집회에서의 폭력사태와 관련하여 "상당한 의혹이 있는 듯하다. 과연 지역감정 대립 때문에 밝은 대낮에 그런 일이 일어날 수 있는 것이지 진상이 분명히 밝혀져야 한다"고 말하고 "이런 일련의 상태로 국민들의 판단에 혼란이 생기고 민주화 진행에 차질이 생기지 않을지 걱정된다"고 우려했다.

이어 김종필 후보는 "이번 선거는 누가 승리하느냐가 중요한 것이 아니라 승리한 뒤에 평화가 올 수 있느냐가 관건"이라고 지적하고 "부정선거로 이기더라도 국가적 혼란이 올 것이며 국민이 참된 일꾼을 뽑지 못한다면 불안한 세태가 될 것"이라고 경고했다.

"사자는 배가 고파도 풀을 먹지 않는다고 했듯이 오늘날까지 조국 근대화의 기수로 일관성 있게 일하고자 하는 충청도민의 자랑"이라는 소개를 받고 등단한 김종필 후보는 "두 김 후보의 농어촌 부채 탕감 공약은 새빨간 거짓말이며 실현 불가능한 것"이라고 공격했다.

김종필 후보는 공주 유세에서 "공화당이 집권하면 광주사태의 발포명령을 내린 자가 누구냐 하는 문제 등을 포함하여 그 책임소재와 진상을 분명히 밝히고 광주시민의 명예를 회복하겠다"고 공약하면서 "광주사태는 민정당 정권이 저지른 국민유린행위인데도 그들은 지역감정 차원에서 호도하려하고 있다"고 비난했다.

이어 김종필 후보는 "나야말로 구천에서 방황하는 광주사태의 젊은 고혼을 달랠 수 있다. 얼마 전 망월동에 혼자 갔다가 이 사건의 진상을 밝히고 책임소재를 규명하겠다고 굳게 결심했다"고 호소했다.

김종필 후보는 "한나라의 장관을 한다는 사람이 전주시민을 싹쓸이 한다는 몸짓을 했다니 국민을 어떻게 알고 그런 짓을 했느냐"고 비난하면서 "그야말로 철부지들만 모인 철부지 정권"이라고 이규호 건설부장관의 언행을 빗대어 정부·여당을 맹공했다.

김종필 후보는 구리 유세에서 "지역감정 격화에 대한 위협은 여·야정치인 모두의 책임"이라며 "폭력은 민주주의의 제1의 적인만큼 어떤 형태로도 용납될 수 없으며 당분간 유세장 폭력을 근절하는데 정치인과 유권자 모두가 노력해야 할 것"이라고 말했다.

김 후보는 "참된 민주화, 공정 분배, 신뢰와 화합, 국력 신장, 조국 통일 등이 공화당의 5대 공약"이라며 "18년 집권경험이 있는 공화당만이 이 약속을 성취할 수 있는 인재와 능력을 보유하고 있다"고 주장했다.

김종필 후보는 "부천서 권 양 사건, 박종철 군 고문치사 사건은 근로자 권익과 민주화 운동을 탄압한 현 정권의 폭력사례"라고 주장하고 "시국 사범 및 구속 근로자 전원석방, 사면·복권, 복직 시키겠다"고 약속했다.

김종필 후보가 유세한 부평역 광장에는 '빼앗긴 대통령 자리를 JP에게 찾아주자', '1천만 근로자의 한 맺힌 절규를 JP는 알고 있다', 'JP의 벙어리 7년, 귀머거리 7년의 한을 풀어주자'는 플래카드가 나부끼는 가운데 TV 챌런트 박병호는 "노태우 후보가 요즘 안정이냐, 혼란이냐 라며 국민을 협박하고 있다"면서 "그것은 마치 화투패 잡은 선(先)이 이기면 괜찮고, 지면 무효로 하겠다는 자세와 같다"고 비난했다.

김종필 후보는 포항 유세에서 "공화당 집권 18년을 정확히 심판해 이 나라의 장래를 짊어지고 나갈 지도자를 뽑자"며 지지를 당부했다.

김 후보는 "강제노역 같은 군중 동원", "부정, 불법의 극치", "악랄한 국민농락", "최후의 몸부림" 등 한계용어를 연발하며 "민정당은 공화당은 안 된다, 안될 사람에게 표를 찍어 사표를 만들지 말라는 음해도 서슴지 않고 있다"고 주장했다.

공화당 조용직 대변인은 "민정당 노태우 후보의 중소도시 유세 때마다 최고 1천여 대의 대형버스가 동원돼 다른 지역 주민을 실어 나르고 모든 공무원이 군중 동원에 나서는 것은 타락, 관권 선거운동의 표본"이라고 비난했다.

30여 만 명이 모이는 보라매공원 유세에서 문창탁 전 의원은 "오늘 노태우 후보의 여의도 유세장을 외면하고 여기 나온 여러분은 자랑스러운 민주시민"이라고 치켜세운 뒤 "돈과 권력에 끌려 간 여의도 인파는 불쌍하고도 가엾다"고 공박했다.

김종필 후보의 울산 유세에는 이후락 전 중앙정보부장이 깜짝 등장하였으며, 이 전 부장은 "신문에 김 후 보가 울산서 연설을 한다기에 내 고향이니 인사드리는 것이 예의라고 생각해 왔다"고 말했다.

(5) 신한민주당과 한국국민당의 헤쳐모여

통일민주당 출범 이후 신한민주당(신민당)은 황병우, 신병열 의원에 이어 김옥선, 김한수 의원이 탈당하여 18명으로 교섭단체 자격을 상실했다.
신민당의 김한수, 황병우, 이건일, 신병열, 서종열 의원이 신민당을 탈당하고 통일민주당 입당의사를 밝혔으나 통일민주당은 "탈당은 자유지만 민주당은 모든 것을 원칙과 정의에 따라 결정한다"고 신중한 자세를 보였다.
신민당의 이민우 총재가 총재직, 국회의원직 사퇴와 함께 정계은퇴를 선언했다.
이민우 총재는 "2.12 총선과 지난 4월 분당 전까지 제1야당 총재로서 본인에게 보내 준 국민여러분의 뜨거운 애정에 올바른 보답을 못 했다"고 자책한 뒤 "나는 영광과 파란이 교차했던 무대를 떠나 청중 속으로 되돌아가 시민의 입장에서 민주화를 소리 높여 외치고 민주조국건설에 백의종군 하겠다"고 선언했다.
한국국민당(국민당)은 지난 9월 6명의 의원이 신민주공화당으로 옮겼고 이번에 김광수, 양정규, 김영생, 이봉모, 함종한, 최용안, 신민선, 김일윤, 황대봉 의원 등 9명이 탈당하여 4명만 남게 됐고 정계는 4당체제로 재편됐다.
김광수, 양정규 의원 등 8명이 민정당에 입당하자 이만섭 한국국민당 총재는 "소신 없이 철새처럼 눈 앞의 사리만 찾아 떠나는 정치 군상들의 작태에 비애를 느낀다"면서 "민주주의 갈 길은 바쁜데 가랑비가 좀 온다고 은신처나 찾아 헤매는 사람 뿐이니…"라며 매우 씁쓸한 표정을 지었다.
군소정당으로 전락한 신한민주당(신민당)과 한국국민당(국민당)은 13대 총선에 출전하여 명맥을 유지하고자 하였으나 한국국민당 이만섭 총재를 비롯하여 출전한 모든 후보자들이 장렬하게 전사했다.
신민당은 송파갑구에 김병수 의원, 양천갑구에 황호동 전 의원, 충남 온양-아산에 서용길 제헌의원 등 13명의 조직책을 임명하여 공천했으나 당선자를 배출하지 못했다.
한국국민당도 이만섭 총재가 대구 달서에 출전하여 당선권을 오르내렸으나 여의도 재입성에 실패하여 두 당 모두 역사의 뒤안길로 사라졌다.

5. 야권 분열과 이전투구로 당선된 민정당 노태우

(1) 김영삼 후보에게 2백여 만 표차로 승리

민정당 노태우 후보가 제13대 대통령에 당선됐다.
노태우 후보는 자신의 출신지인 대구를 비롯하여 경북, 인천, 경기, 강원, 충북, 제주 등에서 1위를 했고 열세로 보였던 서울과 부산에서도 1위와 큰 표차가 없는 득표를 한데다 취약지역인 부산, 경남, 호남권과 충남에서도 2위로서 고른 득표율을 올렸다.
통일민주당의 김영삼 후보는 자신의 텃밭인 부산과 경남 지역에서만 1위를 차지했고, 평민당의 김대중 후보는 서울과 호남권에서만 선두를 차지했다. 신공화당 김종필 후보도 고향인 충남에서 1위를 차지하며 기염을 토했으나 상대지역에서 거의 표를 얻지 못한 지역편중 현상으로 당선권에서 멀어졌다.
민정당은 노 후보의 압승에 대해 "안정 속의 점진적인 민주개혁을 바라는 절대 다수의 안정 세력이 노 후보에게 표를 몰아주었기 때문"이라고 승리의 원인을 분석했다.
통일민주당, 평민당과 국민운동본부 등 재야는 이번 대통령 선거 결과에 대해 "선거운동 과정은 물론 투·개표 과정에서 선거사상 유례없는 엄청난 부정이 저질러진 원천적인 부정선거이기 때문에 승복할 수 없다"며 선거 무효를 선언하고 선거 무효 투쟁을 전개하기로 방침을 결정해 선거 후유증이 우려됐다.
노태우 당선자는 "대통령 당선이 확정되었다는 소식을 듣는 순간, 기쁨에 앞서 책임감이, 환호보다는 엄숙함이 가슴에 와 닿고 있으며 국민여러분께 뜨거운 감사의 인사를 드린다"고 당선소감을 밝혔다.
이어 노 당선자는 "이 시점에서는 승자도 패자도 있을 수 없다"

면서 "국민의 대임을 맡은 사람으로서 역사의 과제와 시대의 명령에 충실히 따라 '안정 속의 민주화', '개혁 속의 발전', '화해 속의 단결'을 이루어 내는데 혼신의 노력을 다하겠다"고 다짐했다.

이어 노 당선자는 "우리가 안고 있는 많은 상처와 아픔을 하루 빨리 해소하는데 노력을 기울이겠으며, 민주화합의 새 시대를 열기 위한 민주화추진본부를 구성하겠다"고 밝혔다.

또한 노 당선자는 광주사태의 신속한 해결, 젊은이들의 이상 수용과 학원, 근로자, 재야의 주장을 주의 깊게 경청할 것 등을 약속했다.

(2) 지역분점 현상으로 나타난 제 13대 대통령 선거

선거운동 과정에서 예상돼 왔던 지역감정 또는 동향(同鄕)선호 경향은 이번 선거에서 두드러지게 나타나 출신지역의 몰표 현상은 거점(據點) 현상까지 표출됐다.

노태우 후보의 대구·경북 지역, 김영삼 후보의 부산·경남 지역, 김대중 후보의 호남권, 김종필 후보의 충청권의 권역별 거점 현상은 전국을 4등분할 추세로 몰아갔다.

민정당 노태우 후보는 전국적으로 고르게 득표하여 36.7%인 8,251,164표로 김영삼 후보의 6,306,351표(28.0%)보다 1,944,813 표를 더 얻어 큰 표차로 승리했다.

노 후보는 고향인 대구·경북에서 66.8%의 득표율로 26.1%의 득표율에 그친 민주당의 김영삼 후보에게 1,163,329표를 앞섰다.

반면 민주당 김영삼 후보는 고향인 부산·경남에서 2,104,053표 (52.8%)를 득표했으나 민정당 노 후보가 1,433,379표(35.9%)로 따라붙어 670,674표차에 머물러 영남권에서 492,655표를 뒤지게 되었으며 그것이 곧 패배의 축을 이루게 됐다.

더구나 경기도에서 30만 표 등 전국의 모든 지역에서 노 후보에게 뒤진 민주당 김 후보는 패배할 수밖에 없었다.
평민당 김대중 후보는 서울에서 민주당 김영삼, 민정당 노태우 후보에게 앞섰으나 표차는 20만 표 미만이었다.
그리하여 호남권에서 86.2%의 압도적인 싹쓸이로 270여 만 표 득표했으나 영남권에서 김영삼 후보에게 200여 만 표 뒤졌을 뿐 아니라 인천, 경기, 강원, 충청권 등 전 지역에서 뒤져 김영삼 후보에게 20여 만 표 뒤진 3위에 머물렀다.
많은 호남출신들이 부산·경남으로 이주하였음에도 불구하고 평민당 김대중 후보의 득표율은 6.8%에 불과했고 대구·경북에서는 3%에도 미치지 못한 2.4%에 머물렀다.
그러나 호남권에서는 민정당 노태우 후보에게 6.4%, 민주당 김영삼 후보에게 1.2% 등 7.6%의 득표율을 올린 것은 호남에 거주하고 있는 영남권 유권자들의 결집력이 상대적으로 더욱 높은 것을 보여주었다.
다시 말하면 호남권에서 김대중 후보의 득표율이 86.2%에 그치고 있지만 민정당 노태우 후보와 민주당 김영삼 후보가 대구·경북에서는 92.9%를, 부산·경남에서는 88.7%를 싹쓸이하여 결집도에 앞서 두 후보는 지역몰표의 혜택을 누리게 됐다.
신공화당 김종필 후보는 충남에서는 43.8%의 득표율을 올렸으나 충북에서는 민정당 노태우 후보가 45.7%의 득표율을 올린 반면 13.2%에 그쳐 충청권에서 선두를 유지했으나 표차는 1.5% 포인트 수준이었다.
민정당은 "아무리 지역감정으로 표를 몰아주어도 우리는 승리한다"는 전투개념이 아니라 "도대체 왜 이번 선거와 같은 현상이 일어났는가"를 냉철한 이성으로 생각하고 과연 집권세력으로서의 책임은 없는가를 반성해 보아야 할 것이다.
민정당은 승자의 아량과 자기성찰, 깊은 신념이라고는 찾아보기

힘들고 오로지 승리했다는 자만심과 자아도취(陶醉)만 팽배했다.

전국 시·도 득표상황

	노태우(%)	김영삼(%)	김대중(%)	김종필(%)	신정일(%)
합계	8,251,164(36.7)	6,306,351(28.0)	6.079,787(27.0)	1,877,496(8.1)	46,749(0.2)
서울	1,651,251(29.6)	1,606,117(26.2)	1,799,152(32.5)	448,880(3.0)	4,469(0.1)
인천	326,186(38.6)	248,604(29.4)	176,611(21.2)	76,333(9.1)	1,126(0.1)
경기	1,204,235(41.3)	800,274(27.1)	647,934(21.0)	247,259(8.4)	5,621(0.2)
강원	546,569(58.5)	240,585(25.2)	81,478(8.5)	49,954(5.2)	2,628(0.3)
제주	120,502(48.5)	64,844(26.1)	45,139(18.2)	10,930(4.4)	683(0.3)
소계	3,848,742(36.3)	2,960,424(28.0)	2,750,314(26.0)	833,356(7.9)	14,527(0.1)
충북	355,222(45.7)	213,851(27.5)	83,132(10.7)	102,456(13.2)	2,796(0.4)
충남	402,291(25.5)	246,527(15.6)	190,772(12.1)	691,214(43.8)	3,902(0.2)
소계	757,713(32.2)	460,378(19.5)	273,904(11.6)	793,670(33.7)	6,698(0.3)
광주	22,943(4.3)	2,471(0.5)	449,554(93.9)	1,111(0.2)	74(0.0)
전북	160,760(13.7)	17,130(1.5)	948,955(80.9)	8,629(0.7)	1,501(0.1)
전남	119,229(8.0)	16,826(1.1)	1,317,990(87.9)	4,831(0.3)	994(0.1)
소계	302,932(6.4)	36,427(1.2)	2,716,499(86.2)	14,571(0.4)	2,669(0.1)
대구	800,363(69.8)	274,880(24.0)	29,831(2.6)	23,230(2.0)	3.774(0.3)
경북	1,108,035(64.8)	470,189(27.5)	39,756(2.3)	43,227(2.5)	7,812(0.5)
소계	1,908,398(66.8)	745,069(26.1)	69,857(2.4)	66,457(2.3)	11,586(0.4)
부산	640,622(31.9)	1,117,011(54.9)	182,409(9.1)	51,663(2.5)	3,612(0.2)
경남	792,757(40.2)	987,042(50.4)	86,804(4.5)	51,242(2.6)	7,657(0.4)
소계	1,433,379(35.9)	2,104,053(52.8)	269,213(6.8)	169,362(4.2)	11,269(0.3)

(3) 이번 대선에서 승자와 패자의 갈림길

민정당 최병렬 국책연구소 부소장은 "이번 선거에서의 승리는 한마디로 안정 속의 민주개혁과 선진화를 바라는 국민들의 비원(悲願)에 힘입은 것"이라면서 "때문에 선거결과는 노 후보에 대한 국민들의 엄숙한 명령"이라고 의미를 부여했다.
민정당 노태우 후보가 승리하는 데는 여러 가지 요인을 들 수 있겠지만 무엇보다도 막강한 에너지 동원이 가능한 집권여당의 프리미엄과 그를 최대한 활용하여 구축한 공·사 조직의 힘을 들 수 있다.
민정당의 당세가 총 유권자의 30%에 이르는 770만에 이르고 노 후보가 직접 관할하는 사조직 130만 까지 합치면 900만이 넘는 엄청난 조직의 힘이 승리의 바탕이 됐다.
이러한 조직세를 등에 업고 노 후보가 야권 후보와는 달리 인신공격을 삼갔고 몇몇 지역을 제외하고 유세를 성공적으로 이끌어 야권 측의 바람을 차단한 것이 승리의 원동력이 됐다.
또한 노 후보가 주창한 안정논리가 성공적으로 저변을 파고들었고 여론의 동향에 따라 선거이슈를 '보통사람', '안정논리', '민주화합', '새 시대 비전 제시' 등으로 옮겨 간 홍보 전략도 주효했다.
마지막으로 두 김 씨에 대한 견제 전략이 맞아 떨어진 측면도 있었다. 초반엔 평민당의 김대중 후보가 강세를 띠자 집중 공격하다가 민주당 김영삼 후보가 정승화 전 육참총장 영입 등으로 대세 휘어잡기에 나서자 민주당을 주 공격대상으로 바꾸었다.
다시 말해 두 김 씨가 세의 균형을 이루도록 해서 어느 누구도 중도 하차하는 사태가 일어나지 않도록 주안점을 두었기 때문에 승리의 열매를 거머쥘 수 있었다.
민주당이 12.12사태를 선거전 초반에 집중 거론함으로써 선거전을 김빠지게 했고, 때맞춰 KAL기 공중폭파 사건이 발생하여 국민의 안정 심리에 자극을 준 것도 민정당 노 후보 압승에 보탬이 됐다. 더구나 노 후보에 대한 군산 및 전주 유세장 폭력 사건이 대구·경북 표의 결집을 가져왔고 선거 막판 두 김 씨 간에 사퇴 운운의 공방 등으로 인한 혼전도 두 김 씨에 대한 국민의 실망과 함께 노 후보에게 반사적 이익을 준 것도 틀림없는 사실이었다.
통일민주당은 이번 선거에서의 참패의 원인을 원천적인 부정조작 선거 때문이라고 규정했다.
통일민주당은 투표 전에 엄청난 관권과 금권을 동원한 행정 타락 선거가 자행됐고, 투표 과정에서도 지능적으로 치밀하게 조작된 선거가 이루어졌다는 나름대로의 분석을 근거로 제시했으나 국민의 공감대를 얻기에는 부족했다.
선거 중반까지 이른바 김영삼 바람을 일으키는데 성공했으나 종반 전략의 미숙으로 민정당에 비해 전 지역에 걸쳐 저조한 성적을 거둬들였으며 투표 전날인 15일 통일민주당에서 김영삼 후보 호외 특집판과 엉터리 호외까지 만들어 정치 윤리적 입장에서 민정당과 평민당의 집중 공격을 받은 것도 패인의 하나로 꼽을 수 있었다.
김대중 후보의 패인은 한마디로 부동표(浮動票) 흡수에 실패하는 데서 찾을 수 있다.
김 후보는 서울 강북지역과 호남권을 중심으로 열렬한 고정표는 확보했으나 열세지역으로 자인했던 영남권은 물론 강원, 충북, 경기, 충남에서도 참패했고 기대를 걸었던 서울에서도 압승을 거두지 못했다.
김대중 후보는 정치적 개성이 너무 강렬한 나머지 그에 대한 애증이 양극화 되어있고 분당과 단일화 실패에 대한 부정적 시각도 김 후보의 부동표 흡수에 장애요인으로 작용했다.
민정당 노 후보가 전국적으로 고른 득표율을 얻고 상대적으로 야권세력의 열세에 몰리게 된 것은 그동안 야권 후보 단일화 약속을 믿어왔던 많은 유권자들이 크게 실망한데다 두 김 후보 간의 막바지 상호비방에 등을 돌렸기 때문이었다.

통일민주당은 "군정 종식을 위한 국민의 열화 같은 지지에도 불구하고 끝내 그 뜻을 이루지 못한 것은 야권의 후보단일화 실패 때문이라고 자성하고 국민 앞에 사과한다"는 성명 발표에 이어 "국민들은 단일화를 위해 우리 당이 경선절차를 밟아 민주적 해결을 하려했고 마지막까지 후보단일화 전말을 잘 알고 있을 것"이라고 단일화 실패의 책임을 평민당 김대중 후보가 사퇴하지 아니한 탓으로 책임을 돌렸다.

그러나 기울어진 운동장에서 축구시합을 하자는 통일민주당 김영삼 후보의 주장은 김대중 후보의 무조건 승복을 요구했고, 네 후보가 지역을 기반으로 득표전을 펼치면 승리할 수 있다는 4자필승론(四者必勝論)이 그동안 쌓여왔던 집권세력의 용공분자, 불출마를 번복한 거짓말쟁이 등 부정적인 이미지 더씌우기로 인해 힘을 발휘하지 못했기 때문이었다.

(4) 패배자들의 이유 같지 아니한 합리성이 결여된 항변들

통일민주당 김영삼 후보는 "공명선거를 했으면 당연히 이길 수 있었을 것이다. 민정당에서 서울, 부산 유세 등에 1백만 명 이상의 청중을 강제 동원한 것은 부정을 위한 준비를 한 것으로 내가 지금까지 참고 있었지만 박정희 정권을 타도시킨 사람으로서 이제는 전두환, 노태우 정권을 타도하고 말 것이다"라며 자신이 여론조사에서 10% 이상 이긴 것으로 나타났으나 패배한 것은 부정선거 때문이라고 주장했다.

김영삼 후보는 단일화 실패에 대해 "물론 김대중 씨가 지지했더라면 압도적으로 이겼을 것이다. 그러나 이 정권이 그것을 빙자해

전적으로 선거를 조작한 것이다. 나는 과반수 이상으로 당선될 수 있었다"고 계속 주장했다.

그는 "나는 선거유세를 통해 이 정권이 독재정권의 연장을 꾀할 때 제2의 이승만, 제2의 마르크스가 될 것이라고 계속 충고 했다. 나는 내 목숨이 두렵지 않다"며 이 정권은 타도대상일 뿐이라고 주장했다.

평민당 김대중 후보는 "전 공무원과 국영 기업체, 심지어는 개인 기업까지 여당의 선거운동을 했고, 여당이 선거자금을 독점하고, TV를 악용하고, 야당 참관인을 매수하고, 부재자 투표에서 나한테 온 50만 표를 해먹고, 심지어 2등과 3등의 순위조작까지 하지 않았는가", "도대체 그토록 열광적인 지지를 도처에서 받은 후보가 가는 곳마다 국민의 저항에 부닥치고 강제동원이나 금품동원이 아니면 유세장을 메울 수 없었던 후보에게 패배한다는 사실을 인간의 상식으로 어떻게 납득할 수 있겠는가"라고 패배의 사실을 인정할 줄 몰랐다.

김대중 후보는 단일화 실패에 대해 "단일화가 됐다면 또 그런대로 선거조작이 행해졌을 것이다. 71년 선거 때 그랬으므로 단일화 여부는 부정선거 앞에서는 결정적인 게 못된다"고 변명에 급급했다.

그는 "선거 과정을 통해 국민으로부터 상상을 초월한 지지와 성원을 받고 '나는 이 세상에서 가장 행복한 사람'이라는 믿음을 갖게 됐다", "나의 패배는 국민의 지지부족 때문은 아니라고 생각한다"는 환상에 젖어 꿈속을 헤매고 있었다.

승복할 태도를 명백히 밝힌 신공화당 김종필 후보는 "선거운동 과정부터 혼탁과 부정으로 얼룩진데 대해 나는 부단히 지적하며 경고해 왔다. 그러나 이제 국민의 뜻이 밝혀졌고 전쟁은 끝났다. 노 후보에게 꽃을 보냈다. 우리가 할 일은 격전 이후의 평화와 안정을 구축하는 것이다"라고 말했다.

박정희 정권 18년의 추종자로서의 심판에 대해 김 후보는 "일단 심판을 받았다고 생각한다. 1백 50만 표를 누구는 어찌 볼지 몰라도 표수의 다과(多寡)는 문제가 아니다. 그것대로 눈물겨운 국민의 심판의 소산이요, 소중한 것이다"며 앞으로 건전야당의 역할을 충실히 하겠다고 다짐했다.

(5) 선거무효화 투쟁이 국민의 공감대를 얻기엔 역부족

김영삼 후보는 춘천 유세에서 "TV 방송들은 민정당 후보의 완전한 선거 홍보기관으로 전락하고 말았다", "KBS와 MBC 사장이 모두 청와대 대변인 출신이라는 점이 크게 작용했다"면서 "두 방송의 선거 편파보도 자세가 시정되지 않는다면 이번 선거는 부정, 타락 양상과 함께 엄청난 후유증을 수반할 것"이라고 경고했다.

평민당 김대중 후보는 "이번 선거에서는 관권의 전면 개입, 선거자금의 독점과 전국적 매표, 언론 특히 TV의 악용, 야당 후보자에 대한 엄청난 비방, 전면적인 부정 부재자 투표는 물론 일반 투·개표에 있어서도 온갖 부정이 행해졌다"며 선거결과에 승복하지 않을 것임을 분명히 했다.

김종필 후보는 "선거양상이 지금과 같이 계속된다면 어느 모로나 국민이 납득하고 승복하지 못할 것이고 나도 끝까지 이 나라 민주화의 초석을 위해 싸워나가겠다"고 밝혔다.

노태우 후보는 "극소수 좌익 폭력세력이 선거결과에 상관없이 소란을 피우고 우리가 이길 경우 부정선거라고 날 뛸 것이며 야당이 이기면 그날부터 허약한 정부를 뒤엎고 공산혁명 음모에 나설 것"이라고 있을지도 모를 부정선거 논란의 소지에 대해 사전에 쐐기를 박고 나섰다.

대통령 유세에 대한 텔레비전 보도가 공정하다고 생각하느냐의 질

문에 대해 전체 유권자의 44.7%가 불공정하다고 대답한 것은 사실이다.
그러나 선거방식이 야당 측이 원하던 직선제였고 그들 자신이 참여했다는 점과 패인의 중요한 부분이 단일화 실패한 점 등으로 무효투쟁이 국민적 공감대를 형성하는데 문제가 있다는 게 일반적 시각이었다.
그러나 이번 선거의 투·개표 과정을 참관한 미국 국제인권법률그룹은 "이번 선거의 투·개표 과정에서 뚜렷이 비정상적이라고 할 만한 점은 발견치 못했다"고 긍정적으로 평가했다.

(6) 호남권에서 김영삼, 노태우 후보에게 폭력을

통일민주당 김영삼 후보의 광주 유세장소인 광주역 앞 광장과 주변도로에는 7만여 명의 인파가 모였는데 인파의 절반 이상은 김영삼 후보의 후보사퇴를 주장하는 구호를 외쳐댔다.
김영삼 후보가 연단에 올라서자 대회장 뒤편에 있던 청중들이 피켓과 집기, 돌멩이 등을 던지고 갑자기 연단 쪽으로 밀쳐오는 바람에 더 이상 대회를 진행할 수 없는 상황이었다. 그리하여 김영삼 후보는 광주 유세를 포기했다.
김영삼 후보의 여수 유세서 청년 1백여 명이 김대중을 연호하며 소란을 피웠고 김영삼 후보 유세 차량 10여 대의 유리창이 깨졌다. 이에 통일민주당은 "정부·여당의 지역감정 조장과 유세방해로 일반 청중들의 부상이 속출하므로 광양, 순천 유세를 모두 취소한다"며 김영삼 후보의 전남지역 유세를 포기했다.
김영삼 후보는 광주 유세 방해 사태에 대해 "광주의 유세 방해 사건은 민정당이 만들어낸 각본"이라면서 "나와 김대중 씨가 싸우는 것처럼 만들기 위해 결정적으로 민정당이 조작한 것"이라고 주장했다.
마산 유세에서 김영삼 후보는 "어제 나는 광주에서 비통한 것을 보았다"면서 "김대중 씨가 이곳에 왔을 때 깨끗하게 함으로써 광주 사람들을 부끄럽게 만들어 달라. 그리하여 경남도민은 위대하다는 것을 보여주자", "그렇게 할 때 이 김영삼이가 대통령이 될 수 있다는 것을 알아야 한다"고 역설했다.
김영삼 후보는 "지역감정 문제는 박정희, 전두환 정권이 독재를 유지하기 위해 만든 산물로 이 같은 사태가 발생한데 대해 유감을 표한다"며 민정당과 정부가 고의적으로 만든 조작행위라는 심증이 간다고 주장하여 유세방해나 지역갈등을 여권의 조작으로 몰아갔다.
민정당 노태우 후보의 전주 유세현장에는 1천여 명의 청년들이 유세장을 점거하여 경찰이 최루탄을 던져 해산시키려 했으나 완강히 저항해 대치하고 있는 상태여서 유세가 불가능한 상태였다.
5백여 명의 대학생과 청년들이 돌과 화염병을 던지며 연단 쪽으로 몰려들었고 시간이 지나면서 시위군중이 3천여 명으로 늘어나자 최루탄을 쏘아대는 경찰과 3시간 동안 격렬한 공방전을 벌였다.
시위 도중 35명의 시민들과 경찰이 부상을 당하여 전주 유세를 하지 못했던 노 후보는 장수와 남원의 유세만 성공리에 마쳤다.
민정당 노태우 후보가 군산 유세를 마치고 유세장을 떠날 무렵 일부 청중들이 노 후보 일행을 향해 소형 사제 폭발물과 최루탄 가스, 돌멩이, 벽돌 등을 던져 노 후보 일행 등 14명이 중경상을 입은 불상사가 발생했다.
노태우 후보의 연설 도중 학생 차림의 청년들이 뿌린 것으로 보인 최루가스가 퍼지자 2만여 청중 가운데 절반가량이 빠져나갔고 1백 명의 청년들은 김대중 후보의 선전포스터를 붙인 지프 위에 올라타거나 뒤따르며 "김대중"을 외치며 시위를 벌였다.
노 후보는 "오늘 폭력은 심했으나 일부 극소수 사람들의 짓이며 큰 불상사 없이 끝나 다행스럽다"고 말했다.
대검은 노 후보의 유세장에서 발생한 집단폭력 사태와 관련하여 27명을 연행하고 전남대생 박희도 군 등 8명을 구속했다.
노 후보는 지역감정과 유세장 폭력사태에 대해 "자기의 세를 과시하고 표를 얻기 위해 출신지역에서 무분별하게 많은 사람을 동원해 지역감정을 촉발시킨 것"이라며 "나라가 쪼개지든, 국민이 분열하든 표만 얻으면 된다는 말이냐"라고 비난했다.
민정당의 노태우 후보는 광주역 광장에서 유세장 내의 일부 군중들이 던지는 돌과 각목, 쇠붙이, 소형화염병, 사과탄 등이 날아드는 가운데도 유세를 강행했다.
노 후보의 연설이 계속되는 역 광장 분수대 주변에 있던 일부 군중들은 김대중을 연호했고 이중 일부는 연단을 향해 돌과 각목, 빈병 등을 마구 던졌다.
김대중 후보는 "7년 동안 광주의거에 대해 해결에 단 하나 성의도 표하지 않고 대통령만 되겠다고 광주 사람들에게 표를 달라 하니 그런 일이 생긴 것 아니냐"면서 "부산, 대구 등에서 전경이나 깡패를 투입해 지역감정을 조장시킨 것이 저들이면서도 애꿎은 광주사람에게만 감정 운운 못된 소리를 하고 있다"고 격양했다.
대구, 인천, 마산 등 6개 도시에서 대학생들이 모두 9군데의 민정당의 지구당사를 기습 공격하여 화염병을 던지거나 유리창 등을 부수고 달아났다.

(7) 영남권에서도 김대중 후보를 핍박

김대중 민추협 공동의장의 부산 집회에서는 3백여 명이 '김영삼을 대통령으로', '김대중은 물러가라'는 구호를 외치는 반감을 드러냈고 대회 주최 측은 "대회 개최를 알리는 포스터 대부분이

찢기거나 훼손됐고, 현수막이 불태워졌으며 가두방송의 유리창이 깨지는 등 지역감정에 의한 집회방해가 속출했다"며 대회 운영의 어려움을 토로했다.

김대중 평민당 후보의 대구 집회에서 청년 1백여 명이 '김영삼', '대통령' 등을 외치며 군중들의 호응을 유도하고 그 여세를 몰아 김 후보가 연설하는 단상으로 접근하여 돌, 계란 등을 던져 연설을 방해한데다 김 후보는 연단 위에까지 날아드는 돌에도 아랑곳없이 약 35분간의 연설을 계속하는 강단을 보였다.

대구 유세에서 돌과 각목이 계속 날아들자 김대중 후보는 "시민 여러분 끄덕하지 말라. 돌멩이 하나 맞으면 어떠냐", "우리가 여기서 지면 민주주의가 안된다", "나나 여러분이나 돌멩이에 머리가 깨져도 지면 안된다", "때리려면 나를 때려라", "나는 여기서 죽어도 안내려간다"고 외치며 연설을 계속하는 등 영남권에서 김대중 후보에 대한 핍박도 정도를 넘어섰으나 언론의 각광을 받지는 못했다.

김대중 후보의 마산 유세에서 대학생으로 보이는 청년들이 평민당의 승용차 1대를 뒤엎고 1대에 불을 질렀다.

또한 봉고버스를 세우고 운전기사를 내리게 한 뒤 차를 뒤집어 불태우는 광기(狂氣)를 보이기도 했다.

(8) 지역감정의 근원적인 원인은 인사편중

제13대 대통령 선거를 계기로 국가적 과제로 떠오른 지역감정은 단순한 심리적 갈등에 의한 우발적 현상이 아니라 우리나라의 정치, 사회, 경제 등 각 분야에서 구체적으로 나타나고 있는 지역간 불평등에서 분출된 산물로서 이는 영남권 인사편중에 대한 호남차별에서 비롯된 것이라고 현대사회연구소가 작성한 '한국사회 지역갈등 연구 보고서'에서 밝혀졌다.

영·호남 간의 지역간 격차와 지역감정은 '광주사태'를 거치면서 수립된 제5공화국에 이르러 더욱 심화돼 이대로 방치할 경우 국가공동체 일탈의식으로까지 악화될 것이라고 경고했다.

역대 정부의 영남 출신 편중등용 현상은 정부의 장·차관, 처장, 청장 등 고위관료 뿐 아니라 통치권자의 사실상의 임명제 국회의원이던 유정회 및 전국구의원 선임에 있어서도 두드러진 것으로 밝혀졌다.

재벌기업의 영남출신 편중과 고용구조의 호남차별, 지역별 도시화율의 영남 우선, 정부 개발사업의 호남 푸대접 등이 박정희 정권이 집권한 제3공화국 이래 두드러졌으며 또한 경상도 정권의 연장인 제5공화국에서 더욱 더 심화됐다.

따라서 이 같은 지역감정을 해소하기 위해서는 국가 인사정책에 있어서 지역 간 균형 배려가 이루어져 과거처럼 집권자의 연고지에 대한 극심한 편중충원과 특정지역에 대한 상대적 배척이 해소되도록 해야 할 것이다.

현대사회 연구소 김만흠 선임연구원은 "그동안 특정지역을 집중 개발함으로써 상대적으로 침체돼 있는 낙후지역에 대한 과감한 투자와 개발이 이루어지도록 해야 한다"고 지적했다.

이어 김 연구원은 "광주사태는 광주를 비롯한 호남인 피해의식과 지역감정을 첨예화시킨 사건인 만큼 이에 대한 근본적인 해결 없이는 호남인의 지역감정은 해소되기 어려울 것"이라고 진단했다.

제1공화국 이래 제5공화국까지의 차관급 이상 고위관료 1,020명의 지역별 분포는 영남권 28.5%, 충청권 14.6%, 수도권 13.0%, 호남권 11.6%의 순으로 나타나 인구 분포와는 너무나 동떨어졌다.

그러나 시기적으로 살펴보면 제1공화국 때는 영남권 18.8%, 호남권 16.2%로 큰 차이를 보이지 않았으나 5.16 군부쿠데타 이후 박정희 대통령이 정권을 잡으면서 영남 출신들의 편중 등용으로 격차가 갈수록 심화됐다.

특히 제5공화국 시절에는 영남 출신이 43.6%로 늘어난 반면 호남권 출신이 9.6% 수준으로 떨어져 지역 간 격차가 절정에 다달았다. 유정회 국회의원을 포함한 제3, 4공화국 국회의원 376명 중 영남 출신이 100명으로 26.6%, 호남 출신이 53명으로 14.1%였으나 제5공화국에 들어서는 170명의 의원 중 영남 출신이 68명으로 40%, 호남 출신이 26명으로 15.2%로 격차가 더욱 벌어졌다.

우리나라 50대 재벌의 소유주 분포를 살펴보면 영남 출신이 과반에 달하는 23명인데 비하여 호남 출신은 3명밖에 되지 않았다. 이들 50대 재벌의 성장이 정치권력의 지역 연고에 의한 특혜의 결과인지 아닌지는 차치하고라도 재벌이라는 것 자체가 혈연, 지연을 중심으로 한 동양적 산업지배 형태이기 때문에 고용구조 등에서 지역주의적 성향을 띨 수밖에 없다는 점에서 재벌기업의 특정지역 출신 편중현상 문제는 심각한 갈등의 단초가 되어왔다.

더구나 이들 재벌기업이 차지하고 있는 우리나라 경제 및 고용구조에 있어서의 비중을 감안할 때 사원채용이나 승진 등에서 실제로 지역연고가 작용하여 온 것은 명약관화한 사실이었.

1985년 말 지역별 도시화율도 전북 43%, 전남 40%인데 반해 경북은 57%, 경남은 75%로 큰 격차를 보이고 있다.

도시화가 뒤진 호남 지역은 지역개발이 낙후돼 있고 지역발전을 위한 경제활동의 기반이 취약해 소위 빈곤의 악순환이 거듭돼 지역격차를 더욱 심화시켜 왔으며, 이러한 상태에서 지방분권형 지방자치는 지역격차를 더욱 심화시켰다.

그러나 정치적 차원과 관련성이 없고 사법고시라는 일정한 자격시험을 거쳐야 하는 사법부에는 오히려 호남출신이 영남출신보다 많은 것으로 나타났다.

역대 대법원 판사 이상의 사법부 주요 엘리트 87명의 지역별 분포는 영남 출신이 18명으로 20.6%인데 반해 호남 출신이 20명으로 23%를 차지하는 기현상을 보여준 것은 정치권 영남 출신 우대를 시사해 주고 있다.

현대사회연구소가 전국의 18세 이상 남녀 2,040명을 대상으로 설문조사를 실시한 결과 '출신 지역으로 인해 입사나 승진에 피해를 볼 수 있다'라는 설문에 대해 호남 출신은 66.7%가 그렇다고 응답한 반면, 영남 출신은 35.6%만이 그렇다고 대답한 것은 호남 출신들의 피해의식이 영남 출신보다 2배 이상 높다는 것을 보여주고 있다.

제3장 4대 정당이 4색전을 펼친 제13대 총선

1. 지루하고 지루하게 전개된 선거구제 협상
2. 갈등만 증폭시킨 민주당과 평민당의 통합
3. 집권여당인 민정당의 총선후보 공천 낙수
4. 민주·평민당의 제1야당을 향한 용트림
5. 14개 정당 1,218명이 열띤 경쟁을 펼친 선거열풍
6. 헌정사상 처음으로 집권여당 과반의석 미달
7. 지역주의에 편승하여 여의도에 입성한 선량들

1노3김의 치열한 대결 속에 치러졌던 제13대 대통령 선거가 민정당 노태우 후보의 승리로 돌아가자, 이제 정치권 모두의 이목은 4월에 실시되는 제13대 총선에 집중됐다.

총선을 앞두고 정치권 최대의 쟁점은 선거구제였으며, 동반당선에 익숙한 현역의원들은 1구 2~3인제인 중선거구제를 선호했으나, 대선에서 3위로 밀려난 평화민주당(평민당) 김대중 총재는 집요하게 1구 1인의 소선거구제를 주장했다.

민정당과 통일민주당(민주당)은 중선거구제에 대한 타협에 성공하여 타결 일보 직전까지 이르렀으나 선거구 획정에서의 의견 상충으로 원점에서 맴돌다가 국민들은 소선거구제를 선호하고 있다는 것을 확인한 노태우 대통령의 결단으로 17년 만에 소선거구제가 채택되어 현역의원들에게 크나큰 충격을 주었다.

소선거구제 하에서 1여다야(一與多野)는 패배로 연결된다는 야권의 초조감이 야권 대통합이란 명분에 매달렸으나 민주당과 평민당의 힘겨루기에 돌파구를 찾지 못한 채 헤매고 있었다.

양당 협상대표단이 합의한 합동의원총회가 무산되자, 김영삼 민주당 총재는 총재직을 사퇴하고 백의종군하였으며, 총재직을 고수한 김대중 평민당 총재는 통합의 걸림돌이라는 호된 여론의 비난에 휩싸였다.

빗발치는 여론에 굴복하여 김대중 총재도 총재직을 내던졌으나 민주당의 통합신당 대표권 보장요구로 야권통합은 끝내 결실을 보지 못하고 대선 때의 4당체제 속에 13대 총선이 치러졌다.

재야인사들의 대부분은 민주당이나 평민당에 입당하여 총선에 출전했으나 일부 재야인사들이 한겨레민주당(한겨레당), 민중의당, 우리정의당 등을 창당하여 총선에 참여함으로써 우려했던 1여다야(一與多野) 구도가 현실화 됐다.

그러나 총선 결과는 집권여당인 민정당이 헌정사상 처음으로 과반의석에 미달하는 125석을 획득했고 평민당, 민주당, 신민주공화당(신공화당) 소위 3김 씨의 정당이 155석을 확보하여 3김 씨의 주도 하에 의정이 펼쳐지게 되었다.

이번 총선의 특징은 대구·경북의 민정당, 부산·경남의 민주당, 광주·전남북의 평민당, 대전·충남의 신공화당 등 지역당이 출현하여 전국이 4분5열됐다.

수십년 동안 재야에서 맴돌던 인사들의 의회진출로 의정의 전환이 기대됐지만 기대에 미치지 못했다.

과반 의석에 실패한 민정당은 영구 집권하겠다는 구도 아래 김영삼 총재의 민주당, 김종필 총재의 신공화당과 3당 합당이라는 발상의 전환으로 거대집권여당을 재탄생시켰다.

1. 지루하고 지루하게 전개된 선거구제 협상

(1) 4대 정당이 자기 당에 유리한 선거구제 제안

대통령 선거가 민정당 노태우 후보의 승리로 마감되자 정가는 오직 다가오는 총선에 모든 촉각을 곤두세웠다.

총선에 있어서 가장 중요한 것은 뭐니 뭐니 해도 선거구제였다.

국회는 선거법 개정에 대한 특위를 구성하여 협상에 들어갔고 각 당은 각각 자기 당에 유리한 선거구제를 제안하였으며 큰 줄기는 유신이후 실시되어온 동반 당선이냐, 유신 이전 실시되었던 1구 1인의 소선거구제냐의 논쟁이었다.

민정당은 전국을 211개의 선거구로 분할하고 지역구 국회의원 정수를 271명으로 하는 국회의원 선거법 개정안을 마련했다.

이 안은 시·군·구를 기초행정 단위로 한 소선거구제에 중선거구제를 조화시킨 인구비례 지역대표제로서 대도시의 경우 1구가 25만 명을 넘을 경우와 시·군의 경우 7만 1천 명이 넘을 경우 1인을 더 선출하게 되어있다.

이 안은 아직도 온존해 있는 여촌야도 현상을 이용하여 농촌지역에서는 여당의 이점을 최대한 살려 손쉬운 승리를 기대할 수 있고, 야당에 유리한 도시에서는 동반당선이 가능하므로 전체적으로 민정당에 아주 유리하도록 고려된 것이다.

이 안은 1구1인이 161개구, 1구2인이 41개구, 1구3인이 8개구, 1구4인이 1개구이며 전국구 의원은 지역구의 5분의 1인 55명으로 의원 총수는 326명으로 되어있다.

이 안은 1표의 등가성보다는 행정단위를 기본으로 하는 발상으로 야당은 물론 여당 내에서도 게리맨더링이라는 비판을 받아 사장(死藏)됐다.

민주당은 민정당과 유사한 1구 2~3인제로 110개 선거구에서 253명인 지역구와 지역구의 3분의 1인 85명의 전국구 의원을 뽑도록 해 의원 총수는 335명이다.
민주당의 안은 현행 동반당선제의 골격을 그대로 유지하여 제1야당의 위치를 고수하는 동시에 현역의원들의 불안감도 위무하겠다는 발상으로 만들어진 안이다.
민주당 김완태 협상대표는 어느 당이 제1당이 되던 원내 안정세력을 구축하도록 해야 한다는 원칙 아래 제1당에 전국구 3분의 2를 배분하는 안을 내놓았다.
평민당은 인구 10만~20만 명의 1구에서 1인의 의원을 선출하는 소선거구제를 확정했다. 이 안에 따르면 전국구의원 정수는 지역구의 5분의 1로 줄이되 의원의 정수는 336명으로 되어있다.
평민당의 안은 호남과 서울지역을 석권함으로써 재도약의 기틀을 마련하겠다는 의지가 분명하게 엿보였다.
신공화당의 협상대표인 최재구 의원은 투표가치의 등가성, 당리당략적인 선거구 조정의 배제, 지역 대표성의 최대한 반영이라는 원칙에 충실한 민정당의 1구 2~4인제를 적극 찬성한다는 입장을 밝혔다.
민정당은 야당 측으로부터 농촌독식 발상의 결과라고 비난받은 선거구 획정안을 1인1구의 숫자를 161구에서 130구로 끌어내려 야권의 반응을 떠보았다.
민정당은 여촌야도(與村野都) 현상을 전제로 대부분의 농촌 1인구를 독식하면 야성의 도시 2~3인구에서 1석만 차지해도 안정의석을 확보할 수 있다는 지극히 편의주의적 계산법을 숨기고 있었다.
전국구 배분에 있어서도 민정당과 신공화당은 제1당에 2분의 1을 배정하는 안으로, 민주당과 평민당은 정당의 득표 비율에 따라 의석을 배정하는 것으로 양분되었다.
제1당에 대한 보너스 제도는 평등 원칙에서 위배될 뿐만 아니라 선거 자체에 대한 정통성 시비가 끊이지 아니하지만 집권여당으로서는 놓지고 싶지 아니한 구미가 당기는 제도였다.
소선거구제의 단점을 보완하기 위한 전국구 형태의 비례대표제를 두되 이는 국회의원 정수의 25% 이내로 줄이고 의석의 배분은 득표율에 따라야 한다는 의견이 야당들의 주장이었다.
선거구제에 있어서 마지막에는 민주당은 당초의 소선거구제를 철회하고 1구2인을 선출하는 중선거구제를, 평민당은 1구1인의 소선거구제를, 공화당은 현행 선거구를 유지하면서 인구수에 따라 2~5인을 선출하는 안을 당론으로 내놓아 팽팽한 대결양상을 보였다.
소선거구제는 양당제의 확립에 의한 안정된 정치세력의 확보에는 유리하나 사표(死票)가 많아 정당의 득표율과 의석배분의 편차가 크다는 문제점이 있다.
반면 중선거구제는 소수대표가 가능하며 사표가 줄어들고 인물 선택의 범위가 넓은 장점이 있으나, 소수당의 난립으로 정국 불안을 초래할 위험이 있고 선거 비용 과다 등의 단점이 있다.
평민당 신기하 의원은 적어도 유신(維新) 군사독재 정권이 그 장기집권의 수단으로 마련한 세계 어느 나라에도 그 예(例)를 찾아볼 수 없는 1구2인제, 이른바 나누어 먹기는 이제 종식(終熄)되어야 하며 더구나 군정종식이라는 국민적인 소망이 허무하게 끝난 현 상황에서 국회의원 총선의 승리로 선거혁명을 이룩하는 것이 국민적인 명령이라 할 수 있다. 그러므로 야권의 군소정당화로 야당을 무력화할 수 있는 1구2인 내지 다인제 선거구제는 집권여당 밑에서 제1야당으로 안주하려 한다면 민주화는 멀어져 갈 것이라고 간곡히 설파했다.

(2) 동반당선에 안주한 현역의원들의 소선거구제 반대

민정당과 민주당은 1인구 30개, 2인구 99개, 3인구 2개 선에서 선거구 제도 협상을 타결하기로 합의했다.
평민당 김대중 총재는 "민정당과 민주당은 밀실협상을 통해 유신 확대형인 1구 1~3인제 선거법에 이미 합의해 놓고 합의가 안 된 양 국민을 우롱하고 있다"고 비난하면서 "민주당이 소선거구제 채택의 결의를 보인다면 야권통합협상을 재개하겠다"고 밝혔다.
김대중 평민당 총재는 "지금 민정·민주 양당이 거의 합의 중인 것으로 보이는 1구 1~3인제는 유신의 잔재인 1구2인제보다 더 악랄한 제도"라고 규정하고 "1구2인제는 도시와 농촌 모두를 나눠먹자는 것인데 1구 1~3인제는 여당이 농촌을 독식하고 취약한 도시에서는 나눠먹자는 발상이기 때문"이라며 당직자들에게 긴급 상황에 대처방안 강구를 시달했다.
이어 김대중 총재는 "현 정권은 광주사태와 수천 명의 투옥만으로도 죄가 하늘을 찌를 형편인데 대통령 선거 부정(不正)에 이어 국회의원 선거에서도 제1, 제2, 제3당을 마음대로 조작하려 획책하고 있다"고 비난을 계속했다.
허경만 평민당 원내총무도 "이 안은 노태우-김영삼 회담에서 합의한 안으로 민주당은 민정당과 합작해 어떻게든 제1야당이 되겠다는 파렴치한 행동을 하고 있다"고 민주당을 비난했다.
민주당과 신공화당은 민정당이 제안한 1구 2~4인 선출안에 견해를 같이하며 동조하고 있으나, 평민당은 소선거구제 관철에서 절대 후퇴할 수 없다는 강경자세를 보여 외톨이 신세로 전락했다.
반면 민정당은 1구 1~4인제에서 1인선거구를 대폭 줄이는 부분 수정은 허용하되 소선거구제와 중선거구제의 혼합형을 관철시킨다는 전략에는 변함이 없었다.
민정당과 민주당은 선거구조정 문제에 대해 비밀협상을 벌여왔으나 5대 도시의 민정당안은 78개 선거구인 반면, 민주당안은 107개 선거구로 30% 가량 증구되어 난항을 거듭했다.
결국 민정당 심명보, 민주당 황낙주 협상대표들은 1인구를 30개로 축소한 1구 1~3인제에 대한 협상을 타결했으나, 민주당 의원총회에서 지역구가 농촌인 의원들의 반대로 승인을 받지 못했다.

동반 당선에 익숙해진 현역의원들의 성화 때문이긴 하지만 민주당이 오랫동안 주장한 소선거구제를 버림으로써 '야합이라는 비난', '게리맨더링' 등에 시달렸을 뿐 아니라 명분을 상실한 것이 협상안의 거부로 결론지었다.

심명보 민정당 사무총장은 "합의를 다 해놓고 뒤집으면 어떻게 하느냐. 합의된 내용을 보면 문패만 1구 1~3인제이지 가재도구는 민주당안 아니냐"고 민주당을 비난했다.

현역의원에게 있어서는 자신들의 이해와 직결돼있는 만큼 이런 사람들끼리 모여 협상하는 것 자체가 사정을 더욱 어렵게 하여왔으며, 현역의원들은 1구 2인제를 통한 동반 당선에 길들여져 유권자를 의식하기보다는 공천자를 더욱 더 의식하는 타성에 젖어왔었기 때문이었다.

대표성 문제만 놓고 보면 소선거구제, 정당별 득표수에 따른 비례대표제를 가미하는 것이 가장 바람직하다고 서울대 박동서 교수, 연세대 안병영 교수, 동아일보 강인섭 논설위원 등은 이구동성(異口同聲)으로 의견을 개진했다.

1구2인 선출의 동반당선에 안주해왔던 현역의원들은 소선거구제가 죽기 아니면 살기의 결사적인 항전으로 그 싸움은 무한 소모전이 될 것이라며 소선거구제 대세를 복수당선제로 되잡으려고 안간힘을 쏟았다.

민주당 황낙주 협상 대표는 "회담 과정에서 민정당은 소선거구제 관철의지가 거의 없었다"며 소선거구제 주장은 엄포용임을 애써 강조하기도 했다.

(3) 노태우 대통령의 결단으로 소선거구제 출범(出帆)

선거법 문제는 민주당 내의 지도부와 소속의원의 갈등에다 평민당과의 통합문제, 그리고 민정당과의 협상 문제까지 복잡하게 뒤얽혀 가닥을 잡지 못한 채 표류 중인 상태였다.
민정당의 서울, 부산 지역과 전남지역 출신의원 28명은 의원 간담회를 열고 소선거구제의 당론 변경은 불가하다는 의견을 모으고 이를 당지도부에 전달했다.
이들은 소선거구제는 지역대결 양상이 증폭되고 표의 동서대결과 여촌야도 현상이 재현되어 제6공화국의 국정지표인 국민화합에도 위배된다고 주장했다.
노태우 대통령은 "국민의 희망이 소선거구제에 있고 그 제도로 가는 것이 대국민 명분과 원칙에 부합하는 것"이라는 점을 강조하며 소선거구제를 강행했으며 총선 후 나타날지도 모를 소송사태, 지역당의 출현, 격렬한 선거후유증 등 부담을 갖고 모험을 한 이 같은 정치적 결단은 제2의 6.29 선언으로 비춰지고 있었다.
또한 정치적 세대교체가 힘든 야당의 구시대적 인물과 여당 내의 비민주적 인물들을 소선거구제를 통해 국민들이 심판해주기를 기대한 측면과 힘과 권위에 의한 온실 속의 정당이 아니라 국민과 함께하는 자생력 있는, 야생마 같은 국민정당으로 민정당을 육성하려는 염원들이 담겨있다고 볼 수 있다.
채문식 민정당 대표는 "노태우 대통령이 이미 소선거구제가 국민여론에 부합되며 명분상으로도 옳다는 입장을 밝힌 바 있다"면서 "당의 입장에서 당 총재의 뜻을 따르는 것은 당연한 일"이라고 말함으로써 여당의 순응적 자세로 소선거구제 당론 확정을 밝혔다.
다만 301명이라는 의원 정수를 300명 이내로 줄이기 위해 경남 고성군을 충무-통영과 통합하고 양양-명주를 분리하여 양양을 속초-고성에 명주는 강릉에 편입시키고 구로구 3개구를 2개구로 축소하되 인구가 35만 명 미만이지만 노태우 대통령의 출생지인 대구의 서구를 2개 구로 분할하여 지역구를 224개로 줄여 의원정수를

299명으로 조정했다.

소선거구제 선거법 개정안의 내무위원회 전격통과에 즈음하여 김효영 신공화당 부총재는 "힘이 없는 공화당으로서는 할 말이 별로 많지 않으나 민정당의 처사는 정치도의에도 어긋날 뿐 아니라 소선거구제의 결과로 꼭 다수 의석을 확보한다는 보장도 없는 만큼 스스로 묘혈(墓穴)을 판 결과가 될 수도 있을 것"이라며 불쾌한 표정을 감추지 못했다.

국회본회의는 내무위 의결을 거쳐 법사위가 회부한 민정당의 국회의원 선거법 개정안은 야당의원들이 저지 소동을 벌이는 가운데 민정당 의원들만의 찬성으로 전격 통과시켰다.

중선거제를 주장하다 막판에 소선거구제로 전환할 수밖에 없었던 민주당은 명분과 실리 면에서 득보다는 실이 많은 것으로 자평하며 실의에 빠져있는 형편이다.

17년 만에 부활된 이번 소선거구제 하의 총선양상은 후보들의 난립으로 많은 지역에서 한 치 앞을 내다볼 수 없는 어려운 혼전이 전개될 것이 예상됐다.

이번 선거법은 전국을 224개 선거구로 나누어 1지역구에서 1인을 선출하며 전국구 의원은 지역구의 3분의 1인 75명으로 의원총수는 299명이다.

전국구 의석의 배분은 지역구 의원 5석 이상을 획득한 정당에 한하되 제1당이 과반수를 얻지 못할 경우에는 전국구의 절반(38명)을 우선 배분하고 나머지 의석은 지역구의 의석비율에 따라 정당별로 배분하는 방식으로 민정당에게 매우 유리한 방식이다.

민정당은 당의 공천자들이 당선될 가능성이 비교적 적은 서울, 호남 등 취약지역의 선거구 증가를 가급적 억제하면서 당선가능성이 높은 강원 등지의 선거구를 기술적으로 늘린 게 아니냐는 의구심을 지울 수는 없었다.

2. 갈등만 증폭시킨 민주당과 평민당의 통합

(1) 대선 패배 이후 양당통합 논의 활발히 전개

대선이 끝나고 총선을 앞둔 시점에서 민주당과 평민당은 1여다야(一與多野) 구도로는 총선에서 필패라는 강박관념으로 통합논의가 활발하게 전개됐다.
민주당과 평민당은 야권통합기구 합동회의를 갖고 야권통합을 위한 공식논의를 계속했다.
민주당은 무조건 통합부터 하고 선거구 조정문제 등은 논의해 가자고 주장한 반면, 평민당은 민주당이 소선거구 제도의 당론복귀 의사를 표명한 연후에 통합을 주장해 방법론상 다소 이견을 드러냈다.
민주당은 '선 통합, 후 의견정리'를 주장한 반면, 평민당은 확실한 지분과 명분을 얻기 위해 '선 의견정리, 후 통합'을 주장하고 나서 실익과 명분의 싸움으로 비화됐다.
민주당은 야권통합이 불가능하다고 판단되면 평민당 소속 일부와 무소속 의원들을 영입형식으로 입당시켜 평민당을 사실상 붕괴시키겠다는 속셈을 갖고 있었다.
민주당은 평민당 뿐만 아니라 군소정당까지 흡수하기 위해 당의 모든 간부들이 앞장서서 적극적 노력을 기울인다는데 의견을 모으고 평민당 고사(枯死) 제2단계 작전에 들어갔다.
민주당 김태룡 대변인은 "우리 당은 모든 민주세력들에게 문호를 개방하고 있으며 평민당 내의 동지들의 영입을 위해 노력하겠다"고 공식적으로 발표했다.
민주당 김영삼 총재도 이번 총선을 통해 평민당은 호남당으로 현상 고착시켜 대세를 장악하려는 평민당 고사 전략을 구사할 방침을 밝혔다.

김영삼 총재는 김대중 씨의 입당, 단일화 실패, 분당, 선거 패배라는 과정에서 선거 패배의 결정적 원인을 평민당의 분당(分黨)에서 찾고 있기 때문이었다.

평민당은 "민주당은 소선거구제 수용의사가 없으면서 겉으로는 통합을 논의하면서도 속으로는 평민당 의원 빼가기 공작을 벌이는가 하면 김대중 총재 비방(誹謗)에 열을 올리는 등 야권통합에의 진의가 없는 것으로 볼 수밖에 없다"고 안동선 대변인을 통해 속내를 밝혔다.

민주당과 평민당의 통합에서 명분에서 밀리고 의원분포 등 세력에서 부족한 평민당은 민주·평민당은 물론 재야와의 3자통합을 제기했다.

민주당 총재단 회의는 김대중 총재가 주장한 재야세력과의 3자통합론에 대해 의미가 없다고 일축하고서 "오직 특정인의 대통령 후보 출마만을 위한 명분 없는 평민당의 분당은 이제 더 이상 계속될 이유와 가치가 없다"며 "정통 민주세력의 집결지인 민주당으로 평민당원들은 원상복귀하고 모든 민주세력도 모여야 한다"고 주장했다.

반면 평민당은 이중재, 노승환, 이용희. 최영근. 박영숙 등을 야권통합 추진 5인 위원회를 구성하여 3자통합을 위한 활동에 들어갔다.

김영삼 총재도 평민당이 내세우고 있는 재야, 평민당, 민주당의 3자통합은 선거패배 이후 극심한 내부분열 현상을 빚고 있는 평민당 측의 자구를을 노린 술수라는 시각에서 거부의사를 분명히 했다.

분당하기 전 민주당 부총재인 이중재, 박용만, 양순직, 최형우, 김동영, 노승환, 이용희 등 7인은 "지난 대통령 선거에서 후보단일화를 이루지 못한 전비(前非)를 크게 반성하며 우리들은 어떤 일이 있어도 조속히 야권대통합을 이룩할 것을 합의했다"고 발표하여 김대중 총재의 질책을 받았다.

이들의 합의는 평민당 창당 자체가 김대중 총재의 대통령 출마용이었음을 자인하는 결과가 되기 때문에 무조건적인 분당 전으로의 복귀는 김대중 총재로서는 수용할 수 없고, 3자통합 원칙을 고수할 수밖에 없는 처지가 되어 통합논의는 진척되지 못했다.

(2) 합동의총이 결렬되자 김영삼 민주당 총재 총재직 사퇴

민주당과 평민당은 야권대통합 원칙에 합의하고, 민주당은 소선거구제를 수용하며 양당 합동 의총을 개최하기로 합의했다.
그러나 양당은 합동의총 의제 절충이 결렬됨에 따라 상대 당이 야권통합 의사는 없이 명분치레 논의만 하려한다고 서로 비난하면서 통합논의를 중단했다.
평민당은 야권통합 결의의 전제로 소선거구제의 우선 수락을 요청했으나 민주당은 이를 전면 거부하여 합동의총이 열리지 못했다.
민주당 김영삼 총재는 "야권의 신속한 단일화를 위해 민주당 총재직을 사퇴하고 평당원으로 백의종군하겠다"고 선언하여 김명윤 수석 부총재가 총재직을 수행하게 됐다.
김영삼 총재는 "평생 반독재 민주화를 위해 싸웠는데 이번에 국민에게 용기와 희망을 주고 야당이 단일화 돼 총선에 임하지 않으면 민주주의가 말살되는 위기에 처하는 만큼 내가 희생하는 길밖에 없다고 생각한다"고 밝혔다.
김영삼 총재의 사퇴는 고착화된 야권의 분열현상에 일단 쐐기로 작용하여 총선 전 민주, 평민 양당을 비롯한 야권의 통합기류를 다시 상승시킬 것으로 예상됐다.
왜냐하면 김영삼 총재의 총재직 사퇴가 어떤 정치적 복선을 깔고 있든 간에 민주세력의 대동단결과 신속한 정통민주 야당 재건이라는 명분에 그 누구도 외면할 수 없기 때문이다.
그러나 평민당은 "김영삼 총재가 대통령 선거 직후 정권타도 선언, 총선 참여 선언, 소선거구제 천명, 임시전당대회를 통한 재신임 획득, 노태우 당선자와의 회담, 1구2인제도의 선회, 대평민당 노선시비 전개에 이어 총재직 사퇴 선언까지 이르렀다"면서 "김영삼 총재가 아니면 할 수 없는 종잡을 수 없는 경쾌한 행보의 일환"이라고 다소 냉소적 시각을 드러냈다.

민주당은 김영삼 총재의 사퇴정신을 받들어 야권단일화를 이룩하는 것이 민주당의 절대적 소명이며 시대적 요청이라며 당의 모든 역량을 기울여 야권단일화를 기어이 성취하고 총선을 단일 야권의 승리로 이끌 것을 다짐했다.

평민당은 국회의원 소선거구제 공동 관철을 전제로 재야, 평민당, 민주당의 3자 통합을 추진한다는 기존의 입장을 밝히고 통합추진위원회를 문동환, 박영숙, 이상수, 이중재, 최영근, 조세형으로 확대 개편했다.

민주당 의총에서 김동욱 의원은 "김대중 씨를 정치선배로 존경할 수 없다", "노태우 후보 당선의 제1공로자는 김대중 씨"라고 일방적으로 공격했다.

김동영 의원도 김영삼 총재의 퇴진을 살신성인이라고 평가한 뒤 "김대중 씨는 전라도 출신 의원들을 볼모로 잡아 버티면서 명분 없는 구실을 내세워 통합에 브레이크를 걸고 있다"고 원색적으로 비난하여 영남 출신들의 김대중 평민당 총재에 대한 불신과 배척은 극에 달했음을 보여줬다.

이에 평민당은 김대중 총재가 일시적이라도 정치일선에서 후퇴하여 허심탄회하게 민주당과의 통합에 응하라는 압력과 현역의원 몇 사람이 당을 떠나는 한이 있더라도 재야의 비판적 지식인 등을 영입하여 평민당을 유지 발전시키라는 양 갈래 입장에서 고심하게 됐다.

(3) 김영삼, 김대중의 회담에서 통합 전격 합의

민주당 김영삼 전 총재와 평민당 김대중 총재가 야권통합논의를 위해 서울 가든호텔에서 전격적으로 회동했다.
김영삼 전 총재가 소선거구제 수용의사를 밝히면서 김대중 총재와의 회동을 제의하여 이뤄졌다.
양 김 씨는 분당 이후 첫 회동에서 야권대통합을 위해 민주당이 소선거구제로 당론환원, 재야의 신당창당 중지 및 통합동참 권고, 양당의 통합추진기구 조속 재가동 등 3개항에 합의했다.
이들은 "야권의 대통합만이 현 난국을 극복하고 다가올 총선에서 야권이 승리할 수 있는 유일한 길이므로 이를 적극 추진한다"고 합의했다.
민주, 평민 양당은 통합의 방식은 새로운 당명 아래 통합하는 신설통합으로 하고 공천과 당직 등의 지분은 양당이 같은 비율로 배분하도록 하자는 원칙 아래 통합 협상을 본격적으로 진행해 나갔다.
민주, 평민당은 오는 3월 5일까지 통합을 선언하는 합동전당대회를 개최하기로 하고 이에 필요한 각 당의 전당대회 등 모든 절차를 그 이전에 마치기로 합의했다.
이들은 통합작업을 실무적으로 진전시키기 위해 당명·당헌당규소위, 정강·정책소위, 조직소위, 재야소위, 선거법소위를 구성했다.
두 김 씨는 신당의 지도체제 문제에 있어서 민주당 김영삼 전 총재는 두 사람이 2선으로 후퇴하고 제3의 인물을 내세우는 합의성 단일지도체제를, 평민당 김대중 총재는 최소한 총선 때까지 만이라도 두 사람의 공동 지도체제를 주장한 것으로 알려졌으며, 두 사람은 함께 1선에 나서건 2선으로 물러서건 행동을 통일한다는 동진동퇴(同進同退) 입장을 양해한 것으로 알려졌다.
김대중 총재는 김영삼 전 총재에게 "당신은 평민당의 색깔을 들먹이며 통합불가론을 폈다가 닷새 만에 총재직을 던지고 산에 들어갔는데 그런 당신의 행동에 대해 내 주변에서는 김대중을 끌어내리기 위한 것이라는 등 나쁜 얘기도 많았다"고 면전에서 유감을 표시했다.

평민당은 "총선 기간동안은 통합신당을 선거대책기구 체제로 잠정 운영하여 두 김 씨가 일선에서 총선을 진두지휘하도록 한 뒤 3개월 이내에 전당대회를 열어 본격적인 지도체제를 정비하자는 입장"인 반면, 민주당은 "김영삼, 김대중 씨가 2선으로 후퇴하고 당의 체질과 세대교체가 전제되어야 한다"며 입장을 달리했다.

민주당은 "두 김 씨가 전면에 서 있는 이상 식상(食傷)해 하는 국민의 관심을 돌릴 수도 없거니와 야당의 진정한 체질 개선도 기대할 수 없다"고 주장하면서 "통합논의 재개 후 그러잖아도 '김영삼 씨가 왜 다 죽은 김대중 씨를 살려내느냐'는 반발이 거세며, 김대중 씨의 착각과 끝없는 물고 늘어지기를 마냥 감수할 수만은 없다"는 자세가 주류를 이뤘다.

평민당은 "김영삼 씨는 공천권 등 실권을 행사할 의향을 내심으로 갖고 있으면서도 인기만을 생각하여 백의종군 운운의 또 다른 쇼를 하는 것 아니냐"고 비난하면서 "지금 김대중 총재는 김영삼 씨의 총재직 사퇴에 이은 또 한 번의 꼼수에 말려들지도 모른다"고 주장했다.

(4) 양당 통합 걸림돌로 떠오른 평민당 김대중 총재

민주당, 평민당 및 한겨레민주당의 야권통합대회의에서 소선거구제 단일안 공동발의 문제와 김대중 총재의 2선후퇴 문제를 놓고 격론을 벌이다 가까스로 합의에 도달했다.

민주당 김태룡 대변인은 "전당대회에서 통합을 전제로 김대중 씨의 2선퇴진을 결의한 바 있다"고 말하고 "김대중 씨의 2선퇴진

선언이 없는 통합은 불가능하다"고 김대중 총재의 퇴진만을 강조했다.
민주당과 평민당은 각각 최고의결기구인 임시전당대회를 열어 양당의 통합을 결의했다.
민주당은 "공동대표제는 마땅히 철회되어야 하며 김대중 씨가 통합과 동시에 일선에서 물러나겠다는 의사를 분명하게 밝혀야 한다"고 요구했다.
민주당은 김대중 씨의 완벽한 1선 후퇴만 보장된다면 내일이라도 소선거구제 선거법안을 공동 제출할 수 있다는 입장이다.
민주당은 김대중 총재의 퇴진에 야권통합의 초점을 맞춤으로써 당내 결속을 다져나가는 한편, 소선거구제 수용에 따른 영남과 중부권 의원들의 반발을 최소화시킨다는 전략을 세웠다.
평민당은 민주당이 소선거구제 단일안을 제출하기로 합의해놓고도 민주당은 인구비례에 의한 중선거구제와 민정당과 잠정합의한 바 있는 1인구 30개를 기초로만 1구 1~3인제를 검토하고 있다고 비난했다.
평민당 안동선 대변인은 민주당 김현규, 황낙주 의원 등이 이대순 민정당 총무에게 전화를 걸어 "살려달라", "민주당에서 소선거구 반대자 30명의 서명을 받아놓았으니 민정당 중앙집행위원회가 소선거구제를 사흘만 보류해 달라"고 호소한 일이 있다고 폭로했다.
민주당 내의 서울 출신들은 "어떤 희생을 감수하더라도 통합은 이루어야 한다"고 주장한 반면, 영남과 충청 출신들은 "김대중 씨의 2선퇴진 없는 통합은 의미도 없고 백해무익"이라고 지역별로 팽팽히 맞서는 입장이다.
민주당은 통합이고 뭐고 다 때려치우고 이제 뒤도 돌아보지 말고 갈라서자며 전의를 불태우고 있으나 "이러다간 또 1노3김(一盧三金) 싸움의 재판 아닌가", "야당끼리 치고받아 득볼 쪽은 뻔하지 아니한가"라는 현실에 부닥쳤다.
김대중 총재는 자신의 거취에 대한 피해의식, 즉 민주당 내의 소선거구제 반대 그룹이 주축이 되어 한 발짝을 물러서면 두 발짝의 후퇴를 요구하는 끝없는 가해를 해오는 공작의 함정에 빠지지 않겠다는 불퇴전의 의지가 엿보였다.
김대중 총재 입장에서는 2선후퇴를 이행할 준비가 돼 있는데 마치 쫓겨나는 것 같은 인상을 주기 싫고, 대통령 선거 후부터 두 김 씨 특히 김대중 총재를 정계에서 몰아내려는 공작이 진행되고 있다는 판단이 깔려있기 때문에 못마땅한 표정이었다.
평민당 김대중 총재는 두 김 씨의 공동대표제와 연합공천 가운데 양자택일하라고 민주당에 공식제의했다.
그는 "연합공천을 통해 선거를 치른 뒤에 통합을 할 수도 있을 것"이라고 덧붙였다.
한겨레민주당 제정구 대표는 민주당, 평민당, 재야 3자가 연합공천 제의를 받고 민주당이 동의한다면 이를 긍정적으로 검토하겠다는 의향을 비친 것으로 평민당이 밝혔다.
민주당 김명윤 총재직무대행은 평민당 김대중 총재가 제의한 공동대표제나 연합공천을 거부했다. 이로써 1개월여 동안 지루하게 추진했던 야권통합 작업은 무위로 끝났다.
김명윤 총재 대행은 "후보단일화 실패와 야권분열의 결정적 책임이 있는 김대중 씨가 파당성과 지역성에 기초해 역사와 국민의 요구를 거부한 것은 안타까운 일"이라며 김대중 총재의 퇴진을 거듭 주장하며 참신한 재야인사들과 연합을 형성할 것이라고 밝혔다.
평민당 안동선 대변인은 "우리 당의 합리적 제안이 거부된 것은 소선거구제 단일안의 공동제출을 반대하던 민주당 내의 일부 공작정치 협력자들의 책동과 김영삼 전 총재의 아집 때문"이라고 비난했다.
평민당의 소선거구제 관철에 따른 욕심 섞인 자신감과 믿을만한 제2인자가 없다는 현실이 대리공동대표제를 거절하고 공동대표제를 제안하게 된 배경이었다.

한국국민당 이만섭 총재는 "김영삼, 김대중 두 김 씨가 완전히 정계를 떠나지 않는 한 통합은 안 된다고 보아왔다"면서 "민주당과 평민당은 공연히 통합논의를 꺼내 국민들을 실망시키고 자기들 뿐 아니라 다른 야당까지 피해를 보게 만들었다"고 불만을 터뜨렸다.

(5) 민주당 중심의 부분통합 논의가 김대중 총재를 낙마시켜

평민당은 김대중 총재의 2선 후퇴를 전제로 하여 연합공천을 하자고 민주당 김영삼 전 총재에게 제의했으나 김영삼 전 총재는 이를 단호하게 거절했다.

김영삼 전 총재는 "실현 가능성이 없는 연합공천은 국민을 또다시 속이는 일이 될 것"이라고 말하고 "국민이 김대중 씨의 2선 후퇴를 요구한 것은 통합을 위한 것이었지 연합공천을 위한 것은 아니었다"고 명백히 거부의사를 밝혔다.

민주당과 한겨레민주당, 박찬종 의원을 중심으로 한 무소속 의원, 이신범 씨 등 재야 민주세력 등이 민주당을 중심으로 통합원칙에 의견이 접근됐으며, 평민당 소속의원 중 동교동계를 제외한 의원들이 통합논의에 관계하고 있는 것으로 알려졌다.

비민주당 측은 민주당의 당명변경, 정강·정책 수정과 대도시 공천권의 과반수 할양을 주장했으며 민주당이 이러한 모든 것을 양해한 것으로 알려졌다.

박찬종 의원은 "평민당을 뺀 나머지 민주세력의 연대 모습을 갖추는데 서명파 의원들이 마지막 노력을 기울이기로 했다"고 설명했다.

민주당의 최형우, 김정길, 한겨레민주당의 이현배, 유인태, 무소속의 장기욱, 이철 의원 등은 우리민주당으로 당명을 변경하고 민주당 중심의 부분 야권통합에 잠정합의했다.

이에 놀란 평민당 김대중 총재가 야권통합을 위해 총재직을 조건 없이 사퇴했다.

그는 "제가 통합 후의 사퇴를 고집했던 것은 책임지고 통합을 성취시키기 위함은 물론이지만 무엇보다도 공작정치가 야권통합을 극렬 저지하면서 저를 총재직에서 물러나게 하려는 계획만 성사시키기 위해 온갖 음모를 다하고 있기 때문"이라고 궁색한 변명으로 일관했다.

이어 그는 "그러나 우리의 통합대상 측은 저의 선사퇴(先辭退) 없이는 통합할 수 없다고 주장하고 있는 실정이어서 통합 전 사퇴 결심을 하게 됐다"고 설명했다.

김대중 총재의 무조건 사퇴는 야권통합이 안될 경우의 총선결과에 대한 위기의식과 여론의 압력에 따른 고육(苦肉)의 선택이었다고 볼 수 있다.

그의 총재직 사퇴를 가져온 가장 가까운 계기는 민주당과 한겨레민주당, 일부 재야 및 무소속 서명파 의원들의 부분통합 움직임이었다. 이 움직임이 변수로 작용하여 소속의원의 상당수 이탈 등 평민당의 현저한 위축을 예고했기 때문이었다.

민주당으로의 무조건 통합은 평민당이 김 씨의 대통령 출마를 위한 거품정당이었음을 자인하는 결과가 되는 것이어서 김대중의 입장으로서는 그 같은 압력에 굴복하기 어려웠다.

이제 두 김 씨는 정치의 전면에서 사라져 돌아오지 않는 다리를 건너게 됐다.

김대중 씨는 대통령 선거에서의 패배로 30여 년 정치생활에서 최악의 위기를 맞았다.

왜냐하면 그동안에는 권력자로부터 일방적으로 탄압을 받아 국민 속에서 도덕적 우월성을 인정받았으나 공개경쟁을 통해 선거에서 패배함으로써 도덕적 우월성이 무너졌기 때문이다.

양 김 시대의 퇴조는 거스르기 쉽지 않은 큰 흐름이 되지 않을까 전망되기도 했다.
김대중 평민당 총재의 총재직 사퇴에 한겨레민주당과 무소속 서명파 의원들은 민주당과의 부분통합을 중단하기로 결의했다.
민주당 최형우 전 부총재는 무소속 의원들이 "대통합 노력을 위해 부분통합 노력을 중단한다"고 밝힌데 대해 "이는 정치적 약속을 저버린 배신행위"라면서 "서명파 의원들은 대의명분을 앞세우면서 뒤로는 실리만 추구하려는 2중 정치인들"이라고 비난했다.

(6) 양 당과 양 김 씨에게 깊은 상처만 남긴 통합협상

김대중 씨의 총재직 사퇴로 재론된 이번 통합 절충은 각 진영 모두가 총선 일정상 통합을 위한 시간이 촉박하다는데 인식을 같이 하면서 선거 패배를 면하기 위해서는 어떤 형태로건 통합을 이뤄내야 한다는 강박감도 함께 갖고 있어 속보(速步)로 진행됐다.
김대중 씨의 이선(二線) 후퇴를 통합의 전제조건으로 내걸었던 민주당은 민주당과 한겨레민주당의 부분통합을 깨뜨리기 위해 나온 술수이지 통합을 이루기 위한 진지한 의도가 아니라는 시각을 가지고 통합논의 재개를 회의적으로 전망했다.
민주당은 김대중 총재의 사퇴 선언이 지닌 정치적 파급효과와 야권통합이라는 명제에 대한 국민의 기대를 민주당이 저버렸다는 비난을 의식하고 몇 차례의 계속된 통합논의가 결국 국민들에게 실망만을 안겨준데 대해 통합논의가 공개협상이 아닌 막후 비밀접촉을 통해 진행되어야 한다고 주장해 왔다.
서울 출신 평민당 의원들은 "만약 이번에도 통합이 안 되면 우리들은 민주당에 갈수도, 평민당에 남아 있기도 어렵게 되는 것 아니냐"며 초조한 모습을 보였다.

3당이 통합신당의 집단지도체제 원칙에는 합의했으나 대표최고위원 선정 문제와 총선후보 공천 지분 문제에 대해 이견이 표출되어 난항을 거듭했다.

민주당은 대표최고위원 지명권은 민주당이 가져야 하고 공천 지분에 대해서는 현역의원 수는 인정하고 나머지를 반분하자고 주장한 반면, 평민당은 통합대회에서의 경선과 무조건 반분을 주장하고 한겨레민주당은 40대 40대 20으로 나누자고 주장했다.

민주당의 최형우, 김수한 평민당의 김영배, 허경만 한겨레민주당의 장을병, 제정구의 6인소위는 단일대표(민주)와 공동대표(평민)를 놓고 설전만을 벌였다.

민주당은 통합신당 대표지명권 보장 등 고압적 요구사항을 들고나오자 평민당은 일종의 배신감을 표출하며 통합신당의 전도(前途)를 우려하면서 최영근 부총재는 "그런 상식에 어긋나는 협상태도를 보이는 것을 보니 통합할 의사가 없는 것 같다. 어린애가 아니면 누가 그런 식으로 협상에 나선단 말이냐"고 분개했다.

야권통합을 하겠다면서 주도권은 반드시 민주당 측에서 잡아야 한다는 발상은 통합의 대의명분상 결코 동의해 줄 수 없다는 것이 평민당 측의 입장이다.

김명윤 총재권한대행은 "서울, 중부 지역에서 평민당 공천으로 당선 가능한 사람은 노승환 의원 한 사람 뿐 아무도 없다"면서 "이제 특정지역 외엔 공천조차 할 수 없게 된 평민당 측을 왜 살려주느냐"는 의견이 대다수라고 속내를 드러냈고, 결국 민주당의 강경 입장이 통합을 무산시켰다.

최영근 평민당 부총재는 "민주당은 김대중 총재만 물러나면 통합이 될 것처럼 해오더니 김 총재 퇴진 직후엔 대표권 보장 등 또 다른 턱없는 요구를 해왔다"며 "민주당은 김 총재 퇴진이라는 목적을 달성한데다 통합이 안 돼도 민주당은 산다는 어처구니없는 환상을 갖고 있기 때문에 통합할 생각이 없는 것"이라고 주장했다.
협상대표 회담장에 200명의 청년, 학생들이 '무조건 통합', '민주당 각성' 등을 외치며 소란을 피우다 급기야 최형우 대표에게 폭력까지 행사하여 회담을 갖지 못했다.
민주당은 "난동자들은 평민당이 조직적으로 동원하여 협상대표를 협박하려 한 것"이라며 "평민당의 공식적인 사과가 없는 한 회담에 불응하겠다"고 밝혔다.
그리고 민주당은 그동안 함께 협상을 벌여온 한겨레민주당은 물론 무소속 의원, 재야 신당의 주요 인사들에 대한 영입에 집중했다.
평민당은 "학생들의 충정어린 통합노력을 틈타 일부 불순세력이 야기한 통합방해 책동"이라고 주장하며 사과를 거부하여 협상이 결렬됐다.
조세형 통합추진위 대변인은 "어른들이 안에서 협상 하는데 어린 애들이 바깥에서 떠들었다고 해서 저 애들은 너희 애들 같으니 협상을 그만두자고 하는 민주당의 태도를 통합하려는 금도(襟度)라고 어떻게 볼 수 있겠느냐"고 반문했다.
김영삼 씨 사퇴, 양 김 회동 후 통합 합의, 김대중 씨 사퇴로 이어지면서 펼쳐진 야권통합협상은 크게 보아 대통령 선거에 이은 연장전으로 벌어진 양 김 간의 헤게모니 쟁탈전이라는 측면이 강했다.
야권통합에 결정적인 장애요인으로 지적되었던 소선거구제와 김대중 씨 퇴진문제가 모두 해결되고서도 협상이 쉽게 깨진 것도 결국 통합 후 주도권을 누가 장악하느냐의 현실적인 이해 때문이었다.
민주당은 이미 자당에게 불리한 소선거구제를 내주었기 때문에 제1야당인 점을 내세워 통합신당의 대표를 차지해야 한다는 마지노선을 깔고 협상에 임했고, 평민당은 통합의 반분정신(半分情神)을 앞세워 철저하게 50대 50의 세를 유지해야 한다고 맞선 것이다.
민주당 일각에서는 "이미 평민당과 김대중 씨는 퇴진거부 등 그 동안의 식언(食言) 등으로 중부지역에서 인기가 떨어질 대로 떨어진 만큼 새삼 통합 협상에 응해줌으로써 평민당에 새로운 기회를 줄 필요가 없다"는 주장을 펴기도 했다.

김대중 씨가 물러나긴 했지만 총재직 사퇴 선언 자체가 민주당을 중심으로 무르익던 한겨레당, 무소속 의원들과의 부분통합을 중지시키기 위한 응급처방이었다는 게 민주당 시각이었으며 '다된 밥에 재 뿌린다'고 내심 불쾌한 심정으로 협상에 임했다.

때마침 일어난 폭력사태는 '울고 싶은 아이의 뺨을 때린' 꼴이 되어 협상결렬의 명분이 됐다.

협상결렬로 양당은 잃은 것뿐이었다. 총재 둘 다 2선으로 후퇴했고, 분열된 체제 하에서 민정당이 만든 소선거구제만 관철됐기 때문이다.

3. 집권여당인 민정당의 총선후보 공천 낙수

(1) 후보자 1,422명이 신청하여 열띤 공천 경쟁

민정당은 선거법 협상이 끝나는 대로 1,422명의 신청자 중 자진 취소한 22명과 실사에서 500명을 제외시키고 나머지 900명을 심사할 예정이었다.

민정당은 공천심사 특별위원회를 채문식(위원장), 심명보(간사), 유흥수, 남재희, 이한동, 이춘구, 고건, 이대순, 김중권, 정순덕 등 10명으로 구성하고 공천심사에 들어갔다.

민정당 공천특위는 새 정부 이미지에 부합되지 않거나 공사(公私)생활에 물의를 일으킨 현역의원 20여명을 교체할 것으로 알려졌다.

공천심사를 하고 있는 민정당은 공천자의 전체적인 모습에서 참신성을 부각시키는 문제, 현역의원을 탈락 시키는 문제, 서울과 부산 등 취약 지역에 내세울 인물의 영입 문제 등이 최대의 풀어야 할 숙제였다.

서울은 윤길중, 권영우, 홍성우 의원 등의 정계은퇴 등으로 11명을 재공천한다 해도 32명을 영입해야 하는데 수도권의 정치적 비중을 고려한 중후함과 참신성을 갖춘 인물이 적어 고심 중이다.

그러한 가운데 성북갑구에서 김정례 의원과 최동규 전 동자부장관이, 강동에서 김중위 의원과 정남 의원이 각축전을 전개 했다.

부산 중구에서는 왕상은 의원과 정상천 전 서울시장이, 대구 중구에서도 유수호 위원장과 배성동 의원이 양보 없는 싸움을 전개했다.

인천 중-동구는 서정화 당조직국장과 강우혁 전 청와대 정무수석이 충돌하고 있고, 경기도 화성에서도 박지원 위원장과 이철우 의원이 맞붙어 있다. 가평-양평에는 김영선 의원에게 안찬희 전 인천시장이, 파주에는 이용호 의원에게 박명근 전 의원이 도전장을 내밀었다.
강원도 원주는 함종한 의원과 김영진 전 강원지사가, 강릉에서도 이봉모 의원과 최종완 전 과기처장관이 갈등을 빚고 있다.
명주-양양은 전국구의 김문기, 조상현 의원과 김성배 전 건설부장관이 3파전을 전개하고 있고, 정선에서는 신민선 의원에게 장승태 전 의원과 박우병 삼척탄좌 사장이 도전하고 있으며, 춘천에서는 고토회복을 노리는 홍종욱 전 의원과 한승수 서울대 교수가 맞붙어 있다.
충북의 제천-단양은 이해원 전 보사부장관과 조종호 의원 간에, 충주-중원은 진치범 의원과 김선길 증권협회회장간의 경쟁으로 압축됐다.
대전 서구는 최상진 의원과 이재환 국회사무총장이, 공주에서는 정석모 전 사무총장과 이상재 전 사무차장이 한치의 양보 없이 맞대결을 펼치고 있다.
대덕-연기는 천영성 의원과 이기백 전 국방부장관이 별들의 전쟁을 예고하고 있고, 서천에서도 군 출신인 이상익, 김두종 의원 간의 대결이 펼쳐지고 있다.
청양-홍성에서는 윤석순 전 국무총리 비서실장과 최창규 의원 간에 이전투구를 전개하여 제 3자가 어부지리를 얻게 될 것이라는 전망도 점쳐졌다.
전북 무주-진안-장수는 전병우, 감광수 의원의 대결장에 황인성 전 농수산부장관이 끼어들어 3파전을, 김제에서도 조상래 의원에게 조철권 전 노동부장관과 이건식 당 훈련국장이 도전하여 3파전을, 고창에서도 전종천 의원에게 김주섭 전매공사 감사와 이호종 전 의원이 도전하여 3파전을 전개하고 있다.
익산은 조남조 의원에게 김종건 전 법제차장이, 남원은 양창식 의원에게 이종률 전 정무장관이 도전한 상태이다.
전남은 유일하게 해남-진도에서 정시채 의원에게 임영득 의원이

해남이 대군(大郡)이라며 도전한 가운데 김정균 의원까지 가세했다. 민정당의 텃밭이라고 할 수 있는 경북은 공천경쟁도 유달리 치열한 양상으로 고령-달성은 김종기 의원에게 이용택 의원과 최운지 의원이 공개 도전장을 내밀었고, 의성에서도 정창화, 김영생 의원이 각축전을 전개하고 있으며, 영천은 염길정, 정동윤 의원의 경쟁에 서동권 전 검찰총장이 가세하여 3파전을 전개하고 있다.
경산-청도는 박권흠 의원에게 박재욱 전 의원이 도전하고 있고, 포항은 허화평, 이진우 청와대 정무수석 출신들의 한 판 승부가 펼쳐지고 있으며, 김천-금릉은 황선필 MBC사장과 박정수 전 의원이 무주공산 선점에 나섰다.
경남 충무-통영-고성은 고성이 분구될 것으로 알려져 이원홍, 허문도, 이규효 전 장관들이 군침을 흘렸으나 무위로 정리됐고, 합천은 유상호 의원을 상대로 박종길 KBS 대구총국장, 권해옥 MBC 감사, 문언석 풍진화학 부사장, 김용균 국회사무차장이 도전하고 있으나 전두환 전 대통령의 의중이 반영 될 것으로 전망되고 있다.
남해-하동은 박익주 의원에게 김욱태 전 국민은행장이, 거창에서는 곽후섭 전 서울시부시장과 박종문 전 농수산부장관이 경합 중에 있다.

(2) 제 5공화국의 연장선상에서 지역구 후보 공천

민정당은 영입대상인사의 고사, 취약지역의 인물난, 현역의원끼리의 치열한 경합, 여권내부의 미묘한 역학관계 등으로 공천자 발표를 앞두고 막바지 까지 진통을 겪었다.
진통과 우여곡절 끝에 5개 지역구를 제외한 219개 지역구의 공천자를 발표했다.
민정당은 이번 공천에서 당 대표를 역임한 권익현, 초대 사무총장인 권정달, 전두환 전 대통령의 동서인 김상구, 전 사무총장인 정석모, 전 국회부의장인 윤길중, 전 중앙위의장인 이상익 의원 등 현역 지구당위원장 27명을 탈락시켰다.
반면 민관식 전 국회의장 직무대리, 박준규 전 공화당 의장서리 등 구 여권 거물급 정치인과 정희경 현대고 교장 등 125명의 영입인사를 공천했다.
탈락한 지구당 위원장은 박경석, 염길정, 정남, 봉두완, 박권흠, 김숙현, 박익주, 박규식, 최창규, 나석호, 김재호, 조상래, 김종기, 유상호, 이재우, 전종천, 권영우, 이찬혁, 이병직 의원 등이다.
이번 공천에서 염보현 전 서울시장, 이해원 전 보사부장관, 이원홍 전 문공부장관, 허문도 전 통일원장관, 허화평 전 청와대 정무수석, 최재욱 전 청와대 공보수석, 이해구 전 안기부 차장 등도 제외됐다.
민정당은 민관식, 박준규, 김재순 씨 등 구정치인과 강성재, 정희경, 이동복 씨 등의 영입을 성공작이라고 자화자찬했다.
공천자를 직업별로 보면 국회의원이 80명(36.5%), 전·현직 관료 47명(21.5%)으로 가장 많고 기업인이 35명을 차지하고 있다.
교육계가 13명이며 사무처 요원과 언론인 출신이 8명이다.
연령별로는 50대가 136명으로 62.1%를 차지하고 있고, 40대가 64명으로 30%를 육박하고 있다.
민정당은 차기세대의 정치 인재육성을 위해 4.19 이후 세대 23명을 발탁했다고 발표했다.
그러나 이번 공천은 문민정치를 강조해온 노태우 대통령의 의지가 충분히 반영되지 못했고, 군 출신 공천자 수가 12대 때와 비슷한 23명이나 공천됐으며, 재력가가 전체 공천자의 17%를 차지하여 노 대통령의 보통사람시대 강조를 무색케 했다.
이번 공천은 참신한 신인보다는 재력가 선호, 권력자와의 인연치중, 간판스타가 없는 백화점식 인물나열이 공천에 대한 종합평가라 할 수 있다.

이번 공천은 새 공화국의 의정형태를 선명하게 규정지을 수 있는 진용이라기보다는 오히려 제 5 공화국의 연장선상이라는 인상이 강한 성격미상의 혼합형 공천이라는 평가가 높았다.
현역의원 탈락과 새로운 공천자 결정에 있어서도 원칙보다는 권력적 인연에 치중한 감이 짙었고, 이번에 공천된 정치 신인들은 대부분 엄청나게 부담해야하는 선거비용을 감당할 능력을 고려한 재력가라는 특징을 갖고 있다.
허삼수, 이학봉, 최재욱, 이진우, 강우혁 등 청와대 수석비서관들과 천명기, 이종률, 정호용, 이웅희, 최종완, 이해원, 조철권, 김종호, 이규호 전 각료들도 공천장을 받아냈다.
언론계에서는 강성재(동아일보 편집위원), 박범진(서울신문 편집부국장), 조순환(한국일보 논설위원), 윤상철(경향신문 상무) 등이 영입됐고 신영균, 이순재 등 영화배우들도 공천을 받았다.
서울에서는 용산 봉두완 의원이 서정화 전국구의원으로 교체되고 윤길중, 이찬혁 의원이 탈락했다.
고흥문 전 국회부의장의 영입교섭에 나섰으나 본인이 끝까지 고사하여 실패했고, 장덕진 전 농수산부장관과 박영수 전 청와대 비서실장도 영입교섭을 벌였으나 "밖에서 돕겠다"며 끝내 고사했다.
서울 중구의 공천자로 발표된 민관식 전 국회의장 직무대리는 불출마 성명을 발표하여 장기홍 수석 부위원장을 공천했다.
민정당은 보류했던 경기 성남갑구에 김충호, 충북 진천-음성에 김완태 전 통일민주당 의원, 충남 부여에 임두빈 의원, 경남 산청-함양에 노인환 10대 의원, 경남 마산을구에 김주호 전 농수산부 장관을 공천했다.
동래을구는 공천자가 사퇴하여 김용균 국회사무처 행정차장을 공천하여 전국 224개 지역구 공천자를 마무리했다.
김영삼 전 총재는 "민정당 지역구 후보에 졸부들을 대거 등장시킨 것은 금권 타락선거를 조성하고 정경유착을 더욱 심화시키는 악행"이라고 공격하고 "민정당 후보 중에 정치군인 출신이 28명이나 되는데 이는 노태우 정권 역시 빗나간 군사독재와 뿌리를 같이하고 있음을 입증한 것" 이라고 개탄했다.

또한 김영삼 전 총재는 "대통령 선거의 과학적인 부정에 대한 논공행상이었던 전국구 후보들은 교활한 해바라기성 인사, 학원안정법 추진 인사, 4.13 호헌과 6.29 선언을 동시에 지지한 인사들이 포함돼있어 국민을 우롱한 것"이라고 맹공했다.

통일민주당은 '12.12', '5.17' 쿠데타 관련자로 이종찬, 허청일, 허삼수, 정호용, 이춘구, 박준병, 이상재, 유학성, 이학봉, 정순덕 후보를, 새마을 비리 사건 간접 관련자로 서정화, 김종호, 이규효, 고건, 정석모, 김태호, 유흥수, 강우혁, 박진구 후보를, 금융비리 관련자로는 강경식, 이승윤, 곽후섭. 이원조 후보를, 정보정치 관련자로 박철언 후보 등 33명을 반민주인사 후보로 거명했다.

(3) 찻잔 속의 미풍으로 잦아든 공천후유증

한국국민당 공천으로 당선됐다가 통일민주당으로 변신하여 정책심의의장으로 활약하다가 이번 총선에서는 민정당으로 재변신한 김완태 의원이 박종률 민주당 사무총장의 간곡한 만류를 뿌리치고 민정당에 입당하자, 민주당 주변에서는 "이번 기회에 철새정치인은 모두 정리해야 한다"는 격양된 분위기가 조성됐다.

한국국민당 출신으로 민정당에 영입된 김영생(경북 안동), 이봉모(강원 강릉), 함종한(강원 원주), 최용안(전북 임실-순창) 의원 등은 아쉬울 때 영입해 놓고 욕먹이는 결과가 돼서는 안 된다고 쐐기를 박고서 마지막 공천경쟁에 돌입했으나 김영생, 최용안 의원들은 아쉽게 탈락했다.

민정당 현역의원 탈락자는 정계은퇴를 선언한 홍성우, 건강상 이

유 등으로 불출마를 선언한 권영우와 이병직, 교통부 장관으로 입각한 이범준, 지역구 불출마를 선언한 채문식 대표 등 5명은 일찍부터 탈락대상자로 확정됐다.

윤길중 전 국회부의장, 선거구 개정에 반발한 봉두완 의원, 이상익 전 중앙위의장, 정석모 전 사무총장, 천영성 국방위원장, 나석호 법사위위원장, 안병규 농수산위원장, 이찬혁, 정남, 조상래, 유상호, 이재우, 전종천, 박권흠, 최창규, 김종기, 박익주, 김숙현, 이용호 의원 등이 탈락했다.

유상호 의원은 "우리 지역은 대통령선거에서 69% 득표율을 올렸는데 상 대신 벌을 주는가"라고 항의했고, 신민당에서 이적한 신경설, 정재원 의원 등은 "급할 때 불러들여 써먹은 뒤에 이처럼 팽개치는 잔인한 행위가 민주화란 말인가"라고 노골적으로 불만을 표시했다.

공천경합에서 낙천된 정휘동(경북 상주), 최용안(전북 임실-순창)의원은 민정당을 탈당하고 무소속 출마를 선언했다.

또한 낙천한 김숙현, 이효익, 박규식, 홍희표, 김영생, 신민선, 김종하, 문병양, 고원준 의원 등도 탈당과 무소속 출마를 검토했다.

민정당 공천에서 탈락했지만 신공화당으로 변신한 이인구(대덕-연기), 김종식(충남 천원) 후보와 무소속으로 출전한 이해구(경기 안성), 홍희표(강원 동해), 이기빈(북제주) 후보 등은 당선됐다.

그러나 박규식(부천남), 임영득(해남-진도), 김종하(경남 창원), 정재원(충남 천안), 정휘동(경북 상주) 의원들은 모두 낙선했다.

채문식 대표는 "공천에서 탈락한 현역의원을 비롯한 친 여권인사들이 무소속으로 출마해 당선되더라도 민정당은 이들의 입당을 절대로 받아들이지 않을 방침"이라고 못을 박았으나 그것은 허언(虛言)이었음이 밝혀졌다.

(4) 지난 대선에서의 유공자 진출이 두드러진 전국구

민정당은 전국구 의원 후보 62명을 발표했다. 이번 전국구 후보공천은 1번에 채문식 대표위원, 2번 윤길중 전 국회부의장, 3번 정석모 전 사무총장, 4번 강영훈 전 주영대사, 5번 이병용 전 대한변협회장, 6번 박태준 포철회장, 7번 김동인 한국노총위원장, 8번 이광로 한국디자인포장센터 이사장, 9번 이윤자 전국주부교실 중앙회장, 10번 이원조 은행감독원장 등의 순서다.
당선 안정권으로 42번 이내에 현역 지역구 의원으로 공천에서 탈락됐던 김종기 의원이, 전국구 의원 중에서는 조경목, 지연태, 최상진, 양경자, 김장숙 의원 등이 포함됐다.
전·현직 관료로는 박철언 청와대 정책보좌관, 최재욱 전 청와대 공보수석, 김길홍 전 청와대 정무비서관, 안찬희 전 인천시장 등이 기용됐다.
법조계에서 강재섭 서울고검 검사, 군·경에서는 홍세기 경찰대학장, 김종일 전 해군 참모총장, 김인기 전 공군참모총장이 선임됐다. 나창주 건국대 교수, 박승재 한양대 교수, 이상희 연세대 교수가 학계 대표로 선임됐고, 손주환 중앙일보 이사, 이상하 동아일보 편집부국장이 언론계 대표로 발탁됐다.
이재형 국회의장은 제외된 반면 이동진 한국국민당 원내총무, 이도선 대한교육보험 부회장은 영입케이스로 들어갔다.
여성계에서는 신영순 병원장, 도영심 국회 전문위원이 선임됐고, 실업계는 이재황, 심기섭 후보 등이 추천됐으며, 연구단체에서는 서상목 후보도 발탁됐다.
당직자에서는 최창윤 기조실장, 주성돈 선전국장이 발탁됐고, 김정길 경기도지부 부위원장, 조남욱 삼부토건 사장, 임인규 전 출판협회장, 유기천 평안남도지사도 행운의 열차를 탈 수 있었다.
이번에 공천된 후보들을 살펴보면 상당수 인사들이 지난 대선에 노태우 후보의 승리를 이끄는데 기여한 공로가 크게 배려되었다. 당 사무처 간부 등 당료들은 42번 이하로 밀려난 반면 월계수회 등 사조직을 이끈 숨은 얼굴들이 두드러졌다.
노태우 대통령의 인척인 박철언 대통령 정책보좌관이 국회에 진출했으며, 박 보좌관의 사조직인 월계수회의 나창주, 김길홍, 강재섭, 이재황 후보 등이 당선안정권에 포진됐다.
직능대표들의 인선기준도 노태우 대통령 주변 인물들과의 친분이나 인연에 중점을 두었음이 두드러졌다.
전국구 후보자 발표 이후 민정당의 분위기가 어수선한 것은 이번 인선내용이 무원칙성이나 특혜의 흔적이 발견되고 노태우 대통령의 친인척인 박철언 정책보좌관의 등장으로 "벌써부터 노 대통령의 측근들이 시야를 흐리게 하는 작태를 벌이고 있는 것 같아 걱정 된다", "노 대통령의 임기와 제 13대 국회의원 임기가 비슷하기 때문에 이번 기회가 아니면 안 된다는 생각 때문에 사연이나 대선 유공자들이 대거 배려된 것 같다"는 우려들이 쏟아졌다.
이재형 국회의장은 "대선에 적극적으로 나서지 않았다"는 이유를 들어 국회 재진입이 실패했고, 고홍문 국회부의장의 영입교섭도 실패하여 윤길중 전 국회부의장이 2번으로 회생했다.
광주 출신인 고귀남 의원은 "약속했던 전남도당 사무국장을 탈락시켜 전남지역의 사기가 떨어졌다"고 불만을 토로했다.
이번 전국구 인선의 핵심은 노태우 대통령의 처남인 김복동, 동서인 금진호의 국회진출은 좌절됐으나 영부인 김옥숙 여사의 인척인 박철언 보좌관이 조경목 의원과 최창윤 당 기획조정실장 보다 상위 서열에 배치되어 등장한 것이다.
42번까지 안정권으로 당선에 설레였던 강릉농협장 심기섭, 전 인천시장 안찬희, 현역의원인 최상진, 선전국장 주성돈 후보들은 민정당의 과반의석 미달로 예비 후보로 전락했고, 노태우 대통령의 동생인 노재우 회사의 대표인 김용희, 궁도협회장인 심동욱, 청년회의소 간부인 조충훈, 청년분과위원장 구천서, 국책연구소실장 박승웅, 당청년국장 김원웅, 훈련국장 이건식 등도 후보 추천에 만족할 수밖에 없었다.

전국구 당선자 38명의 지역별 분포는 영남권이 14명으로 가장 많고 충청권 6명, 호남권 6명, 수도권 6명, 강원-이북권 6명으로 영남권의 편중현상이 37%를 차지하여 두드러진 편이었다.

4. 민주・평민당의 제 1 야당을 향한 용트림

(1) 제 1야당의 꿈에 부푼 민주당의 총선을 향한 발걸음

민주당은 통합논의과정을 통해 평민당과 김대중 씨의 실체와 저의가 보다 명백히 일반 국민 앞에 드러났다고 홍보하면 자당에게 이롭게 작용할 것을 기대하고 있으나, 통합논의과정에서 김영삼 전 총재의 당내 영향력 감퇴에 따른 중구난방 사태와 중선거구에서 소선거구로 당론을 바꾼 뒤에도 내연이 끊이지 않는 등 내부소요가 있었던 점등이 악재일 수 있다고 신경을 곤두세웠다.
김영삼 전 총재는 "이제 대통령 후보 단일화 실패의 원인과 책임소재도 분명히 밝혀졌다"며 후보 예상자들의 사기진작에 부심했다.
민주당은 이번 공천에서 종래와 같은 투쟁력보다 실력과 사회경험을 더 중시해 "악바리당은 신물 난다"는 일반 국민의 심리에 부응하겠다는 복안이다.
민주당은 영남의 고정세와 수도권의 수준 높은 표를 대거 흡수하여 호남에 역점을 두고 있는 평민당을 누르면서 제 1 야당은 무난하다고 계산했다.
민주당은 김명윤 총재 직무대행을 공천심사위원장으로 김상현, 김수한, 박종률, 황명수, 김동영, 최형우 등을 심사위원으로 임명했다.
민주당은 박찬종, 조순형, 이철, 장기욱 의원과 제정구, 장을병 씨 등에 대한 영입에는 실패했지만 김광일, 노무현, 여동영, 이기문, 유택형, 조만후 변호사와 현승일 국민대 교수, 노승우 외국어대 교수, 이신범 민주발전연구소 대표, 황성권 부마사태 주동자 등 13명의 영입에 성공했다.
민주당은 407명이 공천을 신청하여 1.8대 1의 경쟁률을 보였다. 경남 김해와 경북 경주에 각각 8명이 신청하여 가장 높은 경쟁률을 보였으나 호남지역 13개 지역을 포함해 17개 지역구에는 공천 신청자가 1명도 없는 지역편차 현상을 보였다.
민주당 김영삼 전 총재는 지역구 출마에 대한 당의 권유를 받아들여 부산 서구에 출마했다. 김 전 총재는 "당을 위한 마지막 헌신이자 민주세력의 승리를 위해 싸움터로 나서라는 명령이므로 받아들이기로 했다"고 출마 배경을 설명했다.
민주당은 직선제 당론에 반발했던 이건일(부산 해운대), 서종렬(경북 영일-울릉), 신병렬(울산 남구), 한석봉(부산 동구) 등 신보수회 소속 4명과 6선의 박한상, 5선의 박해충 의원 등을 공천에서 탈락시킨 결단을 내려 국민들에게 무엇인가를 보여주려고 했다.
조연하 의원은 불출마를 선언하고 김종배 후보에게 선양했고, 이영준 의원은 전국구로의 변신을 꿈꾸며 지역구 공천신청을 하지 아니했다.
전국구인 박종률, 조영수, 김형경 의원 등도 김 전 총재의 만류 등으로 출전을 포기했고 김완태 의원은 민주당을 탈당하고 민정당의 공천장을 받아내는 철새행각을 보여줬다.
민주당은 현역의원 12명이 공천에서 제외돼 야당 공천 사상 최대의 현역교체율(20%)을 기록했다.
이로써 민주당은 현역의원 53명 중 41명이 재공천 됐고, 김영삼 전 총재, 김명윤 총재 권한대행, 김상현 부총재 등 전직의원 27명이 공천됐다.
민주당의 공천자는 현역의원이 41명, 전직의원 27명, 당료 출신 27명, 김중태, 김정강, 김종배 등 운동권 출신 7명으로 정치 노선상 보수본류에 진보적 색채를 보완하고 세대교체를 위한 걸음마적 의미도 지니고자 노력했다.
평민당 공천내정자였던 강원채(서대문을), 유택형(중랑갑), 하근수(인천 남을) 등이 평민당을 탈당하고 민주당에 입당하여 공천자로 확정됐다.

그리고 김현규 원내총무를 경북 군위-선산에서 대구 중구로, 황낙주 전 원내총무를 경남 진해-의창에서 경남의 신흥정치 1번지인 창원으로 이적시키는 결단도 내렸다.

충남 논산 출신인 박찬 전 의원은 "신민당에서 같이 정치를 하다 배신한 '변신정치인'에 대한 보복을 위해 나서겠다"며 천명기 전 보사부장관을 겨냥하며 서울 중랑을구에 낙점을 받았다.

서초을구는 박종률 사무총장과 김덕룡 전 총재비서실장간에 조정이 이뤄지지 않다가 박 총장을 총선을 지휘하기 위해 전국구에 안착하는 조건으로 마무리 됐고, 강서갑구는 김재춘 전 중앙정보부장과 이원종 김영삼 전 총재 핵심참모가 맞붙었으나 "구시대 인물을 서울에 내세운 것은 민주당의 이미지를 실추시키고 야당 바람을 일으키기 어렵다"는 당내 여론을 업고 이원종 부대변인이 낙점됐다.

민주당은 종로에 김명윤, 성동병에 박용만, 동대문을에 송원영, 성북을에 현승일, 은평을에 김재광, 서대문갑에 김상현, 마포을에 강신옥, 동작갑에 서청원, 관악을에 김수환, 강남갑에 황병태, 강동갑에 김동규 등 서울에 거물급을 집중 포진시켰다.

텃밭인 부산에도 서구에 김영삼, 영도에 김정길, 부산진갑에 정재문, 부산진을에 김정수, 동래갑에 박관용, 동래을에 최형우, 남구을에 정상구, 북구갑에 문정수, 북구을에 신상우, 해운대에 이기택, 사하에 서석재를 포진시켜 서울과 부산에서 승부를 걸겠다는 의중을 드러냈다.

(2) 이상과 현실이 교차된 그런대로 최선을 다한 민주당 공천

현역의원 12명을 탈락시킨 민주당의 지역구 공천에도 조그마한 파

문은 일어났다. 인천 서구에 공천을 확약 받고 평민당에서 영입한 이기문 변호사가 유재연 의원의 지역구를 옮긴 공천으로 막판에 탈락하자 무소속으로 출전하여 평민당 탈당을 권유한 유 의원을 꺾겠다고 기염을 토했다.
재야영입케이스인 이신범 씨는 서울 용산에 내정됐으나 인천 북구 을구로 옮겨 공천되자 탈당을 결행했다.
민주당의 성북갑구 공천자인 이윤기 씨는 불출마를 선언했고, 경북 점촌-문경 공천탈락자인 최주영 씨는 "이 지역 공천자인 신영국 씨는 공화당에 공천신청을 냈던 사람으로 공천과정에서 금품수수설이 있다"고 맹렬히 비난했다.
장기욱, 이철 의원 등은 민주당 입당원서를 제출했으나 무소속 출마를 선언하자, 민주당은 "결국 기회주의적 속셈을 버리지 못한 것"이라고 비난했다.
서명파 무소속 의원들은 이철 의원만 성북갑구에 그대로 출마하고 박찬종 의원은 서초갑구로, 허경구 의원은 송파갑구로, 장기욱 의원은 강남갑구로, 홍사덕 의원은 강남을구로 지역구를 옮겨 출전했다.
79년 신민당 시절 김영삼 총재를 상대로 가처분 신청을 냈던 유기준(경기 광주)은 김 전 총재의 사면령으로 기사회생했고, 평민당에서 탈당하여 합류한 유제연, 김성식, 김현수 의원과 유택형, 강원채, 하근수 후보 등도 공천자대열에 합류했다.
민주당 공천은 밀실작업으로 다 이루어지고 공천심사위는 충격완화용 모양 갖추기라는 인상이 농후했다.
김영삼 전 총재의 영향력이 절대적인 상황에서 이번 공천은 심사도 들어가기 전에 김영삼 전 총재의 조직참모인 서석재 의원이 특명비밀작업을 통해 이미 1~3차 심사의 차수별 공천 내정자까지 분류해 명단을 공천심사위에 넘겨줬기 때문이다.
이 같은 김영삼 전 총재 주변의 전횡을 두고 김재광, 김상현, 이기택 의원 등은 "당을 이런 식의 독식상태로 끌고 가는 것은 곤란하다"는 불만도 제기됐다.

그러나 민주당은 선량후보로 내놓을 만한 인물의 빈곤 때문에 고민한 흔적이 역력한 것은 지난 17년 동안 1구 2인 동반당선의 굴레에 빠져 있다가 소선거구제 실시로 한꺼번에 지역구가 두배 이상 늘어남에 따라 가중된 것으로 볼 수 있다.

그리고 공직자, 관료 출신이나 실업인에게는 야당은 아직 기피대상임이 두드러졌다.

김재춘 전 중앙정보부장은 전력이 문제돼 탈락했고 김진기 전 육군헌병감도 도중하차했다.

민주당은 호남지역 19곳에 공천자를 내지 못했다. 공천한 경우에도 체면치레 정도였다.

그래도 이번 민주당 공천은 당성과 선명도에서 문제된 현역의원 6명을 탈락시키는 것은 우리 야당사에 드문 일이었고 현승일, 노승우 등 교수출신 12명과 김광일, 강신옥 등 변호사 출신 9명을 새로 영입한 것은 체질개선을 위한 발전적 노력의 일환으로 평가됐다.

구여권이나 군 출신자를 과거의 경력으로 배척하고 여성우대의 시대적 조류에도 불구하고 단 1명의 여성을 공천한 것은 지나친 보수성, 폐쇄성 때문이 아닌가 하는 우려를 낳았다.

김중태, 김정강, 김종배 등 이른바 운동권 출신들 7명과 김영삼 전 총재의 비서 출신 7명, 더구나 당료 출신들을 49명이나 배치한 것은 인재난의 반증이기도 하지만 젊은 인재들에게 도전의 기회를 열어주는 계기가 될 수도 있다는 것으로 비춰졌다.

이번 공천에서 현역의원 41명, 전직의원 27명 등 68명이 의원출신이고 방송인 3명, 기업체 간부출신 22명이 분포됐다.

이번 공천자 중에는 김병태(송파을), 김중태(서울 중구), 김덕룡(서초을), 현승일(성북을), 서훈(대구 서갑), 김정강(구로갑), 김종배(구로을) 등 4.19와 6.3세대의 운동권 출신들도 고루 포함됐다.

이번 민주당의 공천내용은 야당의 구각을 깨려는 노력을 보였으나 새로운 상을 보여줬다는 측면에서는 미흡하지 않았나 하는 평가를 받았다.

(3) 아쉽게 돈 공천으로 전락한 민주당 전국구 후보

민주당은 40명의 전국구 후보를 등록했다. 당초 상위 순번에 거론되어온 김영관 전 해군 참모총장, 김재춘 전 중앙정보부장, 김진기 전 육군헌병감, 이영준과 조영수 의원 등은 본인들의 고사 또는 헌금액 조정실패로 모두 탈락했다.
1번에는 당 재정위원장으로 경남고 총동창회장인 송두호를, 2번엔 재일거류민단 중앙본부부단장인 이행구를, 3번엔 태화운수대표인 노홍준을, 4번엔 연일가스 회장인 유승번을, 5번엔 12대 한국국민당 전국구 의원으로 대원카페리회장인 황대봉 의원을 추천했다.
유도회 사무총장인 문준식, 부산유지대표인 석준규, 권철현 전 연합철강대표의 아들로 약관 30세인 권헌성, 전 건설부 수자원국장인 최이호, 지역구를 김덕룡 전 총재비서실장에게 양보한 당 사무총장인 박종률 의원이 안정적인 10번 이내에 배치됐다.
당선권인 15번 이내에 김운환 울주군 선대위원장, 김성룡 공군참모총장, 인촌 김성수 선생의 7남인 김남 미주동아회장, 김형경 12대 신민당 전국구 의원, 김무성 당 재정국장 등이 배치됐다.
당직자들이 철야농성을 벌이고 통신시설과 업무를 마비시키며 "당직자들의 전국구 공천을 각별히 배려하고 15번 이내에 최소한 3명을 공천하라"고 실력행사를 벌이자 이를 무마하기 위해 15번부터 김무성, 백영기, 이유연, 차상식, 조규범, 신용선, 오사순, 조익현 등 8명을 대거 공천했다.
민주당 전국구 후보들은 5번 까지는 20억 원, 10번 까지는 10억 원, 15번 까지는 5억 원이었으며 20번 이내까지는 당의 고참국장까지도 1억~2억 원을 일단 헌금한 것으로 알려졌다.
송두호 경남중·고 총동창회장의 경우는 사실상 헌금케이스라기 보다는 민주당에 대한 사랑과 기여도를 감안한 것이라고 관계자들은 의미를 부여하고 있으나 지난 대선 때의 기여 등으로 입도선매(立稻先賣) 된 것이라는 것이 일반적인 관측이었다.
박종률 사무총장은 전국구 의원으로 3선을 하게 되는 진기록을 세웠고 황대봉, 김형경 의원들은 전국구 재선의원에 등재되는 기쁨을 안게 됐다. 그러나 지역구에서 민주당 후보들의 부진으로 김형경 의원은 예비후보로 전락했고 김무성 국장 등 당직자들은 13대 국회등원에 아쉽게 실패했다.
민정당은 전국구를 인력충원의 수단으로 활용하는데 반해 민주당은 총선자금조달의 방법으로 이용하는 측면도 있는 것은 현실이다. 그렇기 때문에 전국구의 인선은 그 나름의 화제와 크고 작은 잡음이 있어왔다.

(4) 평민당의 재야인사 영입과 민주당의 색깔론 시비

평민당은 김대중 총재의 퇴진 거부 선언 이후 정신을 못 차리게 쏟아지는 비난여론의 소나기 때문에 몹시 가라앉은 분위기 속에서 독자 총선 채비를 갖춰나갔다.
"통합이나 연합공천도 안되면 정계 은퇴" 결심을 밝힌 이중재 전 부총재는 "지지자들을 배신하지 않고 당에 타격을 주지 않을 방법이 무엇일까를 고심 중" 이라고 하다가 야권통합의 실패에 대한 책임을 지고 총선 불출마를 선언했다.
탈당설이 나돌았던 이용희 전 부총재는 "내가 어디를 가겠느냐" 고 평민당 고수의사를 밝혔다.
평민당의 양순직, 유제연 전 부총재와 김현수, 김성식, 장기욱 의원 등은 "야권통합을 이루는데 새로운 돌파구를 마련하고 획기적인 전기를 마련하는데 도움이 되기를 바라는 충정에서 당을 떠난다"고 밝혔다. 이들 5명의 탈당은 평민당 의석이 29석에서 25석으로 줄었다는 숫자상의 의미를 넘어서 평민당의 일반 국민에 대한 인상과 향후 진로에도 깊은 상처를 주었다.

이들의 탈당은 현실적 야권통합은 민주당 중심으로 이뤄져야 할 것 같은 대중적 인상을 주고 나아가 평민당 잔류의원들의 심리상태에까지 동요요인을 제공하여 평민당의 와해 직전에 봉착하는데 크게 기여했다.

민주당은 '누군가 봇물을 트기만 하면 평민당의 와해는 순식간에 이루어질 수 있다'는 계산에서 5명의 탈당선언 순간을 몹시나 기다렸다.

평민당을 탈당한 유제연, 김현수, 김성식 등 3명의 의원은 온갖 연막전술을 피우다가 "후보 단일화에 실패하고 분당을 막지 못함으로써 군정종식과 민주정부 수립에 실패한 책임을 통감하며 모든 국민에게 사죄한다"면서, 야권은 무조건 재통합하여야 한다는 국민의 뜻에 부응키 위해 민주당에 입당한다고 밝혔다.

평민당을 탈당하고 민주당에 입당한 이들 5명은 13대 국회에 공교롭게도 모두 등원하지 못했다. 양순직 전 의원은 출전을 포기했고 유제연 의원 등 네 의원은 모두 낙선했다.

문동환 목사, 서경원 가톨릭 농민회장, 강금식 성균관대 교수, 이동철 소설가 등 재야인사 80여명이 평민당에 입당하여 와해 직전의 평민당에 활기를 넣어줬다.

재야 입당자 가운데 문동환, 강금식, 유인학, 이찬구, 양대현, 임채정, 곽태영, 이해찬, 정동년, 윤강옥, 안철, 장영달, 권운상, 김학민, 고광진, 김주석, 서경원, 이동철, 이상수, 박상천, 박노수, 오탄 등의 출마희망설 또는 타천설이 나돌아 당내가 술렁거렸다.

민주당은 평민당이 과격재야를 흡수하여 당직 반분 형식으로 재정비하려는 것은 단일화 실패 및 대통령 선거 패배에 따른 책임에서 벗어나기 위한 고육지책으로 보고 있는 만큼 보수와 혁신이라는 갈등을 유발했다.
이는 보수와 혁신이라는 결코 양립될 수 없는 세력을 한 울타리 속으로 끌어들인 자체가 정치원론을 벗어난 왜곡구조라고 판단하고 있는데 기인됐다.
민주당의 김태룡 대변인은 "평민당의 이번 재야인사 영입 조치는 온 국민이 열망해온 야권통합을 실질적으로 거부하고 야당 분당을 고착화 시키는 조치"라고 비난했다.
김영삼 총재의 "이제 평민당의 노선은 분명해졌다"는 발언에 대해, 이돈명 변호사는 "민정당도 평민당의 색깔 얘기를 않고 있는 마당에 군정종식을 외쳐온 야당 총재가 그런 말을 한데 대해 경악했다"면서 "그분이 그런 생각을 가졌다면 민정당과 합당하는 게 옳지 어떻게 야당을 할 수 있느냐"고 통렬히 반박했다.
평민당도 민주당을 "집권당을 독재정권으로 규정하면서도 그에 대항하는 민주인사들을 과격으로 몰아붙이고 그 목소리를 수용하려는 자세를 보이지 않는 것이 문제"라고 지적했다.

(5) 어려움 속에도 60석을 목표로 무겁게 출발한 평민당

평민당은 사무총장에 김영배, 원내총무에 허경만 의원을 임명하는 등 주요 당직을 인선하고 당을 총선대비체제로 전환했다.
평민당은 조직강화특위를 구성하여 김영배 사무총장을 위원장에, 최영근, 허경만, 안동선, 임채정, 이길재, 이해찬을 위원에 임명했다.
평민당도 410명이 조직책을 신청하여 평균 2대 1의 경쟁을 나타냈다. 경쟁이 가장 치열한 곳은 전남 무안으로 19명이 신청했고, 곡성-화순에도 11명이 신청했으나 57개 지역에는 신청자가 단

한명도 없었다.

평민당의 고민은 광주-전남은 경쟁률이 5대 1이 넘지만 경남북, 충남북, 강원 등지에선 쓸 만한 희망자를 구하기 어렵고 서울-경기마저 자칫 공천자를 못내는 지역이 생길지도 모를 정도의 지역간 인물 빈부격차가 심했다.

평민당은 정치 1번지로 불리는 서울 종로에 박영숙 총재권한대행을 공천키로 결정하고 수락을 종용했으나, 박 대행이 끝내 거절하여 재야의 이돈명 변호사를 내세우고자 영입을 추진했으나 이것마저 좌절되는 바람에 끝내 공석으로 방치했다.

변호사 이상수, 이흥록, 조찬형 씨와 이우정 교수 등 재야출신들이 20여명에 육박했고 김대중 전 총재의 특보나 비서관인 권노갑, 최운상, 정웅, 한화갑, 김경재, 이협, 설훈, 홍기훈 등 8명이나 공천을 받게 됐다.

민주당의 김상현, 김수한, 송원영 후보의 맞수로 운동권출신인 김학민, 이해찬, 고광진 씨를 붙였다.

대선에서의 패배로 총선에서 평민당 공천으로는 승리가 불투명하다는 판단으로 연막을 피우던 충청출신인 양순직, 유제연 전 부총재와 김현수, 김성식, 장기욱 의원 등은 야권통합을 이루는데 새로운 돌파구를 마련한다는 명분을 내걸고 탈당하여 평민당을 수렁으로 밀어 넣었다.

고재청 전 국회부의장도 끝내 평민당을 탈당하면서 정계 은퇴를 선언했고, 민주당에서 활약한 홍영기 의원이 민주당을 탈당하고 평민당에 입당하면서 임실-순창에 공천을 신청하여 공천자로 확정됐다.

평민당은 현역의원 24명 중 18명이 공천을 받고 6명이 자의반 타의반 탈락했다. 고재청 의원은 탈당했고 이중재 의원은 불출마를 선언했다. 송현섭과 고원준 의원은 지역구 출전을 포기하고 전국구를 희망한 것으로 알려졌고 이길범, 이진연 의원은 신진인사들에게 밀려 공천에서 탈락했다.

정완기, 조병수 씨로 압축됐던 화순-곡성은 이들 두 사람을 제치고 홍남순 변호사의 아들인 홍기훈에게 돌아갔고, 강진-완도는 완도 출신인 이선동, 조정훈 씨로 압축됐으나 NCC측의 지원을 받은 강진 출신 김영진이 어부지리를 취했다.

이길범 의원과 한영애 인권옹호위 부위원장이 맞붙은 용산은 한영애가 승리했고, 조윤형 전 의원에게 도전한 이길재 국민운동사무차장은 광주 북구에 낙점됐고, 이진연 의원과 서경원 전 가톨릭농민회장이 경합한 함평-영광은 서경원 전 회장이 공천됐다.

전남 승주-구례를 고집한 조순승 전 미주리대 교수는 이태영 여사의 도움으로 고향에 낙점을 받았고, 대선 때 승주-구례 선대위원장으로 활약한 조동회는 서울 은평갑구에 징발됐다.

이형배 전 의원과 조찬형 변호사가 맞붙은 전북 남원엔 참신성을 감안하여 조찬형 변호사가 승리했다.

평민당 유청 고문은 아들 유훈근이 공천에서 탈락하자 탈당했다.

전남 화순-곡성에서 탈락한 조희철, 서호석 씨 등은 "어제 발표된 공천자 인선은 이 나라의 민주화에 역행하는 불합리한 것"이라며 공천 재심사를 촉구했으나 이들은 평민당을 벗어나지 못하고 전국구 후순위에 모두 배치됐다.

김형문 정책부실장은 "이번 공천에서 평민당은 밀실 나눠 먹기식의 추악한 짓을 자행했으며 재야의 무리한 요구에 항복하고 말았다"면서 "특히 김 전 총재의 일부 측근들이 그의 주변에서 나쁜 짓을 골라하며 심기마저 흐리게 했으므로 이들은 즉각 당에서 사라져야 한다"고 주장했다.

전남 신안에서 탈락한 김경인 전 의원은 "이번 공천을 보면 평민당은 당이 아니라 평민주식회사"라고 비난하고 "동교동 비밀금고를 채우는 데 급급한 평민당 및 김대중 씨와 정치적 인연을 끊겠다"고 선언했고, 공천에서 탈락한 이진연 의원도 탈당을 결심했다.

평민당은 전국구 1번에 박영숙 총재권한대행을, 김대중 전 총재는 11번으로 등록했다.

헌금 액수에 따라 송현섭, 이동근, 최봉구, 김영도, 이경재, 김주호, 이교성, 이형배, 허만기 후보 등의 순위가 결정됐다.
문동환 목사, 최영근 선거대책본부장, 조승형 선거대책부본부장, 김옥두 총재수행실장 등을 15번 까지 조정됐으며 지역구 공천에서 탈락, 반발했던 대부분의 당료들이 16번부터 38번 사이에 배정됐다.
고한준, 이길범 의원들은 탈락했으나 송현섭 의원이 2번으로 등록되자 "과연 얼마나 많이 냈길래 다른 현역들을 탈락시키고 사실상 최고 순위를 따냈느냐" 는 쑥덕공론도 많았다.
이경재 대선개발대표는 이중재 전 부총재의 사촌동생이고, 5번을 받은 김영도는 평민당이 세든 대한빌딩 주인이며, 4번의 최봉구 후보는 영남출신이면서도 4번에 안착했다.
김 전 총재를 비롯한 핵심세력들을 11번 이하로 조정한 것은 지역구 공천에 크게 반발한 국장급 등 당료들에게 "지역선거구에 가능한 한 많이 실탄을 지급키 위해 11번 이후로 돌렸으나 당료들이 그보다 하위순번을 받는다 해도 참아야 될 것" 이라는 설득용 명분을 만들려는 의도도 엿보였다.
8번 이교성과 9번 이형배 후보는 지역구 공천 탈락에 대한위무와 거액 성금으로 결정됐고, 민주당과 평민당을 오갔던 10번 허만기 후보는 김대중 전 총재와의 각별한 인연으로 특별 배려됐다.
평민당에서도 10번 까지는 10억~20억 원 씩을 내고 들어왔다는 설이 파다한데 일부 인사는 지난 대선 때 상당액을 헌금하여 그만큼 제외하고 추가 헌금했다는 얘기가 정설로 받아들여졌다.
현재의 여론이 어떻든 평민당은 60석 가량의 의석으로 민주당을 제치고 제 1야당으로 떠오를 수 있다고 판단하고 있고 김대중 전 총재의 자신감은 대통령선거 때 민주당의 1위 득표 지역은 35개 구였던데 비해 평민당의 1위 득표지역은 70개구 였으므로 소선구제에서는 총선 후 제 1야당으로의 부상이 가능하다는 판단이 섰기 때문이었다.

5. 14개 정당 1,218명이 열띤 경쟁을 펼친 선거열풍

(1) 대선 패배를 딛고 힘차게 재출발한 신민주공화당

신공화당은 선대위원장에 김용태 당 고문을, 선대본부장에 김용채 사무총장을 임명하고 선거채비에 들어갔다.
신공화당은 평민당의 168명 보다 13명이나 많은 181명의 지역구 후보를 공천하며 힘찬 출발을 보였다.
서울에는 경기도 포천-연천에서 지역구를 옮긴 김용채 사무총장을 비롯하여 한병기 전 유엔대사, 최재구 의원, 박병호 TV탤런트, 조용직 대변인, 문창탁, 이인근, 고병현 전 의원들을 배치했다.
부산에는 양찬우 부총재를 필두로 노차태 전 의원을, 경기도에는 이병희 부총재, 이대엽 의원, 오치성 전 내무부장관, 김문원과 이진용 전 의원을 공천했다.
강원도에도 김효영 부총재, 최각규 전 상공부장관, 손승덕 전 의원을 충북에도 오용운, 이종근 전 의원을 공천했다.
충남엔 김종필 총재가 직접 출전했으며, 김용환 전 재무부장관, 조중연 전 의원도 함께 공천을 받았다.
김종필 총재는 부여에 출사표를 내면서 "국회의원으로서는 마지막 봉사를 하기 위해 나선 이 사람을 뽑아주면 견마지로를 아끼지 않겠다"면서 "사자도 병든 들소 한 마리를 잡을 때도 최선을 다한다는 말이 있다"라고 최선을 다해 승리를 다짐했다.
호남권에도 김재식 전 의원을 배치했고 영남권에는 구자춘 전 내무부장관, 이성수, 조병규, 김영병, 조일제, 김원규 전 의원을 배치하여 과거의 조직을 재가동코자 했다.
또한 민정당 공천에서 탈락한 이경희(철원-화천), 김종식(충남 천원), 이인구(충남 대덕), 손명렬(경기 구리) 등 4명을 영입하여 공천장을 건네줬다.

신공화당은 공화당정권에서 중진으로 각종 혜택을 입었음에도 불구하고 민정당 정권이 들어서자 이번에는 민정당에 적극 협력한 박준규(대구 동구), 김재순(철원-화천), 이태섭(강남을), 박재홍(구미), 정창화(의성) 후보들을 정치도의를 저버린 배신자라고 공격했다.

신공화당 공천으로 이번 총선에 출전한 12대 현역의원은 김용채(노원을), 최재구(강남갑), 조용직(송파갑), 강경식(부산진을), 이건일(해운대), 이대엽(성남갑), 김효영(태백), 김종식(천원) 의원 등 9명에 불과했다.

신공화당은 25명의 전국구 의원 후보를 발표했다. 1번은 김인곤 광주경상대 이사장, 2번 정시봉 한국국민당 전국구의원, 3번 연제원 전 신민당의원, 4번 이희일 총재비서실장, 5번 김두윤 재일거류민단지부장, 6번 신진수 전 한국국민당 의원, 7번 옥만호 전 공군참모총장, 8번 신철균 한국국민당 3선 의원, 9번 권오석 전 공화당의원, 10번 한근수 전 김포세관장 등 이다.

신공화당은 "당 발전에 공헌한 분들을 위주로 공천했으며 지역구 후보들을 지원하기 위해서는 헌금케이스도 불가피 했다"고 설명했다. 김인곤, 정시봉, 연제원, 김두윤, 신진수, 권오석 후보들이 헌금케이스라면 유공케이스는 이희일, 옥만호, 신철균 후보 등인 것으로 알려졌다.

(2) 재야인사들이 신당을 창당하여 총선에 출전했으나 몰락

지난 6월 민주화 투쟁을 주도한 운동권 출신들이 의회안에 교두보를 확보하지 못 할 경우 자신들의 존립 자체를 위협받게 될지도 모른다는 불안감이 정당결성 움직임으로 나타냈다.

정당결성 추진세력은 박찬종, 조순형, 홍사덕, 허경구, 이철 의원 등 대통령후보 단일화 서명 그룹과 새정치 추진모임(대표 제정구), 민중정당 추진세력들이 통합을 전제로 접촉을 계속했다.

야권통합을 추진하고 있는 재야단체는 박찬종 의원 등의 '야권통합 추진회', 새로운 민주정당 창당을 추진해온 '새정치 추진모임', 친 김대중계 인사들이 주축을 이루고 있는 '범민주정치세력 통합추진협의회', 군정종식 단일화 쟁취 협의회에 참여한 인사들로 구성된 '야권통합협상회의' 등으로 사분오열됐다.

민통련 등 재야단체 등도 신당 추진파, 평민당 입당파, 순수재야고수파로 나뉘어 의견일치를 보지 못했다.

박찬종 의원 등 야권통합추진회의 소속의원 6명은 평민당의 재야인사영입 및 평민당 탈당 의원의 민주당 입당 등으로 사실상 야권통합이 무방하다고 판단하고 신당창당으로 선회했다.

이들은 "제정구 씨의 새정치 추진 모임, 정성철 씨의 새정치동지회, 예춘호 씨의 한겨레연구소, 민중의당 추진세력 중 일부가 참여할 것"이라며 "한마디로 대통령 선거에서 특정후보 지지를 선언한 인사를 제외한 모든 사람들이 망라돼 있다"고 주장했다.

그러나 이들의 통합계획은 무산되어 서명파의 조순형, 새정치 추진모임의 제정구, 한겨레연구소 예춘호 등의 소통합이 이뤄져 한겨레민주당이 발족됐다.

한겨레민주당은 상임대표위원에 예춘호, 대표위원에 조순형, 장을병, 제정구를 선임하고 발기인 250명의 명단을 발표했다.

여기에는 홍사덕, 한영수, 홍성표, 김재위, 김유복, 고영구, 김도현, 이수인, 차상훈, 정성철, 이강철, 강구철, 유인태, 원혜영, 고영하, 장광근, 장신환, 김부겸, 이정우 등이 포함됐다.

그러나 홍사덕 의원은 무소속을 고집했고, 정성철은 독자적 행보를 걷다가 우리정의당을 창당하며 한겨레민주당 출범에서 탈락했다.

한겨레민주당은 창당대회를 갖고 예춘호 전 의원을 상임대표위원으로, 장을병, 조순형, 제정구, 이강철, 최병묵 등 5명을 대표위원으로 선임했다.
한겨레민주당은 63명의 후보를 공천하였으며 새정치 동지회 정성철은 우리정의당을 창당하여 21명의 후보를, 이우재, 이재오, 김문수, 정태윤 등이 민중의당을 결성하여 16명의 후보를 공천했다.
그러나 이들 모두 총선에서 참담한 패배를 맛보았으며 전남 신안에서 한겨레민주당 박형오 후보의 당선은 재야세력의 당선이 아니라 평민당 한화갑 후보의 등록무효로 반(反) 민정당 표의 결집에 의한 당선이었다.

(3) 14개 정당 1,218명이 후보등록하여 열띤 경쟁

이번 총선에서는 전국 224개 선거구에서 1명씩 224명의 지역구 국회의원과 75명의 전국구의원 등 모두 299명의 선량을 뽑는다.
대선에서 승리한 민정당은 국가의 안정적 발전을 위한 원내 안정의식 확보를, 민주,평민,신공화당 등 야권에서는 대여 견제세력 구축을 유권자들에게 호소했다.
이번 총선에 출마하는 각 후보자의 기호는 국회의석수의 순위에 따라 결정된다는 선거법 규정에 의해 민정당 1번, 민주당 2번, 평민당 3번, 신공화당 4번으로 결정됐다.
소선거구제가 17년만에 실시될 뿐 아니라 야권 단일화의 실패로 '1여 다야'의 현상 때문에 당대당의 정책대결보다는 인물중심의 과열경쟁이 두드러졌다.
"무슨 수를 쓰더라도 당선되고 보자"와 '죽기 아니면 살기'의 심리가 팽배하며 금품살포, 흑색선전, 심지어는 폭력 까지도 서슴지 않는 불법·탈법의 극심한 혼란양상을 빚어 심각한 선거후유증이 우려됐다.
이번 총선출마자 1,045명 중 여성후보는 13명에 불과하고 최다선 의원은 김영삼 민주당 전 총재와 이철승 의원으로 8선 도전에 나섰다. 최다 출마자는 부산 동구 이상철 후보로 "이번에는 9전 10기의 기회가 될 것"이라고 기염을 토하고, 김포-강화의 김두섭 후보도 7번째 출전이다.
최고령자는 부산 북구갑의 이재수 후보로 73세이고 최연소자는 온양-아산의 최정환 후보로 25세이다.
심정구 의원과 이재환 후보, 배명국 의원과 조승남 후보는 동서지간이고 유한열 의원과 유동열 후보는 형제지간이며, 김택기 후보와 이철승 의원은 장인사위간이다.
이번 선거에는 당 총재급 인물이 대거 출전했다. 김영삼 전 민주당 총재, 김종필 신공화당 총재, 이철승 전 신민당 대표, 이만섭 한국국민당 총재, 유치송 민한당 총재, 조윤형 전 민한당 총재, 유한열 전 민중민주당 총재, 김명윤 민주당 총재직무대행 등이 지역구후보로 등록했다.
좁은 선거구는 그리 폭넓은 지명도를 필요로 하지 않으며 선거운동 지역도 축소됨으로써 신인들의 의욕을 불러 일으켜 지역구후보 등록 마감 결과 224개 지역구에 1,045명이 등록하여 4.7 대 1의 경쟁률을 나타냈다.
1985년 12대 총선 때의 2.4대 1에 비해 크게 높아졌다.
정당별로는 4대 정당 가운데 민정당이 전 지역구에 후보자를 냈을 뿐 민주당 202명, 평민당 168명, 신공화당 181명으로 평민당보다 13명이 많다.
군소정당으로는 한겨레당이 63명으로 가장 많고, 신민당 23명, 우리정의당 21명, 민중의당 16명, 한국국민당 11명, 제3세대당 9명, 한주의당 6명, 민한당 5명, 사회민주당 4명, 기독성민당 2명 등이다.
무소속 후보도 110명으로 12대 총선 때 7%에서 11%로 증가했고 공천을 받고도 평민당 14명, 민주당 7명, 한겨레당 20명등이 등록을 포기했다.

4선 이상 중진급 의원으로 최영철, 오세웅(민정), 김재광, 이기택, 김수한, 송원영, 황낙주, 박일(민주), 노승환(평민), 박한상, 이택돈(무소속) 의원 등이 정치생명을 걸고 한판승부를 펼쳤다.

서울 구로을구,도봉을구,관악갑구 등 3개구가 9대 1로 최고 경쟁률을 차지했고 강원의 횡성-원성, 속초-고성, 충북의 괴산, 전남의 보성, 구례-승주, 경북의 월성, 칠곡-성주, 경남의 양산 등 8개 선거구는 2명만이 출마하여 1:1의 진검승부를 펼쳤다.

중앙선관위는 전남 신안 한화갑(평민), 철원-화천 김휘원(민주), 경남 거창 이종천(평민) 후보들을 등록 무효 처리하고 전국구 후보 중 김옥두(평민 15번), 주정룡(민주 35번), 한충수(평민 34번), 최종국(한겨레 1번) 후보들은 본인에게 소명 기회를 부여했다.

한화갑 후보는 지난 '78년 서울대병원에서 치료 중인 김대중 씨를 면회하기 위해 경비 중인 경찰관을 밀치고 병실에 들어간 행위로 징역 1년의 선고를 받고 '79년 2월 형기가 끝났으나 10년이 경과하지 않았고 형실효결정 신청이 없었기 때문에 등록 무효가 됐다.

이신범 후보도 '72년 서울대생 내란음모사건과 관계하여 형이 자동 실효되기 전 '79년 긴급조치 위반과 '80년 김대중 내란 음모 사건에 연루되어 '72년 사건의 형이 실효되지 않아 피선거권이 박탈됐다.

법무부는 "복권조치 전 본인의 형실효결정 신청이 있었다면 어떻게 됐을지 모르나 그것도 없는 상태에서 복권되지 않은 것은 본인 탓"이라고 책임을 전가했다.

전국구 후보도 민정당 62명, 민주당 40명, 평민당 38명, 신공화당 25명, 한겨레당 5명, 우리정의당 2명, 신민당 1명 등 173명이 등록하여 이번 총선에 모두 1,218명이 299명의 선량이 되고자 마음을 졸이게 됐다.

선거를 열흘 앞둔 시점에서 민정당 87개 지역구, 민주당 34개 지역구, 평민당 30개 지역구, 신공화당 10개 지역구, 기타 정당 및 무소속 후보들이 5개 지역구에서 우세한 것으로 전망됐다.
선거를 3일 앞두고 전문가들은 민정당 90석, 민주당 46석, 평민당 30석, 신공화당 20석, 기타 정당 및 무소속 15석을 예상했으나 이들의 예상은 크게 빗나갔다.

6. 헌정 사상 처음으로 집권여당 과반의석 미달

(1)민정당의 과반의석 실패, 평민당의 제 1야당 부상

제 13대 총선에서 민정당이 과반수 의석확보에 실패한 반면 평민당이 제 1야당으로 부상했으며 민주당이 제 3당으로 밀려났다.
전국 224개 선거구에서 민정당 87명, 평민당 54명, 민주당 46명, 신공화당 27명, 한겨레당 1명, 무소속 9명이 당선됐다.
이에따라 전국구는 민정당 38석, 평민당 16석, 민주당 13석, 신공화당 8석으로 배분되어 민정당은 125석, 평민당 70석, 민주당 59석, 신공화당 35석을 갖게 됐다.
헌정 사상 처음으로 야권 정당의 의석수가 집권여당을 앞지르는 상황이 벌어졌다.
개표결과 예상했던대로 민정당은 대구를 비롯한 경북, 강원, 경기, 경남지역에서 강세를 보인 반면 평민당은 광주를 포함한 전남북의 37개 지역구를 석권했다.
민주당은 부산지역을, 신공화당은 대전-충남지역을 휩쓸어 지역에 따라 현격한 지지율 차이를 나타내는 불균형 현상을 보였다.
이번 총선에서의 특징은 여·야 중진의원들의 대거 탈락과 신진들의 의회진입 현상인데 이는 정치권의 세대교체와 정계 전반에 걸친 개편을 몰고 올 것으로 전망됐다.
민정당의 장성만 국회부의장과 최영철 전 국회부의장, 임방현 중앙위의장, 이대순 원내총무, 고귀남 국책연구소장, 유홍수 사무차장, 유경현 대변인 등 주요 당직자와 천영성 국회 국방위원장, 전병우 내무위원장, 정시채 예결위원장 등 국회 상임위원장들이 낙선했다.
민주당에서는 김현규 원내총무, 조홍래 정책심의부의장, 김태룡 대변인 등 주요 당직자가, 신공화당은 최재구, 김효영 부총재와 조용직 대변인 등이 고배를 마셨다.
민한당의 유치송 총재와 한국국민당의 이만섭 총재도 낙선했으며 다선의원 가운데 이철승, 송원영, 김수한, 유제연, 박일, 박해충, 권오태, 박한상, 이택돈, 김옥선, 이택희 의원들도 낙선했다.
이밖에도 오치성 전 내무부장관, 김창근 전 민주당 정책위원장, 김상현 전 민주협의장대리, 예춘호 전 공화당사무총장, 유기정, 허삼수 후보 등도 낙선했다.
민정당 채문식 대표는 "집권당으로서 원내 안정세력 구축에 실패한데 대해 책임을 지고 노태우 총재에게 대표위원직 사퇴를 품신했다"고 밝혔다.
민주당 김영삼 전 총재가 8선으로 최다선의원의 영예를 과시했고, 7선은 김재광, 박준규, 6선은 김종필, 이기택, 이병직, 채문식, 윤길중 등 5명이다.
5선은 김대중, 조윤형, 노승환, 신상우, 김재순, 이종근, 황낙주 등 7명이며 4선은 16명, 3선은 43명, 재선은 57명이다.
초선의원은 299명의 당선자 중 167명(지역구 114명, 전국구 53명)으로 55.9%를 차지했다.
최다 낙선자는 부산 동구 이상철 후보로 10번 출마해 모두 낙선했으며 김포-강화의 김두섭 후보도 8전 8패를 기록했다.
당선자 중 최고령은 홍영기(임실-순창) 후보로 69세이고 최연소자는 이해찬(서울 관악을) 후보로 35세이다. 60대 이상은 11명이고 30대는 8명이다.
여성후보는 김정례(성북갑), 김정숙(안양갑), 홍사임(의정부), 한영애(용산), 임진출(경주) 등 13명이 출마했으나 아무도 국회에 등정하지 못했다.
최고 득표율은 광주 북구 정웅 후보로 유효투표 14만 6백여 표 중 127,579표를 얻어 득표율 90.7%를 기록했다.
민정당의 언론계 영입인사인 이환의(영암), 윤상철(순천), 조순환(송파갑), 강성재(성북을), 박범진(양천갑) 후보들 모두 낙선했다.
민정당 공천에서 탈락했지만 신공화당으로 변신한 이인구(대덕-연기), 김종식(천원) 후보와 무소속으로 등록한 이해구(안성), 홍희표(동해), 이기빈(북제주) 후보 등은 당선됐다.
그러나 임영득(해남-진도), 김종하(창원), 정재원(천안), 정휘동(상주) 의원 등은 모두 낙선했다.
직업별로 보면 지역구 의원 224명 중 현역의원은 73명, 전직의원 28명, 당료출신 64명, 기성 정치인출신이 165명으로 73.7%를 차지했다. 기성 정치인 이외에는 변호사 출신이 13명으로 가장 많았다.
연령별로는 30대 13명, 40대 94명, 50대 102명, 60대 15명 등으로 40대와 50대가 196명으로 압도적이었다.
여성당선자는 지난 12대 총선에서는 지역구 2명, 전국구 6명 등 8명이었으나 이번 총선에서는 지역구 13명의 여성 후보들이 모두 낙선했고 전국구 6명(민정당 5명, 평민당 1명)이 당선되어 여성의 의회진출은 도리어 위축됐다.
전국구를 포함 할 경우에는 민정당 윤길중, 신공화당 정시봉 후보가 72세로 최고령 당선자이고 최연소 당선자는 민주당 권헌성 후보로 30세이다.
4당의 득표율은 민정당 33.96%, 민주당 23.83%, 평민당 19.26%, 신공화당 15.59%였던데 비해 지역구 의석수는 민정당 38.8%, 평민당 24.1%, 민주당 20.5%, 신공화당 12.0%였다.
평민당과 민주당의 괴리는 평민당은 지역 편중도가 심한 반면 민주당은 상대적으로 지지도가 고르기 때문이었다.
중앙선관위는 13대 총선에서 의석을 내지 못했거나 총 유효투표의 2% 이상을 득표하지 못한 민한당(유치송), 한국국민당(이만섭), 신민당(서준용), 사회민주당(권두영), 기독성민당(진복기), 제3세대당(공창덕), 한주의통일한국당(신정일), 우리정의당(김상철), 민중의당(정태윤) 등 9개 정당을 등록 취소하여 5개 정당만 존속됐다.

(2) 125대 165의 여·야 세력분포로 정국시계 불투명

집권여당은 헌정 사상 처음으로 야당들이 획득한 의석수 보다 훨씬 적은 의석 확보에 그쳐 일부 야당과의 연합 등 비상수단을 강구하지 않고는 독자적으로 13대 국회 의정을 원만히 이끌 수 있는 능력을 상실했다.
야당은 힘만 합치면 언제든지 정부 여당의 행보에 제동을 걸 수 있어 의정의 파란이 예상됐다.
과반의석을 갖지 못한 다수당은 다당제하의 일당역할 밖에 할 수 없다는 점에서 의정의 사실상 주역은 야권으로 넘어갔다고 보는 것이 타당할 것이다.
이번 총선은 민정당으로서는 선거를 통한 정부·여당에의 국민적 저항에 직면한 것이며 야당으로서는 여당의 독주를 견제하라는 국민적 엄명과 함께 동정적(同情的) 지지를 확보할 수 있게한 선거였다.
선거혁명이라고 할 수 있는 이번 총선은 대통령선거에서 불과 36%를 조금 웃도는 지지율로 승리했던 민정당의 자만과 악수가 교직(交織)된데다 평민, 민주, 신공화당 등 야권은 거점지역에서의 지지를 중점적으로 다져나가며 견제세력 구축을 읍소(泣訴)하는 바람작전을 편 것이 주효했기 때문이다.
야권통합 실패의 화살과 지역당이라는 비난을 무릅쓰며 재야를 정치 일선으로 끌어내고 선명야당의 기치를 든 평민당의 득세는 앞으로 대두될 또 한 차례의 야권통합에 시사하는 바가 크다고 할 수 있다.
민정당의 참패에 심명보 사무총장은 "아무튼 국정은 칠흑같은 어둠속에 들어가게 될 것 같다", "우리가 과반수 의석 확보에 자신을 가지고 소선거구제를 받아들인 것은 아니지만 이처럼 지역감정으로 선거가 끝날 줄은 몰랐다"고 긴 한숨을 토해냈다.
민정당은 우선 선거 패배의 인책이 당정의 대폭 수술로 이어질 전망이며, 그 과정에서 이제 갓 출발한 노태우 정권의 겉은 물론 속

까지도 완전히 바뀔 가능성이 높아보였다.

민정당은 부산, 호남 지역에서의 완패로 인물의 고른 지역배분에 난점이 생겼으며 중진의 대거 탈락으로 경험 있는 정치인의 수급에도 차질을 빚게 됐다.

이리하여 민정당은 무소속 의원 등에게 내밀한 영입교섭을 벌이겠지만 약화된 민정당에 선뜻 뛰어들 사람이 과연 있을지는 미지수이다.

평민당은 야당성을 더욱 공고히 하며 유신과 제 5 공화국 치하에서 억압받았던 운동권 또는 재야를 의정의 주역으로 내세워 민정당 정권의 탄생부터 파고들어 첨예한 대립을 펼칠 것으로 보인다. 한 뿌리 이면서도 지역적 편중성 때문에 갈라섰던 두 야당의 합당 문제는 대여 공격의 선명도나 대국민 명분과도 관련하여 또 한 번 치러야 할 홍역이다.

민주당은 원내 제 2야당의 위치를 지켜 나갈지 야권연합에 나서야 할지 기로에 섰고, 신공화당은 스스로의 체구만으로도 적절한 힘을 구사할 수 있다는 심리와 야권연대에 의한 국회장악이라는 명분 사이에서 갈등을 겪을 것으로 보인다.

정치 일선에서 정면으로 소신을 펴보지 못했던 김대중, 김영삼, 김종필 소위 3김 씨가 모두 원내에 진입하여 밀고 당기는 정치게임을 가열화 시킬 것으로 보인다.

민정당의 입장에서는 개편된 정계질서 아래서의 당 운영노선을 정립키 위해 세 야당과의 대화를 추진하지 않을 수 없을 것이지만 대화가 어떻게든 타협정치의 구현을 모색하기 위해서라기보다는 각 당의 당면한 이익을 노린 명분용으로 흐를 우려도 크다.

김대중 평민당 전 총재는 "야당이 의회의 다수가 된 마당에 전부가 아니면 전무(全無)식의 투쟁태도는 지양돼야 한다", "정당은 혁명단체가 아니며 이제 모든 사항은 정치권내로 수렴되야 마땅하다", "안정 속의 개혁을 추진한다는 입장에서 대화를 통해 모든 문제를 풀어나가는 성숙한 여·야관계 창조에 힘쓰겠다" 는 발언은 13대 의정의 풍향을 점쳐볼 수 있는 가늠자로 등장한 것이다.
김종필 총재는 "잘하는 일이면 누구 못지않게 박수를 쳐주고 잘 못하는 일은 육모방망이로 가격하겠다"는 전략을 내비쳤다.
신공화당은 "일견 곡예처럼 보이는 이같은 공화당 정치가 국민들에게 정치의 예술성으로 비치느냐 아니면 흑백논리에 의해 사쿠라로 불리느냐가 5년 후 대권 경쟁에서의 성패를 가를 것"이라고 예견하고 있다.

(3) 이번 총선을 뜨겁게 달군 7대 선거쟁점

지역에 따라 쟁점이 다소간 차이는 있겠지만, 이번 총선에서 주요 쟁점은 노태우 정권의 정당성, 전경환 씨의 새마을 운동 비리, 광주사태에 대한 논란, 경제냐 안정이냐의 양립된 주장, 부정선거에 대한 시비, 내각제 개헌문제와 인권문제 등을 들 수 있다.
노태우 정권은 12.12 하극상 군사쿠데타와 광주학살을 자행하여 정권을 탈취한 민정당과 같은 뿌리를 갖고 있으며, 전두환 씨가 임명한 노태우 후보를 온갖 부정과 불법수단을 동원하여 민의를 왜곡시켜 당신시킨데 불과하다.
더구나 상왕부(上王府)인 국가원로자문회의의 권능을 보장한 것을 보면 노태우 정권은 제 6공화국이 아니라 제 5공화국 군사독재정권의 연장인 '5.5공화국'일 뿐이라는 것이 야당의 일관된 주장으로 노태우 정권의 정당성 논란을 불러왔다.
전경환 씨와 새마을운동 본부의 비리는 제 5공화국 권력형 비리의 빙산의 일각에 불과하다며 전경환 씨의 부정 액수는 77억 원이 아니라 7천 7백억 원도 더 된다고 야권은 주장했다.
8년에 걸쳐진 그의 이권개입이 단 2건이라는 당국의 발표는 국민을 우롱한 것이며 전두환 정권의 권력형 비리에 대해 축소하고 은폐하려는 것은 공범자이기 때문이다라는 주장을 야권에서는 줄기차게 제기했다.
광주의거는 12.12 반란을 주도했던 군세력과 그 추종자들이 사전계획에 의해서 고의적으로 유발시킨 것이며 데모도 없었던 17일 김대중 씨를 체포하여 데모를 유발하고 강경 유혈 진압방식을 지시했다는 것이 야권의 주장이다.
광주 상처의 치유를 위해서는 사태의 성격규명과 정부의 사과 등으로 광주 시민의 명예를 회복해야 한다는 것이 주요 쟁점화 됐다.
유감스럽게도 대통령 후보 단일화 실패 이후 야당은 분열되었다. 야권 분열의 책임은 먼저 야당에 있지만 정부 여당의 첩보공작적 차원도 없지는 않았다는 것이 야권의 주장이었다.
야권 분열로 이번 총선에서 야권후보가 완패하고 여당이 선전할지도 모른다는 전제를 깔고서 권인숙 양 사건이나 전경환 사건의 재발을 막고 국민의 엄격한 감시감독 하에 국정이 시행되게 하기 위해서도 강력한 견제 야당을 만들어야 한다는 것이 야권의 일치된 주장이었다.
야권에서는 지난 대통령 선거에서 사상 유례없는 부정을 자행하여 신성한 국민의 주권을 짓밟은 민정당 정권은 이번 총선을 맞아 또 다시 엄청난 부정을 획책하고 있다며 통반장을 통해 입당원서를 받고 당원에 대한 인사 명목으로 엄청난 선물공세를 하고 있다.
이번 총선에서 부정선거를 자행할 땐 현 정권의 존립기반은 근본부터 흔들릴 것이라고 주장했다.
만약 이번 총선에서 민정당에게 개헌선의 의석을 내주게 되면 그토록 온 국민이 피 흘려 쟁취한 민주화의 결실은 한번 꽃피워보지도 못하고 꺾이고 말 것이다.
민정당은 일당만의 영구집권을 위해 올림픽 개최 이후 내각제 개헌을 추진할 것이기 때문이며 민정당의 당론은 내각책임제로 이미 확인됐기 때문이라고 야권에서 주장했다.

박종철 군 고문 살인과 은폐조작, 이한열 군의 죽음, 성 고문, 김근태 씨 고문, 복지원 사건 등 제 5 공화국의 정권은 헤아릴 수 없이 많은 인권 말살을 자행했고 그 진상은 아직까지 밝혀지지 않고 있다면서 이 같은 인권탄압사례들은 제 5 공화국의 폭력성과 부도덕성을 입증하는 것으로 현 정권은 5 공화국 정권의 연장일 뿐이라는 주장들이 국민들에게 먹혀들어 야권에게 승리를, 민정당의 참패를 불어왔다.

(4) 승패의 갈림길은 지역편중현상과 바람

이번 총선의 특정은 민정당의 과반의석 미달, 평민당의 제 1 야당 부상, 의석 분포의 극심한 지역편차, 신인들의 대거 당선과 거물 정치인의 대폭 탈락이라고 할 수 있다.
이번 총선 결과는 지난 대선의 재판(再版)이라고 할 수 있으며 지난 대선에서 득표율은 민정당(36.6%), 민주당(28.0%), 평민당(27.1%), 신공화당(8.1%) 순이지만 득표를 현행 지역구 기준으로 볼 때 1위 득표지역은 민정당 100개, 민주당 38개, 평민당 68개, 신공화당 16개 순이었다.
구체적인 내용에서는 오르내림이 있었지만 순위는 지난 대선에서의 지역구 별 득표율이 이번 총선에서 그대로 나타났다.
대통령을 민정당이 차지한 뒤 국민들의 대여 견제심리가 더욱 확산됐고 이같은 견제심리가 유권자들의 지역의식과 뒤섞여 더욱 공고해져 민정당은 이번 총선에서 득표율을 33.6%에 머물렀다.
민정당은 거점지역을 석권한 평민당, 민주당, 신공화당의 거점지역 침투에 철저하게 실패했다.
거점지역 외에도 평민당은 서울에서, 신공화당은 경기 등에서 예상을 뛰어넘는 선전을 보였으며, 민정당은 원내 안정세력 확보나 지역감정 해소의 필요성을 국민에게 설득하는데 실패했다.
민정당은 야당의 분열에 안도한 나머지 공천자 선정에서 방심하여 패배를 자초했으며 과도한 금품살포의 발각이라는 악재도 감표요인으로 작용했다.
서울에서 평민당은 호남표의 결속과 재야 바람 일으키기에 성공한 반면, 민주당은 기존의 제 1 야당 프리미엄을 살리는데 실패했다.
이번 총선에서 투표율이 저조했던 것이 평민당에게는 득을, 민주당에게는 실을 가져왔다. 평민당의 지지자들은 열성적인 반면 민주당은 부동층 흡수력이 강한 것으로 평가돼 왔는데 기권자는 대부분 부동층에서 나왔기 때문이다.
광산노조위원장출신인 유승규와 오랫동안 재야운동권에 몸 담아왔던 이해찬, 이철용, 양성우, 정상용, 박석무, 서경원 등의 원내 진출은 향후 정국전개에 영향을 줄지도 모른다.
훨씬 더 많은 신인과 운동권 출신 인사를 가진 한겨레당과 우리정의당, 민중의당의 몰락은 현실정치의 벽을 보여준 것으로 풀이된다.
민정당은 선거양상에 지역감정이 영향을 미친것은 지난 대선의 연장선상이라고 보면서도 이성적인 민주의식이 아니라 경쟁적으로 고조된 지역감정이 빚은 결과라고 보고 있다.
민정당의 패인은 제5공화국 치정(治政)이 남긴 비정의 부담으로 총선을 눈앞에 두고 터진 새마을 비리 사건이 총선의 최대 이슈가 되어 민정당 후보들의 호소력에 한계가 있었다.
야당의 무차별로 퍼붓는 각종 흑색선전, 인신공격에 거의 무방비 상태인데다 경북 안동의 우편 돈봉투 사건, 제주 MBC 중계예행연습사고 등이 부동표의 향배에 영향을 미쳤다.
민정당은 갑작스러운 선거 생리의 변화에 적응하기 어려웠고, 공천을 잘하지 못한 것도 하나의 패인이었다.
민주당은 서울지역에서 바람을 일으키는데 실패한 것이 첫 번째 패인이다. 서울지역에서의 대규모 집회 부재에 따라 본격적 바람이 일지 않음으로써 상대적으로 투표율 저조 현상이 나타나 상당한 손실을 보았다.
인천, 경남지역에서의 공천잘못과 정치 신인을 새로운 지역구에 등장시키면서 공천시기도 너무 늦었다.
평민당은 호남에서의 황색바람이 큰 뒷받침을 한데다 서울지역에 참신성을 앞세운 재야인사들을 대거 공천한 것이 승리의 원동력이었다.
김대중 전 총재의 두 차례에 걸친 호남지역 순회지원 유세는 호남에서의 바람을 태풍의 수준으로까지 격상시키는 결정적 계기가 됐다.
평민당 후보를 당선시켜 주는 것만이 김대중을 살리는 길이라는 점을 유권자들에게 집중 호소하여 큰 공감을 불러 일으켰다.
재야인사들의 승리는 이들의 대부분이 호남 출신들이 많이 사는 지역을 택한 데다 참신성을 앞세워 발로 뛰는 선거를 했기 때문이었다.
김대중 전 총재의 권역별 당원단합대회와 여의도에서의 대중 집회가 득표에 큰 영향을 주었다.
소선거구제하에서 다수의 야당이 난립하여 살얼음 승부가 불가피한 상황에서 상대적으로 결속력이 강한 호남출신과 기저층(基底層) 유권자들의 표가 평민당 후보들에게 집중됐다.
신공화당은 충남지역에서 일어난 강한 JP바람으로 30석을 확보할 수 있었다.
신공화당은 충청지역에서 15석을 건지는 것은 신공화당의 집약적 투자가 주효했고 경기지역에서 6명의 당선도 중앙당의 선별투자가 적중한 결과였다.
이번에 민정당이 국민의 지지를 충분하게 받지 못한 것은 제 5 공화국 출범 당시부터 정통성 문제와 이후 누적된 비정(秕政)의 당연한 결과로 겸허하게 받아들여야 할 것이다.
평민당은 지지기반의 경직성, 타지역 진출의 한계성으로 볼 때 평민당 단독으로 수권정당이 가능하겠나 하는 의구심을 떨쳐버릴 수 없다.
평민당은 일본의 사회당처럼 만년 야당으로 기능할 것인지, 프랑스 사회당처럼 집권가능 정당이 될 수 있는지를 스스로 점검할 필요성이 있다.

(5) 타락·탈법 선거운동이 춤을 춘 4.26 총선

선거운동기간 전국은 운동 열탕속에서 끓었고 관권과 금권은 물론 온갖 불법, 타락, 폭력이 난무했다.
공무원들은 공공연히 민정당 선거운동을 하고 다녔고 여·야 모두 셀 수도 없는 엄청난 돈을 쏟아 부었다.
이번 총선과정에서는 쟁점이나 정책 대결은 찾아볼 수 없었고 돈 대결, 힘 대결에 인물자랑, 인신공격 그리고 배경 주워섬기기가 판을 쳤다.
민주화의 견인차임을 자인하던 이른바 운동권 후보들이 정치권에 대거 진입하여 기성 정치인과 하나도 다를 바 없는 선거운동을 해 유권자들을 아연케 했다.
서울 마포의 박주천 후보는 쓸만한 음식점을 모두 차지해 인근 직장인들이 점심 먹을 곳이 없다고 하소연했다.
관악갑구 이상현 후보는 봉천동 주민이 결혼 할 경우 무료로 예식장 대관(貸館)은 물론 점심식사까지 제공했다.
전남 장흥의 박성준 후보는 스스로 "70억 원을 쓴다"고 공언을 했고 "돈있는 사람이 국회의원이 되어야 지역발전을 한다"며 장학금으로 3억 원을 희사했다.
충북 청원의 윤석민 후보는 사직당국이 현금살포를 본격적으로 문제를 삼으려하자 스스로 물러났다는 얘기가 나돌았다.
역대 어느 선거 때보다 금품공세가 판을 친 이번 총선은 집권여당인 민정당이 지역구내의 재력가들을 공천함으로써 야당으로부터 "금권선거를 획책한다"는 비난을 받았다.

전북의 경우 이리 공천섭(쌍방울 사장), 정읍 임철수(미원그룹 부회장), 임실-순창 최낙철(계성제지 회장)의 민정당 후보들은 돈을 꽃가루 날리듯 뿌리면서 막대한 금품공세를 폈으나 '황색돌풍'에 말려 모두 고배를 마셨다.

대구에서도 대구백화점 대표인 민정당 이정무와 협성학원 이사장인 무소속 신진욱 후보의 경쟁적인 물량공세로 "대구에선 남구주민들이 제일 재미를 봤다"는 말까지 나돌았다.

경남 창원에서는 민정당 이규효 후보의 선물인 시가 5천원인 밥공기를 민주당원들이 발견해 압수당했으며, 부산 해운대 민정당 정상천 후보는 2만원이 들어있는 봉투 150개가 발견돼 선거법 위반으로 고발되기도 했다.

서울 성동갑구 신영균 후보 측의 수안보관광에 야당후보 선거운동원들은 '선심관광에 판 내 한 표, 자식조차 비웃는다'는 피켓을 들고 시위를 벌였다.

경북 안동의 권중돈 후보가 무모한 방법을 사용하다 결려 들었을 뿐 그 이상의 돈을 쓴 많은 후보자들은 노출되지 않아 아무런 제재도 받지 않고 가책도 느끼지 않았다.

그러나 결과적으로 이번 선거에서는 돈이 그다지 큰 위력을 발휘하지 못했다. 돈을 물 쓰듯 한 재력가 후보들이 낙선한 반면에 돈 한 푼 없어 몸으로 뛴 노조위원장, 시인, 농촌운동가, 재야 인사 등 다수가 당선의 영예를 차지했다.

이번 선거는 가장 좋은 사람이 아닌 보다 덜 나쁜 사람을 뽑도록 강요한 추악한 선거였다. 특히 후보들의 사생활과 관련한 허위사실들이 흑색선전의 주류를 이루어 옐로선거라는 지적까지 받았다. 대구 서구갑의 민정당 정호용 후보는 부인이 재취이며 호남출신이라는 헛소문이 나돌았고, 전남 나주의 평민당 이재근 후보는 AIDS 환자일지 모르니 악수를 하지 말라는 유인물이 수만 장 뿌려지기도 했다.

강남을구 무소속 홍사덕 후보의 상대방은 '나의 사랑하는 미국인 아내가 무엇이 나쁜가 이승만의 처도 오스트리아 출신이다' 라는 흑색선전 유인물이 나돌았고, 서초을구 민주당 김덕룡 후보는 통일교로부터 거액의 자금을 받고 문선명 교주에게 충성서약을 했다는 흑색선전물이 나돌았다.

마포을구 평민당 노승환 후보에게 민정당은 '출세를 위해서 아버지의 핏줄도 바꾸는 인간', '겉과 속이 다른 정치철새', '정신적으로 병든 몸' 이라는 유인물을 뿌리기도 했다.

대구 중구 빨간 잠바는 이 지역의 깡패 두목으로 민정당 유수호 후보의 선거운동원으로 등록하여 눈부신 활약을 했고, 전남 영암에서는 평민당원 5백여 명이 민정당 선거운동원 31명을 9시간 동안 감금한 사례도 있었다.

부산 동래갑구 강경식 후보는 "국제 그룹 해체의 주범이다", 대전 중구 강창희 후보는 "광주사태 때 진압군이었다", 서초갑구 이종률 후보는 "처제와 함께 산다", 부산 동구 허삼수 후보는 "세컨드와 함께 산다" 는 유언비어가 나돌았다.

서울 관악을구 김수한 후보는 "민주 투사의 가면을 쓰고 낮에는 야당, 밤에는 여당을 한 유신체제의 앞잡이" 라는 흑색선전물이 살포됐다.

서울 성동갑구가 대표적이지만 통반장들이 위장사표를 제출해 놓고 민정당 선거운동원 노릇을 했다.

민정당 채문식 대표는 경남지역 기관장들에게 "여러분들이 조금만 도와주면 민정당 후보들의 당선에 큰 도움이 될 것" 이라고 체면 따위는 헌신짝처럼 벗어던진 언동까지 불사했다.

이번 선거운동 기간 동안 모두 357건의 불법 선거운동 및 유세장 폭력사건이 발생하여 583명이 경찰에 검거됐으며, 이중 48명이 구속되고 290명이 불구속 입건됐다.

(6) 불법선거에 대한 경고와 외국 언론의 시각

이번 선거는 소선거구제 부활과 후보 난립 등으로 이상 과열현상을 보이고 있는 가운데 막대한 물량동원과 공무원 선거관여 등 금권, 관권이 개입된 타락선거의 양상이 나타났다.
동반당선을 즐기는 각 후보들이 이번 소선거구제 하에서는 '1등을 해야만 금배지를 단다' 는 강박의식이 작용하여 국회의원 선거법 등은 뒷전으로 밀어 넣고 ' 우선 당선되고 보자 ' 는 선거 분위기가 팽배했다.
지난번 대선 때의 각종 불법, 탈법 선거운동 사례들에 대해 선관위를 비롯한 검찰이나 경찰이 이를 보고도 외면하거나 묵인함으로써 이번 선거에도 그 같은 '불법·탈법' 이 연장되면서 정당화되는 분위기도 없지 않았다.
일선 경찰서장들은 "선거 사범을 적발해 입건해 보았자 법원에서 유죄판결이 날 때까지는 공민권에 아무런 제한을 받지 않고, 선거 후에는 선거사범 처리가 흐지부지되는 경우가 많아 선거사범 단속이 의미가 없다"고 방관하는 태도를 보였다.
또한 경찰은 여·야할 것 없이 거의 모두가 선거법 위반을 일삼고 있는데 야당 입후보자를 입건할 경우 '야당을 탄압한다' 는 비난을 받고, 여당 입후보자를 입건할 경우 '여당에 협조하지 않는다' 는 눈총을 받는다고 고충을 털어놓았다.
전국적으로 빚어진 과열타락과 탈법, 불법 선거운동의 사례는 관광지, 온천 등의 단체관광 제공, 지정식당에서의 식사 무료제공, 당원 단합대회장에서 돈 봉투와 고급선물 돌리기, 지지서명 또는 당원증을 받고 금품 주기 등이다.
중앙선관위 관계자는 "돈이면 표를 살 수 있다는 후보들의 매표(買票)심리와 주권을 흥정 대상으로 삼는 유권자들의 매표(賣票)심리가 불식되지 않는 한 공명선거는 실현 불가능하다"고 개탄했다.

후보자들에게 아예 연락조차 없이 모임을 갖고 모임이 끝날 무렵 선거 사무실에 전화를 걸어 "비용을 대라"고 윽박지르는 경우도 허다하며, 심지어는 주부들의 계모임조차 그 비용을 후보자들에게 연락하여 선심을 쓰도록 하는 현상이 있으며 거절할 경우 "무슨 일이 있어도 우리가 단합해 당신을 떨어뜨리겠다"고 악담을 퍼붓기도 일쑤였다.

이번 선거는 기존 정당들이 당 차원에서 그리고 후보별로 막대한 선거자금을 동원해 금품을 무차별 뿌리기하는 타락상이 과거 어느 때보다 극심했다.

여·야 후보들 간에는 '20억 당선, 10억 낙선' 설이 파다하게 퍼지고 있으며 재력 있는 한 여당 후보는 50억까지 투입하는 등 돈으로 치러지는 선거, 선량매석이라는 국민적 비난이 높았다.

지난 1985년 12대 총선 때의 '5당 3락'의 타락상을 아연무색케 했다.

양식 있는 유권자들은 "정직과 청렴을 표방한 제6공화국의 첫 국회의원 선거에서 집권당인 민정당이 앞장서 역대 어느 선거와도 비교되지 않는 선거자금을 뿌려 타락선거 분위기를 조장하는 것은 유권자를 우롱하는 처사"라고 비난했다.

민주당 박종률 선대본부 부본부장은 "민정당은 행정관서와 10여 개의 친위 어용단체를 총동원하여 각종 탈법과 물량공세 등 부정선거에 혈안이 되고 있다"는 성명을 발표했다.

김대중 평민당 전 총재는 공천자 대회에서 "지금 민정당은 한국판 민족대이동을 방불케 하는 유권자 위장 전·출입 등 엄청난 부정선거를 자행하고 있다"고 지적했다.

김종필 신공화당 총재는 "선거 공고일 이후부터라도 정부·여당은 금권, 관권으로 얼룩진 타락선거운동을 자제하지 않으면 그 결과를 국민이 용서하지 않을 것"이라고 경고했다.

김종필 총재는 "민정당의 다수의석을 겨냥한 불법, 탈법 자행은 가히 동물적 욕심으로 표현할 만하다"면서 '말기적 폭력', '무자비한 짓들', '노태우 정권의 기만과 위선' 등 원색적인 표현으로 민정당을 비난했다.

워싱턴포스트지는 민정당이 대통령 직을 갖고 있는 이점과 야당 분열에도 불구하고 패배한 것은 노태우 대통령의 민주화 약속에 대한 유권자들의 의심과 새 정권을 견제할 수 있는 강력한 견제세력에 대한 열망 등이 반영된 것 같다고 관전평을 했다.

일본 조일신문은 대통령에게 권한이 집중되고 국회는 무력과 어용화 되어 독재정치로 빠졌던 쓰라린 역사로부터 국회가 대통령의 독주를 견제하는 기능을 갖도록 국민이 교묘한 선택을 한 결과라고 분석했다.

영국의 더 타임즈는 민정당이 이번 총선에서 약세로 보였다는 것은 이번 선거가 비교적 공정하게 치러졌다는 것을 의미한다. 따라서 한국정치는 앞으로 거리에서보다는 국회에서 진행될 가능성이 많아졌다. 과반의석 확보에 실패한 민정당은 신공화당의 김종필 총재와 홍정을 시도할 것으로 본다고 논평했다.

불란서 르몽드지는 지난 대선 때 83%의 투표율이 이번 총선에서는 75%로 떨어진 것은 국민의 정치에 대한 무관심을 나타내 주는 것으로 폭력과 파렴치한 매표행위의 부패현상에 대한 거부반응이고 신공화당이 민정당 감표 요인으로 작용하여 민정당이 약세를 보였다고 선거결과를 분석했다.

(7) 지역당의 출현은 정치권이 풀어야 할 숙제

이번 총선이 남긴 숙제 가운데 불법, 타락, 폭력, 부정선거 양상도 크게 개탄하고 우려할만한 일들이지만 소위 호남당, 부산당, 충청당, 대구당 등의 지역당 양상을 표출시킨 지역감정 문제는 더욱 심각한 것이었다.

평민당은 광주를 포함한 전남북 37개 선거구를 석권하다시피 했고, 민주당은 부산 15개 구 가운데 14개 구를, 민정당은 대구 8개 구 전체와 경북 21개 구 가운데 17개 구를 차지하는 등 4당은 지역편향이 너무나도 두드러진 결과를 초래했다.

대구 지역의 민정당 후보들은 합동유세 때마다 "노 대통령의 고향인 만큼 민정당 후보를 뽑아야 한다"고 외쳤다.

대구의 민정당 후보들은 "전라도에선 몽땅 평민당이 당선되고, 부산에선 전부 민주당이 당선된다고 하니 정말 큰일 났다. 이번만큼은 노태우 대통령의 고향인 우리 고장에서는 민정당 후보를 전원 당선시켜야 한다"며 자신들의 지지를 호소했다.

대전 서구 신공화당 박충순 후보는 "민정당을 몰아내기 위해서는 영남에선 민주당, 호남에선 평민당, 충청도에선 공화당을 미는 것이 가장 확실한 방법"이라고 강조했다.

충남 예산의 신공화당 박병선 후보는 "호남 사람들의 단결을 비난할 게 아니라 충청도 사람들이 단결 못하는 것을 반성해야 한다"는 자성론을 펼쳤고, 충남 천원의 신공화당 김종식 후보는 "우리 충청도 사람들은 공화당에 몰표를 주어 멍청도의 불명예를 씻자"고 호소했다.

김종필 총재도 논산 유세에서 "13대 국회에 18명의 충남 공화당 후보를 모두 당선시켜 제5공화국의 비리를 따질 수 있게 해달라"고 주문했다.

원내교섭단체 의석수를 얻을 수 있겠느냐의 회의에 빠졌던 신공화당은 영·호남의 지역감정의 반사적 반응으로 충청권 몰표가 쏟아진 결과이건, 김종필 총재의 주장대로 "집권 18년의 업적을 응보 받은 것"이건 간에 지역구 27석을 포함하여 모두 35석을 얻어냈다.

복당(復黨) 7개월 만에 신공화당은 8년여 동안의 공백과 대통령 선거에서의 참패를 딛고 야당으로서 뿌리를 내리는 데 성공한 것이다.

강원도 강릉의 신공화당 최각규 후보는 "민정당에 몰표를 던진 강원도는 대접을 제대로 못 받고 있다"면서 "호남이 푸대접이라면 강원도는 무대접"이라고 강원도 무대접론을 제기했고, 중랑갑구 민주당 유택형 후보는 "면목동 주민의 55% 이상이 내 고향 경기도 출신"이라며 지역정서에 호소했다.

김영삼 민주당 전 총재도 부산 합동 유세에서 "4.19, 부마사태 등 나라가 위기에 처할 때마다 위대한 결정을 했던 위대한 부산시민들은 민정당을 단 한사람도 당선시켜서는 안된다"고 강조했다.

김영삼 전 총재는 "이번 총선의 결과로 제시된 지역감정 등 여러 문제점은 혼신의 힘으로 가슴에 끌어안고 극복해 나가는 노력을 경주하겠다"면서 "국민들이 민주당에 대해 야당 가운데 가장 높은 23.8%의 표를 던져준 것은 건전야당으로서의 신뢰 때문이라고 생각한다"며 득표율 2위를 거듭 강조했다.

광주 광산의 평민당 조홍규 후보는 "이번 총선은 김대중 대 전두환·노태우 정권, 경상도 군부독재 대 전라도 민주시민의 한판 승부"라고 외쳤다.

김대중 평민당 전 총재도 광주 공원 연설에서 "아직도 호남 사람들에 대한 차별과 멸시를 계속하고 있는 그들의 버릇을 고치기 위해서라도 호남지방에선 야당 후보를 전원 당선시켜 달라"고 당부했다.

노태우 대통령은 "지역 간의 골이 이렇게 패인 것은 모두가 걱정해야 할 일"이라고, 김대중 전 총재는 "지역별로 특정당의 지지가 확연히 구별된 것은 대단히 불행한 일"이라는 '사후약방문'을 쏟아냈다.

박정희 정권 이래의 지역감정을 그대로 방치해둔 채 집권층이 광주사태 치유와 명예회복을 위한 노력을 게을리 한 것도 지역당의 출현을 부채질한 요인이었고, 광주항쟁이 국민적 공감을 못 얻다 보니 호남인들은 호남 출신의 지도자만이 자신들의 한을 풀어줄 수 있다고 보고 이 같은 염원을 응집시킨 것이 이번 총선결과라고 볼 수도 있다.

(8) 잔인한 5월과 재야인사들의 의회진출

우리나라 현대사의 5월은 흔히 잔인한 달로 회고된다. 5.16과 5.17 그리고 5.18로 이어지는 역사의 사슬이 그만큼 뼈저린 내상을 남긴 탓이다.
5.16 이후 27년이 지났는데도 해마다 이 달이 되면 그날 이후의 사태를 새삼 되새겨 보게 되는 것도 잔인한 5월의 역사가 회고의 세월 속에 묻히기를 거부하기 때문이다.
5.16 쿠데타는 4.19로 타올랐던 민주화의 열망에 찬물을 끼얹었다. 그 주도세력이 내걸었던 어떤 명분에도 불구하고 군부정권 등장 이후 이 땅을 얼룩지게 했던 건 이른바 군사정치문화의 만연이었다.
대화보다는 대결의 정치문화가 정착되고 개방보다는 폐쇄의 기류가 확산된 것도 그 소산의 일단이다.
일사불란으로 굳어진 군사문화는 수직성과 획일성을 윗자리에 앉히는 대신 수평성과 다양성을 아랫자리로 내몰았다.
물론 5.16 이후 유신에 이르는 군부정권이 경제성장에 끼친 영향은 그 나름대로 평가되어야 마땅하다. 그러나 그 평가가 군부정권만이 성장을 추구할 수 있다는 미신이나 민주정권을 붕괴시킨 쿠데타의 정당성 인정으로까지 믿어질 수는 없다.
민주당 정권의 지속이 반드시 혼란과 빈곤의 연속으로 낙착되었으리라는 가정은 더욱 부질없는 짓으로 5.16의 냉엄한 평가는 민주당 정권에 대한 재평가 작업이 전제되어야 할 것이다.
그러나 이 땅에서는 아직도 그 5.16과 유신의 주도세력들이 정치의 권내에서 활보하는 것을 본다.

그들의 활보가 마치 쿠데타와 유신을 추인하는 평가로 이어지는 듯이 착각하는 모습도 눈에 띤다.
우리는 이제 그들이 주도했던 5.16이 오늘의 현실까지 연장되고 있음을 직시하지 않으면 안 된다. 그리고 활보하는 그 본당(本黨)과 잔당(殘黨)에 냉엄한 평가를 내려야 한다.
한마디로 5.16은 민주화에 대한 역류(逆流)였음이 명백하다. 10.26으로 청산되어야 했던 군부정권은 5.17로 다시 권좌를 잡았다.
그 이튿날인 5.18엔 광주의 피비린내는 참극을 연출했다. 악순환은 단절되지 않고 연속되었던 것이다.
5.17로 탄생의 궤도를 깔았던 제5공화국은 권위주의와 비리(非理)라는 두 마디 부정적 언어로 표현되기 일쑤다.
4.26 총선을 거치고 나서도 여야 4당은 당면지표가 권위주의 청산과 비리 척결로 집약되고 있다.
더구나 오늘에도 이어지는 5.18의 내연(內燃)은 30년을 헤아리는 군부정권이 어떤 민족적 과제를 퇴진시켜 왔던가를 웅변한다.
광주의 항쟁은 정치의 모순과 계층의 모순 그리고 민족의 모순을 바로잡기 위한 몸부림으로 정리된다.
그 모든 모순들이 민중의 항쟁을 촉발하고 또한 포악한 탄압을 불렀던 것이다.
따라서 오늘 우리에게 요구되는 과제는 그 모순과 비극의 진원을 똑바로 보고 다시 그 극복의 처방을 짜내는 길로 간추려질 수밖에 없다.
이번 총선에서 특기할 것은 십수년 동안 재야운동에 투신하여 우리 사회의 민주화와 민중생존권 보장에 앞장섰던 인물들이 의정단상에 올라 바람을 일으킬 것 같다.
평민당 소속으로 당선된 재야인사 10여 명은 당내 계보인 '평화민주통일연구회'를 중심으로 결속하여 그간의 재야운동의 경험을 체계화시켜 정책을 생산해내고 전문적인 입법능력을 배양하기 위한 준비작업에 착수했다.
이들은 부분적이나마 정치인의 세대교체와 그에 따른 진보적인 색채를 가미할 것으로 보인다.
이들은 유신치하 소위 긴급조치 시대부터 활동을 시작하여 10년 이상 기층 민중들과 접촉해 나가는 과정 속에서 자연스럽게 진보적 이념을 체득한 세대들이다.
재야 운동권은 정치권과는 불신이 일반화 됐고 이들의 상호불신을 불러왔다.
재야인사 다수가 스스로의 필요에 의해 정치권에 발을 들여놓음으로써 두 부분 사이에 일정한 정도의 점이지대(漸移地帶)가 형성되었고 바로 이들을 통해 상호 의사소통이 가능해졌다.
이번에 당선된 인사들 이외에도 한겨레당, 민중의당 등에 몸담았던 인사들 중 상당수는 어떤 형식으로든 다음 선거에서 재기하고자 할 것이기 때문에 점이지대의 영역은 계속 넓어지고 재야운동권의 외연 확대는 가능할 것으로 보인다.
자신의 위치를 재야와 정치권의 매개체로 인식하고 있는 이들은 "형식상으로는 재야운동 조직상의 위치를 포기하고 당과 국회에 직책을 갖게 되었으나 이는 어디까지나 민주화운동을 보다 효율적으로 하기 위한 방편" 이라고 생각하고 있다.
보수선회의 기미를 보이고 있는 평민당이 이들 재야출신 인사들의 주장을 어떻게 소화해 나갈지도 당면의 관심사이다.
이번 국회에 진출한 재야인사들로서는 평민당에서는 한신대 교수로서 국민운동본부 대표인 문동환, 여성단체연합회 부회장인 박영숙, 민추협인권위원장인 조승형, 전 가톨릭 농민회장인 서경원, 자유실천문인협회 대표인 양성우, 전남민교협회장인 박석무, 한국빈민선교위원장인 이철용, 한국노동법률상담소장인 이상수, EYC전국회장인 김영진, 광주 5.18동지회회장인 정상용, 민통련 정책차장인 이해찬, 광주사태에 관련이 있는 홍기훈 등을 들 수 있으며 민주당은 부산에서 재야인권변호사로 활동한 노무현, 민족문제 연구소 장인 이인제 등을 재야출신으로 분류될 수 있다.

7. 지역주의에 편승하여 여의도에 입성한 선량들

(1) 그래도 민정당이 승세를 굳힌 수도권

서울 42개, 인천 7개, 경기도 28개 지역구로 77개 지역구인 수도권은 민정당이 제1당을 굳히는데 기여한 것으로 분석됐다.

민정당은 서울에서는 10개 지역구에 머물렀으나 인천에서 6개 지역구를 휩쓸었고 경기도에서 절반이 훨씬 넘는 16개 지역구를 차지하여 평민당보다 14개 지역구가 많은 32개 지역구를 차지했다.

평민당은 서울에서 17개 지역을 휩쓰는 선전을 거두었으나 인천에서 전멸하고 경기도에서 1개 선거구에서 교두보를 확보했을 뿐 완패하여 18개 지역구를 차지했다.

민주당은 서울에서 민정당과 같은 10개 지역구를 차지했으나 인천에서 1개, 경기도에서 4개 선거구에 머물러 15개 지역구를 차지하여 평민당에게 제1야당의 자리를 넘겨줬다.

신공화당이 의외로 선전하여 서울에서 3개 지역구, 경기도에서 6개 지역구를 차지하는 개가를 올렸고 무소속 후보인 이철(성북갑), 박찬종(서초갑), 이해구(안성) 후보들이 승리하여 여의도 입성에 성공했다.

민정당 : 32명

○ 서울(10) : 이종찬(종로) 서정화(용산) 김영구(동대문을) 오유방(은평갑) 강성모(서대문갑) 남재희(강서을) 김가배(구로갑) 김명섭(영등포을) 이태섭(강남을) 김중위(강동

○ 인천(6) : 서정화(중-동) 심정구(남구갑) 이강희(남구을) 강우혁(남동) 이승윤(북구을) 조영장(서구)
○ 경기(16) : 김인영(수원갑) 임무웅(부천중) 권달수(송탄-평택) 이덕호(동두천-양주) 장경우(안산-옹진) 황철수(과천-시흥) 전용원(구리) 이성호(남양주) 정동성(여주) 이자헌(평택) 박지원(화성) 이한동(연천-포천) 김영선(가평-양평) 이영문(이천) 이웅희(용인) 정해남(김포-강화)

民주당 : 15명

○ 서울(10) : 박용만(성동병) 백남치(노원갑) 김재광(은평을) 강신옥(마포을) 장석화(영등포갑) 서청원(동작갑) 김덕룡(서초을) 황병태(강남갑) 김우석(송파갑) 김동규(강동갑)
○ 인천(1) : 정정훈(북구갑)
○ 경기(4) : 이인제(안양갑) 신하철(안양을) 최기선(부천남) 유기준(광주)

평민당 : 18명

○ 서울(17) : 정대철(중구) 강금식(성동갑) 조세형(성동을) 최훈(동대문갑) 이상수(중랑갑) 김덕규(중랑을) 조윤형(성북을) 이철용(도봉을) 임춘원(서대문을) 노승환(마포갑)

양성우(양천갑) 김영배(양천을) 이원배(강서갑) 박실(동작을) 한광옥(관악갑) 이해찬(관악을) 김종완(송파을)
○ 경기(1) : 이찬구(성남을)

신공화당 : 9명

○ 서울(3) : 신오철(도봉갑) 김용채(노원을) 유기수(구로을)
○ 경기(6) : 이병희(수원을) 이대엽(성남갑) 김문원(의정부) 김병룡(광명) 최무룡(파주) 이택석(고양)

무소속 : 3명

○ 서울(2) : 이철(성북갑) 박찬종(서초갑)
○ 경기(1) : 이해구(안성)

(2) 부산-경남과 대구-경북으로 양분된 영남권

부산 15개, 대구 8개, 경북 21개, 경남 22개 지역구로 66개 지역구를 가진 영남권은 대구-경북 29개 지역구에서 25개 지역구를 민정당이 석권한 반면, 부산-경남 37개 지역구에서 23개 지역구를 민주당이 차지하여 남북으로 엄격하게 나뉘었다.
민정당과 민주당이 차지하지 못한 곳은 경북의 달성-고령(구자춘),

경산-청도(이재연), 경남의 울산 동구(정몽준) 등 3개 지역구에 불과하다.

민정당 : 38명

○ 부산(1) : 김진재(금정)
○ 대구(8) : 유수호(중구) 박준규(동구) 정호용(서구갑) 최운지(서구을) 이정무(남구) 김용태(북구) 이치호(수성) 김한규(달서)
○ 경북(17) : 이진우(포항) 김일윤(경주) 박정수(김천-금릉) 박재홍(구미) 김진영(영주-영풍) 정동윤(영천) 김근수(상주) 김윤환(군위-선산) 정창화(의성) 유돈우(안동군) 황병우(청송-영덕) 오한구(영양-봉화) 이상득(영일-울릉) 황윤기(월성) 장영철(성주-칠곡) 유학성(예천) 김중권(울진)
○ 경남(12) : 김태호(울산중) 정순덕(충무-통영-고성) 황성균(삼천포-사천) 이학봉(김해) 안병규(진양) 정동호(의령-함안) 신재기(창녕) 신상식(밀양) 박진구(울주) 박희태(남해-하동) 노인환(산청-함양) 권해옥(합천)

민주당 : 25명

○ 부산(14) : 김광일(중구) 김영삼(서구) 노무현(동구) 김정길(영도) 정재문(부산진갑) 김정수(부산진을) 박관용(동래갑)

　　　　최형우(동래을) 허재홍(남구갑) 정상구(남구을) 문정
　　　　수(북구갑) 신상우(북구을) 이기택(해운대) 서석재(사
　　　　하)
○ 경북(2) : 오경의(안동) 신영국(점촌-문경)
○ 경남(9) : 황낙주(창원) 심완구(울산남) 백찬기(마산갑) 강삼재(마
　　　　산을) 조만후(진주) 박재규(진해-의창) 김동주(양산)
　　　　김봉조(거제) 김동영(거창)

　신공화당 : 2명

○ 경북(2) : 구자춘(달성-고령) 이재연(경산-청도)

　무소속 : 1명

○ 경남(1) : 정몽준(울산동)

(3) 지역별로 확연하게 차별화된 비영남권

수도권과 영남권을 제외한 강원, 충청권, 호남권, 제주를 묶어 비영남권으로 분류했다. 이 지역의 전체 지역구는 81개로 영남권보다 15개 많지만 강원은 민정당, 충청권은 신공화당, 호남권은 평민당, 제주는 무소속이 석권하여 지역적 특색을 자랑했다.
비영남권 81개 지역구는 평민당이 36개 지역구를 차지하여 제일

많지만 민정당이 17개, 신공화당이 16개 지역구를 차지했다.
민주당도 6개의 지역구를, 무소속이 5개 지역구를 차지했고 한겨
레당도 교두보를 확보했다.

민정당 : 17명

○ 강원(8) : 한승수(춘천) 함종한(원주) 김문기(영주-양양) 이웅선(홍천) 이민섭(춘성-양구-인제) 심명보(영월-평창) 박우병(정선) 김재순(철원-화천)
○ 충북(7) : 정종택(청주갑) 이춘구(제천) 신경식(청원) 박준병(옥천-보은-영동) 김종호(괴산) 김완태(진천-음성) 안영기(제원-단양)
○ 충남(2) : 이긍규(서천) 김현욱(당진)

민주당 : 6명

○ 강원(3) : 김일동(삼척) 박경수(횡성-원성) 최정식(속초-고성)
○ 충남(2) : 황명수(온양-아산) 박태권(서산)
○ 제주(1) : 강보성(서귀포-남제주)

평민당 : 36명

○ 광주(5) : 신기하(동구) 정상용(서구갑) 박종태(서구을) 정웅(북

구) 조홍규(광산)
○ 전북(14) : 오탄(전주갑) 손주항(전주을) 채영석(군산) 이협(이리) 김원기(정주-정읍) 조찬형(남원) 김태식(완주) 이상옥(진안-장수-무주) 홍영기(임실-순창) 정균환(고창) 이희천(부안) 최낙도(김제) 김봉욱(옥구) 김득수(익산)
○ 전남(17) : 권노갑(목포) 김충조(여수) 허경만(순천) 이재근(나주) 신순범(여천) 김길곤(담양-장성) 홍기훈(곡성-화순) 조순승(구례-승주) 이돈만(광양) 박상천(고흥) 유준상(보성) 이영권(장흥) 김영진(강진-완도) 김봉호(해남-진도) 유인학(영암) 박석무(무안) 서경원(함평-영광)

신공화당 : 16명

○ 강원(1) : 최각규(강릉)
○ 충북(2) : 오용운(청주을) 이종근(충주-중원)
○ 충남(13) : 김현(대전 동갑) 윤성한(대전 동을) 김홍만(대전 중구) 박충순(대전 서구) 정일영(천안) 윤재기(공주) 김용환(대천-보령) 이인구(대덕-연기) 김제태(논산) 김종필(부여) 조부영(청양-홍성) 박병선(예산) 김종식(천원)

한겨레당 : 1명

○ 전남(1) : 박형오(신안)

무소속 : 5명

○ 강원(2) : 홍희표(동해) 유승규(태백)
○ 충남(1) : 유한열(금산)
○ 제주(2) : 고세진(제주) 이기빈(북제주)

(4) 34%의 지지율로 전국구 51%를 배분받은 민정당

전국구를 배분받을 수 있는 4개 정당의 득표율은 민정당 34.0%, 민주당 23.8%, 평민당 19.3%, 신공화당 16.0% 였지만 지역구 의석수는 민정당이 87명, 평민당 54명, 민주당 46명, 신공화당 27명이 당선되어 전국구 75석은 제1당에 전국구의 50%를 준다는 규정에 따라 민정당에 38석을 배분하고 나머지 37석을 평민당 16석, 민주당 13석, 신공화당 8석으로 나누었다.

민정당 : 38명

①채문식(국회의장) ②윤길중(국회부의장) ③정석모(당사무총장) ④강영훈(주영대사) ⑤이병용(대한변호사협회장) ⑥박태준(한일경제협회장) ⑦김동인(한국노총위원장) ⑧이광로(수도군단장) ⑨이윤자(11대의원) ⑩이원조(대통령경제비서관) ⑪김종곤(해군참모총장) ⑫김인기(공군참모총장) ⑬이동진(6,11대의원) ⑭이도선(8,9,10대의원) ⑮김종기(10,11,12대의원) ⑯지연태(12대의원) ⑰박철언(대통령정책보좌관) ⑱조경목(12대의원) ⑲최창윤(대통령정무비서관) ⑳최재욱(경향신문사장) ㉑유기천(이북5도민회장)

㉒나창주(건국대부총장) ㉓서상목(KDI부원장) ㉔박승재(한양대교수) ㉕손주환(한국기자협회장) ㉖이상하(동아일보편집부국장) ㉗김장숙(12대의원) ㉘양경자(12대의원) ㉙이상회(연세대교수) ㉚홍세기(경찰대학장) ㉛김길홍(청와대정무비서관) ㉜강재섭(서울고검검사) ㉝김정길(대호산업대표) ㉞조남욱(삼부토건대표) ㉟이재황(청림실업회장) ㊱임인규(동아출판사장) ㊲신영순(병원장) ㊳도영심(국회의장 비서관)

민주당 : 13명

①송두호(병원장) ②이행구(사업가) ③노홍준(태화운수대표) ④유승번(연일가스회장) ⑤황대봉(12대의원) ⑥문준식(유림사무총장) ⑦석준규(부산유지대표) ⑧권헌성(사업가) ⑨최이호(서울지방국토관리청장) ⑩박종률(당사무총장) ⑪김운환(사업가) ⑫김성룡(공군참모총장) ⑬김남(청와대비서관)

평민당 : 16명

①박영숙(총재권한대행) ②송현섭(12대의원) ③이동근(현대공론사장) ④최봉구(구룡수산대표) ⑤김영도(하남개발회장) ⑥이경재(대원빌딩회장) ⑦김주호(건화건설대표) ⑧이교성(레저관광대표) ⑨이형배(12대의원) ⑩허만기(한남관광대표) ⑪김대중(대통령후보) ⑫문동환(한국신학대교수) ⑬최영근(당부총재) ⑭조승형(변호사) ⑮정기영(정당인) ⑯조희철(석산기획대표)

| 공화당 : 8명 |

①김인곤(호심학원이사장)　②정시봉(12대의원)　③연제원(11대의원)　④이희일(농수산부장관)　⑤김두윤(의료기기회장)　⑥신진수(신일전문대학장)　⑦옥만호(공군참모총장)　⑧신철균(12대의원)

〈참고자료〉

○ 역대총선이야기 ㊤ (선암각. 2018년 5월)
○ 동아일보 (1979. 3. 1 ~ 1988. 4. 30)
○ 경향신문 (1979. 10. 26 ~ 1987. 12. 19)